高等师范院校教师教育类
公共基础课规划教材

Psychology

心理学

【第二版】

主　编：韩迎春
副主编：梁运华

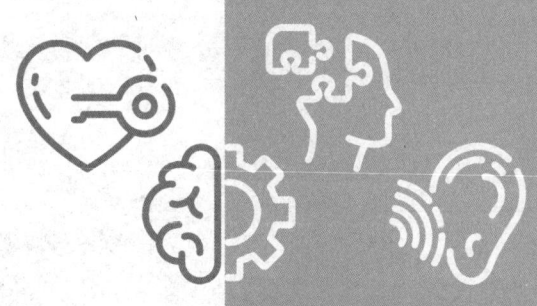

厦门大学出版社
国家一级出版社
全国百佳图书出版单位

图书在版编目（CIP）数据

心理学 / 韩迎春主编. -- 2版. -- 厦门：厦门大学出版社，2025.7. --（高等师范院校教师教育类公共基础课规划教材）. -- ISBN 978-7-5615-5117-2

Ⅰ. B84

中国国家版本馆CIP数据核字第2025CH6527号

责任编辑　眭　蔚
美术编辑　蒋卓群
技术编辑　许克华

出版发行　厦门大学出版社
社　　址　厦门市软件园二期望海路39号
邮政编码　361008
总　　机　0592-2181111　0592-2181406（传真）
营销中心　0592-2184458　0592-2181365
网　　址　http://www.xmupress.com
邮　　箱　xmup@xmupress.com
印　　刷　厦门金凯龙包装科技有限公司

开本　787 mm×1 092 mm　1/16
印张　22.5
字数　548千字
版次　2020年10月第1版　2025年7月第2版
印次　2025年7月第1次印刷
定价　56.00元

本书如有印装质量问题请直接寄承印厂调换

厦门大学出版社
微信二维码

厦门大学出版社
微博二维码

第二版前言

心理学作为一门面向师范生的教师教育基础理论课程,是师范生培养体系中的核心课程之一,肩负着为未来教师奠定坚实的教育理论基础与实践能力的重要使命。它不仅为师范生提供了理解学生心理发展与学习规律的关键知识,还为教师的专业成长与职业发展提供了重要的理论支持。习近平总书记在全国教育大会上强调教育是国之大计、党之大计,明确指出要培养德智体美劳全面发展的社会主义建设者和接班人,这为教师教育的发展指明了方向。为了更好地落实这一指示精神,满足国家"四新建设"对创新型、复合型人才的需求,以及师范专业认证对教师教育质量提升的要求,教材的编写修订工作就显得尤为迫切且意义重大。此次修订紧密结合新师范建设的理念,致力于培养师范生的教育知识生产能力,推动师范教育从传统的知识传授向能力培养转变,以适应新时代教育事业发展的需要。

在本次修订工作中,我们始终坚持以育人、能力培养、实践应用和专业发展为导向,致力于为师范生提供更加科学、实用且富有前瞻性的学习资源。为此,我们保留了第一版备受好评的写作体例,即每一章均精心设计了"本章知识框架"、"学习要点"和"学习提示"三个板块。这一结构不仅能够快速引领学生领略章节全貌,更能帮助他们精准洞察核心知识点与高效学习方法,从而实现有的放矢的学习,提升学习效率与质量。在内容编排上,我们延续并优化了以"案例引导"开篇,以"案例回顾与分析"和"学以致用"收尾,中间穿插"真题解析"的特色模式。所选用的案例和真题均源自历年国家教师资格证考试真题,经过精心筛选与改编,确保其高度贴合真实教学场景,切实增强学生理论联系实际的能力,提升教材的实用性和针对性。

在结构优化方面,我们在保留教材第一版"绪论"、"儿童发展与学习"、"心理健康与道德教育"和"教师心理与职业发展"四大核心模块的基础上,进行了科学合理的调整。具体而言,我们将模块三中的心理健康教育和心理健康辅导内容进行有机整合,合并为一章"心理健康教育与辅导",有效避免了内容重复,同时强化了知识体系的逻辑性和连贯性。此外,我们保留了"学生品德心理与道德发展"这一关键章,而对部分内容进行精简,不再单独设置"学生意志发展与道德教育"、"学生问题行为与道德教育"、"学生人际交往发展与道德教育"和"学生生命意识发展与道德教育"等章,以突出重点,聚焦核心内容。从内容逻辑上,我们将原第七章的"皮亚杰的认知发展阶段论"调整至第八章的第三节"学生认知发展的相关理论"中,进一步优化了章节之间的衔接,使教材整体结构更加严谨、流畅。除了结构和内容的调整,我们还对教材中部分相对陈旧的知识进行了更新,引入了最新的教育理念、研究成果和实践案例,确保教材内容紧跟时代步伐,保持其时效性和科学性。同时,对文字表达不够准确、清晰的地方进行了细致的修订与完善,使教材语言更加规范、简洁、易懂,进一步提升了教材的可读性和教学适用性。

修订后的教材,不仅能够满足师范生教师教育基础理论课程的学习需求,为他们未来的职业发展奠定坚实的理论基础,还能为大专院校非师范专业学生参加国家教师资格考试提供权威、实用的参考,具有广泛的适用性和重要的指导价值。

本次教材修订工作由长期从事心理学课程教学与研究的资深教师团队精心完成,确保了修订内容的专业性与实用性。具体分工如下:管延华老师负责修订第一章"心理学的研究对象与方法"、第十章"学生的人格发展"、第十一章"心理健康教育"以及第十二章"心理健康辅导";韩迎春老师负责修订第二章"认知过程"、第六章"学习理论"、第七章"学生的身心发展特点"以及第八章"学生的认知发展";梁运华老师负责修订第三章"学生的学习动机"、第四章"学生的学习迁移"、第五章"学生的学习策略"以及第九章"学生的情绪发展";李俊娇老师则负责修订第十三章"学生的品德心理与道德发展"和第十八章"教师心理与职业发展"(以上这些章指的是第一版的)。韩迎春老师还承担了教材修订的组织策划以及修订稿的统筹工作,确保了修订工作的顺利进行和整体质量。

在教材编写及修订过程中,我们广泛借鉴和采用了众多心理学研究者的研究成果,这些成果为教材的科学性和前沿性提供了坚实支撑。在此,我们向这些研究者表示由衷的敬意和深深的感谢!他们的智慧结晶为本教材增添了宝贵的学术价值。

尽管我们在修订过程中力求严谨细致,但由于本书内容涵盖范围较广,且编者水平有限,教材中可能仍存在一些不足之处。我们真诚地希望广大读者能够提出宝贵的意见和建议,帮助我们进一步完善教材内容,提升教材质量,使其更好地服务于师范生的培养和教育工作者的专业发展。

韩迎春
2025 年 4 月

第一版前言

为贯彻落实《中共中央 国务院关于全面深化新时代教师队伍建设改革的意见》《教育部关于实施卓越教师培养计划2.0的意见》、教育部等五部委印发的《教师教育振兴行动计划(2018—2022年)》以及《广东"新师范"建设实施方案》，全面实施教师教育高质量发展战略，提升教师教育水平，广东第二师范学院将面向师范生开设的两门职业必修课程"儿童发展与学习"和"心理健康与道德教育"整合为一门课程——"心理学"。在去除原有课程之间重叠内容的基础上，重新梳理课程架构，以便于学生更加系统地掌握教育知识与能力。

为了更好地落实立德树人的根本任务，着力培养"四有"好老师，为"心理学"课程编写配套教材的工作就应势而生。本书依据《中小学和幼儿园教师资格考试标准(试行)》《中小学和幼儿园教师资格〈教育知识与能力〉(中学、小学)考试大纲》，突出四个导向——育人导向、能力导向、实践导向和专业化导向，共设置了绪论、儿童发展与学习、心理健康与道德教育和教师心理与职业发展四个模块，涵盖了《中小学和幼儿园教师资格〈教育知识与能力〉(中学、小学)考试大纲》中学生学习心理、学生发展心理、学生心理辅导和教师心理等模块的内容。在体例上，书的每一章都设有"本章知识框架及学习要点"、"学习要点"和"学习提示"，快速引领学生一览章节全貌，洞察核心知识点和学习方法，帮助学生有的放矢，学会学习。在内容上，每一章都以"案例引导"开始，以"案例回顾与分析"和"学以致用"结束，中间穿插"真题解析"。所选用的案例和真题均基于历年国家教师资格证考试中的真题生成。本书既可作为师范院校师范生职业必修课程的教材，也可作为大专院校非师范专业学生参加国家教师资格考试的参考书。

本书是2019年广东省高等教育教学改革项目"教师教育课程思政的改革与实践"的成果之一。为构筑教师教育课程思政的立交桥，在知识教育、能力培养中融入思想价值，在编写过程中注重挖掘课程所涉及的历史人物、专业史实和相关案例中的思政元素,把爱国主义精神、社会主义核心价值观、教育情怀、师德师风等内容充分融入书的内容中。此外,本书也是2018年广东省本科高校教学质量与教学改革工程项目在线开放课程"儿童发展与学习"的成果之一。本书的模块二"儿童发展与学习"与该项目中的教材建设内容相对应。本书的编写还得到了梁运华老师主持的广东第二师范学院质量工程项目"面向师范生教师资格证考试的教学资源库建设"的大力支持。

本书由广东第二师范学院从事"儿童发展与学习"和"心理健康与道德教育"课程教学、研究的教师负责撰写,具体分工如下:第一章"心理学的研究对象与方法"、第十章"学生的人格发展"、第十一章"心理健康教育"、第十二章"心理健康辅导"由管延华老师撰写;第二章"认知过程"、第六章"学习理论"、第七章"学生的身心发展特点"、第八章"学生的认知发展"由韩迎春老师撰写;第三章"学生的学习动机"、第四章"学生的学习迁移"、第五章"学生的学习策略"、第九章"学生的情绪发展"由梁运华老师撰写;第十三章"学生品德心理与道德发展"、第十八章"教师心理与职业发展"由李俊娇老师撰写;第十四章"学生意志发展与道德教育"、第十五章"学生问题行为与道德教育"、第十六章"学生人际交往发展与道德教育"、第十七章"学生生命意识发展与道德教育"由李北容老师撰写。韩迎春老师负责教材编写的组织与策划及全书的统稿工作。在编写过程中借鉴和采用了国内众多心理学研究者的研究成果,在这里,向这些研究者表示由衷的敬意和谢意!本书的编写也得到了广东第二师范学院教师教育学院院长付道明教授的关心和支持,一同鸣谢!

本书内容涉及较广,且编者水平所限,难免存在各种不足,敬请广大读者提出宝贵的意见和建议。

韩迎春
2020年7月

目 录

模块一 绪 论

第一章 心理学的研究对象与方法 ……………………………………… 1
  第一节 科学的心理学 ……………………………………………… 3
  第二节 心理学的研究对象与内容 ………………………………… 6
  第三节 心理学的产生和发展 ……………………………………… 11
  第四节 心理学的研究方法 ………………………………………… 19

模块二 儿童发展与学习

第二章 认知过程 ………………………………………………………… 27
  第一节 感觉与知觉 ………………………………………………… 28
  第二节 注意与记忆 ………………………………………………… 40
  第三节 学生的思维与想象 ………………………………………… 52

第三章 学生的学习动机 ………………………………………………… 63
  第一节 学习动机概述 ……………………………………………… 64
  第二节 学习动机理论 ……………………………………………… 71
  第三节 学习动机的培养与激发 …………………………………… 80

第四章 学生的学习迁移 ………………………………………………… 85
  第一节 学习迁移概述 ……………………………………………… 87
  第二节 迁移理论 …………………………………………………… 96
  第三节 有效促进学习迁移的措施 ………………………………… 100

第五章　学生的学习策略 ... 106
第一节　学习策略概述 ... 108
第二节　认知策略 ... 112
第三节　元认知策略 ... 119
第四节　资源管理策略 ... 122
第五节　学习策略的培养 ... 127

第六章　学习理论 ... 131
第一节　学习的概念与分类 ... 132
第二节　学习理论 ... 136

第七章　学生的身心发展特点 ... 163
第一节　学生身心发展的一般规律 ... 164
第二节　影响学生身心发展的因素 ... 167
第三节　学生身心发展的特点 ... 169

第八章　学生的认知发展 ... 180
第一节　小学生的认知发展 ... 181
第二节　中学生的认知发展 ... 186
第三节　学生认知发展的相关理论 ... 195

第九章　学生的情绪发展 ... 204
第一节　情绪概述 ... 205
第二节　情绪理论 ... 213
第三节　中小学生情绪情感发展的特点 ... 218
第四节　中学生良好情绪的培养 ... 223

第十章　学生的人格发展 ... 229
第一节　人格概述 ... 231
第二节　人格的主要理论 ... 238
第三节　人格的测量 ... 244
第四节　学生人格发展的影响因素 ... 246
第五节　学生人格发展的特点 ... 249
第六节　学生良好人格的培养 ... 252

模块三　心理健康与道德教育

第十一章　学生心理健康教育与辅导 ………………………………………… 258
　第一节　学生心理健康的标准及影响因素 ……………………………………… 259
　第二节　学生常见的心理问题 …………………………………………………… 268
　第三节　心理健康辅导的内容及目标 …………………………………………… 273
　第四节　心理健康辅导的方法 …………………………………………………… 282

第十二章　学生品德心理与道德发展 ………………………………………… 297
　第一节　品德心理概述 …………………………………………………………… 298
　第二节　学生品德发展的特点及影响因素 ……………………………………… 304
　第三节　道德发展理论 …………………………………………………………… 312

模块四　教师心理与职业发展

第十三章　教师心理与职业发展 ………………………………………………… 322
　第一节　教师的角色心理 ………………………………………………………… 324
　第二节　教师的心理特征 ………………………………………………………… 332
　第三节　教师成长 ………………………………………………………………… 339
　第四节　教师心理健康 …………………………………………………………… 342

模块一　绪　论

第一章　心理学的研究对象与方法

当今社会,虽然人们对心理学的了解越来越多,但还不乏对此学科误解的现象。由于好奇心,公众想方设法地接触心理学,而信息不对称导致很多传统文化中带有神秘色彩的民间信仰或方术,如算命、解梦等,都披上了心理学的外衣。

算命在我国有着非常久远的历史,古代人们用来预测旦夕祸福,并且流传至今。随着社会的发展,当今的算命也跟上了网络的潮流,出现了众多的算命网站。而这个预测的依据,也从原来的姓名、八字扩展到手机号码、公司名字等。同时,在欧美国家盛行的塔罗牌、星座运势等预测方法也在国内流行起来。

尽管与心理学研究者一样,人们试图通过算命、塔罗牌、星座运势等解释遇到的问题并做出预测,但它们都不是科学意义上的心理学。那么,科学的心理学是指什么呢?

【本章知识框架】

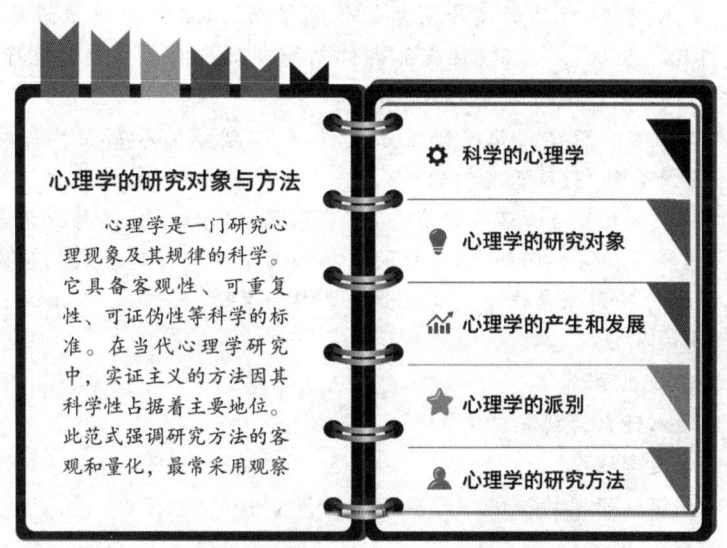

【学习要点】

心理学的研究对象:掌握什么是科学的心理学,了解心理学的研究对象。

心理学的产生和发展:了解心理学的产生和发展过程。

心理学的派别:了解西方心理学发展过程中所产生的主要派别。

心理学的研究方法:掌握当代心理学研究中常用的三种研究方法,并能理解各方法的优缺点。

【学习提示】

1. 本章知识作为入门基础内容,对于初次正规接触心理学的你而言,较为陌生,内容不易记忆和掌握,建议在学习时首先对知识整体结构进行了解,然后对每一部分进行学习和理解。

2. 在了解心理学各大派别的基础上掌握心理学的常见研究方法,并能够对应书中实例学会在实践中进行初步应用。

3. 通过本章学习,你会发现心理学的每种理论和研究都有某种程度的局限性,学会评价心理学研究的优势与不足从而发展自己的批判性思维这一点非常重要,最终形成对事情可以做到客观公正分析的能力。

【案例引导】

盗梦空间

"什么是最有韧劲的寄生物?细菌?病毒?肠虫?"

"是意念,非常有韧劲、极具传染性。一旦意念占据了头脑,那就几乎不可能再将它根除,一个完整成形、被彻底理解的意念会牢牢地附着在这儿。"

"以便让你这样的人去盗取?"

"是的。在梦里,你的有意识防御就会降低,思想轻而易举地被盗取。这就是所谓的'盗梦'。"

在 2010 年的电影市场上,由兰诺执导的《盗梦空间》可谓大放异彩。不仅在北美地区蝉联数周票房冠军,也备受海外市场的青睐,被观众拿来与《黑客帝国》相媲美。不少激动难平的影迷涌入 IMDB 打分,分数高达 9.3,其 IMDB 排名一度仅次于《肖申克的救赎》和《教父》,位列第三。新浪财经、搜狐新闻等网络媒体顺势而为,都从心理学的角度对《盗梦空间》进行解析和评论。动机、潜意识、自我防御机制等专业名词在公众的视野里频频出现。一时间,心理学成了公众热议的话题。

尽管公众与心理学的距离因此缩短了一大截,但心理学的神秘面纱仍然没有被摘下来。由于身处一个社会转型、风云变幻的时代,突出的心理保健、精神压力问题使得人们在生活中所接触的心理学大多与心理咨询有关,于是催眠、心理咨询、精神分析等词语成了大部分人对心理学的轮廓描写。问题是,这样的轮廓描写准确吗?现在我们就邀请你走进心理世界的大门,并带你一同探索这个星球上最为复杂的主题:人。

问题:

1. 什么是科学心理学?
2. 科学心理学以什么为研究对象?
3. 心理学家又是哪些人?
4. 心理学是如何做研究的?

第一节 科学的心理学

心理学(psychology)是一门研究心理现象及其规律的科学。首先,心理学是一门科学。它具备客观性、可重复性、可证伪性等科学的标准。它通过使用研究范式,对条件进行控制观察,根据统计分析等科学方法得出结论,检验理论设想。从1879年心理学家冯特成立世界上第一个心理学实验室起,心理学就试图用更科学的范式来探讨人心。从某种意义上来说,心理学的一个独特的魅力之所在就是用了科学实验的方法来研究人们感兴趣的生活问题和心灵问题。而前面提到的算命、塔罗牌、星座运势等都达不到科学的标准,这是两者之间的本质差别。

科学心理学是为了了解人类及其他有机体如何进行感知、学习、交往、发展等行为,以及这些行为背后的心理规律。相比个体感知或者思考的具体内容,心理学更加关注伴随感知或者思考活动的心理过程和心理规律。例如,当你问一个心理学专业者"嗨,猜猜我现在在想什么?",他没法直接回答你的问题,但是他可以告诉你是什么情境和条件导致你想这些内容。也就是说,心理学首先是研究心理过程和心理规律的。其次,尽管心理学有个案研究的方法,但就其最终目标来说,是寻求以特定条件为前提的普遍规律。

有人说:学政治的,看什么都阴谋;学新闻的,看什么都宣传;学商业的,看什么都市场;学心理的,看什么都变态。甚至还有人说,学心理学的也都是变态的。尽管这些都是笑谈,但在一定程度上反映出大众对心理学的另一个误解,即心理学仅仅以心理异常为研究对象。事实上,心理异常只占心理学研究的小部分,心理学考虑更多的是心态正常的人们之间彼此如何互相影响的问题。

除了人类自身,心理学也将其他有机体纳入了研究范围,既包括简单的单细胞生物,也包括复杂的哺乳动物。例如,为了研究鸭子的寻食策略,两位研究者往有鸭子的池塘中扔面包屑,其中一位每隔5秒扔一次,另一位每隔10秒扔一次。几天后,每5秒扔一次面包屑的那边,鸭子的数量多一倍。又过几天,研究者做出一些变更:每10秒钟扔一次的那位研究者将扔的面包屑增大一倍。结果发现,5分钟后,鸭子重新选择了位置,两边的鸭子各占一半。因此,研究者得出鸭子在寻食时,不仅考虑食物出现的频率,而且注意食物多寡的结论。这也表明了动物对次数和数量的认识。

还有一部分对心理学不大了解的人,会误以为心理学跟常识没什么差别。似乎每个人都可以通过观察自身和别人的行为得出一些"心理学的结论"。如,人产生恐惧情绪的时候,肌肉紧张,呼吸加快,手心冒汗。然而,心理学的研究表明,除了具备生理的唤醒之外,认知因素在情绪的产生中也必不可少。这就是面对同样的恐怖电影,有些人吓到心脏病病发,而有些人看到睡着的原因。在经典的攻击性研究中,研究者将被试两两配对进行学习,分别扮演教师和学生两种角色。研究要求当"学生"回答错误时,"教师"要给予电击的惩罚,电压在180伏特到450伏特(可能导致死亡)之间进行选择。来自一所一流医学院的精神病学家根据经验进行预测,认为可能仅有千分之一的人会给予450伏特的电击。然而,实验结果表明有60%的被试都给予了450伏特的电击!

还有非常多的心理学研究可以成为反驳上述观点的例证。问题是，是什么原因导致那么多人产生心理学即常识的观念呢？"后见之明"（hindsight bias）能很好地解释这种现象。也就是说，人们本来不确定会出现什么研究结果，但是一旦得出结果，人们却会认为自己早就知晓这个知识了。"后见之明"的研究成果，再一次证明了科学心理学所具有的价值。

最后，当我们谈到心理学家的时候，脑海中会出现一个什么样的形象呢？研究心理学的男人都目光犀利，咄咄逼人，研究心理学的女人则心灵敏感，气质神秘。不管你怎样表现，他们都会分析出你的行为动机。答案当然是否定的，就像物理学家、生物学家一样，心理学家也来自各个国家，有不同的肤色，喜欢不同的发型。

美国广受欢迎的心理学期刊——《普通心理学评论》曾刊登了一项最新的调查研究结果，确定了20世纪前100位最杰出的心理学家。此项调查中，对心理学家的界定并不是依据该学者是否曾经获得心理学或相关的学位，而是根据该学者是否曾对心理学做出过突出贡献。"20世纪的心理学家"也并不是依据心理学家的生理年龄界定的，而是指该学者在入门教科书中被引用的情况以及在问卷调查中被提及的次数等。评比结果列出了其中最著名的前99位。斯金纳排名第一，皮亚杰、弗洛伊德和班杜拉紧随其后。

斯金纳（B.F.Skinner，1904—1990，图1-1），美国行为主义心理学家，新行为主义的代表人物，操作性条件反射理论的奠基者。他创制了研究动物学习活动的仪器——斯金纳箱。1950年当选为国家科学院院士，1958年获美国心理学会颁发的杰出科学贡献奖，1968年获美国总统颁发的最高科学荣誉——国家科学奖。

图1-1　斯金纳

皮亚杰（Jean Piaget，1896—1980，图1-2），瑞士儿童心理学家，提出了发生认识论。他通过儿童心理学把生物学与认识论、逻辑学沟通结合起来，从而将传统的认识论改造成为一门实证的实验科学。曾任瑞士心理学会主席、法语国家心理联合会主席和第十四届国际心理科学联盟主席。1966年当选为国家科学院院士，1969年获美国心理学会颁发的杰出科学贡献奖。

图1-2　皮亚杰

弗洛伊德(Sigmund Freud,1856—1939,图 1-3),奥地利心理学家,精神分析学派的创始人。作为20世纪最重要的社会思潮和学术流派之一,弗洛伊德的精神分析理论对心理学、教育学、哲学、人类学、文学艺术、伦理学等领域都产生了重大影响。

图 1-3　弗洛伊德

班杜拉(Albert Bandura,1925—2021,图 1-4),美国心理学家,社会学习理论的创始人。他认为来源于直接经验的一切学习现象实际上都可以依赖观察学习而发生,其中替代性强化是影响学习的一个重要因素。1974年当选为美国心理学会主席,1980年获美国心理学会颁发的杰出科学贡献奖。

图 1-4　班杜拉

表 1-1 按顺序列出了99位最杰出的心理学家。这样一个排名对于20世纪心理学的历史性研究、对于当代的心理学教学以及对著名心理学家的进一步研究都意义深远。

表 1-1　99位最杰出的心理学家

名次	名字	名次	名字	名次	名字	名次	名字	名次	名字
1	斯金纳	13	艾森克	25	米歇尔	37	西蒙	49	波尔比
2	皮亚杰	14	詹姆斯	26	哈洛	38	乔姆斯基	50	苛勒
3	弗洛伊德	15	麦克兰德	27	吉尔福特	39	琼斯	51	韦克斯勒
4	班杜拉	16	卡特尔	28	布鲁纳	40	奥斯古德	52	斯蒂文斯
5	费斯汀格	17	华生	29	希尔加德	41	阿希	53	沃尔普
6	罗杰斯	18	勒温	30	科尔伯格	42	鲍威尔	54	布罗德本特
7	斯坎特	19	海布	31	塞利格曼	43	凯利	55	谢巴德
8	N.米勒	20	G.米勒	32	奈瑟尔	44	斯伯里	56	波斯纳
9	桑代克	21	赫尔	33	坎贝尔	45	托尔曼	57	纽康姆
10	马斯洛	22	凯根	34	布朗	46	米尔格兰姆	58	洛夫特斯
11	奥尔波特	23	荣格	35	扎荣茨	47	詹森	59	埃克曼
12	艾里克森	24	巴甫洛夫	36	托尔文	48	克隆巴赫	60	斯腾伯格

续表

名次	名字	名次	名字	名次	名字	名次	名字	名次	名字
61	莱士利	69	鲁利亚	77	埃斯塔	85	洛奇赤	93	杜威
62	斯宾	70	迈克比	78	艾若森	86	加西亚	94	特沃斯基
63	多奇	71	普洛闵	79	詹尼斯	87	吉布森	95	冯特
64	罗特	72	霍尔	80	拉扎勒斯	88	鲁姆哈特	96	威特金
65	洛伦兹	73	推孟	81	坎农	89	瑟斯顿	97	安斯沃斯
66	安德武德	74	吉布森	82	爱德华斯	90	沃什博恩	98	莫瑞尔
67	阿德勒	75	弥尔	83	维果斯基	91	武德沃斯	99	安娜·弗洛伊德
68	路特	76	伯考维茨	84	罗森塔尔	92	波林		

第二节 心理学的研究对象与内容

人类作为一个有机体，首先是以其生理为存在基础的。马克思说：人与其他动物的最大区别在于其主观能动性，表明人具有独特的思想和心理过程。人的社会属性，又使得所有的行为受到人际互动的深刻影响。因此，我们可以说，人是生理、心理、社会的综合体。相应地，以人类自身为主要研究对象的心理学，研究的内容包括生理现象、心理现象和社会现象。生理现象是心理现象和社会现象的基础，包括视觉、听觉、肤觉等；心理现象是主体，包括情绪、能力、人格等；社会现象是重要组成部分，包括亲社会行为、反社会行为、社会比较等。

心理学是研究心理现象及其规律的科学，包括内部的心理活动和外部的行为表现。就心理学的研究内容而言，可以分为个体心理和群体心理。

一、个体心理

人是作为个体而存在的。个人所具有的心理现象称为个体心理。个体心理概括起来可以分为四个方面：认知，需要和动机，情绪、情感和意志，以及能力和人格。

（一）认知

认知（cognition）是指认识外界事物的过程，或者说是对作用于人的感觉器官的外界事物进行心理加工的过程，这是人的最基本的心理过程。它包括感觉、知觉、记忆、表象、语言、思维和想象等心理现象。人脑接受外界输入的信息，经过头脑的加工处理，转换成内在的心理活动，再进而支配人的行为，这个过程就是信息加工的过程，也就是认知过程。

人们认识外界事物的过程开始于**感觉**与**知觉**。知觉是在感觉基础上产生的，但不是感觉的简单相加。在知觉中，人的知识经验起着重要的作用。人们通过感知觉所获得的知识经验，在刺激物停止作用以后，并没有马上消失，还保留在人们的头脑中，并在需要时能再现出来,这种积累和保存个体经验的心理过程称为**记忆**。

人不仅能直接感知个别、具体的事物,认识事物的表面联系和关系,还能运用头脑中已有的知识和经验去间接、概括地认识事物,揭露事物的本质及其内在的联系和规律,形成对事物的概念,进行推理和判断,解决面临的各种各样的问题,这就是**思维**。人们还能利用语言把自己思维活动的结果、认识活动的成果与别人进行交流,接受别人的经验,这就是**语言**活动。人们还具有**想象**的活动,这是凭借在头脑中保存的具体形象来进行的。

(二)需要和动机

需要是人体内部的一种不平衡状态,是对维持和发展生命所必需的客观条件的反映。它表现在有机体对内部环境或外部生活条件的一种稳定的要求,并成为有机体活动的源泉。人的各种活动或行为,从饥择食、渴择饮,到从事物质资料的生产、文学艺术作品的创作、科学技术的发明与创造,都是在需要的推动下进行的。

动机是在需要的基础上产生的。当某种需要没有得到满足时,它就会促使人们去寻找满足需要的对象,从而产生活动的动机。例如,正常人体需要一个稳定的内环境,保持正常的体温,维持细胞内水与盐分的适当平衡等。当这些平衡发生变异或破坏时,人体内的一些调节机制会自动地进行校正。在这种情况下,需要会引起有机体的自动调节机制的活动,但它还不是行动的动机。维持体内的平衡状态不能只靠自动装置来解决。当需要推动人们去活动,并把活动引向某一目标时,需要就成为人的动机。

(三)情绪、情感和意志

人在加工外界输入的信息时,不仅能认识事物的属性、特性及其关系,还会形成对事物的态度,引起满意、不满意、喜爱、厌恶、憎恨等主观体验,这就是**情绪**(emotion)或**情感**(feeling)。情绪和情感是有机体适应生存和发展的一种重要方式,也是动机的起源之一,是动机系统的一个基本成分。它们能够激励人的活动,提高人的活动效率,同时在人际间具有传递信息、沟通思想的功能。

意志是人的思维决策见之于行动的心理过程。意志具有引发行为动机的作用,但比一般动机更具有选择和坚持性。意志可以看成是人类特有的高层次动机。意志通过行为表现出来,受意志支配的行为称为意志行为。

(四)能力和人格

人在获得和应用知识的过程中,或者说在信息加工的过程中,还会形成各种各样的心理特性,造成人与人之间的心理差异。人的心理特性有些是暂时、偶然出现的,有些是稳固、经常出现的。这些稳固而经常出现的心理特性,有时也叫个性心理特性,或个性。它是心理学研究对象的另一重要方面。

心理特性包括**能力**(ability)和**人格**(personality)两个方面。例如,有人记得快,有人记得慢;有人长于想象,有人善于思考,这是能力的差异。有人比较温柔,有人比较粗暴;有人敏捷,有人迟钝,这是人格的差异。正是这些心理特性,使一个个体的心理活动与另一个个体的心理活动彼此区别开来。

上述心理现象是个体心理现象重要的四个方面,是心理学的主要研究对象。这四个方面并不是割裂的,而是互相联系、互相依存的。比如,认识的需要会推动人们去探索世界,交往的需要会推动人们去建立各种人际关系,并获得各种各样的情绪体验。同样,人的需要的产生和发展又依赖于认知。人的能力和人格是在获得和应用知识的过程中产生和表现出来的,这些心理特性又调节着人脑信息加工的过程,并赋予这些过程以个体的特色。

二、群体心理

群体是指人们为了完成工作、改善人际关系等而形成的人群。**群体心理学**就是研究结成群体的人们的心理现象、心理活动的社会心理学分支。与地铁站中一起候车的人们不同,人与人之间的相互作用是群体的鲜明特征。一支足球队、一个部门才是群体心理学的研究对象。然而,群体也是个相对的概念。例如,对于同一名足球运动员来说,参加国内比赛时,他所在的俱乐部就是一个群体,而参加世界级联赛时,他与本国其他俱乐部的足球运动员又成为对抗其他国家球队的群体。同样地,在一个公司内部,为了争取有限的资源,每个部门就是一个单独的群体,但是相对于同行业的其他公司来说,公司的所有部门又成为一个大群体。

因此,群体心理学的研究可以分为群体内成员的理解与互动和群体外成员的理解与互动。在群体内,不同的成员扮演不同的角色,起着不同的作用。信息传递、权力等级,都作为群体制度和规范的组成部分,约束并监督着群体成员的行为。不考虑制度和规范本身的合理性,只要群体成员违反这些规范,就会受到该群体中其他成员的惩罚,如嘲笑、奚落、厌恶和拒绝等。

(一)从众

从众(conformity)是指个人在社会群体压力下,放弃自己的意见,改变原有的态度,采取与大多数人一致的行为,是典型的群体内心理现象。它是指个人塑造自身行为并使之与群体规范相一致的过程。

社会心理学家阿希(Asch)在研究从众行为时设计了这样一个实验(图 1-5):让 7 个被试为一组(其中 6 个是研究助理),给他们呈现两张白色卡片,如图 1-6。其中卡片(a)上画着一条柱形线,卡片(b)上画着三条长短不同的柱形线,要求被试判断卡片(b)上的哪条柱形线与卡片(a)上的柱形线一样长。当其他 6 名实验助理按照事先安排,都做出了明显错误的选择时,有 1/3 的真实被试做出了同样错误的选择,即从众。然而,当研究

图 1-5 经典阿希从众实验

者与表现出从众行为的被试进行面谈时,其中 2/3 被试表示,其实他们也不认为自己选择的答案是对的,只是迫于群体的压力。

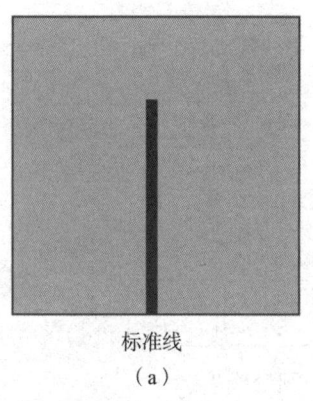
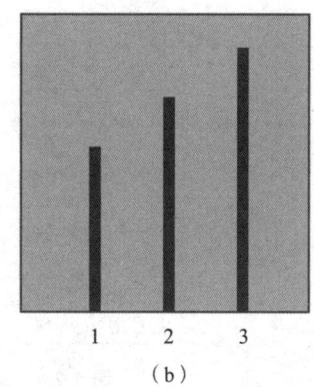

标准线
（a）

1　2　3
（b）

图1-6　阿希从众实验卡片

为了遵守群体规范,群体内的成员必须忍受从众等压力,久而久之,群体内部就会产生很多矛盾、冲突。然而,不管群体内的情况如何,当面临另一个群体或者群体外的其他个体时,群体内的成员总会保持高度的默契。同样地,其他群体的成员或者群体外的个体也同样作用于某个特定群体。

（二）刻板印象

刻板印象(stereotype)是指有关某一群体成员的特征及其原因的比较固定的观念或想法,是描述人们认知和理解特定群体的普遍现象。刻板印象可以被看作是能观察到的典型事例,这些事例能够说明和解释一个特殊社会群体的主要特征。例如,有人发现当美国人评断德国人时,"有效率的""极度国家主义的""勤奋的""科学头脑"等词语,其诊断比率都大于1;但是,"无知的""冲动的""乐于爱人的""迷信的""传统的爱"都呈现诊断比率小于1,表明在美国人眼里,前一类词语比后一类词语更能代表典型的德国人。需要指出的是,刻板印象本身没有好坏之分,在某些情况下,它是人们在短时间内大量获得别人信息的途径。但是,当刻板印象产生偏见和泛化时,就不利于人们的正确认识了。比如,在很多种族主义者看来,黑人都是愚蠢的、危险的、好逸恶劳的。

三、心理学的学科范畴

就学科范畴而言,心理学是自然科学和社会科学的统一体。作为自然学科,心理学包含了对自然规律的研究,如心理现象的生物基础;作为社会科学,心理学又非常注重人际互动对个体心理现象与行为的影响。一方面,自然科学和社会科学各有所长;另一方面,两者统一在心理学学科中互相补充。由此,心理学的研究领域非常广泛,可以分理论研究和应用研究两个方面,如图1-7。

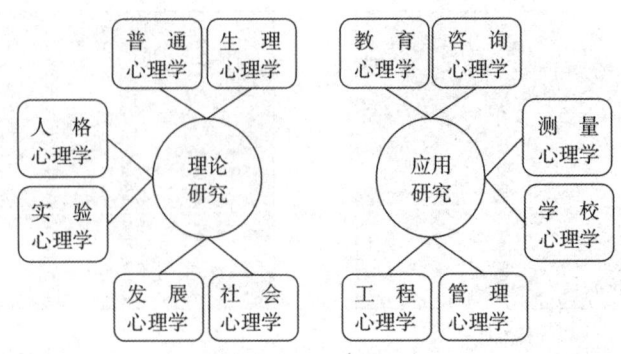

图 1-7 心理学的研究领域

（一）认知心理学

认知心理学（cognitive psychology）是研究个体感知、注意、记忆、问题解决和语言的学科分支。认知心理学家强调认知在个体接受刺激和产生相应行为反应中的重要性，关注认知发生的潜在过程和结构。该领域的研究包括以下内容：

(1) 人们用什么样的方式感知世界？
(2) 面对大量的信息，人们选择哪些进行注意？
(3) 记忆是如何产生的，哪些因素影响记忆？
(4) 人们如何进行决策，并解决问题？
(5) 人们通过什么方式学习，什么因素影响学习的效果？

（二）人格心理学

人格心理学（personality psychology）是研究人格倾向和人格特征的学科分支，包括需要、动机、能力、气质和性格。人格一旦形成便具有较高的稳定性，是个体天生的气质、性格与生长环境长期相互作用的结果。它在个体的生存和发展中起着重要的作用。人格心理学的研究者不仅关注研究人格的类型和影响因素，还开发出众多用于测量和解释人格的工具。该领域的研究包括以下内容：

(1) 情绪的本质是什么？情绪如何产生？如何测量？
(2) 人们的动机有哪些类型？不同类型、不同程度的动机对人们有何影响？
(3) 人格有哪些类型？其与自我意识有何关系？
(4) 智力和能力有何关系？两者如何测量？

（三）发展心理学

发展心理学（developmental psychology）是一门研究人类从出生到死亡的心理发展变化规律的学科分支。个体心理发展的研究对象是人生全过程各个年龄阶段的心理发展特点，这些年龄阶段包含婴儿期、幼儿期、儿童期、少年期、青年期、中年期、老年期等时期。发展心理学关注个体在各个发展阶段中，在生理、言语、活动、认知和人格等方面的发展。该领域的研究内容包括：

(1) 发展心理学依据哪些基本理论？

(2)人类的心理在各个发展阶段呈现出什么特征?
(3)个体的心理和行为在前后的发展阶段有何内在关联?
(4)作为父母、教师等长辈,在孩子的每个发展阶段要重点关注哪些方面?
(5)作为儿女,应如何帮助父母更好地度过晚年?

(四)社会心理学

社会心理学(social psychology)是研究个体或者群体成员在人际互动的情境中的心理现象及其规律的学科分支。社会心理学也是心理学研究与人们的日常生活关系最直接的学科分支。该领域的研究包括:
(1)迫于群体的压力,个体的行为会出现什么变化?
(2)在什么情况下,个体的反社会倾向会增强?
(3)什么因素会影响人们的道德判断?
(4)人们在进行社会比较时会选择什么样的比较对象?比较将会产生什么效果?

(五)健康心理学

健康心理学(health psychology)是研究人类心理活动过程和生理健康之间交互关系的一门学科分支。而心理健康教育,则是根据特定群体的心理发展特点,运用有关心理教育方法和手段,培养其良好的心理素质,促进其身心全面和谐发展和素质全面提高的教育活动。根据对象的不同,心理健康教育可分为中小学生心理健康教育、大学生心理健康教育、未成年人心理健康教育、教师心理健康教育等。该领域的研究内容包括:
(1)心理异常与心理变态有什么区别?
(2)心理异常有哪些类型和表现?
(3)如何进行压力管理?
(4)教师为什么也需要心理健康教育?

另外,从心理学的研究取向来看,心理学研究可以分为基础心理学、教育和发展心理学、应用心理学三大类。基础心理学的研究主要包括语言学习、认知心理、心理学研究方法等;教育和发展心理学的研究包括学习与智力开发、心理发展、青少年与特殊儿童教育等;应用心理学研究涉及的范围较广,包括心理咨询与治疗、心理分析、犯罪心理、临床心理、管理心理、人才测评等。

第三节 心理学的产生和发展

正如其他大部分的科学一样,在发展成为一门独立的学科之前,都需要一段积蓄力量的时间,心理学也同样经历了漫长的孕育时期。独特的是,"心理学虽有一个长期的过去,却仅有一个短暂的历史"。那么,科学心理学的产生,是什么时代背景的产物呢?

一、心理学的哲学与生理学背景

17—19世纪中期的欧洲,受到文艺复兴的刺激和鼓舞,追求自由和开放思想的热情极大增长。真正意义上的科学,如生物、物理等也随之诞生。在这个时期,出现了两大引人注目的思想派别,即理性主义和经验主义。

法国哲学家笛卡尔(Rene Descartes,1596—1650,图1-8)是**理性主义**(rationalism)的代表人物,他主张人的知识来自天生理性,提出"我思故我在"的观点。在获取知识、探求真理的过程中,笛卡尔认为应采用内省、沉思的方法。

图1-8 笛卡尔

英国哲学家洛克(John Locke,1632—1704,图1-9)是**经验主义**(empiricism)的代表人物。与理性主义相反,洛克主张"人心如白板"。他认为人生来是没有任何思想的,知识的积累来自感官经验。洛克的这个观念也被称为"白板"理论。

图1-9 洛克

在理性主义与经验主义长达200年的对峙中,身心关系是两方辩论的重要内容之一。笛卡尔坚持身心二元论,在他看来,人虽然是心理和身体的统一体,但两者是互相独立,并有本质区别的。笛卡尔认为心理拥有更大的影响力,而身体则是从属于心理的。但与此同时,他也承认身体对心理具有反作用。而洛克则认为,身体和心理起着同样重要的作用,是相互对称的关系。他认为,心理必须依赖身体来获得信息,而身体则依赖经过心理加工后的感觉经验。

哲学家们的思辨为心理学的萌芽提供了肥沃的土壤,而生理学的加入则为心理学的诞生提供了很大的助力。19世纪中期到19世纪末,生理学在神经生理、感官生理的研究方面取得了很多重大成就。

1861年,法国医生保罗·布洛卡(Paul Broca)对一些失语症患者进行研究及治疗时发现,位于大脑皮层额下回后部的44、45区主管语言信息的处理、话语的产生。当这部分脑区受损时,患者无法制造符合文法的流畅句子,会出现电报式的话语,以短而间断的句子表达其思想。后来,该部分脑区就被称为**布洛卡区**。1876年,卡尔·韦尔尼克(Karl Wernicke)

发现对位于布洛卡区附近的另一个区域的损伤也会造成语言问题。这一个区域称为**韦尔尼克区**。韦尔尼克区包括颞上回和颞中回后部、缘上回以及角回(图 1-10),它与布洛卡区共同构成语言系统。

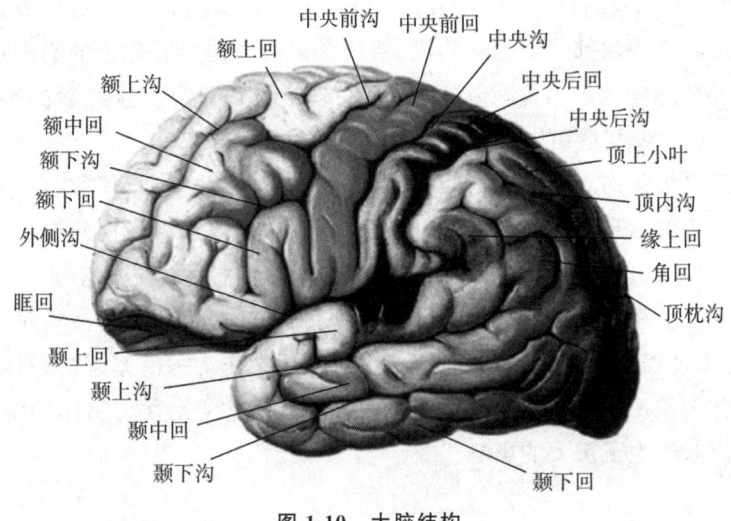

图 1-10　大脑结构

哲学家和医生在心理学领域的贡献,为心理学的诞生奠定了一定的基础。其他自然科学的发展,也为心理学的发展提供了研究方法上的借鉴。

1874 年,德国生理学家威廉·冯特(Wilhelm Wundt,1832—1920,图 1-11)在他的著作《生理心理学原理》里阐述了用于研究感觉、体验、意志、知觉和灵感的系统心理学,并提出心理学是一门科学的观点。这部著作被后人称为心理学的独立宣言。1879 年,冯特在德国莱比锡大学建立了世界上第一个心理学实验室,标志着科学心理学的诞生!

图 1-11　冯特

在冯特创立他的实验室之前,心理学像个流浪儿,一会儿敲敲生理学的门,一会儿敲敲伦理学的门,一会儿敲敲认识论的门。1879 年,它才成为一门实验科学,有了一个安身之处和一个名字。

——G.墨菲

二、心理学的发展流派

自心理学作为一门独立的学科诞生之后,心理学便呈现出强大的活力,蓬勃发展起来。而心理学的历史,则是在心理学流派百家争鸣、去伪存真、承前继后的发展过程中书写下来的。

(一)构造主义和机能主义

构造主义(structuralism)是心理学历史上出现的第一个学术流派。构造主义的创始人就是冯特,他的学生铁钦纳(E.B.Titchener,1867—1927)也是该流派的代表人物。构造主义者认为所有的心理现象都是由元素构成,强调意识的结构。有意识的心理过程是由直接经验的感觉或者情感构成。因此,该学派主张心理学应该研究直接经验的感觉或者情感,而不是那些间接的、经过诠释的有意识的经验。

构造主义反对哲学的思辨方式,推崇采用内省法(观察法)进行研究。内省法要求人们内省其意识中出现的信息,并凭借自己的主观判断做出反应或者说出感受。在构造主义的研究中,主试会对被试进行培训,使其在进行自我观察时,能做到更加客观。

尽管构造主义流派存在排斥内省法以外的所有研究方法,太过于注重对基本感觉过程的研究,缺乏思维过程的研究成果等不足,但它对心理学作为一门系统的、科学的学科建立做了初步的准备工作。它对自然科学研究方法的倡导,以及元素与整体的辩证思想,都对后来的心理学流派产生了重大的影响。

机能主义是继构造主义之后的第二大流派,出现在19世纪末20世纪初的美国。其创始人是威廉·詹姆斯(图1-12),他在《心理学原理》一书中指出:"心理学是研究心理生活的科学,研究心理生活的现象及其条件。"该学派受达尔文进化论的影响和詹姆斯实用主义思想的推动,主张心理学以有适应性的心理活动为研究对象,强调心智发展在适应环境中所起的作用。

图 1-12 詹姆斯

作为构造主义的对立派别,机能主义者提出意识是连续变化的。意识是不能还原为元素的,相反,意识作为一个整体起作用。该学派反对将意识结构作为研究的重点,而是强调有机体对环境的适应,强调意识活动在人类的需要与环境之间起重要的中介作用。例如,构造主义关心什么是思维,而机能主义关心思维在行为中的作用。

机能主义学派对心理学的贡献主要有:不以研究意识为局限;注重心理学的实际应用,强调心理现象对客观环境的适应和功用;关注心理学在各个领域(如动物心理、差异心理)的应用以及改进心理学的研究方法。但是,机能主义学派没有固定的研究方法,认为任何有助于回答所研究问题的方法都可以采用。

(二)行为主义

请给我一打健康而没有缺陷的婴儿……我都能任意地把他塑造成为一个医生,或一个律师,或一个艺术家,或一个商界首领,或者还可以训练他成为一个乞丐或窃贼。

——华生

19世纪末、20世纪初,正当构造主义和机能主义在一系列问题上发生激烈争论的时候,美国心理学界出现了另一种思潮——**行为主义**(behaviorism)。1913年,美国心理学家华生(John Watson,1878—1958,图1-13)发表了《从一个行为主义者眼光中所看到的心理学》,宣告行为主义的诞生。

图1-13 华生

行为主义学派反对构造主义和机能主义,主张心理学研究行为,反对研究意识;主张用实验方法进行研究,反对进行内省。极端的行为主义者甚至认为,人类的心理活动是"黑匣子",任何有关内部思想和思维的推论都只是一些猜测而已。

行为主义学派的出现,是建立在俄国生物学家巴甫洛夫**条件反射学说**的基础上的。巴甫洛夫在研究动物的消化现象时,通过将食物显示给狗来测量其唾液分泌。在这个过程中,他发现如果随同食物反复给一个中性刺激,即一个并不自动引起唾液分泌的刺激,如铃声,狗就会逐渐"学会"在只有铃声但没有食物的情况下分泌唾液。此时,狗在铃声和食物之间建立了一种内在的联系,巴甫洛夫称之为条件反射。

行为主义的奠基者华生受条件反射学说的影响,认为任何行为都可以通过建立刺激-反应(S-R)的关系来塑造和控制。他认为人类的行为都是后天习得的,环境决定了一个人的行为模式。只要查明了环境刺激与行为反应之间的规律性关系,就能根据刺激预知反应,或根据反应推断刺激,达到预测并控制动物和人的行为的目的。

行为主义学派的另一个代表性人物是斯金纳,他在巴甫洛夫**经典性条件反射**(一个刺激和另一个带有奖赏和处罚的刺激多次联结,可使个体学会在单独呈现该一刺激时,也能引发类似无条件反应的条件反应)基础上提出了**操作性条件反射**(也叫工具性条件作用,是指有机体的某个随意活动在得到强化后会大大增加再次发生的概率)。在他的实验中,他将一只饥饿的老鼠关在笼子里,当老鼠由于偶然一次压杠杆装置而得到食物后,老鼠压杠杆的频率越来越多,即学会了通过压杠杆来得到食物的方法。在这个例子里,食物就是强化物,运用强化物来增加某种反应(即行为)频率的过程叫作强化。斯金纳认为强化训练是解释机体学习过程的主要机制。

【真题解析】

强化论代表人物是(　　)。

A.坎农　　　B.斯金纳　　　C.赫尔　　　D.马斯洛

解析:本题答案为B。

与前面两大学派不同的是,行为主义学派提倡实验的方法,使用动物作为被试。该学派在研究有机体外在行为上取得的成就对心理学在教育等方面的应用发挥了很大的作用。尽管存在将意识和行为相对立,忽视行为产生的内部原因等不足,行为主义依然是对西方心理学影响最大的流派之一。

【真题解析】

一切学习都是通过条件作用,在刺激和反应之间建立直接联结的过程,提出这个观点的学派是(　　)。

A.认知主义学派　　B.行为主义学派　　C.人本主义学派　　D.精神分析学派

解析:本题答案为 B。

(三)格式塔心理学派

格式塔心理学派产生于德国。"格式塔"这一名称就是对形状、完形、整体等意思的德文译音。1912年,魏特曼发表了论文《似动的实验研究》,标志着该学派的兴起。该学派的其他两位代表人物是考夫卡(Kurt Koffka,图 1-14)和苛勒(Wolfgang Kohler,图 1-15)。

图 1-14　考夫卡　　　　图 1-15　苛勒

受当时自然科学重视整体研究的趋势影响,格式塔心理学派主张将心理现象看作一个系统的整体,既反对结构主义将心理过程分解成基本元素,更反对行为主义将行为分成刺激-反应两个单元进行研究。"整体大于部分之和",是格式塔心理学的核心思想。

【真题解析】

"整体大于部分之和"是下列(　　)学派的核心思想。

A.人本　　B.格式塔　　C.认知　　D.精神分析

解析:本题答案为 B。

格式塔心理学派强调整体的观点,重视各部分之间的综合。它对同时期其他心理学派提出的批评是非常中肯而且有意义的。但是,该学派采用的实验和观察法,更加注重整体数据,而不是对变量的控制,缺乏精确度。

(四)精神分析学派

精神分析学派是心理学中最古老、最有吸引力也是最有争议的学派之一。它起源于奥地利精神医学家弗洛伊德,是他在毕生的精神医疗实践中,对人的病态心理经过无数次的总结、多年的累积而逐渐形成的。精神分析学派的主要观点是:人类的行为源于欲望和动机,欲望以无意识的形式支配人的行为。

该学派的另一代表人物是荣格（图 1-16），他也认为精神活动是由意识与潜意识活动组成的，借助于象征语言（梦、幻想）而互相交流。精神活动具有力求将意识与潜意识整合为一体的倾向。尽管荣格和弗洛伊德同属精神分析学派，但两者在理论体系上有许多不同之处。如两人皆重视潜意识，但荣格的潜意识范围较广；荣格反对弗洛伊德的泛性论，他不认为"力比多"是性欲的来源等。

弗洛伊德精神分析学说的最大特点就是强调人的本能的、情欲的、自然性的一面，它首次阐述了无意识的作用，肯定了非理性因素在行为中的作用，开辟了潜意识研究的新领域；它重视人格的研究，重视心理应用。但是，精神分析学说也遭到了很多学者的批判。他们认为，弗洛伊德过多依赖性来解释心理现象，同时也过分依赖个案研究。不管怎么说，精神分析学说在心理学理论发展过程中所起的作用还是不容忽视的。

图 1-16 荣格

（五）人本主义学派

在 20 世纪 50 年代的美国，随着精神分析学说的发展，人本主义也随之兴起。人本主义反对人类行为受制于潜意识，认为人可以超越本能，发挥潜能。人本主义心理学家信奉人性本善，认为人有自由意志，有自我实现的需要。而人本主义的目的就是促进人的自我实现。人本主义被称为心理学上的"第三势力"。该学派的代表人物是马斯洛与罗杰斯。

马斯洛（图 1-17）认为人类行为的心理驱力不是性本能，而是人的需要。他将其分为两大类、七个层次，好像一座金字塔，由下而上依次是生理需要、安全需要、归属与爱的需要、尊重的需要、认知需要、审美需要、自我实现需要。人在满足高一层次的需要之前，至少必须先部分满足低一层次的需要。

图 1-17 马斯洛

罗杰斯（图 1-18）提出了自我的理论。他认为，刚出生的婴儿并没有自我的概念，随着他与他人、环境的相互作用，他开始慢慢地把自己与非自己区分开来。在成长环境中，来自他人的关怀与尊重是有条件的。这种关怀与尊重体现着他人的价值观，会慢慢被儿童内化为自我结构的一部分。罗杰斯认为心理治疗的目标是将那些原本不属于自己的，经过内化形成的自我部分去除掉，从而找回属于自己的思想情感和行为模式，只有这样才能充分发挥个体的机能。

图 1-18 罗杰斯

人本主义学说认为人类共有真、善、美、正义、欢乐等内在本性，主张研究对人类进步富有意义的问题，关心人的价值和尊严。它对20世纪50年代的美国社会产生了重要的影响。但是，该学派忽视时代条件和社会环境对人的先天潜能的制约和影响，其理论也较少有研究支持。

【真题解析】

认为学习应关注人的潜能、个性与创造性的发展，强调人的潜能发挥、自我实现、自我选择和健康人格为追求的目标。持有这种观点的学派是（　　）。

A.认知主义学派　　B.行为主义学派　　C.人本主义学派　　D.精神分析学派

解析：本题答案为C。

（六）认知心理学和神经心理学

进入20世纪50年代以后，西方心理学的研究重点主要集中在认知心理学和神经心理学两个方向。

认知心理学起始于20世纪50年代中期，60年代以后飞速发展。1967年美国心理学家奈瑟尔（图1-19）出版了《认知心理学》，标志着认知心理学已成为一个独立的学派。该学派的奠基者是美国的奈瑟尔和西蒙。认知心理学批判行为主义者对心理研究的忽视，强调认知在理解人类行为过程中的重要性。

图1-19　奈瑟尔

认知心理学有广义、狭义之分。广义的认知心理学将研究人的认识过程的所有心理学都包括在内。狭义的认知心理学也称为信息加工心理学，是指用信息加工的观点和术语，通过与计算机相类比、模拟、验证等方法来研究人的认知过程。信息加工心理学认为，人的认知过程就是信息的接受、编码、贮存、交换、操作、检索、提取和使用的过程，并将这一过程归纳为四种系统模式：感知系统、记忆系统、控制系统和反应系统。

认知心理学强调人类储存在大脑中的已有知识结构，决定当前的认知和行为。比如，预先在电视节目或者地理课本中看到过地球运行规律的知识，就不会选择在4月份到10月份去南极探险了。因为每年的春分之后到秋分之前，南极都处于极夜状态，无法开展正常活动。认知心理学最重大的研究成果是在记忆和思维领域，提出了瞬时记忆、短时记忆和长时记忆的阶段理论。

认知心理学强调意识在行为上的重要作用，极大地促进了心理学对心理活动本身关注的回归。它利用计算机科学来研究各心理过程的联系、制约，在记忆和思维领域取得了重大成就。但也有学者提出，认知心理学忽视了人的客观现实生活条件和人的实践活动的意义。

神经心理学是研究和说明人的心理活动与大脑关系的心理学的重要分支，也是心理学与神经学的交叉学科。神经心理学一词由美国哈佛大学心理学教授波林（Boring）提出。该学派以研究大脑组织结构与心理活动的关系为对象。"心理是脑的功能"精辟地概括了神经心理学派的核心观点。

在神经心理学的发展过程中，包括鲁利亚、斯佩里在内的一大批神经病学家、神经生理学家做出了重大贡献。鲁利亚通过长期临床观察,总结了大量脑损伤病例,以脑的三个基本功能联合区的新范畴来探讨脑在人的各种心理活动过程中的功能组织原则。他把大脑分成三大块功能单元,即第一功能联合区、第二功能联合区和第三功能联合区,并认为人的各种心理过程就是依赖这三个功能联合区的统一活动得以实现的。

斯佩里(图1-20)等人则利用割裂脑手术,将猫、猴等动物大脑中的视交叉、胼胝体和其他联合纤维割断,以观察大脑左右半球独立接受外界信息后的心理现象与行为。这种技术最后被神经外科医生应用于顽固性癫痫的治疗,取得了较理想的效果。斯佩里还设计了精巧和详尽的测验,在做割裂脑手术的人恢复以后,进行神经心理学的测定,获得了人左右两半球机能分工的第一手资料,发现两半球机能的不对称性,右半球也有言语功能,从而更新了优势半球的概念。

图1-20 斯佩里

就神经心理学目前所取得的成果看来,这种学派所倡导的研究对象以及所采用的研究方法卓有成效。随着脑电图(EEG)、核磁共振成像(FMRI)、事件相关电位(ERP)等研究工具和方法的发展,神经心理学将会成为心理学研究的趋势,在未来的几十年之内揭示更多的未知和秘密。

第四节 心理学的研究方法

一、心理学研究范式

心理学的研究,就如其他科学的研究一样,必须在特定的理论依据下,提出明确的研究假设,并采用成熟的研究范式进行研究和论证。范式为研究提供观察问题的视角,而理论则用于解释所观察到的现象。而研究假设,既可以源于已有理论的缺口,也可以基于个体对现实的观察。

根据托马斯·库恩的观点,范式的基本含义主要体现在两个方面:学科共同体所持有的共同态度和信念,具有公认的研究框架和理论模型。心理学的研究范式可以分为实证主义范式、建构主义范式和实用主义范式三大类。

实证主义范式一直深受西方主流心理学的青睐。实证主义范式注重量的研究,它主要遵循以下两个原则:一个原则是经验证实原则,即强调任何概念和理论都必须以可观察的事实为基础;另一个原则是客观主义,即强调认识过程中主体和客体的分离,主体的知识应该绝对反映客观事物的特点,不掺杂个人的态度和情感、信念和价值等主观因素。因而,实证主义常用实验、调查等方法进行研究。

建构主义范式最初来源于皮亚杰的心理学,他认为儿童的学习过程是主动建构知识的过程,而不是被动接受知识的过程。后来,建构主义慢慢衍化成一种知识论,受到一部分心理学家的推崇。与实证主义范式相反,建构主义范式认为片面地强调客观和经验,极大地限制了心理学,尤其是"高级心理过程"的研究。因为这些心理过程超出了经验范围,也很难用实验的方法进行研究。因而,建构主义更注重质的研究,常常用参与观察、现场研究,强调人际互动。从某个角度来说,建构主义范式对思辨或者说理论研究的认可,在扩充心理学的研究架构上起到了关键的推动作用。

实用主义范式介于实证主义和建构主义中间,它更强调研究策略的有效性,认为应该按实际情况的需要来选取研究的方法。正所谓"道不忌器,商不背利",实用主义范式既不倾向于量的研究,也不偏倚质的研究,故经常用混合研究设计。

正如前面所说,实证主义范式是左右西方主流心理学发展方向的方法论。从冯特成立第一个心理学实验室开始,心理学就吸收了实证主义精神。而认知心理学作为当今心理学的研究热点之一,也深受实证主义的影响,把注意的中心指向认知过程的实证分析上。可以说,在当代心理学研究中,实证主义的方法因其科学性占据着主要地位。

二、实证主义量化研究方法

实证主义范式强调研究方法的客观和量化,最常采用观察法、相关法和实验法,见表1-2。

表1-2 量化研究方法

方法	重点	所回答的问题
观察法	描述现象	现象的本质是什么?
相关法	预测结果	知道了 x,能预测 y 吗?
实验法	确定因果	变量 x 是变量 y 的原因吗?

(一)观察法:描述现象

观察法是研究者在尽量不影响被观察者(人或动物)的情况下,对其行为做观察、测量和记录,包括自然观察和实验观察。

自然观察法的主要目的是观察人或动物在各自正常的社会环境中的行为表现。心理学家则用这种方法在任何人类活动的场所进行观察,如家中、游乐场、街道、学校或者办公室。不过,心理学家往往更喜欢在实验室情境下进行观察。在实验室观察中,研究者可以进行较多的控制。他们可以利用先进的精密仪器,很快确定观察对象的人数,并能保证观察时视野的清晰度等。

观察法的另一种形式是**实验观察法**。实验观察法是指观察者对周围条件、观察环境、观察对象等观察变量做出一定的控制,采用标准化手段进行观察。例如,为了研究婴儿记忆力的发育情况,研究者就让一个8个月大的男婴坐在微型舞台前,让另一位研究人员躲在舞台后,把一只玩具狗放在男婴看得见的地方。正当婴儿准备用手去抓它的时候,这位研究人员却拉上了帷幕,把狗遮了起来。通过这种方法,研究人员就能测试婴儿对被藏起来的东西仍然存在这种事实的意识程度。

由于观察法是在自然状态下进行的直接观察,因此具有及时、生动、真实等优点,而且观察法还可以收集到一些无法用言语表达的信息。但是观察法在很大程度上受到观察范围和来自观察者、观察对象的一些无关变量的干扰,不易控制。

【参与其中】

一项关于私人空间的研究

试着进行一次小型的自然观察。到一个提供座位的公共场合,如电影院或咖啡厅,观察人们就座的情况。你可以将观察场景划分成几个区域,然后和朋友一起分别负责。任务则是观察刚坐下的人们和邻座之间相隔几个座位。最后得出人们在就座时通常与陌生人保持的距离。你能想出多少种可能对结果的解释呢?

(二)相关法:预测结果

相关法是通过系统地测量两个或多个变量,继而评估其关联性的方法,即根据一个变量在多大程度上能对另一变量做出预测。而两个变量或者多个变量之间的相关程度,则用**相关系数**(r)来度量。相关系数的变化范围是-1~$+1$,它既能说明相关的程度,又能说明相关的方向。负号表示两个或多个变量**负相关**,即它们的变化方向是相反的,如人的记忆力随着年龄的增长而降低;正号表示两个或多个变量**正相关**,即它们的变化方向一致,如人的经验随着年龄的增长而增加。当两个变量没有关系时,其相关系数就为零或接近于零,如一个人所穿鞋子的尺码与其 IQ 分数之间就是零相关。

相关研究在心理学中普遍存在,在新闻报道中也常有涉及。但我们要小心,相关可能会让人产生误解。其中需要记住的最重要的一点是,相关关系并不能表明存在因果关系。若通过 A 的出现就能预测出 B 的出现,人们一般就会想当然地认为,是 A 导致了 B,即 A 是 B 发生的原因。但是,事实并非如此。例如,儿童看电视的时间长短与儿童的攻击性存在中等程度的正相关。这一正相关意味着什么呢?很多心理学家都由此得出结论,认为看暴力电视节目会导致儿童出现更多的攻击性行为。而实际上,还存在其他的可能性,也许是那些攻击性强的儿童容易沉溺于暴力电视中;或者是其他的可能性,比如说这些儿童从小就生活在充满暴力的家庭中,从而导致儿童的攻击性行为,又导致儿童爱看暴力电视。

【小测验】

你弄清楚相关是怎么回事了吗?

1.判断下列问题是正相关还是负相关:

(1)雄性猴子的睾丸激素水平越高,表现出的攻击性就越强。

(2)人越老,性生活就越少。

(3)天气越炎热,暴力行为发生的可能性就越大。

2.对于上述结果,你是否能给出两三种可能的解释?

答案:

1.(1)正相关;(2)负相关;(3)正相关。

2.(1)可能是因为荷尔蒙的分泌导致了攻击性行为,或是因为攻击性行为刺激了荷尔蒙的分泌。(2)由于精力减少和身体不适,老年人对性生活的兴趣会降低;或者是因为很难寻找性伴侣。(3)高温导致人们更加烦躁不安,从而导致犯罪率上升;由于热天出门的人增多,所以潜在的被害人数也增多了;罪犯可能认为在热天作案要比在冷天更容易些。(对这些相关的解释并不是唯一的。)

(三)实验法:确定因果

要想确定变量间的因果关系,就必须采用**实验法**。它是判断因果关系的唯一方法。实验法是指研究者将参与者随机分派到不同的情境中,并确保除自变量外其他条件均一致,借此探讨自变量所产生效果的一种研究方法。

实验法涉及三个重要的概念,即**自变量**、**因变量**和**无关变量**。自变量是研究者操纵或改变的量,其目的是了解其是否会对其他变量产生影响;因变量是研究者所测量的变量,其目的是了解其是否会受到自变量的影响;无关变量是自变量和因变量之外的所有其他变量,为了保证实验数据的有效性,所有的无关变量都需要通过实验设计或者数据处理的方式来控制。在实验中,自变量和因变量的选择并不是绝对对立的,取决于不同的实验目的。比如,在管理心理学领域,若研究设计为"领导类型对工作满意度的影响",那么工作满意度是实验中的因变量;若研究设计为"工作满意度对员工离职率的影响",那么工作满意度就是实验中的自变量。

实验法是心理学研究中比较高级的研究方法,通过实验法可以对变量之间的因果关系做出解释。比如,有人设计了这样一个实验:以借口"讨论私人问题"为目的,将前来参加实验的被试安排到单独的实验室。每个讨论小组中有1~4个陌生人,所有人都通过对讲机进行交谈,以更好地讨论敏感的话题。在交谈的过程中,有一位成员突然表现出癫痫病发作的症状,并发出断断续续的求救。实验的目的在于测量同组的其他被试需要花多长时间才会去帮助那个人。研究结果发现,人数越多的讨论组,所花的时间越长。在这个研究中,自变量为讨论组的人数,因变量为采取救援行动所需的时间。根据研究结果,我们就可以推论:人数的多寡决定了时间的长短,人数较少的小组所花的时间比人数较多的小组短。

虽然实验法可以帮助我们确定因果关系,但同其他所有的方法一样,实验法也有其自身的局限性。第一,实验中的被试并不总能代表所要研究的总体。在大学里做实验,大多数志愿者都是大学生,他们在许多方面都与校外的人们有所不同。第二,在实验中研究者负责提问和记录行为,而被试只是尽力按照实验要求去做。他们有时想要表现合作或是展现自己最好的一面,因而在实验中被试往往会表现得与平常不大一样。

【小测验】

指出以下所要研究问题中的自变量和因变量:

1.学习一首诗之后就睡觉,是否能促进对诗的记忆?
2.他人在场是否会影响一个人主动帮助处于危难之中的人们的意愿?
3.重金属音乐是否能煽动人们的情绪?

答案:

1.自变量:学习后是否睡觉;因变量:对诗的记忆程度。

2. 自变量:他人的在场;因变量:主动帮助他人的意愿。
3. 自变量:听重金属音乐;因变量:情绪被煽动的程度。

这几种心理学研究方法的优缺点如表 1-3 所示。

表 1-3 心理学研究方法的优缺点

方法	优点	缺点
自然观察法	可以描述发生在环境下的行为。通常在研究初期非常有用	研究者几乎无法控制研究情境。观察可能存在偏向。无法做出有关因果关系的定论
实验观察法	比自然观察法有更多的可控性。可以使用一些精密的仪器	研究者对研究情境的控制非常有限。观察可能存在偏向。无法做出有关因果关系的定论。其中所发生的行为可能与自然情境下的行为不同
相关法	表明两个或几个变量间是否相关。可进行一般性预测	无法进行因果推论
实验法	研究者可以控制实验情境。可以做出因果判断	由于实验情境的人工化,结果可能与现实中的实际情况有所不同。有时很难避免实验者效应

【案例回顾与分析】

《盗梦空间》在电影市场上取得瞩目的成绩,在一定程度上反映了公众对心理知识的渴求。潜意识、梦是本片的基本要素,也是心理学研究的重要对象。从心理学的发展历史来看,诸多学派都在这方面形成了自己的理论和观点。

弗洛伊德在著名的"冰山理论"中提出:人的意识组成就像一座冰山,露出水面的只是一小部分,但隐藏在水下的绝大部分却对其余部分产生影响。而露出水面的意识,是我们平时清醒时意识状态;潜意识,即海水以下的不被看见的冰山巨大部分。弗洛伊德认为无意识具有能动作用,它主动地对人的性格和行为施加压力和影响;而梦就是潜意识(即无意识)的特殊表现形态。根据这样的观点,如果要想将意念植入潜意识,梦境就是一个有效的途径。

在影片中,Cobb 等人是通过将"父亲希望我不要重复他的人生,只要做一个独一无二的自己"的意念植入,改变 Robert 潜意识里面关于经营父亲公司的动机,最终目的就是使他自动放弃并解散其父亲的公司。影片中的意念植入,正是无意识能动作用的体现。

对于这样的一个现象,认知心理学家也提出了类似的支持性观点,认为梦的功能之一就是将个体的知觉和行为经验重新编码、整合,使之转化为符号化的、可意识到的知识。这样一种整合可以将新的、旧的记忆联系起来。所以,梦境可以将旧有的认知体系与新的知识进行编码、整合形成一个属于做梦者的一个新的认知体系,即本影片中意念通过梦境植入,从而塑造出全新的意念,最终影响行为。

【学以致用】

心理学能为你做些什么?

心理学,对于刚刚接触这个领域的初学者而言还处于对其认知的初级阶段。其表现之一认为心理学充满神秘,这种神秘感往往导致人们对心理学的认识走向两个极端:一种认为心理学是伪科学,是不可信的,对心理学充满鄙夷;另一种认为心理学是可怕的,无所不能,认为懂心理学的人能一眼看穿他人的心思。表现之二使很多人对心理学充满了兴趣和向往。这种表现又可分两种:一种是认为学了心理学就像学会了算命占卜一样;另一种把心理学等同于成功学,认为通过心理学调整激励自己或了解控制他人,就能达到快速成功的目的,或者认为心理学可以轻松地解决自己的各种类似沮丧低落等的消极情绪。

通过本章的学习,对于心理学已有初步了解,也清楚心理学对生活方面都是极为有用的,那么,到底心理学能为你做些什么呢?

1. 满足对人类本性的好奇心

心理学与文学、历史、哲学、生理学、物理学、社会科学等学科产生诸多交叉,在这些不同学科背景下的心理学家们从各种不同的角度对人性进行了探讨,能让你更好地了解自己与他人。

2. 更好地控制自己的生活

心理学虽然不能帮你解决所有的问题,但它确实能提供一些有用的技巧来帮助你调控自己的情绪、增强记忆力和改掉一些不良习惯。同时,它还能使你形成一种有助于分析自己的行为以及与他人的关系的客观态度。

3. 帮助你找份好工作

学习了心理学,更确切地说具有心理学相关专业的学位对于目前竞争日趋激烈的就业市场来讲无疑是一有利的条件。比如,从事护士、医生、教师、警察等职业的人们在工作中需要运用心理学;酒店服务员、航空服务员、银行工作人员、推销员等从事服务工作的人们也需要心理学知识。

4. 有助你成为一个博学的人

教育的目的之一在于使人们熟知人类的文化遗产以及人类在文学、艺术和科学等方面所取得的成就。心理学在当今社会扮演了很重要的角色,所以要成为一个博学的人,就必须对心理学的研究法和研究成果有所了解。

……

我们对心理学的地位和作用充满信心,但有时人们会问一些心理学解决不了的问题。比如,心理学不能回答生命的意义。一个研究人生意义的哲学家不仅需要有深厚的哲学知识,更应该有对生活的反省和思考的意愿。心理学知识不能解除人们对自己行为的责任感。另外,心理学对于一些复杂的问题也不会给出一个简单的答案。心理学家们同其他科学家一样也经常发生争论,但这种争论是对不同的理论观点和研究方法的正常反应,同时也反映出大多数人类现象不能从单维的角度去解释这一事实。

【关键术语】

心理学是一门研究心理现象及其规律的科学。

从众就是典型的群体内心理现象,它是指个人塑造自身行为并使之与群体规范相一致的过程。

刻板印象是描述人们认知和理解特定群体的普遍现象。

认知心理学是研究个体感知、注意、记忆、问题解决和语言的学科分支,强调认知在个体接受刺激和产生相应行为反应中的重要性,关注认知发生的潜在过程和结构。

人格心理学是研究人格倾向和人格特征的学科分支,包括需要、动机、能力、气质和性格。人格一旦形成便具有较高的稳定性,是个体天生的气质、性格与生长环境长期相互作用的结果。

发展心理学是一个研究人类从出生到死亡的心理发展变化规律的学科分支。个体心理发展的研究对象是人生全过程各个年龄阶段的心理发展特点。

社会心理学是研究个体或者群体成员在人际互动的情境中的心理现象及其规律的学科分支。社会心理学也是心理学研究与人们日常生活关系最直接的学科分支。

健康心理学是研究人类心理活动过程和生理健康之间交互关系的一个学科分支。

构造主义认为,所有的心理现象都是由元素构成的。该学派主张心理学应该研究直接经验的感觉或者情感,而不是那些间接的、经过诠释的有意识的经验。

机能主义是继结构主义之后的第二大流派,创始人是威廉·詹姆斯。他主张心理学以有适应性的心理活动为研究对象,强调心智发展在适应环境中所起的作用。

行为主义主张心理学应该研究可观察的外显行为,而不是内部的心理活动。

格式塔心理学派主张将心理现象看作是一个系统的整体,既反对结构主义将心理过程分解成基本元素,更反对行为主义将行为分成刺激-反应两个单元进行研究。

精神分析学派起源于奥地利精神医学家弗洛伊德。主要观点是:人类的行为源于欲望和动机;欲望以无意识的形式支配人的行为。

人本主义学派的代表人物是马斯洛与罗杰斯。人本主义反对人类行为受制于潜意识,认为人可以超越本能,发挥潜能。人本主义心理学家信奉人性本善,认为人有自由意志,有自我实现的需要。而人本主义的目的就是促进人的自我实现。

神经心理学是研究和说明人的心理活动与大脑关系的心理学重要分支,也是心理学与神经学的交叉学科。该学派以研究大脑组织结构与心理活动的关系为对象。

范式是指特定时期从事某一学科的研究者所公认的理论框架或研究纲领。

观察法是研究者在不影响被观察者的情况下,对其行为进行系统而精细的观察和记录的方法。

相关法是通过系统地测量两个或多个变量,继而评估其关联性的方法。

实验法是指研究者将参与者随机分派到不同的情境中,并确保除自变量外其他条件均一致,借此探讨自变量所产生效果的一种研究方法。

自变量是指研究者操纵或改变的变量,目的是了解其是否会对其他变量产生影响。

因变量是指研究者所测量的变量,目的是了解其是否会受到自变量的影响。

无关变量是除自变量和因变量之外的其他所有变量。

【参考文献】

[1]彭聃龄.普通心理学[M].北京:北京师范大学出版社,2004.

[2]卡萝儿·韦德,卡萝儿·塔佛瑞斯.心理学的邀请[M].3版.白学军,等译.北京:北京大学出版社,2006.

[3]迈克尔·艾森克.心理学:国际视野[M].北京:北京大学出版社,2010.

[4]理查德·格里格,菲利普·津巴多.心理学与生活[M].王垒,王甦,译.北京:人民邮

电出版社,2003.

[5] E. G. 波林.实验心理学史[M].高觉敷,译.北京:商务印书馆,1991.

[6] 温忠麟,刑最智.现代教育与心理统计技术[M].南京:江苏教育出版社,2001.

[7] 金志成.心理实验设计[M].长春:吉林教育出版社,1989.

[8] 叶浩生.西方心理学的历史与体系[M].北京:人民教育出版社,1998.

[9] 黄希庭.心理学实验指导[M].北京:人民教育出版社,1988.

[10] 莫雷,王瑞明,陈彩琦,等.心理学研究方法的系统分析与体系重构[J].心理科学,2006(5):1026-1030.

[11] 叶浩生,王继瑛.质化研究:心理学研究方法的范式革命[J].心理科学,2008,31(4):794-799.

[12] 叶浩生.心理学的历史编纂学:后现代主义的挑战[J].心理学报,2008,40(5):626-632.

[13] CABLE D M, JUDGE T A. Interviewers' perceptions of person-organization fit and organizational selection decisions[J]. Journal of Applied Psychology,1997,82(4):546-561.

[14] MORROW S L. Qualitative research in counseling psychology: conceptual foundations[J]. Counseling Psychologist,2007,35(2):209-235.

[15] O'NEILL P. Tectonic change: the qualitative paradigm in psychology[J]. Canadian Psychology,2002,43:190-194.

[16] BERRIOS R, LUCCA N. Qualitative methology in counseling research: recent contributions and challenges for a new century[J]. Journal of Counseling & Development,2006,84:174.

模块二 儿童发展与学习

第二章 认知过程

认知是人脑接受外界输入的信息,经过加工处理转换成内在心理活动的现象,是个体认识了解客观世界、获取知识经验的过程。它包括感觉、知觉、注意、记忆、思维和想象等心理过程。人的感觉和知觉是由客观事物直接作用于人的感觉器官反映到脑而产生的,记忆、思维和想象等心理活动是在感觉和知觉的基础上形成和发展起来的。脑对客观现实进行反映时,是一种主动行为,受到个人经验、个性特征和自我意识等多种因素的影响。在这一过程中,逐渐形成了不同的心理水平、心理状态和人格特征,而这些内容反过来又影响和调节个体对客观现实的反映。

了解认知过程及其特点有助于了解学生学习的本质,是科学设计教学过程和有效组织教学的必要条件。

【本章知识框架】

【学习要点】

感觉和知觉:了解学生感觉、知觉的特点。

注意:了解学生注意的分类和品质。

记忆:了解学生记忆的分类,掌握遗忘的规律和原因,应用记忆规律促进学生的有效学习。

思维:了解学生思维的种类和创造性思维的特征,理解影响问题解决的因素。

【学习提示】

1. 这部分知识本身较为琐碎,不容易记忆和掌握,建议在学习时首先对知识整体有所理解和掌握,然后再对细小的内容逐个理解和记忆。

2. 在学习过程中,要注意加强对这部分知识内容的体验和感悟,以加深对理论知识的认识和理解。

3. 随着脑科学研究的迅速发展,学生认知过程相关研究结果和观点更新速度较快,在学习这部分内容以及日后教学实践工作中要时常阅读和分析相关研究文献,以确保教学设计和课堂教学组织与管理的有效性。

【案例引导】

"两绳问题"实验

心理学家梅尔(Mayer)设计了一个"两绳问题"实验(图 2-1):在一个房间的天花板上悬挂两根相距较远的绳子,被试无法同时抓住,这个房间里有一把椅子、一盒火柴、一把螺丝刀和一把钳子,要求被试把两根绳子系住。问题解决的方法是:把钳子作为重物系在一根绳子上,从而把两根绳子系起来。结果发现只有39%的被试能在10分钟内解决这个问题,大多数被试认为钳子只有剪短铁丝的功能,没有意识到还可以当作重物来用。

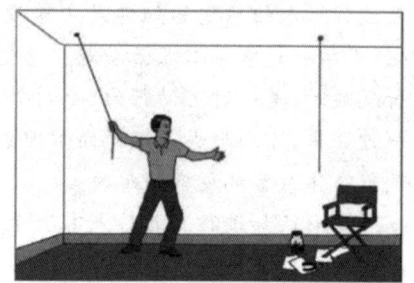

图 2-1 "两绳问题"实验

问题:

1. 基于上述实验结果,是什么因素主要影响了被试的问题解决(即同时抓住两根绳子)?
2. 该实验结果对教学工作有何启示?

第一节 感觉与知觉

人对客观世界的认识是从感觉开始的,感觉是外界客观事物作用于人的某个感官,产生神经冲动并传入大脑进行信息属性分辨的过程。知觉是大脑对感觉信息进行组织和解释并赋予整体意义的加工过程,是客观事物各种属性在人脑综合起来形成完整印象的过程。知觉和感觉一样,都是当前的客观事物直接作用于人们的感觉器官,在头脑中形成的对客观事物的直观形象的反映。客观事物一旦离开人们感觉器官所及的范围,对这个客观事物的感觉和知觉也就停止了。但是,知觉又和感觉不同,感觉反映的是客观事物的个别属性,而知觉反映的是客观事物的整体属性。知觉以感觉为基础,但不是感觉的简单相加,而是对大量感觉信息进行综合加工后形成的有机整体。知觉具有选择性、整体性、理解性、恒常性等特点。知觉和感觉两者反映的都是事物的外部现象，都属于对事物的感性认识。感觉是知觉的基础，知觉是感觉的深入和发展。感觉是脑单一分析器活动的结果，知觉是脑多种分析器协同活动的结果。感觉和知觉是人们认识世界的开端，是其他心理活动的基础，没有感觉和知觉就不可能形成思维、记忆、想象等复杂的心理活动。

一、感觉

感觉虽然是一种极简单的心理过程，可是它在人们的生活实践中具有重要的意义。有了感觉，人们就可以分辨外界各种事物的属性，可以分辨颜色、声音、质地、形状、重量、温度、味道、气味等；有了感觉，人们才能了解自身各部分的位置、运动、姿势、饥饿、心跳；有了感觉，人们才能进行其他复杂的认识过程。失去感觉，人们就不能分辨客观事物的属性和自身状态。因此，感觉是各种复杂的心理过程（如知觉、记忆、思维和想象等）的基础，从这个意义来说，感觉是人们关于世界的一切知识的源泉。

（一）感觉的概念

感觉是人脑对直接作用于感觉器官的客观事物个别属性的反映。一个物体有光线、声音、温度、气味等属性，我们的每个感觉器官只能反映事物的一种属性，如眼睛看到光线，耳朵听到声音，鼻子闻到气味，舌头尝到滋味，皮肤感到温度和光滑的程度等。例如，当桃子作用于我们的感觉器官时（图 2-2），我们通过视觉可以反映它的颜色，通过味觉可以反映它的酸甜味道，通过嗅觉可以反映它的清香气味，通过触觉可以反映它表面所覆盖的绒毛的触感。人们是通过对客观事物的各种感觉来认识事物的各种属性的。感觉不仅反映客观事物的个别属性，而且也反映人们身体各部分的运动和状态。例如，当我们斜倚墙壁站立时可以觉察到身体的倾斜，剧烈运动后可以觉察到心跳的加速，快速旋转身体后会感受到头晕目眩等。

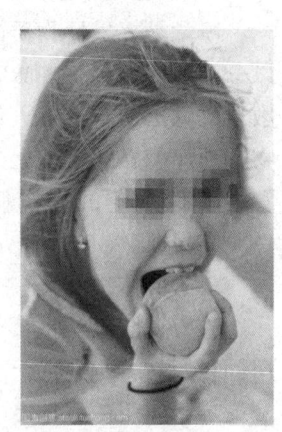

图 2-2 感觉

（二）感觉的种类

根据感觉所接受信息的来源和感受器在个体身上所处位置的不同，可以把感觉分为两大类。

1. 外部感觉

外部感觉是接受外部刺激，反映外部事物个别属性的感觉。外部感觉主要有视觉、听觉、味觉、嗅觉和肤觉。这类感觉的感受器位于身体表面，或接近身体表面的地方。

（1）视觉

引起视觉的外周感受器官是眼睛，它由含有感官细胞的视网膜和作为附属结构的折光系统等部分组成。人眼的适宜刺激是波长为 370～740 nm 的电磁波。在这个可见光谱的范围内，人脑通过接受来自视网膜的传入信息，可以分辨出视网膜像的亮度和色泽，因而可以看清视野内发光物体或反光物体的轮廓、形状、大小、远近和表面细节等情况。自然界各种各样的物体以及文字、图片等形象,主要通过视觉系统在人脑得到反映。据估计,在人脑获得的全部信息中,约有95%来自视觉系统,因而眼睛无疑是人体最重要的感觉器官。

(2) 听觉

听觉的外周感受器官——耳朵的结构非常精致,功能十分复杂。人耳的适宜刺激是20~20000 Hz的声波,可以分辨出声音的音调(高低)、音强(大小)和音色(波形的特点),通过音色我们可以分辨出是火车的声音还是汽车的声音;可以分辨出熟人的说话声,甚至是走路声;还可以确定声源的位置、距离和移动等。听觉是人类社会生活中必要的交流渠道。

(3) 味觉

进化赋予人类味觉感受器官——舌头以味觉。味觉有甜、酸、咸、苦四种不同的性质。舌根对苦味、舌尖对甜味、舌的两侧对酸味、舌两侧的前部对咸味较为敏感。科学家们发现味觉不仅可以使我们避免中毒,还可能有更复杂的机制。例如,生理学家认为引起味觉的适宜刺激是溶解在唾液中的物质,味觉的强弱取决于其浓度、作用时间和作用面积。而遗传学家则认为味觉行为或尝味能力是由遗传性状决定的,味觉的遗传状态可以影响尝味及食物偏好行为,能影响人的胃口、体重和健康。

(4) 嗅觉

嗅觉是挥发性物质的分子作用于嗅觉感受器官——鼻子的结果。通过嗅觉,人们也可以分辨物体的各种气味,不论是扑鼻而来的梅花清香,还是难闻的硫化氢臭味,鼻子都能灵敏地感觉出来。虽然人们能够辨别香、臭等各种气味,但是人类的鼻子的确比不上某些动物。苍蝇能在几千米之外嗅到极为微弱的气味,灵敏嗅觉的警犬能够协助人们抢险或帮助警察破案,它们的嗅觉都比人类强千倍。

(5) 肤觉

人的身体皮肤是一个最大的感觉器官。皮肤内分布着多种感受器或感觉神经末梢。一般认为皮肤感觉主要有四种,即触觉、冷觉、温觉和痛觉。触觉对人具有特殊的重要作用,而且还是人们社会交际过程中的重要行为方式。有研究报道,在人出生之前触觉可能是最早起作用的感觉之一。冷觉和温觉合称温度觉。痛觉是由有可能损伤或已经造成皮肤损伤的各种性质的刺激所引起的,它们除引起不愉快的痛苦感觉外,常伴有强烈的情绪反应。

皮肤中的神经十分敏感,它们除了能对最轻的拉伸动做出反应,而且还能"记住"很重的打击,它们能警告我们小心那些太烫、太尖、有粗糙边缘的东西。由神经得到的信息在极短的时间内送到大脑,大脑一旦接收到危险信号,就立刻发出指令使身体做出防护性反应,避免更多伤害和危险。此外,皮肤也能传给大脑一些令人愉快的感觉。如果你的手触摸一个暖和柔软的物体,敏感的皮肤就会把愉快的触觉信息传到大脑,人体随即做出相应的反应,于是手继续愉快地触摸这个物体。

2. 内部感觉

内部感受是指感受内部刺激,反映机体内部变化的感觉,主要包括运动觉、平衡觉和机体觉。这类感觉的感觉器位于各有关组织的深处(如肌肉)或内部器官的表面(如胃壁、呼吸道)。

(1) 运动觉

运动觉又称动觉,是有机体对身体运动、四肢位置状态以及肌肉收缩程度的感觉,其感受器为肌梭腱梭关节小体等神经末梢。由于肌肉收缩、伸展和关节角度变化给予的刺激引起神经兴奋,经传入神经脊髓丘索到大脑皮层中央沟的前回,进而产生运动觉。在反馈和连锁活动中,运动觉起监督、保证和协调作用。动觉与肤觉结合可以构成触摸觉。运动觉是一切活动和言语运动的基础。

(2)平衡觉

平衡觉是有机体在做直线加、减速运动和旋转运动时能保持身体平衡,并知道其方位的一种感觉,其感觉器官是内耳前庭器官的耳石装置。

(3)机体觉

机体觉反映机体内部状态和各种器官的状态,其感受器分布在内脏器官壁上游离状态的神经末梢上。机体觉的适宜刺激物是内脏器官的活动变化。机体觉一般包括饿、饱、渴、痛、恶心和便意感觉等。机体觉有周期性变化的特点,没有明确的定位。一般情况下,机体觉是不清晰的,一旦产生清晰感觉,往往跟病变有关,因此机体觉有保护性功能。

拓展阅读 感觉剥夺

1954年,加拿大麦克吉尔大学的心理学家贝克斯顿(Bexton)、赫伦(Heron)和斯科特(Scott)首次进行了以人为被试的感觉剥夺实验(图2-3)。实验中,被试被要求每天24小时躺在有光的小屋的床上,其间被限制视觉、听觉和触觉等感觉输入。实验结果表明,被试在短时间内出现了错觉、幻觉、注意力涣散、思维迟钝,以及紧张、焦虑等病理心理现象,且实验后需数日方能恢复正常。这一实验揭示了感觉剥夺对人类复杂思维和认知过程的显著影响。

现代认知神经科学的研究进一步表明,感觉剥夺不仅影响心理状态,还会对大脑的神经可塑性产生深远影响。神经影像学研究发现,感觉剥夺会导致大脑皮层的神经网络活动显著降低,特别

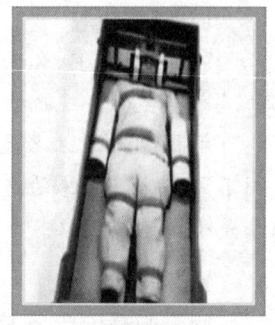

图2-3 感觉剥夺实验

是在与感觉处理和认知功能相关的区域。例如,功能性磁共振成像(fMRI)研究显示,长期感觉剥夺会导致大脑视觉皮层和听觉皮层的活动显著减少,还可能会导致神经元之间的连接减弱,影响大脑的信息处理效率。然而,大脑具有高度的可塑性,一旦恢复正常的感觉输入,大脑的神经网络能够逐渐恢复其功能。这一过程不仅涉及神经元活动的增强,还可能包括神经递质的调节以及神经网络的重新组织。因此,感觉剥夺实验不仅揭示了感觉对认知的重要性,还强调了大脑在面对极端环境时的适应和恢复能力。

[资料来源:葛明贵.感觉剥夺实验研究述评[J].安徽师范大学学报(哲学社会科学版),1994(3):269-271]

(三)感觉的特性

感觉的特性是指感觉的相互作用引起感受性发生变化的现象。一般来说,感觉的特性主要有以下五种。

1.感觉适应

在外界刺激持续作用下感受性发生变化的现象叫**感觉适应**。感觉适应既可引起感受

性提高,也可引起感受性降低。所有感觉都存在适应现象,但适应的表现方式和速度不尽相同。例如,嗅觉较容易适应,而痛觉则较难适应。刚走进花园时闻到一股花香味,但过了几分钟,就闻不到了。这种现象就是嗅觉适应。嗅觉的适应速度因刺激的性质而有所不同。一般的气味1~2分钟后即可适应,而强烈的气味则要经过10多分钟才能适应。特别强烈的气味,尤其是那些令人厌恶的气味,则难以适应甚至完全不能适应。视觉的适应可分为暗适应和明适应两种。在夜晚由明亮的室内走到室外时,开始时眼前一片漆黑,什么也看不清楚,一段时间后,眼睛就能分辨出黑暗中物体的轮廓了,这种现象叫**暗适应**。相反,由漆黑的室外走进明亮的室内时,起初感到耀眼炫目,什么都看不清楚,只要稍过几秒钟,就能清楚地看到室内物体了,这种现象叫**明适应**。味觉的适应较慢,例如长时间接受辣味刺激,导致对辣味的感受性降低,以至于后来再吃辣的食物时会感到不是很辣。触压觉的适应较为明显。人们平时几乎不会觉察到身上的衣服对皮肤的接触和压力,例如经常看到有些人帽子戴在自己的头上却到处寻找他的帽子。痛觉的适应是很难发生的,例如,只要用针稍微扎一下,人们马上就会感到痛。正是痛觉适应的这一特点,才使痛觉成为伤害性刺激的信号而具有保护作用。

【真题解析】
"入芝兰之室,久而不闻其香"主要形容(　　)心理现象。
A.嗅觉　　　　B.嗅觉适应　　　　C.嗅觉对比　　　　D.嗅觉感受性
解析:"入芝兰之室,久而不闻其香"是指在种植芝兰,散满香气的屋子里,时间长了便闻不到香味。香味的持续作用,使得人们对香味的感受性降低。因此题目所形容的心理现象是嗅觉适应现象。正确答案是B。

2.感觉对比

同一刺激因背景不同而产生的感觉差异的现象,叫感觉对比。例如,在嘈杂的环境中,听到汽车鸣笛不会觉得很响,而在非常安静的环境中听到则会觉得十分刺耳。感觉对比分为同时对比和继时对比两种。几个刺激物同时作用于同一感受器产生的对比现象称为同时对比。同时对比在视觉中表现得较为明显。例如,图2-4中,同样两个灰色小方块,一个放在浅灰色背景上,一个放在黑色背景上。结果在浅灰色背景上的小方块看起来比黑色背景上的小方块要暗得多,在相互连接的边界附近,对比特别明显。刺激物先后

图2-4　同时对比

作用于同一感受器产生的对比现象称为继时对比,也称为先后对比或相继对比。例如,吃梨会觉得梨很甜,但吃了糖之后接着吃梨,会觉得梨很酸;喝了苦药后接着喝白开水,会觉得白开水有点儿甜味。

3.感觉后像

外界刺激停止作用后,暂时保留的感觉印象叫感觉后像,也叫感觉后效。感觉后像分为正后像和负后像两种。与刺激物性质相同的后像叫正后像。例如,盯着一个灯看一会儿,灯关了,眼前出现一个同样或者类似的灯,也闪着光,这就是正后像。与刺激物性质相

反的后像叫负后像。例如,盯着一个灯看一会儿,灯关了,眼前出现一个黑色灯的形状,那就是负后像。

【真题解析】

在灯前闭上眼睛两三分钟后,睁开眼睛注视电灯三秒钟,再闭上眼睛,就会看见眼前有一个灯的光亮形象出现在暗的背景上。这种现象属于(　　)。

A.视觉融合　　　　B.视觉正后像　　　　C.视觉负后像　　　　D.闪光融合

解析:题目描述内容属于感觉后像范畴。题目中的后像是一个灯的光亮形象,与电灯刺激的性质相同,因此该后像属于视觉正后像。正确答案是B。

4.感觉补偿

感觉补偿是指某种感觉系统的功能缺失后,可以通过其他感觉系统的功能来进行弥补。例如,盲人失去视觉后,通过实践活动使听觉和触觉变得更加灵敏,以资补偿。

5.联觉

一个刺激不仅引起一种感觉,同时还引起另一种感觉的现象叫联觉。如红色看起来很温暖,蓝色看起来很清凉,这些现象都是联觉。

【真题解析】

当人们听到一种可怕的声音时,往往会感到发冷,甚至起鸡皮疙瘩,这种现象称为(　　)。

A.适应　　　　B.对比　　　　C.联觉　　　　D.后像

解析:可怕的声音在引发听觉的同时也引发了肤觉(冷),这符合联觉的定义。正确答案是C。

二、知觉

知觉和感觉一样,都是当前的客观事物直接作用于人们的感觉器官,在头脑中形成的对客观事物的直观形象的反映。客观事物一旦离开人们感觉器官所及的范围,对这个客观事物的感觉和知觉也就停止了。但是,知觉又和感觉不同,感觉反映的是客观事物的个别属性,而知觉反映的是客观事物的整体。知觉以感觉为基础,但不是感觉的简单相加,而是对大量感觉信息进行综合加工后形成的有机整体。

(一)知觉的概念

知觉(图 2-5)是直接作用于感觉器官的客观事物的整体属性在人脑中的反映。它是在感觉的基础上产生的。感觉只反映事物的个别属性,知觉却认识了事物的整体;感觉是单一感觉器官活动的结果,知觉却是各种感觉协调活动的结果;感觉不依赖个人的认知和经验,知觉却受个人知识经验的影响。例如,有一个事物,我们通过视觉器官感到它具有圆圆的形状和红红的颜色(视觉);通过嗅觉器官感到它特有的芳香气味(嗅觉);通过手的触摸感到它硬中带软(触觉);通过口腔品尝到

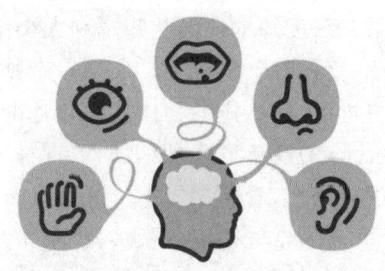

图 2-5　知觉

它的酸甜味道(味觉);综合以上各属性,我们把这个事物反映成苹果。这就是知觉。再如,显微镜下边的血样,只要不是色盲,无论谁看都是红色的;但医生还能看出里边的红细胞、白细胞和血小板,没有医学知识的人就看不出来。这说明知觉受个人知识经验的影响。

与感觉相比较,知觉反映的是事物的意义,知觉的目的是解释作用于我们感官的事物是什么,尝试用词去标识它,因此知觉是一种对事物进行解释的过程。知觉是对感觉属性的概括,是对不同感觉通道的信息进行综合加工的结果,所以知觉也是一种概括的过程。此外,知觉还涉及思维的因素。知觉要根据感觉信息和个体主观状态所提供的补充经验来共同决定知觉的结果,因而知觉是人主动地对感觉信息进行加工、推论和理解的过程。可以说感觉是知觉的基础,知觉是感觉的深入。

(二)知觉的种类

根据知觉反映的客观对象的不同,知觉可分为空间知觉、时间知觉、运动知觉。

1.空间知觉

空间知觉是人脑对客观事物空间属性的反映,包括形状知觉、大小知觉、深度知觉和方位知觉。客观世界中的事物一般都具有一定的形状。形状由轮廓及其所包围的空间组成。人借助于视觉、触摸觉和动觉的协同活动,可以形成形状知觉。当一个物体出现在我们面前时,该物体及其背景一起投射到我们的视网膜上,此时还不能形成清晰的形状知觉。当眼睛的视轴沿着物体的边缘轮廓扫描时,视网膜、眼肌及头部就会把信息传到大脑,产生形状知觉。视觉在形状知觉产生过程中占有重要地位。但是由于人的观察角度不同或者物体位置改变,物体在人的视网膜上的投影会发生很大变化,而人的形状知觉之所以能保持相当的稳定性,一方面是由于有了多次从不同角度观察同一物体的经验,另一方面是由于经常得到触摸觉的验证。当然,在某些情况下单凭触摸觉也能形成形状知觉。

人关于物体大小的知觉也是靠视觉、触摸觉和动觉形成的,其中视觉占有最重要的地位。在视觉中,视网膜上成像的大小是大小知觉的重要线索。影响视网膜上成像大小的因素主要有物体本身的实际大小、物体到眼睛的距离和眼球晶状体的调节。远处大的物体在视网膜上的成像可能比近处小物体的成像还小。这时仅凭视网膜像的大小是无法知觉物体的大小的,必须借助眼肌动觉信息。此外,人的大小知觉在很大程度上依赖于知识经验,熟悉的环境或事物对大小知觉可以起参校作用。实验表明,当排除了熟悉的环境的参照作用时,人的大小知觉就会发生困难。

深度知觉包括立体知觉和距离知觉。它也是以视觉为主的多种分析器协同活动的结果。深度知觉比形状知觉和大小知觉更为复杂,它依赖许多深度线索。这些线索分别是:

(1)对象的重叠。如果一个物体部分地遮住了另一个物体,那么前面的物体就被知觉得近些,被遮掩的物体就被知觉得远些。

(2)线条透视(图2-6)。同样大小的物体,在近处占的视角大,看起来较大,而在远处占的视角小,看起来较小。这种线条透视的效果能帮助人知觉对象的距离。

(3)空气透视(图2-7)。日常生活中我们总是透过空气观察物体,由于空气的影响,近处的物体看起来清楚、细节分明,远处的物体看起来比较模糊。根据经验,对象的清晰度可以作为判断远近的线索。

(4)明暗和阴影(图2-8)。明亮的物体离得近些,灰暗或阴影下的物体离得远些,这是

图 2-6 线条透视

图 2-7 空气透视

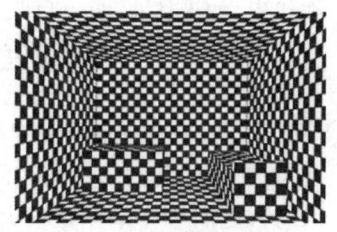
图 2-8 明暗和阴影

物体明度上的规律,亦可作为距离知觉的线索。

(5)运动视差。当人与环境发生相对运动时,近的物体看起来运动较快,这种经验也是距离知觉的线索。

(6)眼睛的调节。为了获得清晰的视觉,睫状肌会调节眼球晶状体的曲度,物体越近,晶状体越凸。这样睫状肌的紧张程度便成为距离知觉的线索。

(7)双眼视轴的辐合。在观察一个物体时,两只眼睛的视像都要落在中央窝上,这样就自然形成了一个视轴的辐合。如果物体较近,视轴的辐合角度就大;如果物体较远,视轴辐合的角度就小,于是控制两眼视轴辐合的眼肌运动状态就称为距离知觉的线索。

(8)双眼视差(图 2-9)。深度知觉主要是靠双眼视差实现的。人的两只眼睛在构造上是一样的。两眼之间有一定距离。如果我们观察的是一个立体的物体,那么在两只眼睛的视网膜上就会形成两个稍有差异的视像,即两眼视差。这种差异传至大脑,就是深度知觉的主要线索。

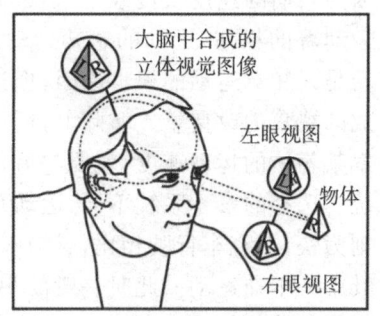
图 2-9 双眼视差

方位知觉即方向定位,是对物体所处的方向的知觉,如对东西南北、前后左右上下等方向的知觉。物体在空间的方位是相对的,人们的方位知觉也只能是相对的。为此,人们必须先确定参照系。东西以太阳出没位置为参照系,南北以地磁为参照系,上下以天地为参照系,前后左右以观察者自身为参照系。人主要借助于视觉、听觉、触摸觉、动觉、平衡觉等来对物体进行方向定位。其中,视觉和听觉是最主要的,但在特殊情况下,仅仅依靠触摸觉和动觉也能进行方向定位。例如,在黑暗的森林里用手触摸树干确定南北方向。在完全失去参照系的情况下,人是无法辨别方向的。

2.时间知觉

时间知觉(图 2-10)是人脑对客观事物延续性和顺序性的反映。时间知觉也称时间感,是指在不使用任何计时工具的情况下,个人对时间的长短、快慢等变化的感受与判断。时间知觉的特殊之处是它并非由固定刺激所引起,也没有提供线索的感觉器官。在缺乏计时工具作为参考标准的情况下,获得时间知觉的线索可能来自两方面:(1)外在线索,比如太阳的升落、月亮的圆缺、昼夜的更替、四季的变化等,或生活、工作中的程序,都为人们判断时间提供了参考;(2)内

图 2-10 时间知觉

在线索,如人体自身的呼吸、脉搏、消化以及生物节律等,也可成为判断时间的依据。

参与时间知觉的感觉有听觉、触觉、视觉和内脏感觉等。在判断时间间隔方面,各种感觉的精确性是不同的。听觉的辨别时距最高可达 0.01 秒,触觉是 0.025 秒,视觉是 0.05～0.1 秒。人们对不同时间间隔估计的精确性是不同的。一般来说,对长时距的估计往往不足,而对短时距的估计又往往过长。实验表明,人对 1 秒钟左右的时距估计得最准。当然,人与人之间个体差异是很大的。个体的年龄、活动内容的多寡、有无趣味,人的情绪和态度,以及运用时间标尺的能力,都能够影响人们的时间估计。

3. 运动知觉

所谓运动知觉,是人对物体在空间位移和移动速度上的知觉。运动知觉依赖于对象运行的速度、距离以及观察者本身所处的状态。例如,当物体由远而近或由近而远运动时,物体在视网膜上成像大小的变化,向人脑提供了物体"逼近"或"远去"的信息。物体运动太快或太慢都不能使人形成运动知觉。人们很难用肉眼观察到手表上时针的移动或光的运动,因为它们的速度太慢或是太快。物体距离与运动速度直接影响着运动知觉。以同样速度运动着的物体,远处的感知运动慢,近处的感知运动快,离得太远就看不出运动。可见,运动是人知觉运动的根本原因,但造成运动知觉的直接原因却是角速度,即单位时间内所造成的视角的改变量。实际上,世界万物都在运动,只是速度快慢不同而已。因此,我们要观察某物体的运动速度,就要与另一物体相比较。这个被比较的物体就是运动知觉的参考系统。选择的参考系统不同,运动知觉也不同。比如,骑自行车者以步行者为参考系统,感知则为快,与汽车行驶相比,感知则为慢。在参考系统少的情况下,两个物体的运动可知觉为其中一个在运动。此时一般的规律是,人们倾向把较大的客体当作静止背景,知觉较小的客体在其中运动。例如,薄云与月亮,可视为月亮在走,也可视为云彩在动,这种现象就是诱导运动。在暗室内注视静止的光点,过一会儿就会感到光点在游动,这是自主运动,是由于视野中缺乏参考系统而造成的。

人有专门感知光波的眼睛,专门感知声波的耳朵,却没有专门感知物体运动的器官。我们对物体运动的知觉是通过多种感官的协同活动实现的。当人观察运动物体的时候,如果眼睛和头部不动,物体在视网膜上映像的连续移动,就可以使我们产生运动知觉。如果用眼睛和头部追随运动的物体,这时视像虽然保持基本不动,眼睛和头部的动觉信息也足以使我们产生运动知觉。如果我们观察的是固定不动的物体,即使转动眼睛和头部,也不会产生运动知觉,因为眼睛和颈部的动觉抵消了视网膜上视像的位移。

运动知觉分为真动知觉和似动知觉。其中真动知觉是指物体发生实际的空间位移所产生的运动知觉。而似动知觉是指实际不动的物体知觉为运动的,或者在没有连续位移的地方看到了连续的运动。**似动现象**是指引起运动知觉经验的刺激物其本身并未移动,但观察者在主观意识上则清楚地觉知它是在移动中。严格地说,似动现象的产生既非由于物体的真实移动,也非由于人与物体之间的相对移动,而是一种假的移动,因此也被视为一种错觉现象。

如图 2-11 所示,眼睛盯住图中心的一点,会发觉视野左右两侧的图片在轻微起伏运动。这种运动知觉显然不是由物体真实运动引起的,也不是因为观察者与物体之间发生了相对运动引起的,而是一种错觉现象,即似动现象。

相对移动是指我们所看到的物体,其本身并未移动,只因观察者自己身体在移动,反而觉得物体在移动。例如,在火车行驶时观看窗外景色,即可体验到相对移动的现象。此时窗外的景物看起来都在与火车做反方向移动,而且近处的景物移动较快,远处的景物移动较慢。

人对客观事物歪曲的、不正确的知觉是**错觉**。错觉是一种特殊的知觉。错觉是比较普遍的,在人们日常生活中,随时会感受到错觉现象。例如,在火车未开动之前,常因邻近车厢的移动,觉得自己车厢已经开动。这种现象称为移动错觉。再如,在火车尾部窗口俯视铁轨时,若火车是开动的,就会觉得铁轨好像是从车底下向后迅速伸出;若火车遽然停止,就会觉得铁轨好像是向车底迅速缩进。当注视电扇转动时,会觉得忽而正转,忽而倒转,甚至有时会有暂时停止不转的感觉。

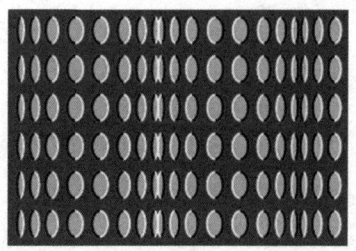

图 2-11　似动现象

【真题解析】

(　　)是指在特定的条件下对事物必然会产生的某种固有倾向的歪曲知觉。

A.幻觉　　　　B.知觉　　　　C.感觉　　　　D.错觉

解析:从题干中提到的"歪曲知觉"可知这里所描述的是错觉。错觉是对客观事物的歪曲的、不正确的知觉。正确答案是 D。

幻觉与错觉不同,它是在没有相应的外界客观事物直接作用下发生的不真实感知。幻觉具有与真实知觉类似的特点,但它是虚幻的。正常人在某些特殊的状态下,如强烈的情绪体验并伴有生动的想象、回忆,或期待的心情、紧张的情绪,或处于催眠状态,都可能会出现幻觉。在入睡或醒觉状态的过程中,也会发生幻觉。幻觉也是心理异常的重要征象,如感觉剥夺、精神疾病、药物中毒、饮酒过量、吸食毒品等,常会产生幻觉。

(三)社会知觉

社会知觉是指个人在社会环境中对他人的心理状态、行为动机和意向做出推测和判断的过程。社会知觉包括对人的知觉、对人际关系的知觉和对社会事件因果关系的知觉。社会知觉中常见的偏见或效应有以下几种:

1.首因效应和近因效应

首因效应也称为优先效应,是指人们对他人总体印象形成过程中,最初获得的信息比后来获得的信息影响更大的现象。与首因效应相反,**近因效应**是指在多种刺激一次出现的时候,印象的形成主要取决于后来出现的刺激,即交往过程中,我们对他人最新的认识占了主体地位,掩盖了以往形成的对他人的评价,因此,也称为新颖效应。

2.晕轮效应

晕轮效应(图 2-12)是指人们对他人的认知判断首先是根据个人的好恶得出的,然后再从这个判断推论出认知对象其他品质的现象。所谓"情人眼里出西施"就是这个效应的典型体现。如果个体被标明是"好"的,他就会被"好"的光圈笼罩着,并被赋予一切好的品质;如果个体被标明是"坏"的,他就会被"坏"的光环笼罩着,他所有的品质都会被认为是坏的。晕轮效应是在人际相互作用过程中形成的一种夸大的社会认知现象,正如日、月的光辉在云雾的作用下扩大到四周,形成一种光环

图 2-12　晕轮效应

作用。常表现在一个人对另一个人的最初印象决定了他的总体看法,而看不准对方的真实品质。

3.刻板效应

刻板效应又称刻板印象、社会定型、定性效应,是指人们对社会上某一类事物产生的比较固定的、概括而笼统的看法,是还没有进行实质性的交往,就对某一类人产生了一种不易改变的、笼统而简单的评价,这是我们认识他人时经常出现的现象。

一些人总是习惯于把人进行机械的归类,把某个具体的人看作某类人的典型代表,把对某类人的评价视为对某个人的评价,因而影响正确的判断。刻板印象常常是一种偏见,人们不仅对接触过的人会产生刻板印象,还会根据一些不是十分真实的间接资料对未接触过的人产生刻板印象。例如,老年人是保守的,年轻人是爱冲动的;北方人是豪爽的,南方人是细腻的;等等。

4.投射效应

投射效应是指将自己的特点归因到其他人身上的倾向,以己度人,认为自己具有某种特性,他人也一定会有与自己相同的特性,把自己的感情、意志、特性投射到他人身上并强加于人的一种认知偏差。投射使人们倾向于按照自己是什么样的人来知觉他人,而不是按照被观察者的真实情况进行知觉。例如,一个心地善良的人会以为别人都是善良的;一个经常算计别人的人就会觉得别人也在算计他。

(四)知觉的特性

人们对于客观事物能够迅速获得清晰的感知,这与知觉所具有的基本特性是分不开的。知觉具有选择性、整体性、理解性和恒常性四个特性。

1.知觉的选择性

人在知觉过程中把知觉对象从背景中区分出来优先加以清晰地反映的特性就叫知觉的选择性(图2-13)。其中被清楚地知觉到的客体叫对象,未被清楚地知觉到的客体叫背景。知觉的选择性主要强调的就是背景与对象的关系。知觉的选择性依赖于个人的兴趣、态度、需要以及个体的知识经验和当时的心理状态,还依赖于刺激物本身的特点(强度、活动性、对

图2-13 两可图形——知觉的选择性

比)和被感知对象的外界环境条件的特点(照明度、距离)。人在知觉客观世界时,总是有选择地把少数事物当成知觉的对象,而把其他事物当成知觉的背景,以便更清晰地感知到一定的事物与对象。知觉的选择性揭示了人对客观事物反映的主动性。

知觉的对象从背景中分离与注意的选择性有关。当注意指向某种事物的时候,这种事物便成为知觉的对象,其他事物便成为知觉的背景。当注意从一个对象转向另一个对象时,原来的知觉对象就成为背景,而原来的背景便成为知觉的对象。

【真题解析】

人们看书时用红笔画出重点,便于重新阅读是利用知觉的( )。

A.选择性　　　　B.整体性　　　　C.恒常性　　　　D.理解性

解析：题目中红笔画出的就是对象，其余部分就是背景，强调的就是对象与背景，因此利用的是知觉的选择性。正确答案是A。

2.知觉的整体性

在知觉活动中，整体与部分是相互依存的，人的知觉系统具有把个别属性或各个部分综合成为整体的能力，知觉的这种特性称为知觉的整体性。在知觉活动中，人们对整体的知觉还可能优先于个别成分的知觉。知觉并非感觉信息的机械相加，而是源于感觉又高于感觉的一种认识活动。当人感知一个熟悉的对象时，只要感觉了它的个别属性或主要特征，就可以根据经验而知道它的其他属性或特征，从而整个地知觉它。例如图2-14中的(a)图，我们看这个图片的时候首先看到的是一个正方体的形状，而非很多不完整的小圆圈，这就是从整体上去观察的；再如图2-14中的(b)图，挡住 A 和 C，我们就会认为中间那个是数字13；挡住 12 和 14，我们就会把中间那个知觉成 B。我们都是从整体上来知觉，而不是把它们分成一个一个单独的个体。

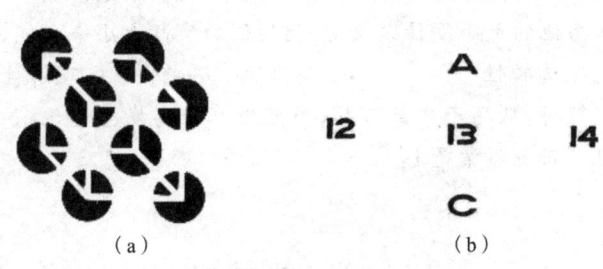

图 2-14　知觉的整体性

【真题解析】

人们根据简笔画有限的线条就能辨别出所画的物体，这主要反映了知觉的（　　）特征。

A.选择性　　B.整体性　　C.恒常性　　D.理解性

解析：从题干信息可知，当人们感知一个熟悉的对象时，只要感觉了它的个别属性或主要特征，就可以根据经验而知道它的其他属性或特征，从而整个地知觉它，这反映的是知觉的整体性。正确答案是 B。

3.知觉的理解性

人在知觉中，不是被动地认识知觉对象的特点，而是以过去的知识经验为依据，力求对知觉对象做出某种解释，使它具有一定的意义。知觉的这种特性称为理解性。在此概念中，最重要的关键词就是知识经验，不同的人有不同的知识经验，因此对同样的事物也会有不同的反映。例如"1000 个人眼中有 1000 个哈姆雷特"，正是由于人们的知识经验不同，因此对于同样的"哈姆雷特"就会有不一样的理解和认识，这体现的就是知觉的理解性。

【真题解析】

成人与幼儿对一幅画的知觉有明显差异，幼儿只会看到这幅画的主要构成，而成人看到的是画面的意义。这反映的是知觉的（　　）。

A.理解性　　B.选择性　　C.恒常性　　D.整体性

解析：从题干信息可知，导致幼儿和成人对一幅画的知觉有明显差异的主要原因可能是知识经验的差异，这里体现的是知觉的理解性。正确答案是 A。

4.知觉的恒常性

当知觉的客观条件在一定范围内改变时,我们的知觉结果在相当程度上却保持着它的稳定性,知觉的这种特性称为恒常性。恒常性的种类有以下几种:形状恒常性(图 2-15)、大小恒常性、明度恒常性和颜色恒常性。

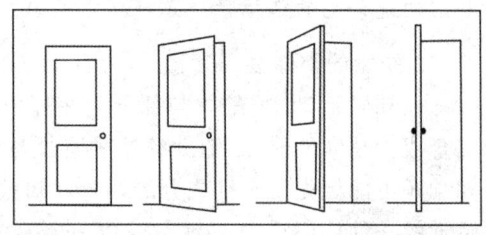

图 2-15　知觉的恒常性——形状恒常性

【真题解析】

同样一个人,由于距离的远近不同,投射在视网膜上的视像大小可以相差很大,但是我们总是认为他的大小没什么改变,仍按他的实际大小来知觉,这是知觉的(　　)。

　　A.选择性　　　　B.整体性　　　　C.理解性　　　　D.恒常性

解析:从题干信息可知,虽然观察距离发生变化,但是知觉并没有发生变化,保持了恒常性。正确答案是 D。

第二节　注意与记忆

"注意"是一个古老而又永恒的话题。俄国教育家乌申斯基曾精辟地指出,注意是我们心灵的唯一门户,意识中的一切必然都要经过它才能进来。注意是伴随着感知觉、记忆、思维和想象等心理过程的一种共同的心理特征。

一、注意

人们在注意着什么的时候,总是同时在感知着、记忆着、思考着、想象着或体验着什么。在同一时间内,人们不能同时感知很多对象,只能感知环境中的少数对象。要获得对事物的清晰、深刻和完整的反映,就需要使心理活动有选择地指向有关的对象,这就是注意。

(一)注意的概念

注意是心理活动对一定对象的指向和集中。注意能保证人们对事物做出更清晰的认识和更准确的反映,它是人们获得知识、掌握技能、完成各种智力活动和实际操作的重要心理条件。注意有两个特性:指向性和集中性。注意的指向性是指人在某一瞬间,其心理活动或意识选择了某个对象,而忽略了另一些现象。当心理活动或意识指向某个对象的时候,它们就会在这个对象上集中起来,即全神贯注起来,这就是注意的集中性。

(二)注意的分类

根据有无目的和意志努力的程度,可以把注意分为无意注意、有意注意和有意后注意。

1.无意注意

无意注意也称不随意注意,是指没有预定目的、无须意志努力的注意。无意注意一般是在外部刺激物的直接刺激作用下,个体不由自主地给予关注。例如,正在上课的时候,有人推门而入,大家不自觉地向门口注视;大街上听到警笛鸣叫,行人会不由自主地扭头观望。无意注意因为无须意志努力,所以在工作、学习中可以减少脑力的损耗,避免身心过度疲劳,但无法通过这种注意获得系统的知识或完成艰巨的工作任务。

引起无意注意的原因可以分为两个方面:一是刺激的特点,二是个体自身的特点。刺激物本身的特点包括刺激物的强度、刺激物的新异性、刺激物的运动变化性和刺激物的对比性等。刺激物的强度是引起无意注意的重要因素。强烈的刺激物,如巨大的声响、强烈的光线等都容易引起人的无意注意。刺激物的相对强度在引起注意上也有重要意义。例如,在喧嚣的地方,很大的声音都很难引起注意,而在寂静的夜晚,轻微的虫鸣也能引起人们的注意。刺激物之间的对比特性也是影响注意的重要因素。例如,绿草丛里的红花就更能引起人们的注意,而绿草丛里的青蛙就不容易引起人们的注意。刺激物的活动和变化也是影响注意的重要因素。活动的、变化的刺激物更容易引起人们的注意。例如,教师讲课时声音抑扬顿挫,并配以手势,就是为了加强学生的注意。新奇的东西很容易成为注意的对象,千篇一律、刻板、多次重复的东西就很难引起人的注意。平时我们提倡教师不穿着款式奇特的服装,改变发型要提前几分钟去教室等,就是为了避免上课时过多地引起学生的注意,而影响授课效果。

人本身的特点,如人对事物的需要和兴趣及个人的情绪状态等也是影响无意注意的重要因素。例如,坐在教室里的学生,如果对老师讲授的知识不感兴趣,那么即使是很细微的声响也可能引起他的无意注意。

2.有意注意

有意注意是指有预定目的,也需要做意志努力的注意。我们工作和学习中的大多数心理活动都需要有意注意。有意注意是一种积极主动、服从于当前活动任务需要的注意,属于注意的高级形式。它受人的意识的调节和控制,是人类所特有的一种心理活动。引起和保持有意注意的主要条件有:(1)加强对目的任务的理解,培养间接兴趣。间接兴趣是指对活动本身和活动的最近结果可能没有兴趣,但对活动的最后结果却有很大兴趣。间接兴趣对于保持有意注意具有很大的作用。间接兴趣存在于人们自觉进行的每一项工作中。(2)合理组织活动。在明确目的的前提下,合理的组织活动也有助于集中有意注意。教师在课堂上提问,以及小组讨论等都比单一的讲课,更容易引起学生的注意。(3)抵御干扰。为了保持注意,要尽可能地排除干扰,还要用坚强的意志和干扰做斗争,这样既能够锻炼意志,又能够培养有意注意。

无意注意和有意注意是两种性质不同的注意,在实际工作中两者往往同时存在。如果只有有意注意,长时间工作会让人疲劳,注意力容易分散,工作也难以为继;如果只有无意注意,稍有困难或干扰,注意就容易分散,同样也不能做好工作。无意注意和有意注意常常交替发生,一些简单的不重要的活动,只需要无意注意,而对于复杂的重要的活动则必须有有意注意参与。

3.有意后注意

有意后注意是指事前有预定目的、不需要意志努力的注意。它是在一定的条件下由有意注意转化而来的一种特殊形态的注意,是在有意注意的基础上,经过学习、训练或培养个人对事物的直接兴趣达到的。在有意注意阶段,主体从事一项活动需要有意志努力,但随着活动的深入,个体由于兴趣的提高或操作的熟练,不用意志努力就能够在这项活动上保持注意。例如,一个学习外语的人在初学阶段去阅读外文报纸,还需要运用有意注意,很容易感到疲倦;随着学习的深入,外语水平不断提高,克服了许多单词和语法障碍,在毫不费力地阅读外文报刊时,注意就不再需要意志努力的维持,此时运用的就是有意后注意的状态。

有意后注意的形成有两个条件:一是要对活动有浓厚的兴趣,二是活动的自动化。这种注意是一种高级状态的注意,是从事创造性劳动的必要条件。有意后注意既有一定的目的性,又因为不需要意志努力,在活动进行中不容易感到疲倦,对完成长期性和连续性的工作有重要意义。

【真题解析】

1. 同学们正在教室里聚精会神地听课,突然从外面飞进来一只蜜蜂,大家都把视线转向它,从心理学的角度看,这是(　　)。

A.有意注意　　　B.无意注意　　　C.随意注意　　　D.有意后注意

解析:外面飞进来的蜜蜂吸引了同学们的注意,这一注意的发生没有预设目的,也不需要意志努力,因此属于无意注意。正确答案是B。

2. 课堂教学中,经常出现教师在学生不注意参与学习时突然加重语气或提高声调的现象,教师采用这种手段的目的是引起学生的(　　)。

A.有意注意　　　B.无意注意　　　C.兴趣　　　D.知觉

解析:学生在课堂上学习知识主要运用的是有意注意,教师采用加重语气等教学手段要维持的也是学生的有意注意。正确答案是A。

(三)注意的品质及影响因素

注意有四种品质,即注意的广度、注意的稳定性、注意的分配和注意的转移。注意的品质是衡量一个人注意力好坏的标志。

1.注意的广度

注意的广度也称注意范围,是指一个人在同一时间内能够清楚地把握注意对象的数量,它反映的是注意品质的空间特征。扩大注意广度,可以提高工作和学习的效率。注意广度也表明了知觉范围。在同一时间内注意广度越大,知觉的对象就越多;注意广度越小,知觉的对象也越少。

影响注意广度的因素主要有以下几个方面:首先,注意对象(刺激物)的特点会影响人的注意广度。如用速示器呈现的外文字母,颜色相同时,注意广度就大,颜色不同时,注意广度就小;排成一行时注意广度就大,杂乱无章分散排列时,注意广度就小;字母的大小相同时,注意广度就大,大小不同时,注意广度就小;等等。总之,注意的对象越集中,排列得越有规律,越能成为互相联系的整体,注意广度就越大。其次,注意广度随着任务性质不同而有所不同。例如,只要求知觉字母的数量就比要求指出哪个字母有错误时注意广度大。最后,个体的知识经验也会影响注意广度。一般来说,个体的知识经验越丰富,整体知觉能力越强,注意的范围就越大。例如,精通外文的人就比刚学外文的人阅读外文时的注意广度大。

2.注意的稳定性

注意的稳定性也称为注意持久性,是指注意在同一对象或活动上所保持时间的长短,这是注意的时间特征。在衡量注意稳定性时,不能只看时间的长短,还要看这段时间内的活动效率。影响注意稳定性的因素有以下三个方面:(1)注意对象的特点。一般来说,内容丰富的对象比单调的对象更能维持注意的稳定性。此外,活动的对象比静止的对象更能维持注意的稳定性。(2)个体的意志力水平。注意的稳定性实际上就是保持良好的有意注意,因此也需要有效地抗拒各种干扰。个体具备坚强的意志力,就可以战胜各种困难,克服自身缺点和不足,始终如一地保证活动的进行和活动过程的高效。(3)个人的主观状态。一个人身体健康、情绪良好,精力充沛,就会在学习和工作中全力投入,不知疲倦。相反,一个人处于失眠、疲劳、疾病状态,或者情绪受挫的情况下,注意无法保持稳定,活动效率会大大降低。

人的感受性不能长时间地保持固定的状态。在稳定注意的条件下,感受性也会发生周期性增强和减弱的现象,这种现象叫作**注意的起伏**,或叫注意的动摇。例如,观察图 2-16,乍看之下,会知觉到小正方形是凹进去的(凸出来的),随着观察时间的延长,会发现小正方形又凸出来了(凹进去了),这就是注意的起伏现象。与注意的稳定性相反的注意品质是注意的分散,也叫分心。注意的分散是指注意离开了心理活动所要指向的对象,被无关的对象吸引的现象。

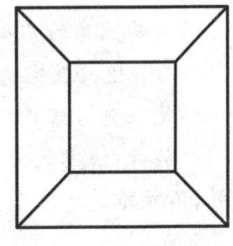

图 2-16　注意的起伏

3.注意的分配

注意的分配是指在同一时间内,把注意指向不同的对象,同时从事几种不同的活动,如教师需要一边讲课,一边注意学生的课堂反应;司机需要一边驾车,一边观察路况。事实证明,注意的分配是可行的,人们在生活中可以做到"一心二用",甚至"一心多用"。影响注意分配的因素主要有以下两个方面:(1)同时进行的几种活动中至少有一种应是十分熟练的。当一种活动达到自动化的熟练程度时,个体就可以集中精力去关注比较生疏的活动,保证几种活动同时进行,例如一边吃饭一边说话,一边走路一边思考问题等。(2)同时进行的几种活动必须有内在联系。

4.注意的转移

注意的转移是指一个人能够主动地、有目的地及时将注意从一个对象或者活动调整到另一个对象或者活动。注意转移的速度是思维灵活性的体现,也是快速加工信息形成判断的基本保证。注意集中和注意转移是同一过程的两个方面。学生每天都在这两种状态下学习或生活,每天要上好多节课,每一节课的内容都有所不同。上语文课的时候要全神贯注,上数学课时如果无法让注意力从语文课转移到数学课上,那么数学课的学习效果就会大打折扣。可见,对学生来说,学会注意力转移和集中对提高学习成绩同样有益处。

影响注意转移的因素有以下四个方面:(1)对原活动的注意集中程度。个体对原来活动兴趣越浓厚,注意力越集中,注意的转移就越困难。(2)新注意对象的吸引力。如果新的活动对象能引起个体的兴趣,或能够满足他的心理需要,注意的转移就比较容易实现。(3)明确的信号提示。在需要注意转移的时候,明确的信号提示可以帮助个体的大脑进入兴奋或唤醒状态,灵活迅速地转换注意对象。(4)个体的神经类型和自控能力。神经类型灵活性高的人比不灵活的人更容易实现注意的转移,自控能力强的人比自控能力弱的人更善于主动及时地进行注意的转移。

注意的转移不同于注意的分散。注意的转移是根据任务的要求进行的,是主动进行的,注意的分散则是离开了当前的任务。

【真题解析】

1.有经验的教师边讲课边观察学生的听课表现,这种现象称为( )。
A.注意的广度　　B.注意的稳定性　　C.注意的转移　　D.注意的分配

解析:有经验的教师边讲课边观察学生的表现,这属于"一心二用",即注意的分配。正确答案是D。

2."眼观六路,耳听八方"说明了注意的( )品质。
A.广度　　　　B.稳定性　　　　C.分配　　　　D.转移

解析:眼观六路和耳听八方描述的都是个体同一时间能够感知对象的数量,因此这里说明的是注意的广度。正确答案是A。

3.小杨被教室窗外的小鸟所吸引,不能专心听讲。这属于( )。
A.注意分配　　B.注意广度　　C.注意分散　　D.注意转移

解析:注意的分配和注意的转移都是服从个体主观意志的。而小杨被窗外的小鸟吸引,不能维持专心听讲,是与听课这一主观意志相违背的,因此体现的是注意的分散。正确答案是C。

二、记忆

记忆(图 2-17)是神经系统存储和提取过往经验的能力。记忆代表着一个人对过去活动、感受和经验的累积,它是进行思维和想象等高级心理活动的基础。人类记忆与大脑海马结构和大脑内部的化学成分变化有关。作为一种基本的心理过程,记忆是和其他心理活动密切联系着的,是人们工作、学习和生活所必需的基本机能。运用有效的记忆方法和技巧,能够更好地帮助人们工作、学习和生活。

图 2-17　记忆

(一)记忆的概念

记忆是过去的经验在人脑中的反映,也可以说是人脑对经验的识记、保持和再现的过程,记忆是一种积极、能动的心理活动。人对外界信息的接受是有选择的,只有那些对人的生活有意义的事物,人才会有意识地进行记忆。记忆还依赖于个体已有的知识结构,只有当输入的信息以不同形式整合到人脑已有的知识结构中时,新的信息才能在头脑中更好地巩固、储存下来。

(二)记忆的分类

1.根据记忆的内容分类

根据记忆的内容可以把记忆分为形象记忆、情景记忆、情绪记忆、语义记忆和动作记忆五种。这五种记忆形式既有区别,又紧密联系在一起。例如,动作记忆通常伴随有鲜明的形象性,而语义记忆如果伴随有情绪记忆则可以保存得相对持久。

(1)形象记忆

形象记忆是对感知过事物的形象的记忆。这些具体形象可以是视觉的,也可以是听觉的、嗅觉的、触觉的或味觉的形象,如人们对看过的一幅画、听过的一首乐曲旋律的记忆就是形象记忆。这类记忆的显著特点是保存事物的感性特征,具有典型的直观性。

(2)情景记忆

情景记忆是对亲身经历过的、有时间、地点、人物和情节的事件的记忆。例如,学生在写命题作文《一件难忘的事》时,所运用的记忆包括时间、地点、人物和情节,就属于情景记忆。

(3)情绪记忆

情绪记忆是以过去体验过的情绪或情感为内容的记忆,如学生对接到大学录取通知书时的愉快心情的记忆等。人们在认识事物或与人交往的过程中,总会带有一定的情绪色彩或情感内容,这些情绪或情感也作为记忆的内容而被存储进大脑,成为人的心理内容的一部分。情绪记忆往往是一次形成而经久不忘的,对人的行为具有较大的影响作用。如教师对某个学生的第一印象会在很大程度上影响对该生的态度、行为,就是因为这一印象是与情绪相连的。情绪记忆的印象有时比其他形式的记忆印象更持久,即使人们对引起某种情绪体验的事实早已忘记,但情绪体验仍然保持着。

(4)语义记忆

语义记忆是用词语概括的,以思想、概念或命题等形式为内容的,各种有组织的知识的记忆,如对数学定理、公式、哲学命题等内容的记忆。这类记忆是以抽象逻辑思维为基础的,具有概括性、理解性和逻辑性等特点。

(5)动作记忆

动作记忆也称运动记忆,是对身体的运动状态和动作技能的记忆。凡是人们头脑里所保持的做过的动作及动作模式,都属于动作记忆。例如,上体育课时的体操动作和武术套路、上实验课时的操作过程等都会在头脑中留下一定的痕迹。这类记忆对于人们动作的连贯性、精确性等具有重要意义,是动作技能形成的基础。

【真题解析】

人们在游览过万里长城后,在头脑中留下了生动的长城形象。这种记忆是( )。

A.情绪记忆　　B.形象记忆　　C.动作记忆　　D.情景记忆

解析:游览长城后在头脑中留下了有关长城的生动形象的记忆,这里说的是形象记忆。正确答案是 B。

2.根据记忆保持时间的长短分类

根据记忆保持时间的长短可以把记忆分为瞬时记忆、短时记忆和长时记忆三种。

(1)瞬时记忆

瞬时记忆也叫感觉记忆或感觉登记,是指作用于人们的刺激停止后,刺激信息在感觉通道内的短暂保留。瞬时记忆的保持时间一般在 0.25~1 秒,最长不超过 5 秒。瞬时记忆的容量较大,一般来说,凡是进入感觉通道的信息都能被登记。瞬时记忆储存的信息未经任何处理,完全按客观刺激的物理特性编码,所以形象鲜明。瞬时记忆的内容只有经过注意才能被意识到,进而进入短时记忆。

(2)短时记忆

短时记忆又叫工作记忆,是指信息在头脑中储存的时间一般在1秒～1分钟之间的记忆。短时记忆的容量有限,据米勒的研究,短时记忆的容量为(7 ± 2)个组块。组块是短时记忆的单位,组块的大小因人的知识经验等的不同而有所不同。组块可以是一个字、一个词、一个数字,也可以是一个短语、句子或字表等。短时记忆以听觉编码为主,兼有视觉编码。有人认为,短时记忆也是工作记忆,是一种为当前动作而服务的记忆,即人在工作状态下所需记忆内容的短暂提取与保留。短时记忆的内容一般要经过复述才能进入长时记忆。

(3)长时记忆

长时记忆是指信息在记忆中储存时间超过1分钟,直至几天、几周或数年,甚至终身不忘的记忆。长时记忆的特点是容量无限,保存时间长。长时记忆的编码方式以意义编码为主。

瞬时记忆系统、短时记忆系统和长时记忆系统虽有各自对信息加工的特点,但从时间衔接上来看是连续的,彼此的关系也是很密切的(图2-18)。

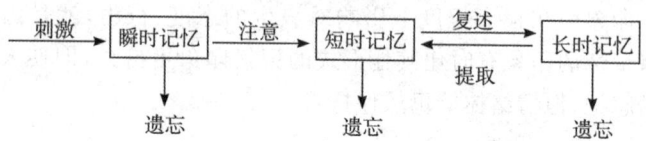

图2-18 瞬时记忆、短时记忆、长时记忆的时间衔接

【真题解析】

告诉你一个电话号码,你可照它去拨号,但打过电话以后,再问你该号码,你又不记得了,这种信息保持的时间最长不超过1分钟的记忆称为(　　)。

A.瞬时记忆　　　　B.短时记忆　　　　C.长时记忆　　　　D.感觉记忆

解析:信息保存时间最长不超过1分钟的记忆可能是瞬时记忆或短时记忆。考虑到题干中提到要利用记忆信息去完成拨号的任务,因此这一记忆的保存时间应该超过1分钟,所以这里涉及的记忆应为短时记忆。正确答案是B。

3.根据信息加工和存储内容的不同分类

现代认知心理学将记忆分为陈述性记忆和程序性记忆。

(1)陈述性记忆

陈述性记忆是指对有关事实和事件的记忆,即以陈述性知识为内容,对事实性资料的记忆。凡是对人名、地名、名词解释以及定理、定律等的记忆均属陈述性记忆。这种记忆的主要特征是在需要时可将记得的事实陈述出来,说明什么是什么,什么不是什么。

(2)程序性记忆

程序性记忆又称技能记忆,是对程序性知识的记忆。如该怎样做事情或如何掌握技能,通常包含一系列复杂的动作过程,即有多个动作间的序列联系,也包括在同一瞬间同时进行的动作间的横向联系,这两方面共同构成的复合体是无法用语言清楚表述的。

【真题解析】

学习游泳之前,小红通过阅读书籍记住了一些与游泳相关的知识。小兰对游泳知识的记忆是( )。

A.陈述性记忆　　B.程序性记忆　　C.瞬时记忆　　D.短时记忆

解析:小红是通过阅读书籍来记忆有关游泳知识的,这里发生的记忆是可以用语言表述出来的理论知识,属于陈述性记忆。正确答案是A。

4.根据意识的参与程度分类

根据意识参与的程度可以把记忆分为内隐记忆和外显记忆。

(1)内隐记忆

内隐记忆是指在个体无意识的情况下,过去经验对当前作业产生的无意识的影响,有时又叫自动的无意识记忆。

(2)外显记忆

外显记忆是指在意识的控制下,过去经验对当前作业产生的影响。过去经验对行为的影响是个体能够意识到的,因此又叫受意识控制的记忆。

(三)记忆的过程

记忆的过程包括**识记**、**保持**、**再现**三个基本环节,它们是相互联系、相互制约的完整统一的过程。从信息加工的角度来看,记忆过程是对输入信息的编码、储存和提取的过程。信息的编码相对于识记过程,信息的储存相对于保持过程,信息的提取相对于再现过程。记忆有三个基本过程:(1)识记,使经验在中枢神经系统中留下痕迹的过程。取决于意识水平和注意是否集中。精神疲乏、缺乏兴趣、注意力不集中和意识模糊可以影响识记过程。严重的识记缺陷一般由器质性原因所造成。(2)保持,即信息储存。有三个阶段,最初阶段是通过感觉形成记忆痕迹,这种痕迹很不稳定;第二阶段为短期保存;第三阶段为长期保存。保存是神经组织的特性,保存发生障碍时,不能建立新的记忆,遗忘范围则与日俱增。严重的保存缺陷见于脑器质性疾病。(3)再现,即唤起和复呈以往经验的过程。部分或完全地失去再现以往经验的能力,称为遗忘。

1.识记

识记是记忆过程的开端,是个体获得知识和经验的过程。识记过程是经验在中枢神经系统中留下痕迹的过程,这一过程取决于意识水平和注意是否集中。精神疲乏、缺乏兴趣、注意力不集中和意识模糊等都会影响识记过程。

(1)根据识记有无目的性,可以分为无意识记和有意识记

无意识记是指事前没有明确目的,也不需要意志努力的识记。由于缺乏目的性,识记内容往往带有偶然性和片段性,缺乏系统性。有意识记是指有明确目的,并运用一定方法进行的识记,在识记过程中还需要一定的意志努力。学生的学习活动主要依靠的是有意识记。

(2)根据识记的方法,可以分为机械识记和意义识记

机械识记是指在材料本身无内在联系或不理解材料意义的情况下,采用多次机械重复的方法进行的识记。如对无意义音节、地名、人名、历史年代等的识记。这种识记具有被动性,但它能够防止对记忆材料的歪曲。对于学生而言,这种识记也是必要的,因为有一部分

学习内容的确是需要精确记忆的,如山脉的高度、河流的长度等。也有些内容,限于学生的知识经验,不可能真正理解其意义,但这些知识对以后的学习是重要的,也应该进行机械识记。如小学一、二年级的学生背诵乘法口诀。实际上,纯粹的机械识记是很少的,人们在识记过程中,总是尽可能地把材料加以意义化。按照信息加工理论的观点,个人对任何输入的信息都会尽可能地按自己的经验体系或心理格局来进行最好的编码。如记电话号码,并不是单纯重复记忆,而会利用谐音或找规律等方式使之意义化。

意义识记是在指对事物理解的基础上,依据事物的内在联系所进行的识记。在意义识记中,理解是关键。理解是对材料的一种加工,它根据人的已有知识经验,通过分析、比较、综合来反映材料的内涵以及材料各部分之间的关系。由于意义识记需要消耗较多的心理能量,与机械识记相比,它是一种更复杂的心理过程。意义识记是学生识记的主要形式。

2.保持

保持是指已获得的知识经验在人脑中的巩固过程,它是在记忆过程的第二个环节。在保持的过程中,识记的材料会发生不同程度的变化和遗忘。**遗忘**是指识记过的材料不能回忆或再认,或者表现为错误的回忆或再认。按照信息加工的观点,遗忘过程在记忆的不同阶段都存在。因为感知过的事物没有全部记忆的必要,因此遗忘是一种正常且合理的心理现象。

(1)遗忘的规律

遗忘虽是一种复杂的心理现象,但其发生发展也是有一定规律的。德国心理学家艾宾浩斯最早进行了这方面的研究。他用无意义音节为实验材料,以自己为实验对象,在识记材料后,每隔一段时间重新学习,以重学时所节省时间和次数为指标,绘制出了遗忘曲线(图2-19)。

遗忘曲线所反映的是遗忘变量和时间变量之间的关系。该曲线表明了遗忘的规律:遗忘在学习之后立即开始,最初的遗忘速度很快,随着时间的推移,遗忘的速度逐渐下降,达到一定程度后就不再遗忘了。由此看出,遗忘的进程是不均衡的,是先快后慢的。继艾宾浩斯之后,许多人对遗忘进程的研究也都证实了艾宾浩斯遗忘曲线基本上是正确的。

(2)影响遗忘进程的因素

影响遗忘进程的因素有以下五个方面:

①学习材料的性质和数量。材料的数量对识记效果有明显的影响。一

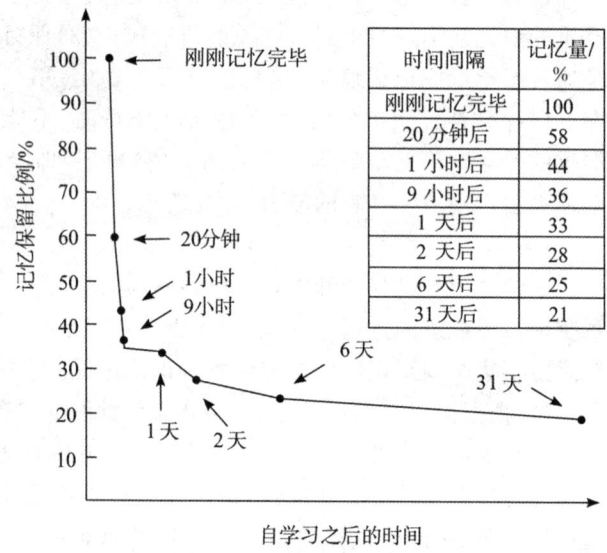

图2-19 艾宾浩斯遗忘曲线

时间间隔	记忆量/%
刚刚记忆完毕	100
20分钟后	58
1小时后	44
9小时后	36
1天后	33
2天后	28
6天后	25
31天后	21

般来说,识记需要的时间常常随着材料数量的增加而增加。要达到一定目标的识记水平,材料愈多,所用的平均时间和次数也就愈多。材料的性质对识记效果也有很大的影响。一般来说,识记直观形象材料优于抽象材料,视觉优于听觉。根据这一规律,教师在教学中应

注意适当地安排学生识记材料的数量,在一定时间内要求识记材料的数量不宜过多。如果过分加大数量,会降低识记效果,也影响学生的积极性。

②学习程度。学习程度越高,对材料记得越牢固,遗忘得自然就慢。研究证明,过度学习能提高保持的效果,减少遗忘。所谓过度学习是指在学习进行到刚刚能回忆起来的基础上进一步地学习。一般来说,过度学习所用时间以150％为效果最佳。这样既不浪费学习时间,也能取得好的保持效果。

③记忆任务的重要性。识记任务越重要,越不容易遗忘。

④识记材料的序列位置。一般是材料的首尾内容较容易记住,而中间部分容易遗忘。

⑤识记者的态度。识记者对识记内容的需要、兴趣等,对遗忘的快慢也有一定影响。例如学习者的情绪差、动机弱和目的不明确都不利于记忆。

(3)遗忘的原因

产生遗忘的原因既有生理方面的,如因疾病、疲劳等因素造成的遗忘,也有心理方面的原因。关于这方面的原因,主要有四种学说:

①痕迹衰退说。主要强调生理活动过程对记忆痕迹的影响,认为遗忘是由于记忆痕迹得不到强化而逐渐减弱,以致最后消退的结果。从巴甫洛夫的条件反射理论来看,记忆痕迹是人在感知、思维、情绪和动作等活动时,大脑皮层上有关部位所形成的暂时神经联系,联系形成后在神经组织中会留下一定的痕迹,痕迹的保持就是记忆。在有关刺激的作用下,会激活痕迹,使暂时神经联系恢复,保持在人脑中的过去经验便以回忆或再认的方式表现出来。有些没有被强化的痕迹,随着时间的推移而逐渐衰退造成遗忘。记忆痕迹衰退说还没有得到精确有力的实验证明,但它的解释接近于常识,正像某些物理、化学痕迹也会随时间推移而消失一样,很容易为人们所接受。

②干扰说。这种理论认为,遗忘是由于所识记的先后材料之间的相互干扰造成的。前摄抑制和倒摄抑制是支持干扰说的有力例证。**前摄抑制**是先学习的材料对识记和回忆学习材料的干扰作用。**倒摄抑制**是指后学习的材料对保持回忆先学习的材料的干扰作用。由于这两种抑制是引起遗忘的重要原因,因此受到许多心理学家的注意。大量研究不仅证明了这两种抑制的存在,而且对造成这两种抑制的原因进行了探讨,诱发两种抑制的原因主要有三个方面:a.材料的相似性。即先后学习的两种材料在意义上、组成上或排列的顺序上有某些相似或相同的成分,会产生较大的抑制效果。b.学习的巩固程度。先后两种学习材料的巩固程度也是影响抑制的重要因素。如果其他条件相同,插入材料所产生的抑制作用,将随着原材料学习巩固程度的提高而减少。c.先后两种学习的时间安排。实验证明,先后两种学习之间的时间间隔越大,倒摄抑制的作用则越小。

【真题解析】

让小明先后学习两组难易相当、性质相似的材料,随后的检查发现他对前面组材料的回忆效果不如后面组好,这是由于(　　)。

A.倒摄抑制　　　　B.前摄抑制　　　　C.分化抑制　　　　D.延缓抑制

解析:前组材料回忆效果不如后组好,说明前组材料的记忆受到了干扰,这里发生的是倒摄抑制。正确答案是A。

③压抑说。这种理论认为,遗忘是由于情绪或动机的压抑作用造成的,如果压抑被解除,记忆就能恢复。这种理论用以解释与情绪有关内容的暂时性遗忘是有效的。这一理论是由弗洛伊德在临床实践中提出的,他认为那些给人带来不愉快、痛苦、忧愁的体验常常会引发动机性遗忘。

④提取失败说。这种观点认为遗忘是一时难以提取出要求的信息,一旦有了正确的线索,经过搜索,所要求的信息就能被提取出来,这就是遗忘提取失败理论。

现代研究认为,遗忘可能是多种因素共同作用的结果。记忆的编码、存储和提取是一个复杂的动态过程,受到生理、心理和环境因素的综合影响。例如,神经科学研究表明,记忆的巩固过程受到睡眠、情绪状态和神经递质等多种因素影响。此外,认知神经科学的研究也发现,记忆提取依赖于大脑多个区域的协同活动,而这些区域的功能状态和连接强度会随着时间和环境的变化而改变。因此,遗忘并非单一机制的结果,而是多种因素相互作用的综合现象。

3.再现

再现包括回忆和再认两种过程。回忆和再认都是过去经验的恢复,它们之间没有本质的区别,但在保持的巩固程度方面还是有差别的。一般情况下,能回忆的一定能再认,能再认的不一定能回忆。因此,再认容易,回忆困难。

对不在眼前的过去经历过的事物,在脑中重新呈现出来的过程称为**回忆**,如学生根据考题回忆起过去学过的内容。根据回忆时是否需要中介物,回忆可分为直接回忆和间接回忆。直接回忆指不需要中介物直接回忆起过去感知过的某一事物,如学生对十分熟悉的公式、单词、课文,通常都可以直接地回忆起来。间接回忆指需要中介物,才能想起过去感知过的某一事物。根据有无明确目的和是否需要意志努力,可把回忆分为有意回忆和无意回忆。有意回忆指有明确的目的并需要一定意志努力的回忆。如学生课堂上对教师提问的回答。无意回忆指事先没有预定目的也不需要意志努力的回忆。如"睹物思人""触景生情"。有意回忆有时不需要太大的意志努力就可以实现,有时则需要较大的努力,进行复杂的思索,才能在头脑中呈现过去感知过的事物,这种回忆叫追忆。

对过去经历过的事物,当它再次出现时能识别出来是以前经历的即为**再认**。一般来说,再认比回忆容易。再认是一种比较简单的心理过程,不同的人对不同材料的再认速度和正确程度有一定的差异,这与影响再认的因素有关。一般认为影响再认的因素有三个:一是对事物识记和保持的程度。识记得越清楚,保持得就越牢固,再认也就越容易。识记模糊,当然保持也不稳定,再认时必然会发生困难。二是当前出现的事物和经历过的事物之间的相似程度。如果当前出现的事物和过去的印象完全相同,便可以立即再认出来;如果当前事物和过去的印象不完全相同,就不易把它再认出来。三是当前呈现事物的环境与过去被识记时环境的相似程度。一般来说,当前出现的事物与过去感知它时的环境差别越小,越容易再认,否则,就会给再认带来一定的困难。事过境迁,对往事难以识别就是这个道理。线索是再认的支点,当再认出现困难时,人们往往需要寻找再认的线索,通过线索达到对事物的再认。如对久别重逢的朋友的再认,一般要以身体的某些特征作为再认的线索。

(四)记忆规律在教学中的运用

根据记忆与遗忘的规律、遗忘的原因和影响遗忘进程的因素,在教学中可以从以下六个方面入手,帮助学生提升记忆效果。

1.明确记忆目的,增强学习的主动性

有目的才会有动力,才会有责任感和主动性。帮助学生树立长远的记忆目标和意图,使学生的学习和记忆能够按计划进行;学生记忆的时间和计划应尽可能准确和明确,以便提高记忆效果;注意培养学生直接和间接的学习兴趣和求知欲,提高学生对学习的重视程度,进而提高记忆效果。

2.理解学习材料的意义

相较于机械记忆,意义记忆的材料保持时间长,利用提取快,受干扰少。在教学中,要注意以意义记忆为主,机械记忆为辅,发挥两种记忆各自的长处,从而提高整个记忆的效果。

3.对材料进行精细加工,促进对知识的理解

帮助学生理解所识记的材料,对材料进行分析,把观点、论据和相应逻辑标示出来,引导学生对识记材料进行概括并确切地叙述出来。实践证明,精加工的材料组织得好,提取的线索多,记忆效果好,提取效率高。

4.运用组块化学习策略,合理组织学习材料

对材料的组块化实际上就是把若干的组块合成数量更少的、体积更大的组块的心智操作,它能使输入的信息有效地进入长时记忆。在教学中,应注意引导学生合理组织学习材料,运用组块化学习策略,使组块能够容纳更多意义材料,提高信息加工的效率,保证记忆的效果。

5.运用多重信息编码方式,提高信息加工处理的质量

多种感官协同参加记忆活动能提高记忆效果。每种分析器都有专门的神经通道,把眼、耳、口、手、脑等的活动结合起来,可以使同一内容在大脑皮层建立多个通道联系,从而大大提高记忆效果。例如,在学习地理时,如果学生仅看现成地图,往往难以记住山脉、河流、城市等的名称。如果让学生在独立绘制地图的活动中来记,那就容易多了。同时,记忆方法直接影响记忆效果。不论是在全面性和深刻性上,还是在精确性和长久性上,以理解为基础的意义记忆比机械记忆效果好。因为只有理解了的材料才能在头脑中长期保持,才能在以后运用它们时很快地被提取出来。这是因为理解了的东西与过去巩固了的知识经验建立了内在的联系。相反,不理解的东西即使暂时记住了,很快也会遗忘的。根据这些规律,教师在教学活动中应根据学生的年龄、个性差异以及学习科目和记忆材料的不同,指导学生运用正确的记忆方法,增强记忆效果。

6.重视复习方法,防止知识遗忘

复习方法主要包括及时复习,合理分配复习时间,分散与集中复习相结合,丰富阅读与试图回忆相结合,复习方法多样及运用多种感官参与等方法。

(1)及时复习与经常复习相结合

根据遗忘先快后慢的规律,及时复习能够阻止识记后立即会出现的快速遗忘。原因是及时复习能及时强化暂时神经联系。如果复习不及时,识记的材料遗忘后再去恢复,就要花费更多的时间和精力。可见及时复习,"趁热打铁",可以收到事半功倍之效。及时复习后并不能万事大吉,还应有计划地经常复习,这样才能使暂时神经联系易于复活,更好地巩固知识。

(2)集中复习与分散复习相结合

研究表明,在时间和条件大致相同的情况下,分散复习的效果优于集中复习。当然合理分配复习时间要视复习材料的特点而定。数量少、难度小的材料应当集中复习;数量多、难度大的材料可以分散复习;属于思考式的材料,宜集中复习。

(3)反复阅读与尝试回忆相结合

在对复习材料没有完全熟记之前不宜一遍又一遍地单纯诵读,而是要积极地试图回忆,即读几遍后合起书来回忆其中的内容或尝试背诵,遇到回忆不起来的部分再阅读,这就是反复阅读与尝试回忆相结合的方法。实验证明,这种方法比一遍一遍地阅读,省时省力,效果更好。因为这是一种积极主动的复习方法,能够及时发现哪些记住了,哪些没有记住,使复习更有目的性。学生可以看到成绩,增强信心。

(4)复习的方式要多样化

单调的复习方法,会使学生产生疲劳和消极的情绪。多样化的复习方式可以使学生感到新颖,激发学生积极地从事智力活动,从而提高复习的效果。在复习时也要尽可能利用多种分析器参加活动。如复习英文单词时,要仔细看字母组合,留心听发音,认真读单词,反复练习书写,专心记词义等,通过多种感官协同活动,能够大大改善复习的效果。

(5)科学用脑,劳逸结合

学习时间长了,就会引起大脑神经疲劳,从而降低记忆的效率。这时如果让大脑休息一下,就会迅速提高大脑活动的机能,从而防止遗忘。研究证明,学生如果在课间有10分钟的主动休息,便可以使脑力活动的效率提高30%。另外,适当睡眠也是科学用脑、提高学习效率的必要措施。

第三节 学生的思维与想象

思维所反映的是一类事物共同的、本质的属性和事物间内在的、必然的联系,属于理性认识。思维以感知为基础,又超越感知的界限。通常意义上的思维涉及所有的认知或智力活动。它能够探索与发现事物的内部本质联系和规律性,是认识过程的高级阶段。

一、思维

(一)思维的概念

思维是人脑借助语言实现的,以已有知识为中介,对客观现实间接和概括的反映,它能帮助人认识事物的本质和事物之间的内在联系。间接性和概括性是思维的两个主要特征。间接性是指不是直接通过感觉器官而是通过其他媒介来认识客观事物。正是思维的间接性才使人们能够超越感知觉提供的信息,去认识没有或者不能直接作用于人的各种事物和特性,从而揭示事物的本质和规律,预见事物的发展。概括性指的是在大量感性材料的基础上,人们把一类事物共同的特征和规律抽取出来,加以概括。概括性在人们的思维活动中具有重要的作用,它使人们可以脱离具体的事物进行抽象思维,并使思维活动在一定条件下进行迁移。

(二)思维的种类

1.根据思维的发展水平不同划分

根据思维的发展水平,思维可以分为直观动作思维、具体形象思维和抽象逻辑思维。

(1)直观动作思维

直观动作思维又称实践思维,指在思维过程中要以具体、实际动作作为支柱(凭借物)而进行的思维。这种思维所要解决的任务目标一般是直观的、具体的。两岁前的婴儿尚未掌握语言,他们通过摆弄物体,在实际操作中认识物体属性。离开了感知活动或动作,思维就不能进行。

(2)具体形象思维

具体形象思维是指在思维过程中借助于表象而进行的思维。表象是思维的材料,思维过程往往表现为对表象的概括、加工和操作。小学低年级教师运用水果的卡片进行数字算数教学,就属于具体形象思维。

(3)抽象逻辑思维

抽象逻辑思维是指在思维过程中以语言符号所体现的概念、公式、法则、定理、定律、命题等形式来反映事物本质属性和内在规律的思维。抽象逻辑思维是用语言进行的,词负载着思维的过程,词把思维中概括出来的事物的共同特征和本质特征确定和巩固下来。人类思维的本质特征在于它是以词为中介的对现实的反映,是多层次概括的信息处理过程。这就是人类思维与动物思维的根本区别,也是人类思维具有创造性、预见性和超越现实能力的根本原因。

个体思维的发展有一个从直观动作思维向具体形象思维和抽象逻辑思维发展的过程。成人的思维根据所凭借的任务,往往以某种思维形式为主,多种思维形式共同参与任务或问题的解决过程。

2.根据思维的逻辑性划分

根据思维的逻辑性,思维可以分为直觉思维和分析思维。这两种思维各有优点,对人们的工作、学习和生活同样重要。

(1)直觉思维

直觉思维是未经过逐步分析就迅速对问题答案做出合理的猜测、设想或突然的领悟。

(2)分析思维

分析思维是经过逐步分析后,对问题解决做出明确的结论。如学生解数学题的多步推理和论证,医生面对疑难杂症的多种检查、会诊、分析等的思维。

3.根据思维的指向性划分

根据思维的指向性,思维可以分为聚合思维和发散思维。聚合思维和发散思维都是智力活动不可缺少的思维,都带有创造的成分,而发散思维是创造性思维的核心。

(1)聚合思维

聚合思维又称求同思维、集中思维,是把问题所提供的各种信息集中起来得出一个正确或最好的答案的思维,是从多到一的过程。如学生从各种解题方法中筛选出一种最佳解法;工程建设中把多种实施方案经过筛选和比较,找出最佳的方案等。

(2)发散思维

发散思维又称求异思维、辐射思维,是从一个目标出发,沿着各种不同途径寻求各种答案的思维,是从一到多的过程。如科学研究中对某一问题的解决提出多种设想,教育改革中多种方案的提出都属于发散思维。

【真题解析】

杨老师在教学中对所讲的例题尽可能给出多种解法,同时鼓励学生"一题多解",杨老师的教学方式主要用来促进学生(　　)的发展。

　　A.动作思维　　　　B.直觉思维　　　　C.辐合思维　　　　D.发散思维

解析:杨老师的教学方式符合思维从一到多的过程,因此属于发散思维。正确答案是D。

4.根据思维的创造性程度划分

根据思维的创造性程度,思维可以分为再造性思维和创造性思维。

(1)再造性思维

再造性思维又称常规性思维,是指人们运用已获得的知识经验,按照现成的方案和程序,用惯常的方法、固定的模式来解决问题的思维方式。这种思维创造性水平低,对原有知识不需要进行明显的重组,也没有创造出新的思维水平。常规思维是创造性思维的基础,没有常规思维也就谈不上创新思维的存在。

(2)创造性思维

创造性思维是指以新颖、独特的方式来解决问题的思维方式。它不仅是人类思维的高级形式,也是推动科学、艺术和技术创新的重要力量。创造性思维具有流畅性、变通性和独创性三个主要特征。**流畅性**是指个体在面对问题情境时,能够在规定时间内产生大量不同观念的能力。它反映了思维的活跃程度和丰富的联想能力。例如,在头脑风暴中,能够快速提出多种解决方案的学生表现出较高的流畅性。**变通性**是指个体在面对问题时,能够灵活转换思维方向,不局限于单一的思考路径,从而提出多种不同类型答案的能力。例如,面对一个复杂的数学问题,能够从代数、几何等多个角度思考的学生表现出较高的变通性。**独创性**是指个体在面对问题时,能够提出新颖、独特且有价值的解决方案的能力。独创性不仅要求思维的新颖性,还要求这种新颖性具有实际的应用价值。例如,在设计一个新产品时,能够提出与众不同的设计理念并付诸实践的设计师表现出较高的独创性。

此外,现代研究认为创造性思维还涉及以下重要特征。**灵活性**是指个体能够根据情境的变化调整思维策略的能力。在复杂多变的环境中,能够快速适应并调整解决方案的个体表现出较高的灵活性。例如,在面对突发问题时,能够迅速调整计划并找到新的解决方法的人,展现了良好的思维灵活性。**批判性思维**是指个体能够对信息进行分析、评估和判断的能力。它不仅要求提出新颖的想法,还要求对这些想法进行合理的评估和验证。批判性思维能够帮助个体避免盲目接受错误的观点,从而提高思维的质量。例如,在科学研究中,能够对实验结果进行严谨分析并提出合理假设的科学家展现了良好的批判性思维。

上述特征共同构成了创造性思维的核心要素,它们相互作用、相互促进,共同推动个体在面对复杂问题时能够提出创新性的解决方案。

【真题解析】
下列不属于创造性思维的特征的是(　　)。
A.流畅性　　　　　B.变通性　　　　　C.独创性　　　　　D.规范性
解析:创造性思维的三个特征是流畅性、变通性和独创性。正确答案是 D。

拓展阅读　培养学生创造性思维的教学策略

在教育领域,培养学生的创造性思维具有重要意义。以下是几种有效的教学策略建议:

1.开放性问题(open-ended questions)

教师在课堂上应多提出开放性问题,这些问题没有唯一答案,能够激发学生的想象力和创造力。例如,在科学课上,教师可以问:"如果你是一名科学家,你会如何设计一种新型的环保材料?"这种问题鼓励学生从多个角度思考,而不是仅仅寻找标准答案。

2.项目式学习(project-based learning,PBL)

项目式学习是一种以学生为中心的教学方法,学生通过完成长期项目来解决实际问题。这种方法能够培养学生的自主学习能力、团队合作能力和创造性思维。例如,在历史课上,学生可以设计一个关于古代文明的展览项目,通过研究、设计和展示,深入理解历史知识,并提出创新性的展示方式。

3.思维导图(mind mapping)

思维导图是一种可视化思维工具,能够帮助学生整理思路、激发创意。教师可以引导学生使用思维导图来组织知识、分析问题和提出解决方案。例如,在语文写作课上,学生可以用思维导图来构思文章结构,从中心主题扩展到各个分支,从而培养发散性思维。

4.鼓励冒险与接受失败(encouraging risk-taking and embracing failure)

创造性思维往往伴随着风险和失败。教师应鼓励学生勇于尝试新方法,即使可能会失败。课堂上可以设立"创意分享日",让学生展示他们的想法,无论成功与否,都给予积极的反馈。这种文化能够帮助学生克服对失败的恐惧,从而更愿意尝试创新。

5.跨学科整合(interdisciplinary integration)

创造性思维往往需要跨越学科界限。教师可以通过跨学科项目,让学生将不同学科的知识结合起来解决问题。例如,结合数学和艺术,让学生设计一个几何图形的艺术作品;或者结合科学和文学,让学生创作一个关于科学发现的故事。这种跨学科的思维方式能够激发学生的创造力。

6.创造性思维训练(creativity training)

教师可以定期开展专门的创造性思维训练活动,如"头脑风暴"和"六项思考帽"。这些方法能够帮助学生学会从不同角度思考问题,培养他们的创新能力和批判性思维。

通过以上策略,教师可以在日常教学中有效培养学生的创造性思维,帮助他们成为能够独立思考、勇于创新的未来人才。

5.根据思维过程的依据划分

根据思维过程的依据,思维可以分为经验思维和理论思维。

(1) 经验思维

经验思维是以日常生活经验为依据,判断生产和生活中的问题的思维。如人们对"燕子低飞蛇过道"的判断,儿童凭自己的经验认为"鸟是会飞的动物",人们通常认为"太阳从东边升起,往西边落下"等都属于经验思维。

(2) 理论思维

理论思维是以科学的原理、定理、定律等理论为依据,对问题进行分析、判断的思维。如科学家、理论家运用理论思维发现事物的客观规律,教师利用理论思维传授科学理论,学生运用理论思维学习理性知识。

(三) 影响问题解决的因素

问题解决是由一定的情景引起的,指向一定的目标,应用各种认知活动,经过一系列的思维操作,实现从初始状态到达目标状态的过程。问题解决一般包括明确问题、分析问题、提出假设、检验假设四个步骤。问题解决的思维过程受多种心理过程影响,有些因素对解决问题起促进作用,有些则起阻碍作用。

1. 问题的表征方式

个体解决有关问题时,常常受到问题的类型、呈现方式等因素的影响。不同的呈现问题的方式将影响个体对问题的理解。解决抽象而不带具体情节的问题比较容易,解决具体而接近实际的问题比较困难。一般而言,如果呈现问题的刺激模式能直接提供适合于解决问题的线索,就有利于找到解决问题的方向、途径和方法;如果呈现问题的刺激模式掩蔽或干扰了问题解决的线索,就会增大解决问题的难度。在学习和日常生活中,也经常出现本来是简单而熟悉的问题,由于问题呈现的方式有了改变,而干扰或阻碍问题解决的情况。此外,由于问题的陈述方式或所给图示的不同,也会直接影响问题解决的过程(图2-20)。

2. 已有的知识经验

任何问题解决都要以一定的知识作为基础,知识经验的不足常常是不能有效解决问题的重要原因。已有经验的质与量都影响着问题解决。与问题解决有关的经验越多,解决该问题的可能性就越大。

3. 定势

定势是指由先前的活动所形成的并影响后继活动趋势的一种心理准备状态。研究表明,在问题情境不变的条件下,心理定势能使人应用已掌握的方法迅速地解决问题;在问题情境发生变化的情况下,心理定势就会妨碍人采用新的解决方法。因此定势既有积极的影响,也可能有消极的影响。卢钦斯的量杯实验充分表明了心理定势对问题解决的影响。

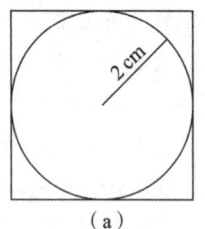 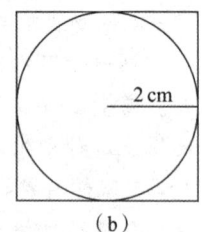

(a)　　　　　　　　(b)

图 2-20　问题的表征方式

拓展阅读　卢钦斯的量杯实验

卢钦斯(Luchins)的量杯实验是定势影响迁移的典型例证。实验中要求被试用容积不同容量(A、B、C)的量杯去量一定量的水(D),见表2-1。实验组和控制组开始时做一道练习题,然后按要求解决其他几道题。实验组做全部的题目,而控制组只做部分题目。结果发现,实验组的被试由于先进行了一定的练习,他们直接将三杯方法(即 $D=B-A-2C$)迁移到后面问题的解决过程中,使后面解题的速度加快,问题变得比较容易。从这一意义上来讲,定势是迁移产生的一种积极的心理因素。但是,这种定势同时又阻碍、限制了其他更简便的解决问题的方法(即 $D=A-C$ 或 $D=A+C$)的产生,使思维僵化,因循守旧,难以灵活应用其他有效的经验来解决问题。这种定势阻碍了将其他方法迁移到目前问题的解决,因此表现为一种负迁移。实验还发现,控制组的被试都使用了最简便的解决问题的方法。

表 2-1　卢钦斯的量杯实验

问题	三种容器的容量			要求量出的水量	解决方法
	A	B	C	D	
1	29		3	20	$D=A-3C$
2	21	127	3	100	$D=B-A-2C$
3	14	163	25	99	$D=B-A-2C$
4	18	43	10	5	$D=B-A-2C$
5	9	42	6	21	$D=B-A-2C$
6	20	59	4	31	$D=B-A-2C$
7	23	49	3	20	$D=B-A-2C, D=A-C$
8	15	39	3	18	$D=B-A-2C, D=A+C$

【真题解析】

学生在解决一个问题之后,以后遇到同样类型的问题还会采取先前的思维模式去解题,这种现象体现了(　　)。

A.原型启发　　　B.定势　　　C.迁移作用　　　D.功能固着

解析:学生在解决一个问题之后,会采取先前的思维模式去解同样类型的问题,这里体现的是定势。正确答案是 B。

4.功能固着

功能固着也可以看作是一种定势,即个体在解决问题时往往只看到某种事物的通常功能,而看不到它其他方面可能有的功能,例如盒子是装东西的,毛笔是写字的,等等。当一个人熟悉了一种物体的某种功能时,就很难看出该物体的其他功能,而且最初看到的功能越重要,就越难看出其他功能。当在某种情形下需要利用某一物体的潜在功能来解决问题时,功能固着可能起到阻碍的作用。在解决问题的过程中,人们能否改变事物固有的功能以适应新的问题情景的需要,即灵活运用功能变通,常常成为解决问题的关键。

【真题解析】

在思维训练课中,老师让大家列举纽扣的用处,小丽只想到扣衣服,却想不到其他用途,这种现象说明(　　)。

A.功能迁移　　　B.功能固着　　　C.功能转换　　　D.功能变面

解析:小丽认为纽扣只能扣衣服,想不到其他功能,这属于功能固着。正确答案是 B。

5.原型启发

原型启发是指从其他事物中看出了解决问题的途径和方法。原型是指对解决问题起启发作用的事物。例如鲁班受茅草边缘的毛刺启发发明了锯子(图2-21);人们通过对鸟翅膀构造的研究,设计出飞机机翼;通过对蝙蝠超声波定位的仿效,制造出雷达;通过对狗鼻子构造的分析,发明了比狗鼻子更灵敏的电子嗅觉器。原型启发在创造性问题解决的过程中作用特别明显。原型之所以能起到启发作用,是因为原型与要解决的问题之间存在着某些共同点或相似处。通过联想,人们可以从原型中间找到解决问题的新方法。某一事物能否充当原型起到启发作用,不仅取决于该事物的特点,还取决于问题解决者的心理状态。只有在问题解决者的思维活动处于积极但又不过于紧张的状态时,才最容易产生原型启发。

图 2-21 原型启发

6.动机强度

动机是促使人解决问题的动力因素,对问题解决的思维活动有重要影响。在学习较复杂的问题时,中等偏低的动机强度最有利于问题的解决;在学习中等难度的问题时,动机强度与学习效率的关系是倒 U 形曲线关系;在学习任务比较简单时,高动机强度最有利于问题的解决。

除上述因素外,气质、性格等差异也影响着问题解决的效率。富有理想、意志坚强、情绪稳定、刻苦勤奋等优良品质都会提高问题解决的效率。此外,智力水平、情绪状态、认知风格、认知策略等也会影响问题解决的方向和效果。

二、想象

(一)想象的概念

想象是一种特殊的思维形式,是人脑对已有表象进行加工改造,形成新形象的心理过程。例如,读着骆宾王的诗句"鹅鹅鹅,曲项向天歌。白毛浮绿水,红掌拨清波",头脑中能浮现出群鹅戏水的画面。想象能突破时间和空间的束缚,能起到对机体的调节作用,还能起到预见未来的作用。

(二)想象的分类

1.无意想象和有意想象

根据想象活动是否有自觉的目的性,可以把想象分为无意想象和有意想象两类。

(1)无意想象

无意想象是一种没有预定目的,在一定刺激作用下,自然而然产生的想象。例如,当我们抬头仰望天空变幻莫测的浮云时,脑中就产生起伏的山峦、活动的羊群和奔跑的骏马等形象;当我们看到北方冬季玻璃上的冰花时,就会觉得它像梅花、像树叶等,这些都是无意想象的表现形式。无意想象是简单、低级的想象,具有情境性和随意性。梦是无意想象的极端形式,是人在睡眠状态下出现的一种漫无目的、不由自主的奇异想象。

(2)有意想象

有意想象也称随意想象,指有预定的目的,在意识控制下,自觉进行的想象,有时还需要一定的意志努力。文学艺术家在头脑中构思人物形象就是有意想象的结晶。有意想象是人们从事实践活动的主要想象形式,按照其新颖性、独立性和创造性程度,又可以分为再造想象和创造想象。

①再造想象

再造想象是依据词语的描述或符号的示意在头脑中形成与之相应的新形象的过程。比如,人们看过《阿Q正传》之后,根据作者的文字描述,在头脑里想象出阿Q的形象;一个建筑工人根据平面图纸,在头脑里再造出楼房的立体形象;演员根据剧本,在头脑里形成有关角色的生动形象;等等。再造想象产生的形象的新颖性是相对的,对于想象者来说是新的,而实际上是已经存在的事物的形象。再造想象也有一定的创造性。由于每个人的知识、经验、个性特征等主观因素的不同,再造想象的内容和创造水平必然有一定的差异。

再造想象可以帮助人们摆脱狭小的生活圈子,生动形象地认识自己没有感知过的或不可能直接感知的事物,扩大认识范围,充实主观世界。在教学过程中,教师通过生动形象的语言表述或图标、模型的演示,可以使学生通过再造想象在头脑中形成与概念相应的形象,从而更深刻地理解和掌握知识。

②创造想象

创造想象是按照一定的目的和任务,在头脑中独立地创造出新形象的过程。创造想象最大的特点是第一次创造出别人从未创造过的新形象。飞机设计师在头脑中构思一架新型飞机的形象、作家在头脑中构思新的典型人物形象等都属于创造想象。这些形象不是根据别人的描述,而是想象者根据生活提供的素材,在头脑中通过创造性的综合,从而产生了前所未有的新形象。这种形象越新颖,它的创造性水平就越高。

创造想象具有独立性、首创性和新颖性的特点,是人类创造性活动不可缺少的心理成分。无论是科学创造、技术发明,还是文艺创作,都必须首先在头脑中形成活动的最终或中间半成品的模型,即进行创造想象。可见,创造想象是创造性活动的必要环节。没有创造想象,创造性活动就难以顺利进行。

创造想象是一种比再造想象更复杂的智力活动,但二者又有密切联系。首先,它们都以感知为基础,都是在原有表象基础上进行加工改造,重新组合成新的形象。其次,依据描述进行再造想象时,对想象者来说或多或少都含有不同程度的创造想象成分。而创造想象中也有再造想象的因素,如参照已有资料等。

【真题解析】

1. 我们在读小说时,在头脑中想象出小说中的人物形象的过程是(　　)。
   A.无意想象　　　　B.空想　　　　C.创造想象　　　　D.再造想象

2. 作家创作人物形象的过程属于(　　)。
   A.无意想象　　　　B.再造想象　　　　C.创造想象　　　　D.幻想

解析:读者读小说时,通过文字描述在头脑中想象出的人物形象,对于读者而言是新颖的,但实际上早已存在,因此属于再造想象。作家所创作的人物形象一般而言是独特的、新颖的,因此属于创造想象。第1题的正确答案是D,第2题的正确答案是C。

2.幻想、理想和空想

幻想是创造想象的一种特殊形式,是一种指向未来并与个人的愿望相联系的想象。幻想有两个特点:一是总与个人的需要和愿望相联系,是自己所向往、所期望的事物的新形象;二是幻想的事物不与当前创造行动直接相联系,而是对未来活动的设想。理想是指符合社会发展规律并可能实现的幻想。理想处于认识的理性阶段,是对于事物发展的一种预见和信念,是同整个奋斗目标相联系的,有可能实现的想象。例如,青年学生将来想当教育家、科学家或护理专家,为实现现代化做贡献,这些就是符合社会发展规律、经个人努力可能实现的理想。空想是违反客观规律、不能实现的幻想,也称为消极幻想。

【案例回顾与分析】

在心理学家梅尔的"两绳问题"实验中,大多数被试认为钳子只有剪短铁丝的功能,没有意识到还可以当作重物来用,因此只有39%的被试能在10分钟内解决两绳问题。这是典型的功能固着影响问题解决的情况。功能固着是指个体在解决问题时往往只能看到某种事物的通常功能,而看不到它其他方面可能有的功能。当在某种情形下需要利用某一物体的潜在功能来解决问题时,功能固着就可能会起到阻碍的作用。在解决问题的过程中,突破事物固有功能的思维局限以适应新的情境,是促进人们解决问题的重要因素。教学中应该帮助学生突破功能固着,让学生熟悉问题的各种变式,学会从多个角度去分析和认识事物,增加思维的灵活性;还应注意训练学生思维的变通性,鼓励学生进行创造性思维。

【学以致用】

⊙**情境1**

在一次讨论课上,老师问学生:"雪融化后变成什么?"

小红抢先回答:"雪融化后变成水。"

小阳想了想说:"雪融化后变成泥土。"

小丽慢条斯理地回答说:"雪融化后变成春天。"

老师评价道:"小红反应敏捷,回答准确,可以得满分。小阳和小丽,真不知道你们是怎么想的,要是给分,只能给零分。"

问题:(1)请运用心理学知识评价这位老师的教学行为。

(2)这个案例对教师的教学方法有何启发?

⊙**情境2**

新学年开始了,一位充满工作热情、热爱教育工作的教师为了使学生更好地学习,给学生们提供一个更有情趣的学习环境,对教室进行了一番精心的布置。她在教室四周的墙上张贴了各种各样生动有趣的图画,窗台上还摆上了各种花草植物,使教室充满了生机。

问题:请判断这位教师的做法将产生什么样的效果?为什么?

【关键术语】

感觉是人脑对直接作用于感觉器官的客观事物个别属性的反映。

知觉是直接作用于感觉器官的客观事物的整体属性在人脑中的反映。

似动现象是指引起运动知觉经验的刺激物其本身并未移动,但观察者在主观意识上则清楚地觉知它是在移动中。

错觉是人对客观事物歪曲的、不正确的知觉。

首因效应也称优先效应,是指人们对他人总体印象形成过程中,最初获得的信息比后来获得的信息影响更大的现象。

近因效应是指在多种刺激一次出现的时候,印象的形成主要取决于后来出现的刺激。

晕轮效应是指人们对他人的认知判断首先是根据个人的好恶得出的,然后再从这个判断推论出认知对象其他品质的现象。

刻板效应又称刻板印象、社会定型、定性效应,是指人们对社会上某一类事物产生的比较固定的、概括而笼统的看法。

注意是心理活动对一定对象的指向和集中。

无意注意也称不随意注意,是指没有预定目的、无须意志努力的注意。

有意注意是指有预定目的,也需要做意志努力的注意。

有意后注意是指事前有预定目的、不需要意志努力的注意。

记忆是过去的经验在人脑中的反映,也可以说是人脑对经验的识记、保持和再现的过程,记忆是一种积极、能动的活动。

瞬时记忆也叫感觉记忆或感觉登记,是指作用于人们的刺激停止后,刺激信息在感觉通道内的短暂保留。

短时记忆又叫工作记忆,是指信息在头脑中储存的时间一般在1秒~1分钟之间的记忆。

长时记忆是指信息在记忆中储存时间超过1分钟,直至几天、几周或数年,甚至终身不忘的记忆。

遗忘是指识记过的材料不能回忆或再认,或者表现为错误的回忆或再认。

前摄抑制是先学习的材料对识记和回忆学习材料的干扰作用。

倒摄抑制是指后学习的材料对保持回忆先学习材料的干扰作用。

思维是人脑借助语言实现的,以已有知识为中介,对客观现实间接和概括的反映,它能帮助人认识事物的本质和事物之间的内在联系。

聚合思维又称求同思维、集中思维,是把问题所提供的各种信息集中起来得出一个正确或最好的答案的思维,是从多到一的过程。

发散思维又称求异思维、辐射思维,是从一个目标出发,沿着各种不同途径寻求各种答案的思维,是从一到多的过程。

创造性思维是指以新颖、独特的方式来解决问题的思维方式。

定势是指由先前的活动所形成的并影响后继活动趋势的一种心理准备状态。

功能固着是个体在解决问题时往往只看到某种事物的通常功能,而看不到它其他方面可能有的功能。

想象是人脑对已有表象进行加工改造,形成新形象的心理过程。

【参考文献】

[1]彭聃龄.普通心理学[M].5版.北京:北京师范大学出版社,2019.

[2]菲利普·津巴多,罗伯特·约翰逊,薇薇安·麦卡恩.津巴多普通心理学:第7版[M].邹智敏,肖莉婷,译.北京:机械工业出版社,2017.

[3]韦恩·韦登.心理学导论:第9版[M].高定国,等译.北京:机械工业出版社,2016.

[4]马特林.认知心理学:理论、研究和应用:第8版[M].李永娜,译.北京:机械工业出版社,2016.

[5]桑德拉·切卡莱丽,诺兰·怀特.心理学入门:日常生活中的心理学:第2版[M].张智勇,施惟希,于思琦,等译.北京:机械工业出版社,2016.

[6]叶奕乾,何存道,梁宁建.普通心理学[M].5版.上海:华东师范大学出版社,2016.

[7]大途教育教师资格考试命题研究院.教育知识与能力历年真题及全真模拟(中学)[M].上海:复旦大学出版社,2018.

[8]中公教育教师资格考试研究院.教育教学知识与能力历年真题及标准预测试卷(小学)[M].北京:世界图书出版公司,2019.

第三章　学生的学习动机

动机是激发和维持有机体的行为，并将使行为导向某一目标的心理倾向和内部驱力。学习动机是引发和维持个体学习活动，并使其指向一定学习目标的动力机制。在学习过程中，动机虽然不能被直接观察到，而且也不全是受自我意识控制，但是可以通过一系列可观察的行为与内部心理状态联系起来进行推断。

【本章知识框架】

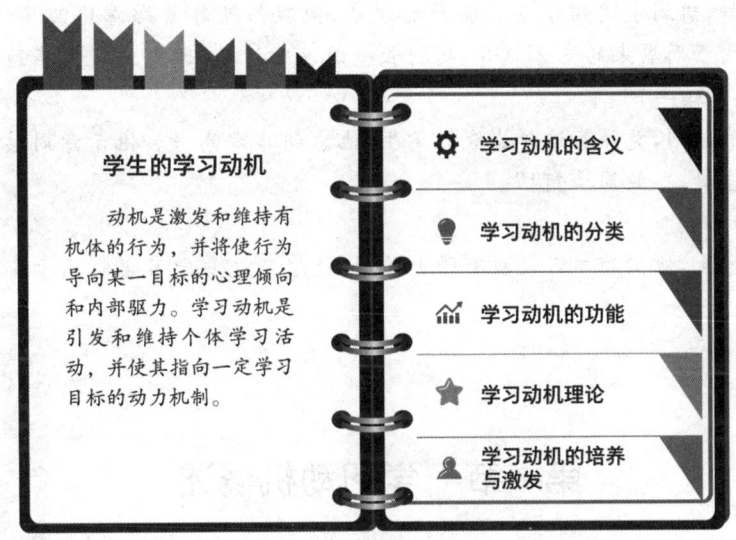

【学习要点】

学习动机：了解学生学习动机的含义、分类和主要功能。

学习动机理论：了解学习动机理论，包括本能论、驱力论、强化论、需要层次理论、自我效能理论、成就动机理论、成败归因理论。

学习动机的培养与激发：培养学生学习兴趣，激发和维持学生的求知欲和好奇心，提高学习积极性。

【学习提示】

学习动机是影响学生学习的最重要因素之一，学习动机的研究一直是学习心理研究的重要内容。学习动机研究的发展主要体现在以下几个方面：学习动机系统复杂化、学习动机分类的深层次化、学习动机理论的具体化、理论应用研究的典型化。

【案例引导】

"为中华之崛起而读书！"

1911年，周恩来在奉天东关模范学校学习。有一次，魏校长亲自为学生上修身课，题目是"立命"。当时很多人，特别是年轻人思想困惑，没有明确的理想追求，没有人生奋斗的目标。校长讲"立命"，就是给学生讲怎样立志。魏校长讲到精彩处突然停顿下来，向学生提出一个问题："请问为什么读书？"

魏校长走下讲台，指着前排一位同学问："你为什么而读书？"这个学生站起来，挺着胸脯说："为光耀门楣而读书！"魏校长笑了笑，未予置评。"为明理而读书。"有人抢着发言。魏校长缓缓点头："不失为一种志向。""学而优则仕。"又有人回答。"读书，自然是为了当官。"魏校长又笑了笑，没有表态。接下来被问的学生是一个靴铺掌柜的儿子，他很认真地回答说："我是为我爸而读书的。"同学们听了哄堂大笑，魏校长不禁蹙起眉头。

随后，魏校长摇了摇头，走到周恩来面前，笑着问："恩来，你千里迢迢自江南到此，你读书又为了什么呢？"这时，同学中有人轻声对校长说："辛亥革命后，我们中间第一个剪掉辫子的就是他。"魏校长笑了笑，说："知道，他成了学校的小名人了。"

周恩来站起身来，教室里静悄悄的，大家都在等待他的回答。周恩来想到在魏家楼子耳闻目睹的种种，想到中国濒于危亡的严酷现实，他激昂而非常郑重地回答道："为中华之崛起而读书！"由于周恩来的南方口音，魏校长一时没听清楚，于是他又大声地重复了一遍："为中华之崛起而读书！"

魏校长没有想到，竟然有这样出众的学生，他感到非常高兴。他示意周恩来坐下，然后对大家说："有志者，当效周生啊！"

问题：

案例中的学生，他们的学习动机有很大差别，请思考这些学习动机属于哪些类型，并分别进行说明。

第一节 学习动机概述

一、动机的含义

人的行为或者思想的背后往往有一个或多个理由，这也是人的行为看上去复杂且难以解释的原因。在心理学领域，这部分内容被称为动机。动机是激发和维持有机体的行为，并将使行为导向某一目标的心理倾向和内部驱力。从认知的角度来看，动机是指行为者设定目标，采取一系列的认知操作以满足需要的过程。从行为主义的角度来看，动机是在特定环境诱因作用下，驱力发生改变的过程。所有的生物体都会趋向于某种刺激而远离某种刺激，这由它们的喜好厌恶决定，表现出一个推动力在起作用。除此之外，还有不少心理学家从各自的角度解释动机。总的来说，目前认知主义的解释占据主导地位。

二、动机的成分

动机是由需要与诱因共同组成的。因此,动机的强度或力量既取决于需要的性质,也取决于诱因力量的大小。动机是在需要的基础上产生的,需要是人体组织系统中的一种缺乏、不平衡状态,是激发人们进行各种活动的内部动力。诱因是指能够激发有机体的定向行为,并能够满足某种需要的外部条件或刺激物。在动机中,需要与诱因是紧密联系着的。需要比较内在、隐蔽,是支配有机体行动的内部原因。诱因是与需要相联系的外界刺激物,它吸引有机体的活动并使需要有可能得到满足。没有需要,就不会有行为的目标;相反,没有行为的目标或诱因,也就不会有某种特定的需要。除了目标的价值以外,成就理论告诉我们,个体对实现目标的概率的估计或期待也有着重要的意义。

三、学习动机的含义

动机与学习存在密切联系,虽然一些简单的学习不需要动机也能完成。学习动机是引发和维持个体学习活动,并使其指向一定学习目标的动力机制。在学习过程中,动机虽然不能被直接观察到,而且也不全是受自我意识控制。但是,可以通过一系列可观察的行为与内部心理状态联系起来进行推断,如言语、选择、目标指向的行动等,心理学家往往把动机作为推测个体内部心理的工具,把它看作一个选择的过程,决定我们是哭是笑,是看书还是去逛街。学习动机在教育领域一直受到极大关注。学习动机促使学生关注教学,参与各种学习活动,如复述信息、将眼前的任务与以前的知识进行联系、提出问题等。当遇到困难时,学习动机水平高的学生愿意付出更多的努力,较少退缩。学习动机促使学生主动地、自觉地选择任务,尽管没有要求他们这样做。他们在空闲时间会看些感兴趣的书籍、解决问题、学习计算机等。总之,学习动机会使学生参与能促进学习的活动。

四、学习动机的分类

学习活动中动机的作用是复杂的。对于广大教师来说,了解和掌握学生学习动机的类型和特点,有利于进行有效的教学。

(一)高尚的、正确的动机和低级的、错误的动机

根据动机的社会意义,学习动机可以分为高尚的与低级的动机或者是正确的与错误的动机。高尚的、正确的学习动机的核心是利他主义,学生把当前的学习同国家和社会的利益联系在一起。例如,大学生勤奋、努力地学习各门功课,是因为他们意识到自己在不久的将来是国家建设的中坚力量,所以当前要打好基础,掌握科学知识。低级的、错误的学习动机的核心是利己的、自我中心的,学习动机只来源于自己眼前的利益。例如,有的大学生努力学习只是为了个人的名誉与出路,或报答父母的养育之恩等。

(二)近景的直接性动机和远景的间接性动机

根据动机行为与目标的远近关系,学习动机可以分为近景的直接性动机和远景的间接

性动机。近景的直接性动机是与学习活动直接相连的,来源于对学习内容或学习结果的兴趣,是与近期目标联系的动机。例如,学生的求知欲、成功的愿望、对某门学科的浓厚兴趣,以及教师生动形象的讲解、教学内容的新颖等都直接影响到学生的学习动机。这类动机作用的效果比较明显,但稳定性比较差,容易受到环境或一些偶然因素的影响。例如,一个小学三年级的学生数学成绩很好,这是因为任课教师讲得很生动,使枯燥的数字变成了一串串美丽的音符,容易理解与记忆,因此,学生在课后认真预习和复习,取得了好成绩。但这个学生对数学的兴趣并没有保持下去,因为换了任课教师,而这位教师讲得比较死板、乏味,学生觉得没意思,因此不怎么用心,成绩自然下降了。

远景的间接性动机是与学习的社会意义和个人的前途及远期目标相连的。例如,大学生意识到自己的历史使命,为不辜负父母的期望,为争取自己在班集体中的地位和荣誉等都属于间接性的动机。那些高尚的、正确的间接性动机的作用较为稳定和持久,能激励学生努力学习并取得好成绩。而那些为父母、教师的期望或是为了自己的名声、地位的动机作用的稳定性和持久性相对比较差,容易受到情境因素的冲击。例如,在学习活动中遇到困难是常事,但受低级的、错误的间接性动机支配的学生在这种时候容易出现情绪波动,缺乏克服困难的勇气与力量,常常半途而废。

(三)内部学习动机和外部学习动机

在我们小时候,学习探索是非常积极的,那时候学会从 1 数到 10;顶着大太阳在树下蹲着看蚂蚁搬家;手捧连环画一会儿笑、一会儿哭,忘了吃饭时间,这些都是求知欲的反映,表现为对知识的渴望、对未知的好奇。还记得小学就要开学了,我们把文具盒里的笔看了又看,把新书本摸了又摸吗?为什么我们长大以后,对求知慢慢地丧失兴趣,学习不再是一件愉快的事情了呢?

根据学习动机的动力来源,学习动机可以分为内部学习动机和外部学习动机,涉及动机的两个基本成分:学习需要、学习期待。

内部动机(intrinsic motivation)又称内部动机作用,是学生对活动本身感兴趣而产生的动机,是指由个体内在的需要引起的动机。内部学习动机与学习需要关系密切。学习需要是指个体在学习活动中感到有某种欠缺而力求获得满足的心理状态。例如,学生的求知欲、好奇心、学习兴趣、改善和提高自己能力的愿望等内部动机因素,会促使学生积极主动地学习。在教育中,内部动机强的人有内在的推动力,推动他们早起、锻炼,这是一种内在想要做某事的愿望。诸如骑车、划船或弹奏吉他这样的休闲活动往往能够提供内部激励。

外部动机(extrinsic motivation)是由外部诱因所引起的动机,指学生通过寻求外在奖励或诱因而获得推动力。这种推动力来自活动的外部回报,诸如金钱、分数或赞扬,而不是活动本身带来的满足感。外部学习动机与学习期待和诱因关系密切。学习期待是个体对学习活动所要达到目标的主观估计。例如,某些学生为了得到教师或父母的奖励或避免受到惩罚而努力学习,他们从事学习活动的动机不在学习任务本身,而是在学习活动之外。还有的外部动机则是靠外部的影响来完成某项任务,如公开宣称自己的目标,以取得所属团体的监督,等等。

内部动机可以促使学生更有效地进行学校中的学习活动,具有内部动机的学生渴望获得有关的知识经验,具有自主性、自发性。具有外部动机的学生的学习具有诱发性、被动性,他们对学习内容本身的兴趣较低。从年龄段来说,外部奖励对低年龄的学生很有效,教师的奖惩制度、小红花、五角星等都会促使学生产生学习兴趣。但随着学生年龄增长,他们就必须建立起内部激励系统,自己寻求学习的乐趣或者意义,为自己的学习负责。研究认为,人们只有在内在动机的激励下,才能做出最具有创造性的工作。具有创造性的作家、艺术家、科学家以及其他领域内的著名人物,大多是平常人,但他们是为了享受工作乐趣而工作的,像金钱、名誉只是一些副产品而已。

当然,内部学习动机和外部学习动机的划分不是绝对的。由于学习动机是推动人从事学习活动的内部心理动力,因此任何外界的要求、外在的力量都必须转化为个体内在的需要,才能成为学习的推动力。在外部学习动机发生作用时,人的学习活动较多地依赖于责任感、义务感或希望得到奖赏和避免受到惩罚的意念。从这个意义上说,外部学习动机的实质仍然是一种学习的内部动力。因此,我们在教育过程中强调内部学习动机,但也不能忽视外部学习动机的作用。教师一方面应逐渐使外部动机作用转化成为内部动机作用,另一方面又应利用外部动机作用,使学生已经形成的内部动机作用处于持续的激发状态。

哪种动机鼓励学生学习最有效?

求知欲丧失的一个可能的原因就是外在激励对内部动机有减弱作用。研究显示,以下三种因素的减弱作用最为常见:

(1)个体期望完成任务后能获得外在奖励;
(2)奖励是对个体很重要的东西;
(3)该奖励是有形的(分数、金钱、奖品)。

无形奖励如表扬或微笑,似乎不会对内部动机产生削弱。家长往往喜欢奖励实物,如吃美食、旅游、买东西,与其说是鼓励孩子,不如说是收买他们。学校教师更偏爱利用班级排名等来促进学生的学习,然而无意间却以这些外部的奖励削弱了学生的内部动机。学习原本应该是有价值的活动,学习新知识后,通过考试来进行检验,考试成绩是对知识内容掌握程度的反映。学生原本会对自己的努力产生满意与不满意的态度,而家长和教师则过于看重考试成绩,"好"成绩予以奖励,"差"成绩予以批评。学校更是通过考试排名,给那些成绩好的学生贴上"状元""三好学生"等头衔,学生的关注点就由对成绩的满意与不满意,转向外部的奖励、排名等,而求知欲、自我挑战等内部动机不断被削弱,家长和教师只有不断抬高外部奖励才能吸引学生的兴趣。最终,学生不再对学习本身感兴趣,只关注于成绩排名,甚至为了排名不择手段,或者一旦没有外部奖励、监督,就没有了学习的动力。

内部动机与外部动机并不是一个连续体的两端,它们也有可能是相对独立的变化。比如,一个学生既希望得到家长的肯定,也对学习感兴趣。教师在教学上可以把两者结合起来。再比如一个喜欢打球的学生,怎么样也不愿意坐下来写作文,那么教师可以告诉他,写两个小时作文就可以到外面打球,或者写打球的作文,告诉他如果能将打球的心路写下来,将有多么大的成就感。不同年龄的学生需要教师去寻找不同的动机激励方法,但从长远来看应该立足于内在激励。一个好的教师,必然先推动其学生寻找到所学知识的价值和兴趣,使其能自我激励,这样学生才可能会学有所成。如果仅是单纯依靠外部动机的作用,一旦外力消失,学习的热情也就随之湮灭,这从我国当前高中生与大学生学习动机的天壤之别就可略见一斑。

【参与其中】

现在请你回顾一下自己的学习历程,看看自己到底是喜欢读书才到学校来,还是因为某些外部因素。如果你认为自己是依靠外部动机来推动的,那么你会如何调整呢?

五、学习动机的功能

(一)激发功能

动机的激活性(activating property)或者说激活(activation)主要体现在行为之中。只要有行为出现,那么我们可以假定,至少存在某种动机。如果我们没有观察到外显行为,那就说明有机体的动机水平可能还不足以激活行为。人们通常将外显行为的产生看作是动机存在的证据,但没有外显行为并不能充分地说明动机不存在。例如,设想有一只野兔,当捕食者出现时,它僵住不动了。这只野兔没有因出现威胁而受到驱动吗?答案可能并非如此。事实上,在这种情境中,虽然未出现外显的行为,但如心率、肾上腺输出量等行为的指标却会处于较高的水平。这个例子表明尽管我们认为动机激活了行为,但受到激活的行为却并非都是外显的。因此,如果没有外显反应,我们在做出动机不存在的结论时,就需要十分谨慎,或许我们只是没有测量到被激活的反应而已。幸运的是,对于许多动机状态而言,动机的变化的确会使得外显行为发生变化。

关于动机的激活性,研究者通常提到的另一种特征是坚持性。饥饿的动物坚持不懈,努力去获得食物。与此相似,人类也常锲而不舍地以某种方式行事,即使成功的机会非常小,他们也会坚持。许多心理学家在观察到这种坚持性后,将它作为动机的一项指标。但这个指标并非不存在问题。行为的坚持性如何,至少在一定程度上取决于可供选择的行为。例如,假设有一只饥饿的猴子,已经学会通过按压杠杆得到食物。研究者将猴子放进仅有一个杠杆的实验箱中,每天持续几个小时。当然,猴子并不是非按杠杆不可,但它几乎没有其他的事情可做,并且,如果猴子学会了按压杠杆,它就会持续做这一动作。假定研究者将猴子放进另一个实验箱中,在这个实验箱,除了按压杠杆外,猴子还可以做其他几种不同的反应。如果这些可供选择的反应导致与按压杠杆反应不同的结果,如瞥一眼窗外或吸取有甜味的液体,那么按压杠杆反应的坚持性就会降低。在具有多种选择的情境中(如通常在自然情境中一样),行为的坚持性可能无法精确地反映出动机的强度。但是,研究者通常并不在多种反应的情境中研究动机,因此尽管坚持性的确是动机的一个指标,但我们应意识到其他因素也可能会增强行为的坚持性。

偶然的观察和实验室研究都表明,精力充沛的行为与犹豫不决的行为相比,表明老鼠受到了更强的驱动。在迷津中有的老鼠跑得较快,这也可能是受到了更高水平动机的驱动。如果我们还了解到,两只老鼠饥饿程度不同,但在学走迷津的水平上却不存在差异,那么这种假设就更有可能成立。因此,反应的活力(vigor)就是经常与动机的坚持性相联系的另一个特征。但是,如我们所分析的其他特征一样,有活力的反应并非总是意味着高水平的动机。例如,我们可以教会老鼠以一定的力量按压杠杆,获得食物的正确反应。假定我们设计一种实验情境,即饥饿的老鼠必须用大力按压杠杆,才能获得食物球。如果有人观察到这些"有力"的老鼠在不断地按压杠杆,他可能就会得出结论:老鼠受到高水平动机的驱动。但在这个例子中,观察者犯了一个错误,因为活力并不是动机的唯一指标,它还包括学会有力地进行反应。

在假定排除了其他因素作用的情况下,外显反应、坚持性和活力是动机激活性的三个特征,在适当的条件下,它们是动机出现的合理指标。我们通常将激活看作动机的主要成分,但有机体一直处于激活状态中,因此行为的激活不应是动机分析的重点。这些研究者提出,动机分析应考察使得有机体从一种活动转向另一种活动的条件。换句话说,行为的指向才是动机分析的重点。

（二）指向功能

当我们饥饿时,会打开冰箱;口渴时,会拧开水龙头。我们是怎样决定以某种方式而不是以另一种方式来指引我们的行为呢？对这些问题的回答需要考虑引导行为的某种机制或多种机制,尽管学者们在指向的具体方式上争论不休,但大多数心理学家认为其中必定涉及动机。因此,指向性(directionality)通常被认为是动机状态的一个指标。特定行为的指向性通常是显而易见的,正如我们饥饿时走向冰箱一样,但是,当存在几种可能的选择时,指向性就有些不太明确了。假定我们有两个瓶子,每一个都装满蔗糖水,但浓度不同。老鼠是否受其中一种溶液的驱动更强？为了确定哪种浓度的溶液更具有动机作用,我们要进行偏好测验(preference test)。让老鼠任意舔食瓶内的溶液,然后测量消耗量。我们会发现,老鼠偏爱浓度较高的蔗糖水。因此,我们就能证明浓度较高的蔗糖水具有更强的动机作用。在一些情境中,偏好测验是确定何种动机作用更强的最佳方法,因为坚持性或活力之类的指标无法表明动机作用间的差异。

（三）维持功能

动机能帮助我们理解人类行为的原因。动机能够解释恶劣环境下的坚韧不拔,动机能够帮助我们理解为何生物体能够在艰难或多变的条件下依然能持续存活。动机会让你准时上班,即便前一晚你没合过眼,或要顶着暴风雪驾车上班。当动机水平很高的时候,即便明知成功的概率很小,你也会持之以恒。

当我们见到某人在进食的时候,我们可以推测他很饿。不过,我们要当心,不要急于做出这样的推测,因为其他原因也会让人进食,例如社会压力、碰到特别喜欢的食物或想要增重。所以,只有在其他各种原因都被排除以后,我们才能确定某一行为的动机是什么。

动机可以说明行为的可变性。当无法用生理或智能的差异或不同的环境要求来解释人们表现的差异时,心理学家就会用动机来对其进行解释。比如有一天,你打网球打得很好,但另一天却打得很糟糕。这一差异可以用动机水平的不同加以解释。在竞争性的情境中,例如篮球比赛,技术水平相当的人发挥却存在巨大差异,这种差异也可以用动机加以解释。所以,动机水平的不同可以用来解释同一个人在不同时候的表现差异,或用来解释不同个人之间表现的差异。

动机将生理和行为联系在一起。我们是生物体,体内有许多调控身体机能以利于我们生存的复杂机制。剥夺状态(如缺水)会自动启动这些机制,这些机制会影响身体机能(如感到口渴),进而创造出动机状态。无论是上述哪种情况,内部的动机过程都会将生物体的能量转变为某种行为模式。心理学家通常会把动机和驱力区分开来。他们倾向于用驱力（drive）指那些与生理状态有关的激励，驱力在生存和繁衍中扮演着重要角色。饥渴就是一种生理驱力。而许多心理学家用动机（motive）来指那些习得的迫切需要，如成就需要和对于玩游戏的渴望。显然，许多行为，诸如吃、喝和性行为，既与生理有关，也与学习有关。

此外，动机和驱力既可以来自意识动机（conscious motivation），也可以来自潜意识动机（unconscious motivation）。也就是说，被激励的个人未必一定会意识到行为背后的驱力或动机，就像人们未必知道为何情绪会兴奋一样。弗洛伊德进一步发展了这种思想，他认为潜意识心理藏着许多源自创伤经历和性冲突的复杂动机。不过，对于弗洛伊德的观点，现代的心理学家分为不同阵营。

六、学习动机与学习效率的关系

心理学家对动机和行为之间的这种复杂关系进行了研究，研究对象不仅包括实验室里的动物，而且还包括人类。在有关学习的实验中，饥渴小鼠的表现水平起初随着动机强度的增加而上升，随后便随着动机强度的增加而下降。这一规律同样适用于各种情况下的人群，其中包括处于压力之下的运动员。心理学家把这种关系叫作倒 U 形函数，这意味着，过高或过低的动机水平都会让表现水平降低。换言之，动机强度与学习效率之间存在的关系是倒 U 形曲线关系，中等程度的动机最有利于任务的完成。

动机的最佳水平还随着任务性质的不同而存在差异，随着任务的难易程度变化而变化。在学习需要许多思考和规划的复杂问题时，学习效率的最佳水平呈下降的趋势；在学习简单而熟练的问题时，学习效率的最佳水平随动机的提高而上升。适中的动机水平对难度适中的任务是最佳的选择。总的来说，动机越强，效果越好。倒 U 形曲线也同时说明，动机水平无论是过高还是过低对表现都是不好的，如图 3-1。

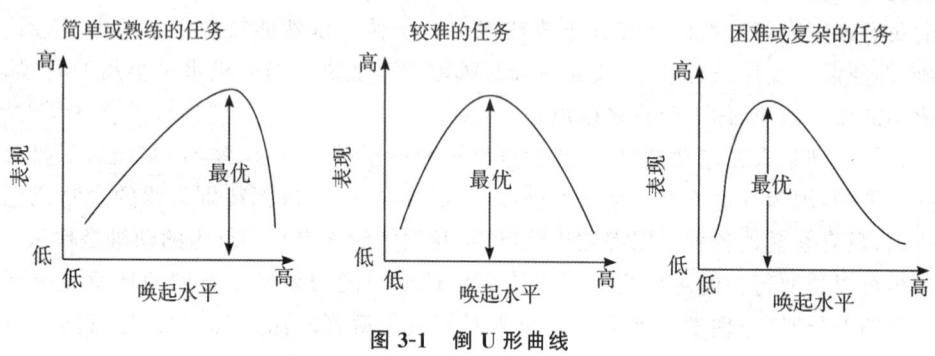

图 3-1 倒 U 形曲线

运动员总是希望自己在比赛的时候能兴奋些，但是兴奋到什么程度最有利于发挥呢？看台上喝彩的观众也许会认为运动员越兴奋表现就越好，但事实未必如此。过于兴奋会让运动员不能流畅地发挥自己的最佳水平。对面临考试的学生而言，这点同样适用。在一定范围内，越是兴奋，学习越积极，考试时回忆复习内容的效果也就越好。但是一旦超过某个兴奋点，兴奋就会产生焦虑，从而使考试成绩下降。所以，喝彩对篮球运动员来说也许是好事，但对进行脑外科手术的医生而言就不是了。

产生最优唤起水平所需的刺激量也因人而异。实际上,有人似乎很享受危险运动,诸如攀岩和跳伞等,而这些活动足以让其他大多数人产生过高的唤起水平,这会让他们不知所措。马文祖克曼对那些被称为"感觉狂"(sensation seeker)的人进行了研究,他认为这些人在生理上对高水平的刺激有很大的需要。研究结果显示,寻求刺激的生理机制与脑中的多巴胺通路有关。

第二节 学习动机理论

一、本能论

本能是指先天的、在物种演化过程中形成并以遗传方式传递的、不学而能的行为或行为模式。生物体有其自身的行为方式,部分原因可能在于一个物种有许多行为受本能所控制。这些本能是由基因遗传所决定的,对物种的生存是至关重要的。比如每年大马哈鱼都会洄游至出生地产卵,孵化后代。

美国心理学家威廉·詹姆斯认为人类比动物更多地依赖本能行为,包括生理本能和许多诸如同情、谦虚、社交和爱之类的社会本能。詹姆斯认为人类的本能与动物一样,都是为了适应环境。有些人认为女性具有与生俱来的母性,也体现了这样一种观点。

奥地利心理学家弗洛伊德创立了精神分析学说。在早期,弗洛伊德认为,来自潜意识深层的本我(id)是人类行为的本源。后来,因为学术界质疑的声音太大,他提出人类的驱力来源于生本能(如性欲)和死本能(如攻击性)。他认为本能的冲动引发心理能量去满足需要。若能量得不到释放,就会产生紧张,驱使个体寻求活动或事物来减轻紧张。在弗洛伊德看来,人类很多行为表面上是文明的,但背后实际上只是人类本能的表现而已。比如拳击比赛,看起来是文明的竞技体育,本质上就是人类攻击性的体现,而那些为之倾倒疯狂的观众之所以喜欢这项运动,更是体现出文明外表下的本能欲望。充满创造力的艺术家只是找到了能够释放其性驱力的、可被接受的途径,而士兵也只把他们的职业当作释放破坏欲望的安全途径。

弗洛伊德的观点还是一种采用发展视角解释动机的理论。也就是说,弗洛伊德的理论论述了一个人在从儿童成长为成人的过程中,其动机是如何发生变化的。当成熟以后,我们的性欲望和破坏欲望变得不再容易为我们所意识。与此同时,我们发展出更多更微妙和更复杂的方式来释放这两种欲望。这些方式既能被社会接受,也能被我们的意识接受。比如,根据弗洛伊德的理论,一个体重超重的人也许会通过暴饮暴食来满足潜意识中自我毁灭的欲望。

但随着对人类不同文明的研究,社会学家和心理学家逐渐发现不同文化间人们的行为习惯有相当大的差异,即便是一直以来为人们津津乐道的两性差异其实也是文化的影响所造成的。米德研究巴布亚新几内亚的三个部落后发现,在阿拉佩什部落中,男女都被教导形成合作、不侵犯他人、能敏感觉察他人的需要;而蒙杜鲁古部落中的男性和女性都被期望是坚定的、好斗的、对人际关系漠不关心的；楚加蒙布部落中的性别角色模式与西方社会中的恰好相反：男性是被动的、情感依赖的和敏感的，而女性则是支配的、独立的和坚定的。米德的研究揭示了文化在两性性别角色中的重要作用，于是人们开始对本能假说提出质疑。

二、驱力论

驱力论的代表人物是伍德沃斯、坎农、赫尔。

驱力被定义为驱使生物体满足生理需要的假设性能量状态或紧张状态。当有机体的需要得不到满足时，便会在机体内部产生内驱力刺激，内驱力刺激又引起机体的反应，结果使需要满足。例如，对水的需要会驱使动物饮水。对食物的需要会驱使生物体进食。在驱力理论中，生理需要产生了驱力，而驱力这种紧张而迫切的激励状态会迫使生物体做出满足相关需要的行为。生物体的驱力水平会随着需要的满足而降低，这个过程就叫作驱力减少。当你感到极度寒冷的时候，温暖需要没有得到满足的紧张会增加，对这种紧张感的认知就是驱力唤醒，从而驱使个体寻找能够取暖的掩体，而当你找到以后，紧张和驱力都会随着需要的满足而减小。

驱力概念最早是为了替代本能这个概念而产生的。行为主义兴起后，通过实验证明行为和情感是后天习得的，并非先天具有。人类与动物一样对环境中的刺激以及自身的行为反应高度敏感。之所以此个体有某些行为，彼个体没有，原因在于环境中的刺激不同。赫尔(Clark Hull)提出的理论认为，最重要的行为是由内驱力激发的。驱力是一种假设出来的内部状态，它驱使生物体为满足生理需要而产生紧张或者积蓄能量进而使生物体为满足生理状态做出相应的行为反应。比如，如果你身边的某个同学来自一个贫困的地区，那么他对于经济能力的渴望可能远远超过另一个家境殷实的同学。并非前者有"拮据"的本性，而是其生活环境经验造就了其行为特征。又如一个同学之所以能克服无关干扰认真复习，是因为他在此前的学习中一直都获得成功（持续获得奖励刺激），所以其成就动机就强；而另一个同学对学习一直提不起兴趣，原因很可能是他一直没有体验到成功（得不到奖励刺激），无法形成动机。

生物体就其本身条件来说，如体温和能量供应等，会维持一种平衡状态。行为的产生遵循如下过程：某种需要—引发心理紧张—唤醒驱力—采取行动消除紧张。根据驱力理论，生物体所要寻求的理想状态叫作内稳态(homeostasis)。生理上不平衡的生物体（比如说缺水）会被驱使寻求内稳态（通过饮水）。相似地，我们可以把饥饿理解为身体能量供给的不平衡状态。这种不平衡状态会驱使被剥夺了食物的动物进食，以恢复平衡状态。例如，饥饿—感到不舒服—驱力被唤醒—找食物—饱胀感。需要破坏了平衡，紧张消除后又恢复平衡。由此推论，是生物驱力导致我们产生对外的行为反应，即生理的需要决定着个体的行为。

但是，恢复平衡的过程并没有那么简单。"消除紧张"能解释所有个体行为吗？显然不能。在没有剥夺状况发生，也就是没有驱力的情况下，生物体会仅仅为了增加刺激而行动。无论是动物还是人都会玩耍，玩耍这种行为本身会带给动物或人愉悦的感觉，但并不会减少驱力。驱力理论并不能对此类现象进行解释。例如一群被剥夺食物和水的老鼠，被放在一个四处都是水和食物的新奇环境中时,它们却四处探寻,首先选择探索新环境,即使笼内通电网格的另一边除了新奇的环境以外并没有其他的东西,但是实验小鼠依然会穿越电网,直到满足好奇心,才开始进食喝水。又如猴子把大部分时间和精力花在它们周围环境中的小玩具和新鲜事物上,很明显是出于"玩耍"的目的,而非生理需要。人类的行为要复杂得多,生活中有相当多的行为不一定以生理需要作为起因。例如,尽管夜深了,感到很困乏,眼睛都快睁不开了,还是想上网去看看微博;尽管已经吃饱了,但看到人家手里拿着的新款冰激凌还是忍不住想吃;本来不怎么对英语感兴趣,看到人家考过了四级,便也决心要考过。所有这些实验或者常识揭示了行为不仅仅由内驱力激发,还由诱因(incentive)所驱使,即来自外部环境的刺激和奖励,它们与生理上的需要并无直接联系。显然,无论是对于人还是对于动物,探险和对世界感兴趣本身就是愉快的经历。正是由于这些原因,心理学家总结认为,驱力理论无法解释所有的动机过程。不过,他们还是不愿意抛弃驱力这个概念,驱力现在指的是在生存和繁殖中扮演着重要角色的生理动机。

三、强化论

强化论是行为主义者提出来的,主要代表人物是巴甫洛夫和斯金纳。行为主义认为,强化是有机体在学习过程中增强某种反应重复出现可能性的力量,行为受外在环境提供的强化物影响。心理学家不仅用强化来解释操作学习的发生,而且也用强化来解释动机的引起。认为引起动机同习得行为并无两样,都可用强化来解释。人们为什么具有某种行为倾向,完全取决于先前这种行为和刺激因强化而建立的牢固联系。

强化动机理论就其主要倾向来说,是联结派的学习动机理论。由于联结派的强化动机理论过分强调引起学习行为的外部力量(外部强化),忽视甚至否定了人的学习行为的自觉性与主动性(自我强化),因而这一学习动机理论有较大的局限性。

作为教育工作者,我们需要注意的是,仅凭学生的行为来推断学生的动机往往是困难的,因为可能有许多不同的动机影响学生的行为。

奖励(有时)会压制激励。研究表明,教师的批评与表扬会影响到学生的成绩。事实上,教师表扬所起的强化作用,是受许多因素制约的。例如,教师对学生说:"好好干!我知道你们努力做的话,是能够做好的。"对那些感到难以完成任务的学生来说,这番话是一种鼓励或强化;而对那些轻而易举就能完成任务的学生说来,这实际上类似于惩罚,因为教师这番话意味着,他们必须经过特别努力才能完成任务。

有时你要参加一门学科的考试,而你对这门学科并不感兴趣。但你还是会为了得到好成绩而好好复习,也许是为了避免让父母失望。在心理学家的眼里,这类行为受到了外部激励,因为行为目的是获取外部回报(或为了避免不好的后果)。教师通常会把成绩作为激励物,希望成绩能让学生更加专注于学习。外部激励还能用来解释为何人们会服用维生素片,会为了金钱而结婚和缴税。但是,如果对那些本身就能够对人产生激励的活动也给予外部奖励(表扬、金钱或鼓励),又会发生什么情况呢?外部奖励会让这些活动变得更加让人快乐吗?为了找出问题的答案,心理学家对两组喜欢画画的学生进行了研究。一组在画好画以后可以得到一张证书,而另一组则没有。起初,两组孩子都非常高兴地画画。不过,几天后,当研究人员再让两组孩子画画的时候,得到奖励的一组孩子明显比没有得到奖励的那组孩子积极,但未得到奖励的那组孩子对画画变得更加感兴趣！实验者得出的结论是，外部强化压制了内部激励。他们把这叫作过度合理化(over-justification)。心理学家推测，过度合理化让孩子的激励由内部转到外部。结果，那些曾经得到奖励的孩子一旦得不到奖励，他们对画画的兴趣就会降低。

奖励的合理化。奖励是否总会产生这样的结果呢？在上述实验以后，心理学家又进行了许多相关研究，并得出了清晰的结论：奖励并不总会干扰内部激励。这一结论符合许多职业人士既喜欢自己的工作，又喜欢工作得到回报的事实。具体来讲，只有当奖励与表现的好坏无关时，才会发生过度合理化现象。实际上，在刚刚讲到的画画研究中，正是因为被试无论画得好坏都可以获得奖励，才致使奖励压制了内部激励。在现实中的企业里，如果雇主不根据员工表现的好坏发放年终奖，也会发生过度合理化现象。令人高兴的是，我们现在搞清楚了，只要奖励不是用来收买人们，而是用来表彰人们优异表现的话，奖励还是可以发挥有效激励作用的。

我们应该如何在实践中应用这些发现呢？如果你的孩子不喜欢练习弹奏钢琴，不喜欢做家务，并不是奖励越多就越能改变他们的态度。另一方面，如果孩子很享受练习钢琴的过程，那么在他表现非常优秀的时候，可以毫不顾忌地对其进行表扬或奖励。这种奖励能够让受到激励的人更加欢欣鼓舞。如果你的员工工作不卖力，不要以为涨工资就会让他们积极工作（除非他们不卖力的理由是你支付的工资太少）。而当员工表现优异的时候，及时的表扬、意料之外的奖状或一些其他的小奖励都会激励优秀的员工做得更好。切记，当外部奖励与表现水平脱钩的时候，就会发生过度合理化现象。

那么，你觉得教师应该如何奖励他们的学生呢？

四、需要层次理论

当生理上的需要和后天习得的需要发生冲突的时候，你会做何选择？你又如何做出有关吃、喝、睡觉、访友或学习的决定？美国人本主义心理学家马斯洛说，你会首先满足最为紧迫的需要，而这些需要的重要性可以依次排成若干自然层级。马斯洛的人本主义理论试图概括能够激励人类的各种因素，从生理驱力到社会动机。这就是马斯洛的需要层次理论。马斯洛认为人类所有的行为都是由一定的需要所驱使的。这些需要从低级到高级排成一个层级，较低级的需要至少达到部分满足之后才能出现对较高级需要的追求。具体的需要层次自下而上分别是：生理需要、安全需要、爱与归属的需要、尊重的需要、认识与理解的需要、审美的需要和自我实现的需要。其中认识与理解的需要、审美的需要是马斯洛后期添加的内容。他将前四种需要定义为缺失需要，后三种需要是生长需要。

生理需要，如饥渴，位于需要层次金字塔的底端。在生理需要被满足之前，人们不会萌发更高层次的需要。当生理需要很紧迫的时候，其他的需要都可以放一放。

安全需要促使我们躲避危险。安全需要的优先权没有生理需要高。所以，你会看到饥饿的动物（生理需要没有被满足）为了夺取食物会冒一定的危险。当肚子被填满以后，安全需要才会接管对于生物体的主导控制权。

爱与归属的需要在安全需要被满足以后会对我们产生激励作用。这种需要让我们想要和他人建立和保持亲密关系，激励我们去爱和被爱。

尊重的需要比爱与归属的需要层次更高一层。这一层次的需要包括喜欢自己的需要,觉得自己能干的需要,以及做那些能够赢得自己和他人尊重事情的需要。

自我实现的需要位于需要层次金字塔的顶端,会激励我们将自己的创造潜力发挥到极致。自我实现的个人具有以下这些特点:自知,自我接受,在社会交往中反应敏捷,积极主动,对新奇和挑战抱有开放的心态。

马斯洛在解释动机时强调需要的作用,他认为所有的行为都是有意义的,都有其特殊的目标,这种目标来源于我们的需要。不同的人有不同的需要,而且这些需要会随着时间等因素而变化,这就是为什么两个不同的人在相同的情境下会产生不同的行为,同一个人在不同的时间里产生不同行为的原因。需要影响着人们行为的方式和方向。

马斯洛的理论是否符合观察结果呢?这一理论的确可以用来解释为何在生理需要非常紧迫的时候(疼痛、口渴、困倦或性欲难以克服),我们会忽略朋友或事业。但是,我们也常常会为了社会需求而忽视基本的生理需要,比如,在"汶川大地震"救灾过程中,军警、消防队员还有许多志愿者冒着生命危险抢救埋在废墟中的人。这一事实与马斯洛的理论是相悖的。不过,马斯洛还是唤起了人们对生活中社会需要的关注。大量研究证明了我们对于人际关系的需要。

跨文化心理学家也指出了与马斯洛理论不符的事实。他们认为,马斯洛的理论只适用于自我导向(个人主义)的文化,而不适用于群体导向(集体主义)的文化。另一些批评者也指出,人类的一些重要行为是马斯洛需要层次理论无法解释的。比如,当读书入迷的时候,你可能会废寝忘食。此外,有些人会自行了结生命。

一般说来,学校里最重要的缺失需要是爱和自尊,要使学生具有创造性,首先要使学生感到教师是公正的,爱护并尊重自己的,不会因为自己出差错而遭到嘲笑和惩罚。这个理论将外部动机与内部动机结合起来考虑对行为的推动作用,是有一定科学意义的。但忽略了人们本身的兴趣、好奇心等在学习中的始动作用,有些学习活动并不一定都是由外部动机所激发和引起的。总之,马斯洛在精神治疗领域和教育领域的影响要大于在动机研究领域的影响。商业领域也特别能够接纳马斯洛的思想。咨询师将这一理论作为如何激励员工的理论基础,被他们推动的主要理由是,人生来就具有成长和自我实现的需要。那些厌倦了强调饥渴、焦虑和恐惧等消极激励方法的心理学家也非常赞同这一令人欢欣鼓舞的理论。

五、自我效能理论

自我效能感指人们对自己是否能够成功地从事某一成就行为的主观判断。这一概念由班杜拉最早提出。班杜拉在他的动机理论中指出,人类的行为受行为的结果因素以及对结果的期望的先行因素的影响。他分别称之为结果期望、效能期望。结果期望是人对自己的某一种行为会导致某一结果的推测。效能期望是人对自己能否进行某种行为的实施能力的推测或判断,即人对自己行为能力的推测。它意味着人是否确信自己能够成功地进行带来某一结果的行为。当人确信自己有能力进行某一活动,他就会产生高度的"自我效能感",并会去进行那一活动。

班杜拉认为影响自我效能感的因素有四种:成败经验、对他人的观察(替代性经验)、言语劝说、情绪和生理状态。

个人自身行为的成败经验：一般来说，成功经验会提高效能期望，反复的失败会降低效能期望。但成功经验对效能期望的影响还要受个体归因方式的左右。

替代经验：关键是观察者与榜样的一致性。

言语劝说：因其简便、有效而得到广泛应用，但缺乏经验基础的言语劝说其效果则是不巩固的。

情绪唤醒：高水平的唤醒使成绩降低而影响自我效能，当人们不为厌恶刺激所困扰时更能期望成功。

影响自我效能感形成的最主要因素是个体自身行为的成败经验，行为出现的概率是由于人认识了行为与强化之间的依赖关系后对下一步强化的期望（效能期望）。行为的结果因素就是通常所说的强化，但他认为，在学习中没有强化也能获得有关的信息，形成新的行为。而强化能激发和维持行为的动机以控制和调节人的行为。

班杜拉等人的研究还指出，自我效能感具有下述功能：

(1)决定人们对活动的选择及对该活动的坚持性；

(2)影响人们在困难面前的态度；

(3)影响新行为的获得和习得行为的表现；

(4)影响活动时的情绪。

自我效能理论克服了传统心理学重行轻欲、重知轻情的倾向，把人的需要、认知、情感结合起来研究人的动机，具有极大的科学价值，但仍然没有形成一个比较完整的、统一的理论框架。

六、成就动机理论

成就动机的概念最初由麦克里兰和阿特金森提出。成就动机指个体从事自己认为重要的、有价值的工作，并努力求得成功的动机。默里认为，成就动机就是克服障碍，施展才能，力求尽快尽好地解决某一难题。

阿特金森的成就动机理论也称为期望-价值理论。他认为，成就动机水平依赖于人对行动目的的评价（价值）和达到目的的可能性（期望）的估计。期望包括个体对能成功完成任务的期望，以及对成功完成任务将带来的回报的期望。价值是个体对这些回报的看法和评价。如果两者程度都高，则动机大，投入努力也就大。阿特金森认为，最初的高成就动机来源于孩子生活的家庭或文化群体，特别是幼儿期的教育和训练的意向。也就是说，成就动机涉及对成功的期望和对失败的担心两者之间的情绪冲突。动机强度$(T)=f$(需要×期望×诱因价值)，即

$$T = M \times P \times I$$

式中　T——动机强度；

M——成就需要，是个体稳定地追求成就的倾向；

P——期望，是个体在某一个任务上获得成功的可能性；

I——诱因价值，是个体在某一任务上带来的价值和满足感。

个体的成就动机可以分成两部分：趋向成功的倾向和避免失败的倾向。

力求成功的动机：$T(s)=M(s)\times P(s)\times I(s)$。
避免失败的动机：$T(f)=M(f)\times P(f)\times I(f)$。
最后的结果动机：$T=T(s)-T(f)=M(s)\times P(s)\times I(s)-M(f)\times P(f)\times I(f)$。
当$T(s)>T(f)$，T为正值，$P(s)=0.5$时，动机强度最大；
当$T(s)<T(f)$，T为负值，$P(f)=0.5$时，动机强度最小；
当$T(s)=T(f)$，T为0时，不会出现追求目标的动机。

阿特金森的成就动机理论（期望-价值理论）表明，模型中的"期望"与"价值"之所以是相乘，而非相加，是因为两项因素中若一项为零，则动力为零，即个体不会投入努力。在个体差异上，阿特金森发现，对于力求成功者，会倾向于选择成功概率为50%的任务；而对于避免失败者，成功概率大概是50%的任务，他们会选择回避。如果学生获取成就的动机大于避免失败的动机，他们为了要探索一个问题，在遇到一定量的失败之后，会提高他们去解决这一问题的愿望，而且如果获得成功太容易的话，反而会减低这些学生的动机。研究表明，这种学生最有可能选择成功概率约为50%的任务，因为这种选择能给他们提供最大的现实挑战。20世纪50年代末60年代初，麦克里兰在各种实验条件下对不同年龄、不同特征的被试的成就动机做了大量的研究。其中一个实验是这样做的：用5岁的儿童来当被试，让一个孩子走进一间屋子，手里拿着许多绳圈，让他用绳圈去套房间中间的一个木桩，孩子们可以自由选择自己站立的位置，并且让他们预测能够套中多少绳圈。麦克里兰的实验研究证实，追求成功的孩子选择了距离木桩适中的位置，然而避免失败的孩子却选择了要么距离木桩非常近，要么距离木桩非常远的地方。麦克里兰这样解释：追求成功的孩子选择了具有一定挑战性的任务，但同时也保证了具有一定的成功可能性。因此，他选择了与木桩距离适中的位置。避免失败的孩子关注的不是成功与失败的取舍，而是尽力地避免失败和与此有关的消极情绪。因此，要么距离木桩很近，轻易成功；要么距离木桩很远，几乎没有成功的可能，这是任何人都达不到的，因此也不会带来消极情绪。

人都是理性动物，在行动以前都会去思索行动之后的结果，然后才去决定是否采取该行动以及行动的方式方向。如果将动机公式放到学习动机的范畴中，就是帮助学生欣赏学校活动的价值（价值角度），确保学生只要投入恰当的努力，就可以获得成功（期望角度）。同样，以此模式来理解学习动机就会有新的视角。我们以高中厌学比较严重的学生为例，通过此公式我们可以看到，由于成绩一直很差，被扣上"差生"的帽子，他们认为自己绝没有"成功"的可能。再加上被家长和教师所忽略，面对其他同学的尴尬，以及升学的压力等，都在显示他们是没有学习能力的，更不用说什么有希望考上大学。同时，从另一个因素上看，他们会认为自己在学校的活动都是没有价值的，高中所授的课业内容除了参加高考之外，没有任何实用价值。一直以来他在学校活动中，所获得的唯有失败感，学校中除了考试之外，也没有其他任何能让他感兴趣的学校活动，可以给他哪怕一点赞扬、荣誉等。更糟的是，作为有尊严的个体，如果长时间在活动中得不到价值感，个体会逐渐对自己的行为结果进行合理化的解释，认为"学习是无聊的、没劲的，所以我才没兴趣去做"，这又进一步导致学习活动的价值感降低。于是，学生会对学习毫无动力，不愿意付出任何努力，任凭学校、家长威逼利诱，也是一样无动于衷。反之，学习优秀的学生所思考的内容截然相反，从期望来看，此类学生一直以来就不断获得好成绩，对自己能升入大学心中有数，并且知道只要坚持努力，还可以成绩更好，选择学校的余地更大。从价值来看，他们很喜欢学习，因为这可以给他们带来荣誉感。他们乐意发现自己存在的不足,并愿意去弥补,这样可以获得更多的知识以及更多的荣誉。学校活动对这类学生来说就是获得尊重、自信的源泉,由此也就不难推测出,成绩优秀的学生学习动机是何等的强烈了。

从学生在动机上的表现可以总结出,影响学生动机的主要有"价值"与"期望"两个因素。

价值与期望的关系有下面四种:

(1)当学生看重任务的价值,对自己达到任务要求有自信,他们就有可能投入。在投入任务当中,他们会发现意义,抓住主题,将不熟悉的方面视为挑战和机会,扩展看世界的视角。

(2)当学生认识到任务的价值,但觉得能力不足时,他们就可能加以掩饰。他们想成功完成任务,但又不确定做什么,如何做或能否做。这都会威胁到他们的自我概念,所以他们会假装理解,找借口,否认困难,或者参加其他有助于保护其自我的活动,而非发展与任务相关的知识和技能。

(3)当学生认为成功的可能性大,但任务没有价值,便可能逃避。学生认为自己有可能成功,但看不到参与的理由,为了应付压力,就走走过场,以避免教师、家长干预,表现为注意力分散、经常走神。

(4)若成功、期望与价值都低,学生就有可能拒绝。既缺乏关心任务成功的理由,又缺乏完成任务的信心,学生很容易退却,或变得消极、麻木,甚至愤怒、怨恨。会拒绝的学生不仅不参与,甚至懒得假装他们有能力。

七、成败归因理论

归因(attribution)指个体对某一事件或行为结果的原因的推断过程。归因可以作为我们理解自身行为的重要指标,也是影响动机的因素之一。

最早提出归因理论的是海德(Heider)。他认为,人们具有理解世界和控制环境这样两种需要,使这两种需要得到满足的最根本手段就是了解人们行动的原因,并预测人们将如何行动。他认为,行为的原因或者在于外部环境,或者在于个人内部。他人的影响、奖励、运气、工作难易等都是外部环境原因。如果把行为的原因归于环境,则个人对其行为结果可以不负什么责任。人格、动机、情绪、态度、能力、努力等都是个人内部原因。如果把行为的原因归于个人,则个人应对其行为结果负责。

罗特(Rotter)对归因理论进行了发展,提出了控制点(locus of control)的概念,并依据控制点把个体分为内控型和外控型。内控型的人认为自己可以控制周围的环境,无论成功还是失败,都是由于自己的能力或努力等内部因素造成的,他们乐于对自己的行为负责;外控型的人则感到自己无法控制周围的环境,无论成败都归因为他人的影响或运气等外在因素,他们往往对自己的行为不愿承担责任。罗特认为,人们对结果的预期在很大程度上取决于他们对于自己能否控制生活中所发生事件的信念。比如,如果你相信只要自己努力学习就会获得好成绩,那么你的控制源在内部;如果你相信成绩的好坏全靠运气,或取决于老师的打分偏好,那么你的控制源在外部。控制源的内外之别会导致行为的差异。罗特的理论还预测,那些锻炼身体、存钱或使用安全带的人所具有的控制源在内部,而那些购买彩票或吸烟的人所具有的控制源在外部。

控制源并非归因的唯一尺度,还有另一维度"稳定性",即这一事件究竟是局限于某一特定任务或情境的(稳定的),还是全部情境中都会广泛存在的(不稳定的)。

在海德和罗特研究的基础上,维纳(Weiner)对行为结果的归因进行了系统探讨,发现人们倾向于将活动成败的原因即行为责任归结为以下六个因素,即能力高低、努力程度、任务难易、运气(机遇)好坏、身心状态、外界环境。同时,维纳认为这六个因素可归为三个维度,即内部归因和外部归因、稳定性归因和非稳定性归因、可控归因和不可控归因。最后,将三维度和六因素结合起来,就组成了归因模式,见表3-1。

表3-1 维纳对行为结果的归因

因素	稳定性		内外在性		可控制性	
	稳定	不稳定	内在	外在	可控	不可控
能力高低	√		√			√
努力程度		√	√		√	
任务难易	√			√		√
运气(机遇)好坏		√		√		√
身心状态		√	√			√
外界环境		√		√		√

归因模式可以分为积极的归因模式和消极的归因模式。

积极的归因模式:个体将成功归因为能力和努力的结果,提高自尊、自豪,增强成功期望,从而趋向成就任务;个体将失败归因为努力不够,形成内疚感或者羞愧感,提高对成功的相对的高期望,增强坚持性,从而趋向成就任务。

消极的归因模式:个体将成功归因为运气,不在乎,很少增强对成功的期望,导致缺乏趋向成就任务的倾向;个体将失败归因为能力不足,形成羞愧、无能感、沮丧,降低对成功的期望,导致缺乏趋向成就任务的倾向。

学生对自己学业成败结局原因的推断过程叫学业成败归因。如果将成绩归于某种外在原因(如老师出题难度、考场外面的施工声音),那就是外归因;如果将成绩视为内部原因,如自己的记忆力、最近一段时间的努力,那就是内归因。例如,男女生在青春期时会产生科目爱好的差异,男生在理科方面有兴趣,对文科感到索然无味;而女生则对文科产生好感,对那些理科的数字则找不到头绪。家长和教师则坚定地认为,青春期是男女两性文理分科的重要分界点。其实心理学的研究认为男女性别在智力上并无明显差异,男女学生不同科目的优劣表现,实际上来源于他们本身归因的结果。到了青春期,父母教师会对少年们宣讲一套经验:青春期,由于"发育原因",男生在理科方面会有突飞猛进的提高,女生则在文科方面更具有优势。当少年们接受此观念后,对于同样的成绩表现在理解上就会有差异。例如同一次物理考试成绩,同样的70分,男生会认为我虽然只考了70分,但这绝不代表我的真实水平,只要我努力,我下次成绩会更好,学习的动机受影响小;而女生会想,我这么努力才考了70分,看来我的能力到此为止了,再努力也是无济于事,不如去学文科,理科的学习动机大大削弱。个体对自身能力理解的差异,导致男女生在对同一分数解释上的不同,进而造成了在学科努力程度甚至工作选择上的分化。

一个总是失败并把失败归于内部的、稳定的和不可控的因素(即能力低)的学生受挫感最强,学习动机最低,会形成一种习得性无助的自我感觉。习得性无助是当个体感到无论做什么事情都不会对自己的重要生活事件产生影响时所体验到的一种抑郁状态。而将糟糕的原因理解为外部不稳定因素时,受挫感最小,压力感最小。如果失败理解为内部不稳定因素时,最容易调动其动机,因为个体认为只要自己付出了努力,就会改善成绩。持"努力观"的学生更容易被激发学习动机,也更容易取得好成绩。所以有经验的教师会分析学生的成绩以及心理归因方式,如果发现学生抱怨运气不好或题目太难、能力不够,可以跟学生分享以前自己的失败经验,分析学习的有效技巧并强调进步来源于努力,每个学生都可通过勤奋学习获得提高,尽量避免夸学生多聪明,多么有天分。对学生失败的归因最好是以私下的、个别的方式进行,而不是当着全班同学的面,除非班级整体表现不佳。在班级整体表现不佳的情况下,如果有把握显示学生们不够努力,教师可以说相比以前所带的班,他们的不良表现让人惊讶,所以这段时间内不教授要点知识与技能,需要给他们补一下。有时学生会声称自己不是"学××的料"。教师需要温和、坚定地否定这一解释,提示他们是有能力改善的,之所以失败是因为努力不够、技巧不足或者用错了策略,并讲述自己对此以往的观察或经验,指出只要学生按照设计的计划去完成,那么情况很快就会改变。尤其不能对男女生宣扬性别不同、能力天分不同的观念。当然,如果学生已经花了大量的精力,付出了努力,但成绩依然不再提高,就不要一味说是他不努力的结果,这样会进一步打击学生,使其自信心受挫。此时应该有耐心地帮助其寻找原因,逐步帮其建立良好学习习惯,寻找学习当中的问题,一旦掌握了学习技巧,学生就会逐渐培养出动机。

第三节 学习动机的培养与激发

一、学习动机的培养

(一)了解和满足学生的需要,促使学习动机的产生

学生的学习动机产生于需要,需要是学生学习积极性的源头。学习动机的培养就是使学生把社会的需要和教育的客观要求变为自己内在的学习需要。不同的社会、不同的教育对学生的要求不同,因而反映在学生头脑中的学习需要也不同。教师要培养学生的学习动机,就应当重视研究学生的需要,通过多种方法了解学生的学习需要,尤其是学生的心理需要,分析学生需要存在的问题以及合理需要是否得到应有的满足。

教师可以通过采取一些强化和训练手段,使学生掌握一系列认知和行为策略,使学习的要求内化为学生自己的学习需要。有的学生对学习持冷漠态度,甚至有厌学情绪。但很多在体育、课外兴趣小组、文娱表演等活动中具有相当高的积极性和浓厚兴趣,这是培养学

习动机的有效手段。因此,教师在满足学生的合理需要时,要考虑选择有效的强化物,即选择学生喜欢、想得到的物品或活动来强化其学习动机。如对希望得到获奖证书的学生,教师仅给予奖学金未能有效强化其行为。但同时需要注意的是,若教师一味以学生的喜爱作为有效强化物的标准,则会不利于学生的发展。所以,教师要善于选择适当的强化物来满足学生的合理需要,矫正其不合理需要,促使他们学习动机的产生。

教师应当将学生的需要转化为具体的行动目标。研究显示,设置目标以提高表现水平在满足以下三个条件时效果最明显:(1)当目标是近期的而非远期的,即针对即时的手头任务时;(2)具体的(如完成一页题目而不出一处错误)而不是全局的(如做好一份工作);(3)难度适中而非太难或太易。有目标才会有动力,有时学生的学习热情不高往往是因为他们缺乏明确的学习目标,此时,班主任的工作就是帮助他们树立切实可行的目标,通过适当的目标实现,让学生感到自己的进步,学生便会慢慢培养了学习兴趣,就会在学习中从被动变为主动,变"要我学"为"我要学"。这样,学生就会树立信心,学习动机就会增强。

(二)重视立志教育,对学生进行成就动机训练

通过励志教育可以增强学生的责任感与使命感,启发学生自觉勤奋地学习。例如,有的学生奋发学习,挑灯夜战,闻鸡起舞,以超乎寻常的毅力和始终处于亢奋的精神状态全身心投入学习,这些学生学习行为的直接目的就是实现考取名牌大学的梦想;有些学生不思进取,饱食终日,无所用心,学习上被动应付,学习任务难以完成,这些学生学习行为折射出的原因就是因为一次次在学习上受挫折、丧失了自信心后,放弃了上大学的愿望,学习处于放弃状态,这些都是成就动机低的表现。

(三)帮助学生确立正确的自我概念,获得自我效能感

培养学生的自我效能感应该从培养正确的自我概念入手,教师应当创造条件使学生获得成功的体验,来提高他们的自我效能水平。成就动机是学生学习毅力的源泉,使学生的学习动力永不枯竭。成就动机强的人,对成功感到骄傲,对失败却不那么沮丧。他们的情绪积极健康,对未来成功的希望估计比较高。而成就动机弱的人则相反,他们对成功没有多大的追求,却非常害怕失败,思想负担重,焦虑程度高,心情压抑,对未来成功的希望估计偏低。虽然追求成功和回避失败都能促进人去学习,但在心理上的作用不同。追求成功使人振奋,积极进取,乐学好学,学习效果也好;回避失败使人焦虑压抑,消极被动,怕学厌学。同时,成就动机也是刻苦和自觉学习的动力。

(四)培养学生形成正确的归因观

相信成功与努力之间有必然联系,人就不容易表现出消极行为,不容易产生无力感,这有助于培养学生的学习动机。人们把成功和失败归因于何种因素,对以后的工作态度和积极性有很大影响。同样,学生对学习结果的成败归因,对学习行为也会产生影响。学生的成功与否是激发学生良好的学习动机和兴趣的一个关键因素。因此,当学生完成某一项学习任务后,教师应指导学生进行成败归因,引导学生找出成败的真正原因。这时,可以通过观察学习法,即学生观察模仿归因榜样,学会正确归因;也可以通过团队讨论法,即小组成员共同讨论学业成败的原因,由一名受过训练的教师或管理人员进行引导,指出归因误差,

鼓励符合实际的归因;还可以采用强化矫正法,即教师根据学生情况,结合学科教学内容,对有归因偏差的学生以暗示和引导,鼓励做出正确归因的学生,促使他们形成积极的归因。帮助学生学会关注自己的努力程度,成功了归因于自己已付出的努力,失败了归因于自己努力不够。这种归因方式对于培养学生内部动机,形成认识失败,面对失败,不会受环境影响的正确态度及形成良好的自我意识有着积极作用。

二、学习动机的激发

(一)创设问题情境,实施启发式教学,激发和维持学生的求知欲和好奇心

创设问题情境是指提供能使学生产生疑问、渴望从事活动、探究问题,使学生经过一定的努力能成功地解决问题的学习材料、条件和实践。在这种情境中最容易激发学生的求知欲,获得理想的教学效果。好奇心是学生内在的学习动机的核心,是一种追求外界信息、指向学习活动本身的内驱力。为此,学校、班主任及科任教师要营造良好的学习氛围,若学生处在一种比、学、赶、帮、超的学习环境之中,受身边学生刻苦学习、学风浓郁的感染,给学生一种良好的导向作用和良好的学习暗示效应,从而产生自发地、主动地学习的动因;与上进心强的学生同座位,学生内心有一种趋同的倾向,从而产生发奋学习、自觉模仿的主观愿望;学生在正确回答老师的提问后,能得到老师的表扬、同学的肯定,增强了自信心而产生的积极向上的学习态势,进而不断规范自己的学习行为。

(二)根据作业难度,恰当控制动机水平

学生的学习行为往往具有为实现某一目标的初始动机,如果在实现这一目标的学习过程中能不断获得成功,品尝学习成功的快乐,那么他良好的学习动机就会得到强化,更能自觉维持这一学习行为的持久与落实,甚至强化。学生在学习过程中遇到困难,导致信心不足,如果班主任、科任教师、家长及亲友或同学能及时做有针对性的工作,他就能坚定学习信念,重新审视自己的学习行为,不断反思自己,调整好自己的学习状态,不会因不断"失败"轻易改变自己良好的学习动机,而使学习行为得以维持。

(三)正确指导结果归因,促使学生继续努力

改变学生不正确的归因、提高学习动机可以从两方面入手:一是"努力归因",无论成功或失败都归因于努力与否的结果。二是"现实归因",针对一些具体问题采取现实归因,以提高学生克服困难的能力,增强自信心。

(四)充分利用反馈信息,妥善进行奖惩

从维纳的归因理论中可以看出,教师在教学时给学生的反馈(尤其是对学生考试成绩的评定)信息会给学生的学习动机的形成产生很大的影响。无论教师的反馈是正面的还是反面的都会成为学生对自己成败归因的根据。因此,教师对学生学业成绩进行评定时,要针对学生的个别差异,使每位学生都获得成功的经验,尤其是对那些缺乏信心、个性较依赖的学生,教师的肯定反馈会促进其学习的进步。

教师在教学中对学生学习结果的反馈应及时。这时学生在学习过程中就会及时调节学习程序,加强其自身进一步努力学习的动机。值得注意的是,反馈的内容应包括学生对教师课堂提问的回答、课外作业和各种考试结果,使学生知道什么是正确结果,随时让学生了解距离自己制定的学习标准有多远。对学习成绩不理想的学生不能单纯看其分数的高低,还应从各个学习环节上发现其可取之处,给予表扬和鼓励,以增强其自信心和上进心。

如何进行有效进行表扬和奖励呢?赫洛克(E.B.Hurlock)开展了一项研究,他把学生分成四组:第一组控制组;第二组受表扬的组;第三组受批评组;第四组被忽视组,该组每次练习后从不表扬也不批评,但让他们看到其他两组被表扬或者批评的反馈。学生最终的成绩表明:受表扬组＞被批评组＞被忽视组＞控制组,控制组学生成绩最差。赫洛克得出一个结论:表扬的作用优于批评,批评又优于忽视。一般而言,有效的表扬和奖励主要包括以下四个方面:(1)表扬应针对学生的良性行为;(2)教师应明确学生的何种行为值得表扬,应强调导致表扬的那种行为;(3)表扬应真诚,体现教师对学生成就的关心;(4)表扬应该指向学生努力的行为,即让学生意识到投入适当的努力,将来是有可能成功的。

【真题解析】

1. 学习动机指个体发动、维持其学习活动并使其指向一定目标的(　　)。
A.目标动力　　　B.外部动力　　　C.内部动力　　　D.学习动力
解析:学习动机更多地强调内在过程或内部心理状态。正确答案是C。

2.(　　)提出行为是受外在环境提供的强化物的影响。
A.弗洛伊德　　　B.桑代克　　　C.班杜拉　　　D.斯金纳
解析:斯金纳的操作性条件反射学说突出强化的作用。正确答案是D。

3. 学生将考试成绩欠佳归因于运气不好,该学生的这种归因属于(　　)。
A.内部稳定因素　　B.外部稳定因素　　C.外部不稳定因素　　D.内部不稳定因素
解析:根据维纳归因理论,运气属于外部的、不稳定和不可控制因素。正确答案是C。

【案例回顾与分析】

个体的学习动机有很大的差异,一般可以分为内部动机和外部动机,前者如对学习活动的好感、好奇心、兴趣、求知欲及克服困难的欢快体验等,后者则指由于了解学习的社会意义而间接引起的对待学习的态度,如想满足成人的期望,博得集体舆论的好评,争取做优秀生,志愿升学或就业,为建设事业或实现人类理想做贡献等。直接的学习动机比较具体,带有更多的近景性,且有实效;间接的学习动机具有更多的社会性与理智色彩,既富有远景性,又有概括而持久的定向作用。两者虽有质的差别,但是它们是相互制约的。教育者若能促进学生这两类动机的发展与有机结合,就会使它们成为推动学生积极学习的巨大动力。从内容的性质上看,学习动机有水平高低与正误之分。儿童有了自我意识之后,其学习动机总是跟一定的思想观念及其倾向一同发展的。当儿童的学习动机在相当大的程度上取决于情境性的外力影响时,这种他律的动机还是低水平的;而各种学习动机一旦以自己的意识倾向为核心并处处受其支配时,这种自律的学习动机就达到了高级水平。即使是高水平的学习动机也有显著差异,主要是看它服从于什么样的意识倾向与行动,是否有利于社会的前进与发展。

【学以致用】

某初中校长一直为自己学校的几个男孩头疼不已。他们对学习没兴趣,整天就喜欢凑在一起打打闹闹,时不时搞些边缘性的小动作,有时甚至逃课、打架。班主任苦口婆心,费尽口舌,但收效甚微。有一天,校长走在操场上,又遇到那帮男孩,他们聚在一起朝过往的女孩吹口哨。他突然想到镇里以前的一种活动——舞狮,于是组织这几个男孩成立了一支舞狮队,每天课间、活动课时都请人来指导和训练他们。起先让他们在学校的活动中表演,随后又鼓励他们去参加镇里、市里的舞狮比赛。男孩们获得了一次次赞誉,慢慢发生了转变。他们上课注意力集中了,对周围人变得礼貌了,逃课等行为逐渐绝迹了。尤其是得到了女同学和教师的肯定,他们再也不通过边缘性的不恰当的方式来取得关注了。

问题:请大家想想那些男孩是如何改变的?

【关键术语】

动机是指向和维持行为的一种内部状态,用来解释启动、指引、加强和保持行为。心理学家用动机试图去解释、预测个体内部倾向。

【参考文献】

[1] 莱因贝格.动机心理学[M].王晚蕾,译.上海:上海社会科学院出版社,2012.

[2] 管延华.心理学原理与应用[M].广州:广东高等教育出版社,2013.

[3] 肖少北,申自力,袁晓琳.儿童发展与教育心理学[M].北京:科学出版社,2016.

[4] 皮连生.教育心理学[M].4版.上海:上海教育出版社,2011.

[5] ONMOD J E.教育心理学[M].彭运石,彭舜,等译.西安:陕西师范大学出版社,2005.

[6] 孙煜明.动机心理学[M].南京:南京大学出版社,1993.

第四章　学生的学习迁移

迁移是一种学习对另一种学习的影响,或习得的经验对完成其他活动的影响。任何一种学习都要受到学习者已有知识经验、技能、态度等的影响,只要有学习,就有迁移。学习迁移理论是学习理论的必要组成部分,对其进行研究可以丰富学习理论。

【本章知识框架】

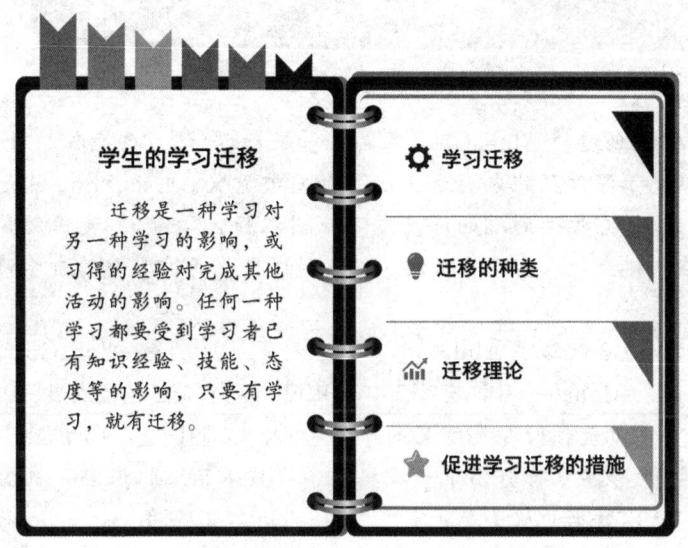

【学习要点】

学习迁移:了解迁移的定义、种类和影响因素。

迁移理论:了解形式训练说、相同要素说、概括化理论、认知结构迁移理论、产生式迁移理论。

促进学习迁移的措施:关注学生的知识经验,完善认知结构;选择教学内容,安排教学过程;教授学习策略,提高迁移意识。

【学习提示】

本章的学习可积极关注迁移的实质、基本结构、过程及条件,意识到迁移机制的探讨是解决迁移中所出现问题的关键环节。学习中能够强调迁移的情境性,在多种情境中通过练习活动等措施来加强合作学习,进而促进迁移。

【案例引导】

机器学习的明天——迁移学习

2017年5月,柯洁大战AlphaGo落下帷幕(图4-1),19岁的男孩少有地在比赛中落泪,赛后他为我们留下一句话,AlphaGo看上去像神一样的存在,好像它是无懈可击的……

图4-1 柯洁大战AlphaGo

的确,DeepMind创造的AlphaGo让人为之赞叹,让柯洁为之疯狂。而背后,从机器学习的角度,充分证明了深度强化学习和大数据的重要意义。DeepMind就是将深度学习应用到强化学习的范例,它把端到端的深度学习应用在强化学习上,使强化学习能够应付大数据,因此可以在围棋上把人类完全击倒。它做到这样是通过完全的自学习、自优化,然后一直迭代。

顶级棋手柯洁0∶3败给了AlphaGo,但是从科学的角度看,AlphaGo到底有没有弱点呢?答案是肯定的。AlphaGo不仅有弱点,而且还很严重,这个弱点就是它没有"迁移学习"的能力,而迁移学习是我们人类智慧的一种特质。在NIPS 2016讲座上,吴恩达表示:"在监督学习之后,迁移学习将引领下一波机器学习技术商业化浪潮。"机器的一个能力是在大数据里学习,所以数据的质量是非常重要的。因此,2017年AlphaGo的训练数据与之前它和李世石下棋时候的数据就做了改变,去年还用了很多人类大师们下棋的数据,但近年来更多地用了AlphaGo自我对弈的数据,使得数据质量大幅提高,也就让机器学习的效果大为提高。

问题:

1. AlphaGo无疑是强大的,但它能不能把在19×19的棋盘学到的知识再推广到21×21的棋盘里呢?它在学会下围棋之后,能不能去下象棋,能不能运用在生活的方方面面,如商业活动、人际交往、指挥机器人的行动中呢?如果迁移学习将引领下一波机器学习技术商业化浪潮,那么迁移学习的本质是什么呢?

2. 如何才能让机器实现迁移学习?迁移学习的智慧体现在什么方面?

第一节　学习迁移概述

迁移广泛存在于各种知识、技能与社会规范的学习中。由于学习活动总是建立在已有的知识经验之上的,这种利用已有的知识经验不断地获得新知识和技能的过程,可以认为是广义的学习迁移。而新知识技能的获得也不断地使已有的知识经验得到扩充和丰富,这就是我们常说的"举一反三""触类旁通",这个过程也属于广义的学习迁移。心理学所研究的学习迁移是狭义的迁移,特指前一种学习对后一种学习的影响或者后一种学习对前一种学习的影响。20世纪以来,心理学家关于学习迁移的研究,就是通过设计两种学习情境,看一种学习对另一种学习的影响。

一、迁移的定义

迁移是一种学习对另一种学习的影响,或习得的经验对完成其他活动的影响。任何一种学习都要受到学习者已有知识经验、技能、态度等的影响,只要有学习,就有迁移。学习迁移理论是学习理论的必要组成部分,对其进行研究可以丰富学习理论。而建构主义的迁移观认为,所谓学习迁移,实际上就是认知结构在新条件下的重新建构。这种建构性的学习强调学习者形成对知识的深刻理解。

迁移不仅发生在知识和技能的学习中,还体现在态度与行为规范的形成中;不仅表现为先前学习对后继学习的影响,而且表现为后继学习对先前学习的影响,这种影响可以是积极的也可以是消极的。比如,学生利用所学加减法以及四则运算的知识去学习代数或解决实际生活中的运算问题;学习了数学的基础知识,有助于对物理学和化学中的一些数量关系和方程式的理解,这些都属于在认知方面发生的迁移。一个掌握数学中因式分解技巧的学生,解任何因式分解题都显得游刃有余,这些主要是技能学习领域的迁移。态度与行为规范方面的迁移在日常生活中也是普遍存在的。如在家爱好劳动的学生,在学校里也比较勤快;在学习中养成了爱整洁的习惯,有助于在生活中养成爱整洁的习惯。一个不喜欢某位老师的学生,在多次得到该老师无微不至的关心和帮助之后,态度发生改变,不仅对该老师产生好感,而且喜欢上这位老师所教授的学科等。

在各种知识与技能的学习中,常常有这样的情况:加强听、说训练,就能更快地提高读、写能力;掌握的外语词汇越丰富,越能促进外语阅读技能的提高,而阅读技能的提高反过来又可以促进更多的外语词汇的掌握。这种知识、技能与能力之间存在的相互迁移现象,说明迁移不仅存在于某种经验内部,也存在于不同的经验之间,通过迁移,各种经验得以沟通,经验结构得以整合。可以说,正是由于迁移的作用,几乎所有的习得经验都以各种方式相互联系起来。

二、学习迁移的作用

凡是有学习的地方就会有迁移,从来不存在相互间不产生影响的学习。而且,人们能把学到的知识应用到新的学习中或以后的生活和工作中。

(一)迁移是一种重要的学习能力

能不能发生迁移、迁移的效果如何,直接影响着学习的进程与效率。如果某人在某一学科中获得的某种知识、技能或态度,能够运用于其他的学科或校外生活的情境之中,那么这些已经获得的知识、技能就能举一反三地再造或创造出新的经验或成果,学习过程就会加快。从这个意义上来说,迁移是一种重要的学习能力。

(二)迁移是能力形成的重要环节,对于提高解决问题的能力具有促进作用

能力总是通过对所掌握的知识加以概括,然后广泛地迁移,并进一步系统化和概括化而形成的。迁移是由知识的掌握过渡到能力形成的重要环节。对于学习者来说,学习的最终目的是把从学习中积累起来的方法和知识迁移到对新知识的理解和应用上来,把学到的知识运用到各种不同的实际情境中,解决现实中的各种问题,从而形成解决问题的能力。能否准确、有效地提取有关经验来理解新知识、解决新问题,实际上就是一个迁移的问题。在学校情境中,大部分的问题解决是通过迁移来实现的,迁移是学生进行问题解决的一种具体体现。要将校内所学的知识技能用于解决校外的现实问题,同样也依赖于迁移。要培养和提高解决问题的能力,就必须从迁移能力的培养入手,否则问题解决也就成为空谈。

(三)迁移对于学生学习和教师教学具有重要作用

从某种意义上说,能否形成多种学习间的积极迁移,决定学生在校学习的效率,甚至成败。只有通过积极迁移,学生才能使已有知识、技能得到进一步检验、充实与熟练;只有通过积极迁移,学生才能在已有知识、技能概括的基础上形成能力。应用有效的迁移原则,学习者可以在有限的时间内学得更快、更好,并在适当的情境中主动、准确地产生迁移。那些学习成绩优良的学生总是善于将学习得到的经验迁移到新的情境、新的学习中去。例如,学习了"和倍题"的解法之后,依靠迁移,就能独自发现"差倍题"的解法,其学习效率当然比一般学习者要高。对教师来说,掌握迁移规律,可以提高教育、教学工作的效率。在教学中,教师不仅要教给学生各种知识,更重要的是教会学生各种学习方法,提高学习能力,能将学到的知识迁移到对校外的广泛知识的学习中去。同时,教师还要自觉利用迁移规律进行教学设计,改进教学方法,合理组织与安排教学活动,以促进学习的迁移,提高教学工作的效率。

三、学习迁移的种类

学习迁移的分类可归纳为以下七种。

(一)正迁移、负迁移、零迁移

根据迁移的性质和结果,迁移分为正迁移、负迁移和零迁移。

正迁移也叫"助长性迁移""积极迁移",是指一种学习对另一种学习起到积极的促进作用。通常表现为一种学习使另一种学习具有了良好的心理准备状态,活动所需的时间或练

习次数减少;使另一种学习的深度增加,单位时间内的学习量增加;已经具有的知识经验使学习者顺利地解决了面临的问题等。例如,学习数学有利于学习物理,学习珠算有利于学习心算,懂英语的人学法语容易,阅读技能的掌握有助于写作技能的形成。

负迁移也叫"抑制性迁移""消极迁移",是指一种学习对另一种学习产生阻碍和干扰。负迁移通常表现为一种学习使另一种学习所需的学习时间或所需的练习次数增加,或阻碍另一种学习的顺利进行以及知识的正确掌握。负迁移的产生常在两种学习相似又不相似的情境下,学生认知混淆而产生的。发生这种迁移,会使另一种学习更加困难,错误增加。例如,汉语拼音的学习干扰英语音标的学习,方言影响普通话的学习。有一个成语叫"邯郸学步",那位学别人走路的人学到最后连原来走路的样子都忘了,就是负迁移。功能固着和水壶问题的研究中已经遇到过负迁移的例子。

零迁移,是指两种学习间不存在直接的互相影响。

(二)自迁移、近迁移、远迁移

根据迁移的情境差异,迁移分为自迁移、近迁移和远迁移。

自迁移,个体所学的经验影响着相同情境中的任务操作。

近迁移,把所学经验迁移到与先前的学习情境比较相似的情境中。例如,学生在考试中解某道题时,如果以前进行过相关的题型训练,那么即使这道题变换了数字和结构,解答起来依然很顺手。

远迁移,把所学的经验迁移到与原初学习情景极不相似的情境中。有研究者在一项研究中发现了很强的远迁移效应。他们给7~10岁儿童有关设计和评价物理学实验的训练。这些儿童重点学习了如何控制变量,包括如何设计合理的实验以及如何区分混淆和非混淆实验。在训练结束七个月之后考察了远迁移效应。测试是从五个新领域(植物生长、饼干制作、航模、饮料销售以及奔跑速度)考察儿童对于变量控制策略的掌握程度。结果表明,接受过训练的儿童比没有接受训练的控制组儿童测试表现更好,见图4-2。

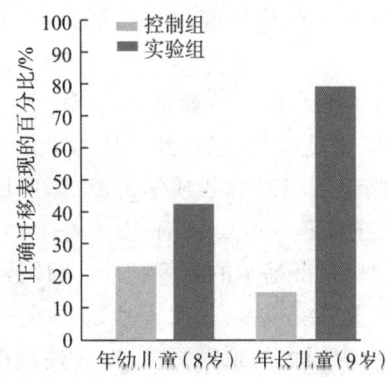

图 4-2 迁移测试

心理学家对远迁移特别感兴趣,因为这与日常生活有着直接的联系。非常不幸的是,大多数研究考察的是训练之后(临时情境)的立即迁移状况,而事实上与教育关系最密切的是持续几年的迁移。一种更为可取的理论是对未来学习的准备,即强调被试在新的、各种支持充足的情境中的学习能力。这种理论把学习视为一个积极的和建构的过程,并且强调元认知的重要性。元认知可能影响远迁移。有人对商科学生在长达七个月的时间内进行了如下两种元认知技能培训：目标导向和自我判断。目标导向是指通过思考可能的目标以及认知活动使自己做好解决问题的准备，而自我判断是用于帮助学生准确评估成功完成任务所需努力这样一种动机活动。他们发现，在后续的统计课学习中，那些接受过训练的学生比没有接受过训练的学生表现更好。在接受训练组中，目标导向行为和自我判断行为与统计课成绩都呈正相关。

（三）顺向迁移、逆向迁移

根据迁移发生的方向，迁移分为顺向迁移和逆向迁移。

顺向迁移是指先前学习的内容对后继学习的内容产生的影响，如温故知新、举一反三、前摄抑制。

逆向迁移是指后继学习对先前学习的影响。例如，学习了微生物后，对先前学习的动物、植物的概念理解会发生变化；学生掌握外语语法之后，又可能反过来对掌握母语语法起干扰或抑制作用。逆向迁移可以使原有的经验、知识结构得到充实、修正、重组或者重构。它不仅可以拓展学生学习的范围，扩大知识面，也有助于学生对原来学的知识进行修正、重组或者重构。

要注意的是，这里的影响不存在好还是不好，是促进还是阻碍，它只强调是先学的影响后学的，还是后来学的影响前面学的。而无论是顺向迁移还是逆向迁移，其影响都有量的大小之分以及正、负迁移之别。由于在学校教学中，我们总是期望以前的学习能给后继的学习以帮助和促进，因此，在这两种迁移中，研究者考虑得较多的是顺向迁移。逆向迁移通常发生在学习者面临学习新知识或解决新问题时，需对原有的知识进行补充、改组或修正，使原有的知识结构发生一定的变化。

（四）一般迁移、具体迁移

根据迁移的内容不同，迁移分为一般迁移和具体迁移。这种分类法是布鲁纳（J. S. Bruner）提出来的。

一般迁移也称"非特殊迁移""普遍迁移"，是指一种习得的一般原理、方法、策略或态度对另一种具体内容学习的影响，即将原理、策略和态度具体化，运用到具体的事例中去。一般迁移范围较大，它迁移的是学习态度、学习原则、学习思维方式或学习原理，所以一般迁移又叫作原理迁移或态度迁移。布鲁纳认为一般迁移是十分重要的，因为基本的原理、规则、方法、策略和态度具有广泛迁移的可能性。例如，获得基本的运算技能、阅读技能以后，运用到各种具体的学科学习中。又如，有位同学数学成绩很差，每次看到数学都头疼，所以当他学物理、化学时也很头疼，每次上理科的课程就有很大的抵触情绪，他这种对理科厌恶情绪上的扩散和传染，属于一般迁移。

具体迁移也称"特殊迁移"，是指学习迁移发生时，学习者原有的经验组成要素及其结构没有变化，只是将一种学习中习得的经验要素重新组合并移用到另一种学习之中。特殊迁移的范围往往不如一般迁移广，仅适用于非常有限的情境中，只限定在同一学科中甚至是同一学科的某一种能力学习，不能几个学科交叉使用这种迁移。比如先教给学生"哆来咪发嗦啦希"的发音音准，再学习歌曲的时候，就会将这些音符组合起来，很快学会了唱一首新歌。例如,英语中学习"eye"和"ball"之后学习"eyeball"时更容易;小朋友学习"日"和"月"之后学习"明"更容易。从上面的事例中可以看出,它对于系统掌握某一领域的知识来说是非常必要的。

同样的一个代数公式,在代数课上学生通常学到的是该公式的一般形式,而在物理课上学到的则是该公式的特殊形式。当最初的学习是一般形式而不是特殊形式时,迁移到新情境的程度更大。

(五)水平迁移、垂直迁移

根据迁移内容的抽象和概括水平的不同,美国心理学家加涅(R.M.Gagne)把学习迁移分为水平迁移和垂直迁移。

水平迁移也叫"横向迁移",指在内容和水平上相似的两种学习之间的迁移,处于同一抽象和概括水平的先前学习内容与后继学习内容、学习活动之间相互影响。例如,化学中锂、钠、钾等金属元素是并列的,处于同一抽象和概括水平;通过加减乘除的学习后,获得的一些运算技能会促进除法的学习。

垂直迁移也称"纵向迁移",指不同难度、不同概括水平的两种学习之间的迁移,即先前学习内容与后续学习内容是不同水平的学习活动之间产生的影响。垂直迁移表现在两个方面:(1)自下而上的迁移,即下位的较低层次的经验影响上位的较高层次的经验的学习。比如,在概念学习中,学生原有知识经验中的"番茄、土豆、萝卜、芹菜"等会有助于上位概念"蔬菜"的学习;在学习生物知识时,"老虎、狮子、牛、羊"等动物本质特征的掌握有助于理解和概括"哺乳动物"的特征;由数字运算到字母运算的转化等学习过程中即包含着自下而上的迁移。此类迁移也常见于归纳式的学习中。(2)自上而下的学习,即上位的较高层次的经验影响下位的较低层次的经验的学习。例如,理解了"三角形"的意义有助于理解"等腰三角形、等边三角形、直角三角形"等;掌握了乘法法则,可以更好地理解和进行加法运算;掌握了一般平行四边形的有关内容可以促进对菱形的学习。

(六)同化性迁移、顺应性迁移、重组性迁移

根据迁移过程中所需的内在心理机制的不同,迁移分为同化性迁移、顺应性迁移与重组性迁移。这里说的内在心理机制主要指学习者原有的认知结构、认知经验与认知系统。

同化性迁移是指不改变原有的认知结构,直接将原有的认知经验应用到本质特征相同的一类事物中去。例如,原有认知结构中的概念"鱼"由带鱼、草鱼、黄鱼等概念组成,现在要学习鳗鱼,把它纳入"鱼"的原有结构中,既扩充了鱼的概念,又获得了鳗鱼这一新概念的意义。平时我们所讲的举一反三、闻一知十等都属于同化性迁移。

顺应性迁移指将原有认知经验应用于新情境中时,需调整原有的经验或对新旧经验加以概括,形成一种能包容新旧经验的更高一级的认知结构,以适应外界的变化。顺应迁移既包含顺向迁移,也包含逆向迁移。例如,学过了"胡萝卜""芹菜"和"油菜"等概念后,再学习"茭白"这个概念时,原有概念不能解释新概念,这时我们需要先学习"胡萝卜、芹菜、油菜都是蔬菜,茭白也是蔬菜",即建立起一个概括性更高的科学概念"蔬菜"来标志这一事物。可见,新的科学概念的建立过程也是一种顺应的过程。

重组性迁移指重新组合原有认知系统中某些构成要素或成分,调整各成分间的关系或

建立新的联系,从而应用于新情境。在重组过程中,基本经验成分不变,但各成分间的结合关系发生了变化。例如,将已经掌握的字母进行重新组合,形成新的单词;网络＋战争＋游戏＝网络战争游戏;把眼镜片放入眼睛中,形成新产品即隐形眼镜。可以看出,通过重组性迁移,不仅扩大了基本经验的适用范围,还包含创造性的成分。

(七)程序性知识与陈述性知识之间的迁移

现代认知心理学家辛格莱与安德森根据其知识分类的观点,将迁移分为四种类型:程序性知识向程序性知识的迁移、程序性知识向陈述性知识的迁移、陈述性知识向程序性知识的迁移,以及陈述性知识向陈述性知识的迁移。这种方法基本上代表了人类知识学习中的迁移类型,是当今影响较大的一种迁移分类方法。

(1)程序性知识向程序性知识的迁移:当训练阶段所获得的产生式能直接用于完成迁移任务时,程序性知识向程序性知识迁移就产生了。其先决条件是在现阶段要接受大量的练习。

(2)程序性知识向陈述性知识的迁移:指获得的认知技能促进了陈述性知识的获取。如果没有读、写、算等基本技能,我们就不可能汲取大量社会和自然科学知识。

(3)陈述性知识向程序性知识的迁移:训练阶段获得的陈述性知识结构有助于前一阶段产生式的获取,这就是陈述性知识向程序性知识迁移。任何技能的学习总是从陈述性阶段开始,然后进入程序阶段,所以每一种技能的学习都反映陈述性知识向程序性知识的迁移,因此,这种类型的迁移是普遍又极其重要的。

(4)陈述性知识向陈述性知识的迁移:指已有的陈述性知识结构促进或阻碍了新的陈述性知识结构的获取。如早期的语言与联想学习的迁移研究及后来奥苏贝尔的认知结构迁移研究。

总之,以往人们对迁移做过多种分类,这些划分主要是根据对迁移本身特征的分析而做出的。随着迁移研究的不断深入,研究者逐渐认识到,在不同的任务中,迁移的机制、条件是不同的,因此,人们进一步从迁移产生的角度对迁移提出了许多分类模式。不同领域的学习可能有不同的规律,因此,有些心理学家根据学习的领域将迁移分为知识的迁移、动作技能的迁移、智力技能的迁移。巴特菲耳德根据不同迁移中需要的基本成分的不同,把迁移分为辨别、组合、分析等九种;萨洛蒙与帕金斯根据迁移过程中意识参与程度的不同,将迁移分为低层与高层迁移;中国心理学家冯忠良根据新旧经验整合过程的方式,将迁移分为同化性迁移、顺应性迁移与重组性迁移。

四、影响学习迁移的因素

(一)学习材料的共同因素

学习材料的共同因素包括学习材料的相似性、学习目标与学习过程的相似性。一般而言,较多的共同成分将产生较大的相似性,相同因素成为它们之间沟通的桥梁,一旦为学习者认识,就能够遵循学习迁移规律获得新的知识技能。各种知识技能之间联系主要有:

(1)已学的知识与新学的知识有共同的本质的联系,易于新旧知识沟通。

(2) 已学的知识与新学的知识有共同的基本原理,由再生能力极强的基本法则、基本理论组成,是实现普遍迁移的基础。

(3) 已学的知识与新知识有共同的构成部分。如我国在小学语文教学中进行集中归类识字教学。根据汉字的特点,在集中归类识字教学中,形声字占多数,同音字很多,因而采用形近字集中归类、同音字集中归类、基本字带字等方法进行教学,均取得很好效果。这也说明只有借助概括才能更有效地利用相同因素这个迁移原则。

在什么情况下人们会运用先前问题来解决当前问题呢?关键是他们注意到了(并且使用)当前问题与先前问题的相似之处。问题之间有三种相似性:

(1) 表面相似性(superficial similarity):问题中与解决办法无关的细节是相同的。

(2) 结构相似性(structural similarity):问题中某些主要成分的因果关系是相同的。

(3) 程序相似性(procedural similarity):问题中将解决问题的原则转化为具体操作的程序是相同的。

学习迁移的效果在一定程度上取决于学习材料之间的共同因素。由于材料之间存在着共同的因素,就会产生相同的反映,因而在学习中就会产生不同程度的迁移。关于共同因素在学习迁移中作用的问题,桑代克和武德沃斯早年曾做过专门实验研究。让被试观察各种大小不同的长方形面积($10 \sim 100 \text{ cm}^2$),直至能准确估计每个长方形面积为止,然后让被试估计稍大的长方形面积或面积相同而形式不同的各种长方形,结果被试的进步仅是原来的三分之一左右。通过实验,桑代克得出结论,通过练习,被试的学习成绩可以得到明显提高,练习能够在同类活动中产生迁移,从而提出了学习迁移的共同要素说。他们否定形式训练说,认为两种学习只有在机制上存在共同因素,一种机能的变化才能改变另一种机能。例如,毛笔字写得好会对写好钢笔字产生迁移。桑代克认为,相同的因素是指相同的联结,其含义很广,包括目的、方法、普遍原则和经验上的基本事实四个方面。

有人采用放射性问题对相似性进行了研究。一位恶性胃瘤患者只有通过一种特殊射线才能得到治疗。问题是,能破坏肿瘤的高强度射线也会破坏肿瘤周围的健康组织,而低强度射线虽然不会影响健康组织但同时也不会破坏肿瘤。如果单独把这个问题呈现给被试,则只有10%的人能够解决问题。合适的解决方案是运用低强度射线从不同方向同时作用于肿瘤。他们要求另外一些被试记住三个故事,其中一个故事与放射性问题在结构上是相似的。这是一个关于一位将军指挥部队袭击一座堡垒的故事。将军通过指挥部队沿着不同路线同时进攻堡垒以摧毁这个堡垒。当实验者告知被试这个故事与解决放射性问题有关时,大约有80%的人解决了问题。而如果没有给出这个暗示,则大约只有40%的人能够解决问题,他们倾向于不使用由这个故事提供的类比特性。因此,仅仅把信息贮存于长时记忆中并不意味着其会被用于解决问题。

为什么大多数被试都不会自发地运用他们已经记住的相关故事呢?这可能是由于问题与故事之间缺乏表面相似性造成的。他给被试呈现一个语义相近的故事(一个用射线治疗癌症的手术)或者一个语义相关较弱的故事(一般的城堡故事)。被试在某次课上听到了这个故事,几天之后参加了一个实验。在那些给出语义较近类比性故事的被试中,88%的人能自发地解决放射性问题。相反,那些给出语义较弱类比性故事的被试中只有12%能自发地解决问题。

既然是两种学习材料,它们之间除了具有共同因素之外,必然会有不同的因素。因此,两种材料的学习可能产生正迁移,也可能同时产生负迁移。为了促进学习迁移,防止干扰,在教学中教师应引导学生正确认识学习材料之间的共同因素,并通过比较认识它们之间的区别。

(二)对学习材料的概括水平

学习迁移需要学习者具有一定的能力,主要是分析和概括能力。苏联著名心理学家鲁宾斯坦强调,概括是迁移的基础。他认为,在解决问题时,为了实现迁移,必须把新旧课题联系起来并包括在统一的分析综合活动中,实现知识、技能的同化或顺应。可见,鲁宾斯坦更强调课题类化在学习迁移中的作用。我们认为,两种学习材料之间的共同因素固然是产生迁移的必要条件,但不是充分的条件。如果不能通过概括,把握一般原理,掌握事物的本质和规律,也难以产生迁移。事物虽然是多种多样的,但有共同的东西,即事物的本质和规律。掌握事物的本质和规律,人就能以不变应万变,产生广泛的迁移。教学实践表明,学业成绩优异的学生往往学习能力强,基础知识全面而扎实,并能自觉进行迁移,顺利地将知识技能运用到新的情境中解决实际问题。所以赞科夫和布鲁纳都强调在学校中应加强基本概念和原理的教学,道理就在于此。

(三)教材的组织结构和学生的认知结构

先前学习对后继学习的影响是比较常见的一种迁移方式。原有经验的水平、组织性、可利用性等特性直接决定了迁移的可能性和迁移的程度。

教材是学生学习的基本材料,其科学的基本结构有助于学习的迁移。布鲁纳认为,学科的基本结构包括学科的基本知识结构和学习态度、学习方法两方面。掌握学科的基本结构不仅便于学生对教学内容的理解和记忆,而且有利于学习迁移。他主张要给学生提供好的教材结构,它可以简化知识,有利于迁移。他强调组织好的教材结构应注意:教材呈现的顺序要从一般到个别不断分化,这样的教材既便于教师的教,也便于学生的学;教材的知识结构要从已知到未知逐步系统化。

奥苏贝尔接受了布鲁纳的这些思想,更深入地研究了学生的认知结构对学习迁移的影响。他认为,在有意义学习中,认知结构始终是一个关键的因素,现有的学习受原有认知结构的影响,原有的认知结构由于接收新信息而得到改造,这种改造后的认知结构又会影响后继的学习。奥苏贝尔从认知结构的观点看待学习迁移,他对先前学习及其对后继学习的影响做了新的解释,认为的学习不是经验的一组刺激与反应的联结,而是按照一定层次组织起来的,适合当前学习任务的知识体系。在有意义的学习中,先前学习并不直接对后继学习发生影响,而是通过原有认知结构间接地影响新的学习或迁移。学习迁移的效果不是指运用一般原理解决特殊事例的能力,而是指提高了相关类属学习、概括学习和并列结合学习的能力。

(四)学习的指导

学习的指导包括对学生的学习目的、学习态度和学习内容及学习方法的指导,其中学习态度和学习方法的指导对迁移有重要影响。学习态度是一种比较稳定的心理反应倾向。帮助学生形成良好的学习态度是一项复杂的、长期的工作。良好的学习态度一经形成,就会促进其他方面态度的形成。学习方法是达到学习目的的手段,是制约学习效果的重要因素之一,学习方法的实质是在头脑中形成的一种认知或解决问题的策略。良好的学习方法需要教师的指导和个人实践才能被掌握。指导学生学习,就某种意义上说,就是帮助学生学会如何学习。学生会学习、会解决问题,实际上也是一种能力,有了这种能力就会明显地促进正迁移。

现代西方教学的重点在于指导活动和采用活动型的教学程序。这是因为,通过活动进行学习比正规上课的学习更有意义,而且更有利于把学生的学习迁移到新情境中去。实践证明,学生适当参加与学习有关的活动,可以使学生在错误的尝试中得到益处。如果对学生的活动给予必要的指导,则不仅可以减少错误,而且可以增加学习的迁移。学生的学习态度、兴趣、技能等可以通过活动产生迁移而加以培养。教育实践证明,在活动中,由教师预先提供正确答案的指导方式,不如在教师的指导下让学生自己发现问题、解决问题学习效果好。因为指导学生自己发现和解决问题,能增加迁移的效能。学习指导可随学生年龄的增大和问题的难易而有所不同。此外,学生在学习新知识或解决新课题时,为了防止学生已形成的学习方法或思维习惯的消极影响,教师也应及时给予适当的指导,以促进学生的正迁移,防止干扰。

(五)定势作用

定势又叫心向,是由先前的心理活动所形成的一种准备状态,它决定着同类后继心理活动的趋势。定势这个概念最早是由德国心理学家缪勒和舒曼于1889年在概括重量错觉实验的基础上提出来的。20世纪50年代前后,以乌兹纳捷为代表的格鲁吉亚心理学家们对定势进行了大量的实验研究,在此基础上形成定势理论。该理论认为,一定的心理活动所形成的准备状态影响或决定着同类后继的心理活动的趋势,即人的心理活动的倾向性是由预先的准备状态所决定的。为了研究定势对学习迁移的影响,心理学家渥德曾做了一个实验。结果表明,被试在记忆数列无意义音节时,前面的练习加快了对后面音节的记忆。说明练习对同一类课题的学习有正迁移作用。在学习过程中,定势可能促进学习迁移,也可能干扰学习,产生负迁移。心理学家卢钦斯曾做过一个著名的定势实验,详见本书第二章的拓展阅读。实验证明,定势在解答同类课题时可能产生正迁移,而在解答不同类课题时,可能产生消极影响。因为人的认知策略和解题方法都有一个适用范围,超出一定适用范围,任何一种策略和方法都将是无效的。卢钦斯认为,为了排除定势的消极影响,可采取两种办法:(1)请固守一种方法处理问题的人说出为什么要这样做,然后让他来考虑是否有其他的方法可用;(2)如果尝试无结果,可稍停一会儿。这样可能打破某些特殊的定势,从而提出新观点或找到解决问题的新途径和新方法。总之,定势在迁移中起到一定的作用,表现为促进或阻碍。定势既可以成为正迁移的心理背景,也可以成为负迁移的心理背景,或者成为阻碍迁移产生的潜在的心理背景。

除了上述影响因素,一些学者提出了自己的观点。例如,有学者提出了影响迁移的六个情境因素:知识领域(相似与不相似的知识基础)、物理情境(相似与不相似的学习环境)、时间情境(学习与迁移之间间隔时间长短)、功能情境(习得行为的相似与不相似目的)、社会情境(如都是个体的与一种是个体的一种是社会的)、感觉道(如都是视觉的与一种是视觉的一种是听觉的)。也有学者研究了感觉道对迁移的影响。他们使用了各种测试手段,如多项选择题、开放性的书面问题、由一位老师读出的问题、一个练习性的设计任务和一个口头辩论任务,被试在大多数测试中都表现出了迁移效应,但是最大的迁移效应发生在测试与训练相似的情况之中。

第二节 迁移理论

20世纪60年代以前,传统的迁移理论包括形式训练说、相同要素说、概括化理论、关系转换说。

20世纪60年代以后,随着认知心理学的兴起,出现了新的迁移理论——认知结构迁移理论、产生式迁移理论。

一、形式训练说

形式训练说是最早的关于迁移的理论,来源于德国的官能心理学。形式训练说在欧美盛行了两百多年,至今仍有一定的影响。其代表人物是沃尔夫。官能心理学认为人的心灵是由"意志""记忆""思维"等官能所主宰,各种官能分别从事不同的活动,各种官能可以像肌肉一样,通过练习而增强能力。形式训练说假定心是所有各种官能构成的总体,人类大脑的许多区域代表了许多不同的功能。学习的迁移就是非物质的心灵官能受到训练而自动发展的结果,即通过某种学习,使某种心灵官能得到训练,从而转移到其他学习上去,使其他学习得以易化。依这种观点,学习的内容不甚重要,重要的是学习的难度和训练价值。一种官能的改进可以加强其他所有官能。如感觉越用越敏锐,记忆由记忆而增强,推理能力、想象能力则由推理和想象而长进,这些能力如果不用,不训练,便会变弱。官能训练注重训练的形式而不注重内容,因为内容是会忘掉的,其作用是暂时的,而只有通过这种形式的训练而达到的官能的发展才是永久的,才能迁移到其他的知识学习,会终生受用。

根据这种理论,在学校教育中,传递知识远不如训练功能来得重要。教学的目标就在于训练、改进心的各种官能。训练的项目越困难,官能得到的训练就越多。知识的价值在于作为训练功能的材料。学习要收到最大的迁移效果,就要经历一个"痛苦的"过程。于是,难记的古典语言可以有助意志"忍耐"能力的形成,数学有助于逻辑推理能力的形成,历史能提高记忆力,自然科学中的难题被视为训练的最好材料。在这样的训练中,学生学会观察、分析、比较、分类、想象、记忆、推理、判断,甚至创造,足以在日后的学习和工作中受益无穷。形式训练说认为,迁移是无条件的、自动发生的。由于形式训练说缺乏科学的依据,因此引起了一些研究者的怀疑和反对。

形式训练说的优点是重视能力的培养和学习的迁移,强调对有效的记忆方法、工作和学习的习惯以及一般的、有效的工作技术加以特殊训练。其缺点是认为学习的内容并不重要,重要的是所学材料对官能训练的价值。从19世纪末开始,形式训练说不断遭到来自心理学实验结果的有力批判。使其丧失支配地位的首先是詹姆斯,继之是桑代克。詹姆斯用记忆实验证明,记忆能力不受训练的影响,记忆的改善不在于记忆能力的改善而在于记忆方法的改善。桑代克通过实验发现,训练可以迁移到类似的学习活动中,不相似的学习活动之间却无迁移现象。因此,形式训练说的假设缺乏足够的实验依据和现实依据,其对迁移的解释是从唯心主义的观点出发的。

二、相同要素说

19世纪末和20世纪初,心理学家开始借助实验来检验形式训练说的迁移理论。美国心理学家詹姆斯在1890年首先通过记忆实验,表示了对形式训练迁移理论的怀疑,他的结论是:记忆能力不受训练的影响;记忆的改善不在于记忆能力的改善,而在于方法的改善。继詹姆斯之后,许多心理学家纷纷设计更为严密的实验,从各种不同角度向形式训练说提出挑战。其中,桑代克和伍德沃斯以刺激-反应的联结理论为基础,提出了学习迁移的相同要素说。相同要素说又称共同要素说,认为某一学习之所以有助于另一学习是因为两种学习具有相同的因素。若两种情境含有共同因素,不管学习者是否觉察到这种因素的共同性,总有迁移现象发生。

1903年,美国杰出的教育心理学家桑代克以大学生为被试,首先训练被试对平行四边形的面积进行估计,然后对他们进行两种测验。结果表明,被试对矩形面积的判断成绩提高了,但对三角形、圆形和不规则图形的判断成绩并没有提高。据此,他认为,学习中训练某一官能未必能使它的所有方面都得到改善。他认为两种学习之间只具有相同因素时,才会发生迁移,例如,在活动A(1,2,3,4,5)和活动B(4,5,6,7)之间,因为两种活动有共同的成分4和5,所以这两种活动之间会有迁移。由于骑自行车与骑摩托车在协调和操作方式上有相同因素,所以迁移就容易发生。后来,桑代克等人还通过对知觉、注意、记忆和运动动作等方面进行一系列迁移实验,来检验形式训练说,结果发现,经过训练的某一官能并不能自动地迁移到其他方面,再次证实了只有当学习情境和迁移测验情境存在共同成分时,一种学习才能影响另一种学习,即产生迁移。相同要素即相同的刺激(S)与反应(R)的联结,刺激相似而且反应也相似时,迁移才能发生,相同联结越多,迁移越大。后来相同要素被改为共同要素,即认为两情境中有共同成分时可以产生迁移。总之,迁移是非常具体的,并且是有条件的,需要有共同的要素。

该理论揭露了形式训练说的错误,但是缩小了迁移的范围,即没有相同要素的过程或反应-联结之间无法产生迁移,又表现出了简单化和机械论观点。

三、概括化理论

概括化理论又称经验类化理论,是由美国心理学家贾德提出来的。这个理论认为,只要一个人对他的经验进行了概括,就可以完成从一个情境到另一个情境的迁移。这个理论是与相同要素说相对立的一种学习迁移理论。

贾德在1908年所做的"水下击靶"实验,是概括化理论的经典实验。他以五年级和六年级的小学生为被试,将他们分成能力相等的两组,练习用标枪投中水下的靶子。在实验前,对一组讲授了光学折射原理,另一组不讲授,只能从尝试中获得一些经验。在开始投掷练习时,靶子置于水下1.2英寸处,结果两组学生的成绩相同。这是由于在开始测验中,所有学生都必须学会运用标枪,理论的说明不能代替练习。当把水下1.2英寸处的靶子移到水下4英寸时,两组的差异就明显地表现出来。未讲授折射原理的学生不能运用水下1.2英寸的投掷经验以改进靶子位于水下4英寸处的投掷练习,错误持续发生。而学过折射原理的学生,则能迅速适应水下4英寸的学习情境,学得快,投得准。

对此,贾德是这样解释的:理论会把有关的全部经验,包括水外的、深水的和浅水的经验,组成整个的思想体系。学生在理论知识的背景上,理解了实际情况以后,就能利用概括了的经验,去迅速地解决需要按实际情况做分析和调整的新问题。经过训练的儿童对不同深度的目标可以做出更适当的调整,将折射原理概括化,并运用到特殊情境中去。

贾德以实验研究了原则和概括性的迁移后认为,两个学习活动之间存在相同要素,只是产生迁移的必要前提,是迁移发生的基础,而产生迁移的关键是学习者在两种活动中概括出它们之间的共同原理,即在于主体所获得经验的类化。对原理了解概括得越好,对新情境中学习的迁移越好。所以,贾德的学习迁移理论又称概括化理论。

教学对促进原理迁移具有重要的作用。概括化不是一个自动的过程,它与教学方法有密不可分的关系。同样的教材内容,由于教学方法不同,会使教学效果大相径庭,迁移的效应也大不相同。现代认知派心理学家布鲁纳认为,学习迁移可分为两类:一类叫特殊迁移,是习惯或联想的延伸,主要是指动作技能的迁移;另一类叫非习惯迁移,即原理和态度的迁移,是教育过程的核心。他认为掌握学科的基本结构、基本原理和概念,是通向适当"训练迁移"的大道。但是,贾德十分重视教学方法在迁移中的作用,却有忽视学习内容的倾向,有一定的片面性。

四、关系转换说

关系转换理论是格式塔心理学家1929年提出的学习迁移理论。格式塔心理学家从理解事物关系的角度对经验类化的迁移理论进行了重新解释,代表人物是苛勒。苛勒用"小鸡啄米实验"证明了关系转换的学习迁移理论。他让小鸡在深、浅不同的两种灰色的纸下面寻找食物。通过条件反射学习,小鸡学会了只有从深灰色纸下才能获得食物奖赏。然后,变换实验情境,保留原来的深灰色纸,用黑色纸取代浅灰色纸。问题是:如果小鸡仍然到深灰色纸下面寻找食物,那就证明迁移是由于相同要素的作用;如果小鸡到两张纸中颜色更深的那张(即黑色纸)下面寻找食物,那就证明迁移是对关系做出的反应。实验表明,小鸡对新刺激(黑色纸)的反应为70%,对原来的阳性刺激(深灰色纸)的反应是30%。幼儿在做同样的实验时,则始终对黑色纸的刺激做出反应。

他认为这结果证明是情景中的关系对迁移起了作用,并非由于两个学习情境具有共同成分、原理或规则而自动产生。被试选择的不是刺激的绝对性质而是比较其相对关系,把在前一种情景中学会的关系即"食物总是在颜色较深的纸下面"迁移到后一种情景中,从而做出了正确的反应。苛勒通过实验证明迁移产生的实质是个体对事物间的关系的理解,即迁移的产生依赖于两个条件:一是两种学习之间存在一定的关系,二是学习者对这一关系的理解和顿悟。其中后者比前者重要。习得的经验能否迁移,并不取决于是否存在某些共同的要素,也不取决于对原理的孤立的掌握,而是取决于个体能否理解各个要素之间形成的整体关系,能否理解原理与实际事物之间的关系,即对情境中一切关系的理解和顿悟是获得一般迁移的最根本要素和真正手段。苛勒认为,人们越能发现事物之间关系,则越能加以概括、推广,迁移越普遍。领悟情境中的一切关系,是迁移的根本条件。关系转换说可看作是对概括化理论的一种补充。

学习迁移的重点不仅在于掌握原理,更在于察觉到手段与目的之间的关系。认为"顿悟"两种学习情境中原理、原则之间的关系,特别是手段和目的之间的关系,是实现迁移的根本条件。

五、认知结构迁移理论

认知结构迁移理论的代表人物是布鲁纳和奥苏贝尔。他们把迁移放在学习者的整个认知结构的背景下进行研究,他们在认知结构的基础上提出了关于迁移的理论和见解。

(一)布鲁纳论迁移

布鲁纳认为,学习是类别及其编码系统的形成过程。迁移就是把习得的编码系统用于新的事例。正迁移就是把适当的编码系统应用于新的事例,负迁移则是把习得的编码系统错误地用于新事例。布鲁纳对已有的迁移研究进行了总结,他指出,非特殊迁移即原理和态度的迁移是教育过程的核心。同时,他还把迁移的研究深入教材的知识结构和学生的认知结构。布鲁纳强调掌握各门学科的基本结构,领会基本的原理和观念,认为这是通向适当的训练迁移的大道。从此,认知心理学家就特别强调认知结构与学习和迁移的关系及其影响。

(二)奥苏贝尔论迁移

奥苏贝尔接受了布鲁纳的这些思想,更系统地研究了学生的认知结构对学习和迁移的影响。奥苏贝尔认为,学生已有的认知结构对新知识学习发生影响,这就是迁移。所以,认知结构是知识学习发生迁移的重要原因。他认为,一切有意义的学习都是在已有学习的基础上进行的,不受学习者原有认知结构影响的新学习是不存在的。一切有意义学习都包含有迁移,迁移是以认知结构为中介进行的。在迁移的一般模式中,所谓先前的学习不是一组 S-R 联结,而是按层次组织起来的与当前任务有关的知识体系。迁移模式包括类属学习、总括学习和并列结合学习。所谓认知结构就是学生头脑里的知识结构,是学生头脑中全部观念的内容和组织,是影响学习和迁移的重要因素。个人认知结构在内容和组织方面的特征,称为认知结构变量,主要包括可利用性、可辨别性和稳定性。原有的认知结构就是通过这三个变量对新知识的学习产生影响。学生学习新知识时,认知结构可利用性高、可辨别性大、稳定性强,就能促进对新知识学习的迁移。"为迁移而教"实际上是塑造学生良好认知结构的问题。在教学中,可以通过改革教材内容和教材呈现方式来改进学生的原有认知结构变量,以达到迁移的目的。

布鲁纳和奥苏贝尔有关迁移的理论在解释陈述性知识的迁移时比较有说服力。

六、产生式迁移理论

继奥苏贝尔之后,研究者对迁移进行了更为深入的探讨。迁移的产生式理论是由信息加工心理学家安德森提出的,主要用于解释基本技能的迁移。

其基本思想是:先后两项技能学习产生迁移的原因是两项技能之间共有的产生式的交叉或重叠。所谓产生式,是指有关条件和行动的规则,简称 C-A 规则。产生式的条件-规则越相似,产生迁移的可能性就越大。与传统的共同要素说相比,产生式理论也强调迁移的共同因素,但这种共同因素更侧重于认知成分。当两项任务之间有共同的产生式或产生式的重叠时,迁移就会发生。它与桑代克的共同要素说的不同在于,桑代克认为产生迁移是由于两项学习之间共有的 S-R 联结及数量;而安德森认为产生迁移是由于两项学习之间共有的产生式及数量,如掌握了 1/2+1/3 的算法,可对解答 1/4+1/5 起到促进作用,原因是这两个算式之间有共同的产生式。两种技能之间产生式的交叉或重叠越多,迁移量越大。即导致先后两项技能学习时产生迁移的原因,不应用它们共有 S-R 联结的数量来解释,而应该用它们之间共有产生式数量来解释。安德森的产生式理论可以说是桑代克的共同因素说的翻版,只是安德森研究的是人类高级的认知学习的迁移,其理论能较好地解释认知技能的迁移情况。

由上可见,现代认知心理学家在研究迁移时仍遵循相似原则,但扩充了它的内涵,把相似性由原来的具体内容的相似扩展到产生式及问题空间的相似,从而扩大了迁移研究的范围。

第三节 有效促进学习迁移的措施

"为迁移而教"是现代教育流行的颇有吸引力的口号,教师若能据此把迁移理论应用于教学实际,有力地促进学生迁移能力的提高,那么学生当下的学习将会对日后的学习、工作和生活产生更为持久的积极影响。

然而学生习得的原理或技能应用于新情境中的迁移能力不是自动发生的,准确地说,迁移是通过教学实现的。那么在教学中如何创造条件,积极主动地促进学习的正向迁移呢?研究学习迁移的实践意义主要是在教学中促进学习的迁移,学习迁移的理论和实验研究为教学提供了促进学习迁移的方法。这里以前面的理论研究为基础,阐述促进学习迁移的方法。

一、关注学生的知识经验,完善认知结构

(一)学生原有认知经验的丰富性

学习经验和学习方法对以后的学习有积极的影响。因此,总结学习经验,运用学习方法是促进学习迁移的有效方法。学习经验和学习方法多半都是学生自己总结出来的,也有一些是教师在教学中有意传授或暗示的。一般包括认知策略、分析和综合的方法、识记和回忆的方法、分析问题和解决问题的方案或技巧等。教学中,一方面教师要善于把学习的方法教给学生,如理解知识的最好途径、复习或巩固知识的方法等;另一方面,要让学生不

断地总结自己的学习经验,同学之间开展学习方法和经验的交流,结合座谈会、报告会等方式使学生尽快掌握学习方法,适应新的学习内容和学习环境。

（二）原有知识经验的概括与组织性

"概括化原理"表明,两种学习间的迁移来源于两种学习中的共同成分,其中主要是由于共同的原理造成的。在教学中相似的原理及法则的迁移是最常见的迁移现象。为促进原理的迁移,教学中应要求学生准确地理解基本原理,这是非常重要的。为了让学生理解基本原理,最初给予恰当的学习内容或练习课题,使学生充分掌握以至达到过度学习的程度是十分必要的。此后,不但要演算基本原理的练习题,也要练习解答复杂的应用题。如果既能理解又能演算任何一个应用题,这说明学生已明确地理解了基本原理。教师不要在学生还未充分理解基本原理的时候,就要求学生应用原理去解决应用问题,这样容易使学生造成混乱,很容易发生负迁移或机械学习。

此外,学生在学习中自己总结出来的规律或法则更有助于学习的迁移。在教学中鼓励学生自己总结、归纳和概括学过的知识,充分掌握运用基本原理的条件、方法,使基本原理达到最有效的迁移。

（三）原有知识经验的可利用性

根据知识学习的同化理论,一切新知识的学习都是在原有知识的基础上展开的。因此,牢固地掌握学过的知识将有助于新知识的学习。为了掌握学过的知识,就要使学习的时间和练习的次数达到一定的程度,使所学知识保持较高水平的可利用性、可辨别性和清晰性,使之在新知识的学习时,迅速而明确地找到与之相对应的旧知识,及时为新知识的学习提供适当的固定点。这就要求学生在学习中要对基本的概念或原理反复学习,勤于思考,熟练掌握。这方面的过度学习是有助于学习迁移的。教师在教学中也要加强基本知识的教学,使学生充分地理解和掌握知识的核心内容或主要内容,帮助学生建立稳定清晰的知识结构。

二、选择教学内容,安排教学过程

（一）精选教材

要想使学生在有限的时间内掌握大量的有用的经验,教学内容就必须精选。教师应选择那些具有广泛迁移价值的科学成果作为教材的基本内容。而每一门学科中的基本知识（如基本概念、基本原理）、技能和行为规范具有广泛的适应性,其迁移价值较大。

当然,在选择这些基本的经验作为教材内容的同时,还必须包括基本的、典型的事实材料,脱离事实材料空谈概念、原理,则概念、原理也是空洞的、无生命力的,也无法迁移。大量的实验证明,在教授概念、原理等基本知识的同时,配合具有代表性的事例,并阐明概念、原理的适用条件,有助于迁移的产生。

根据同化理论,认知结构中是否有适当的起固定作用的观念可以利用,是决定新的学习与保持的重要因素。为了促进迁移,教材中必须有那种具有较高概括性、包容性和强有力解释效应的基本概念和原理。布鲁纳认为,这样的概念和原理应放在教材的中心。他认为,领会基本的原理和观念是通向适当"训练迁移"的大道。奥苏贝尔指出,学生的认知结构是从教材的知识结构转化而来的。好的教材结构可以简化知识,可以产生新知识,有利于知识的运用。这种结构必须适合学习者的能力。

各科教材都有基本概念、原理和逻辑结构,这些内容的组织形成教材体系。教材内容体系的确定,直接关系到学生学习的效率、知识的质量和认知能力的发展,因此必须兼顾科学知识本身的性质、特点、逻辑系统和学生的知识水平、智力状况及年龄特征,还要考虑教学时间以及教法上的要求,以保证教材的系统性和教学的循序渐进性。

各种各样的知识技能都包含某些一般原理和共同成分,即基础知识、基本技能。所谓基础知识是指各个学科教学内容中所体现出来的基本事实、概念和原理。基本技能是指运用所获得的基础知识去完成某种动作或智力活动的基本行为方式和能力。它们就是知识结构的"骨干",是教材的中心、教学的重点,也是学生学习的核心,比个别经验和事实更具普遍性,更有实现正迁移的可能性。但也必须配合典型的事例,并阐明这些概念原理的使用条件,这有利于迁移的产生。

最佳的教材结构总是相对的,而不是绝对的。如何编写适合学生能力水平的最佳结构的教材呢?这需要知识领域内有造诣的专家、教材教法专家和心理学家以及教师们的通力合作。

(二)合理编排教学内容

精选的教材只有通过合理的编排才能充分发挥其迁移的效能,学习与教学才能省时省力,否则迁移效果小,甚至阻碍迁移的产生。从迁移的角度来看,合理编排的标准就是使教材达到结构化、一体化、网络化。

结构化是指教材内容的各构成要素具有科学的、合理的逻辑联系,能体现事物的各种内在关系,如上下、并列、交叉等关系。一体化是指教材的各构成要素能整合为具有内在联系的有机整体。为此,既要防止教材中各要素之间的相互割裂、支离破碎,又要防止相互干扰或机械重复。网络化是一体化的引申,指教材各要素之间上下左右、纵横交叉的联系与沟通,要列出各种基本经验的联结点、联结线,这既有助于了解原有学习中存在的断裂带及断裂点,也有助于预测以后学习的发展带、发展点,为迁移的产生提供直接的支撑。

(三)合理安排教学程序

合理编排的教学内容是通过合理的教学程序得以体现、实施的,教学程序是使有效的教学发挥功效的最直接的环节。无论是宏观的、整体的教学规划,还是微观的、每一节课的教学活动,都应体现迁移规律。先教什么、学什么,后教什么、学什么,处理好这种教学与学习的先后次序是非常必要的。

学习情境与日后运用所学知识内容的实际情境最好相类似,这样有助于学习的迁移。为此,在教学中,教师要尽量为学生设置与实际情况相近的情境。另外,还要在知识或技能的学习过程中考虑到实际运用情境中的种种情况。例如学习计算,不仅要让学生单纯地学会计算的法则,还应该使他们通过解决实际问题等学习活动,学会在实际情境中解决计算问题。此外,课堂上开展的学习活动,在日后学生能将其活动应用于相类似的实际生活时才是有效的。譬如,在篮球训练中,不能仅仅学会运球、传球等基本技能,而应通过比赛,有效地使基本技能向实际的综合性能力发生迁移。有许多技能的学习如讲演、表演、操作等,在类似于真实的情况下进行训练最为有效。近年来开展的许多室内模拟训练,为培养和训练各方面技能的专门人才起到了既经济又有实效的效果。

学生将信息从一种情境向另一种情境迁移的可能性,有时会受到初次学习时信息的组织方式的影响。有经验的教师在教学中往往精心安排教学的程序,给学生提供一个条理清楚、组织良好的框架。奥苏贝尔认为,"不断分化"和"综合贯通"是人的认知组织的原则。这两条原则也适用于教材的组织和呈现。

1. 从一般到个别,渐近分化

依据学生认识事物的过程,教材的呈现或课堂教学内容的安排应符合从一般到个别、从整体到细节的顺序,即渐近分化原则。

认知心理学的观点表明,当人们在接触一个完全不熟悉的知识领域时,从已知的较一般的整体中分化细节,要比从已知的细节中概括出整体容易一些。人们关于某一学科的知识在头脑中组成一个有层次的结构,最具有包容性的观念处于这个层次的顶点,它下面是包容范围较小、越来越分化的命题概念和具体知识。因此,根据人们认识新事物的自然顺序和头脑中的认知结构的组织顺序,教材的呈现也应遵循由整体到细节的顺序。例如,我国小学数学教材对有关三角形知识的呈现就符合不断分化的原则:先教一般三角形;在一般三角形中按角的大小分化出锐角三角形、直角三角形和钝角三角形;在锐角三角形中分化出等边三角形;在锐角三角形、直角三角形和钝角三角形中分化出等腰三角形;等等。

2. 综合贯通,促进知识的横向联系

依据知识的系统性和科学性,概念之间、原理之间、知识的前后连贯与单元纵横之间应体现出内在的关系和联系。

在呈现教材时,除了要从纵的方面遵循由一般到具体渐近分化的原则以外,还要从横的方面加强概念、原理、课题乃至章节之间的联系。实际上许多教学内容是彼此依赖的,前面的知识没有学会,后面的教学就不能进行。例如,语文是其他学科的基础,数学是物理、化学的基础,对这些教材内容加强横向联系既必要也可能。教师在教学中应引导学生努力探讨观念之间的联系,指出它们的异同,消除学生认识中表面的或实际存在的不一致之点。

3. 教材组织系列化,确保从已知到未知

依据学生学习的特点,教材组织应由浅入深,由易到难,从已知到未知。

实现迁移的重要条件是已有知识与新课题之间的相同点,因此教学次序要合理,尽量在回忆旧知识的基础上引出新知识,复习旧的,知道新的。新、旧知识技能的学习应当是有一定联系的。新的知识、技能应当是在过去学过的知识、技能基础之上学习,过去学过的知识、技能应当为新的知识、技能学习做好铺垫。两者衔接得好,练习的时间和难度都可以减少,知识、技能的组织也非常系统。前面的学习是基础和准备,后面的学习是发展和提高。如跳山羊、跳箱、跳马可以衔接安排,原地前滚翻、跑动前滚翻、鱼跃前滚翻可衔接安排,等等。

知识可以分成若干单元,每个单元还可分成若干小步子,让后一步的学习建立在前一步的基础之上,前一步的学习为后一步的学习提供固定点。组织好的程序教材本身,就可以起到"组织者"的作用。教师在制定教学计划时必须安排好教学内容的顺序,使教学内容的联结达到最佳化。最佳的序列要反映知识的逻辑结构,体现不断分化和综合贯通的原则,还要适合学生的认知功能发展水平。教师选择和合理组织教学内容有利于学生获得知识,也有利于促进概念、原理的学习迁移。

三、教授学习策略,提高迁移意识

授之以鱼,不如授之以渔。这意味着仅教给学生组织良好的信息还是不够的,还必须使学生了解在什么条件下迁移所学的内容、迁移的有效性如何等。掌握必要的学习策略及其元认知策略是达到这一目标的有效手段。许多研究证明,学习策略及元认知策略具有广泛的迁移性,同时它们又能够提高学习者的迁移的意识。结合实际学科的教学来教授有关的学习策略和元认知策略,不仅可以促进对所学内容的掌握,而且可以改善学生的学习能力,使学生学会学习,提高迁移的意识性,从根本上促进迁移的产生。

学习不只是要让学生掌握一门或几门学科的具体知识与技能,而且还要让学生学会如何去学习,即掌握学习方法的知识与技能。实际上学生只有掌握了良好的学习方法,才能把所学知识技能顺利地进行应用,促进更广泛更一般的迁移,也就是说学会了如何学习就可以实现最普遍的迁移。学习方法是一种学习经验,它可以对后继学习产生一种比较广泛的一般性迁移。学习方法包括概括的方法、思考的方法、应用原理的方法、归纳总结的方法、整理知识的方法和研究探讨的方法等。学习方法这种经验中不仅包含有关的知识,而且还包括有关的技能。因此,掌握学习方法不仅仅是知晓一些知识性的东西,还必须通过一定的练习掌握必要的心智技能,如阅读技能、观察技能、解析技能、构思技能等。

教师在教学中要重视引导学生对各种问题进行深入分析、综合、比较、抽象、概括,帮助学生认识问题之间的关系,寻找新旧知识或课题的共同特点,归纳知识经验的原理、法则、定理、规律的一般方法,发展学生分析问题和概括问题的能力,必须重视对学习方法的学习,以促进更有效的迁移。

【真题解析】

1.学会骑自行车后也可以骑摩托车,这是( )现象。

    A.正迁移   B.负迁移   C.顺向迁移   D.逆向迁移

解析:一种学习对另一种学习起到积极的促进作用属于正迁移,正确答案是A。

2.学会写"木"字以后,有助于写"森"。这种现象属于( )。

    A.一般迁移   B.具体迁移   C.水平迁移   D.垂直迁移

解析:学习迁移发生时,学习者原有的经验组成要素及其结构没有变化,只是将一种学习中习得的经验要素重新组合并移用到另一种学习之中,属于具体迁移。正确答案为B。

3.桑代克通过在知觉方面进行了一系列实验,提出了( ),即只有当学习情境和迁移测验情境存在共同成分时,一种学习才能影响另一种学习,即产生迁移。

    A.形式训练说   B.相同要素说   C.精细加工策略   D.资源管理策略

解析:桑代克提出的迁移理论是相同要素说。正确答案是B。

【案例回顾与分析】

在本章开头的案例中,AlphaGo击败了一个又一个高智商的人,无疑是强大的,但它的弱点也很明显,机器的深度学习算法仍然是欠缺的,就是缺乏人类所拥有的迁移学习的能力。

迁移学习是在新情况(不同于训练材料的情况)上的泛化能力,是把别处学得的知识迁移到新场景的能力。在人类进化中,迁移学习这种能力是非常重要的。比如说,我们在学会骑自行车后,再骑摩托车就很容易了;我们看一两张照片就可以把它拓展到许多其他不同的景象;我们有了知识,把这个知识再推广到其他知识中。简言之,就是我们能把过去的经验带到不同的新的场景中去,这样就有了一种适应的能力。

那么我们怎样才能让机器也有这种能力呢?最关键的就是发现共性,发现两个领域之间的共性。一旦发现了这种关键的共性,迁移就非常容易。我们在机器学习中称其为特征,即发现这种共同的特征。以在国内和国外开车为例,国内司机坐在车的左边,而国外司机是坐在右边,我们在国内学会开车后如何能够尽快地学会在国外开车而不出事呢?这里就有一个共性:司机的座位总是靠近路中间的,发现了这个窍门,迁移就容易多了。

【学以致用】

李老师刚入职就遇到了新课程改革。虽然入职前李老师就读的是重点师范大学,但是由于他在校学习的都是传统的教学方法和教学模式,所以,李老师在新课程教学中遇到了很多难题。最初一个月,虽然李老师精心备课,分析教材,课堂上对知识讲解面面俱到,逻辑清晰,但学生对讲授知识的掌握普遍达不到预期效果。原因在哪里?李老师对此进行了反思。后来经过研究,他发现所教授班级学生都是初中新课改后的毕业生,他们初中所学的内容和李老师以前初中所学的内容大有不同,他们的学习方式也与李老师所想存在很大差异。同时,学校还存在初中所学内容与高中新课程内容在教材衔接上的问题,故此知识迁移不理想。

问题:请你谈谈影响学生知识迁移的因素有哪些,并结合材料,给李老师提一些促进学生知识迁移的建议。

【关键术语】

迁移是一种学习对另一种学习的影响,或习得的经验对完成其他活动的影响。

【参考文献】

[1]莫雷.教育心理学[M].北京:教育科学出版社,2007.
[2]陈琦,刘儒德.当代教育心理学[M].北京:北京师范大学出版社,2007.
[3]李博黍,燕国材.教育心理学[M].2版.上海:华东师范大学出版社,2001.
[4]曹宝龙.学习与迁移[M].杭州:浙江大学出版社,2009.

第五章　学生的学习策略

学习策略是指学习者为了提高学习的效果和效率,有目的、有意识地制定有关学习过程的复杂方案,是学生在学习活动中用来保证有效学习的规则、方法、技巧及其调控措施。学习策略包括认知策略、元认知策略和资源管理策略。

【本章知识框架】

【学习要点】

学习策略:了解学习策略的概念、特征和分类。

认知策略:了解复述策略、精细加工策略和组织策略。

元认知策略:了解计划策略、监控策略和调节策略。

资源管理策略:了解时间管理策略、环境管理策略、努力管理策略和资源利用策略。

学习策略的培养:了解学习策略教学应遵循的基本原则和学习策略的培养。

【学习提示】

掌握学习策略已成为衡量学生学会学习、学会思考的重要标志。学习策略作为指向认知目标的一种心理操作,既是问题解决的重要组成部分,也是促进学生认知发展的重要途径。学习策略学科化是其理论研究向纵深发展的必然趋势。

【案例引导】

毛泽东读书笔记"六式"

毛泽东不是天生的英雄,也不是一蹴而就的马克思主义者。他从湖南省立第一师范学校毕业到成为中华人民共和国的创立者,不断地读书,武装头脑。毛泽东被视为现代世界历史中最重要的人物之一,《时代》杂志也将他评为20世纪最具影响100人之一。早在延安,毛泽东就说过,"如果我还能活十年,我一定读书9年零359天"(按:中国老历法一年是360天)。毛泽东最后读书是在1976年9月8日5时50分,他读了约30分钟《容斋随笔》,随后他在次日凌晨0时10分去世。

有人总结了毛泽东记笔记的方法,主要有下面几种。

1. 摘录式

毛泽东在青年时代听老师讲课就认真地写课堂笔记,称为"讲堂录";在自修时也写读书笔记,称为"读书录",包括抄录全篇文章和摘录精彩内容等。这类笔记本共有好几网篮,可惜大都散失了。现存的只有一本,其中一半是抄屈原的《离骚》《九歌》,一半是"讲堂录"。毛泽东一直保持着写这种读书笔记的习惯,他边抄边研究,把读书、抄录和探讨密切地结合起来。

2. 符号式

毛泽东读书常常用各种符号画在书上,以标明自己的褒贬见解。他在读德国泡尔生著、蔡元培译的《伦理学原理》时,逐字逐句用毛笔标上圈、点、单杠、双杠、叉等符号。在读《共产党宣言》《资本论》《哥达纲领批判》《列宁选集》《国家与革命》《列宁关于辩证法的笔记》等重要著作时,不少段落、章节都作了圈点、勾画等标记。他长时期一直在阅读的一套线装《二十四史》,850册每册都有他留点、勾画的标记。这些符号同样是他读书的心得体会。

3. 批注式

毛泽东在读10万多字的《伦理学原理》一书时,用工整的小楷写在页边、行间的批语就有12100多字。他在读《辩证法唯物论教程》的两个版本时,写在书眉和空白处的批语达13000字,既有对原著的扼要概括,又有赞同的评语,更有联系中国革命实际对某些观点的引申、发挥,都是精辟之论。

4. 日记式

1937年,毛泽东反复精读了李达的《社会学大纲》,他很高兴,认为这是中国人自己写的第一本马克思主义哲学教科书。他在"读书日记"的第一篇写道:"20年没有写过日记了,今天再来开始,为了督促自己研究一点学问。看李达的《社会学大纲》,1月7日至昨天看完第一篇,唯物辩证法,从1-385页。今天开始看第二篇,当作科学看的历史唯物论,387-416。"从此以后,他每日认真记录读书进度。

5. 纠谬式

毛泽东对书中的谬误,包括错误的观点或引用不当的材料等也用笔记形式改正。例如《新唐书·徐有功传》说"命系庖厨,何足惜哉",毛泽东指出这种说法不恰当,认为历史上的志士仁人"以身殉志,不亦伟乎"!毛泽东读书非常认真、仔细,即使对错误的字和标点,也决不放过,而是一一纠正。如《马克思主义经济学基础》一书中把"四分五裂"错排为"四分五烈",他就予以改正。这些都说明他治学的严谨和攻读的刻苦。

6. 评荐式

毛泽东每读到具有现实意义的精彩篇章,总是热心向全党或党的领导干部介绍推荐,有时还写了书评。例如,20世纪50年代,他读了《三国志》里的《张鲁传》《郭嘉传》,就向党内推荐。为《张鲁传》写了400多字的书评。在推荐《郭嘉传》时,他希望领导干部读后得到启迪,讲话、办事一定要"多思""多谋",不要草率武断。1965年,他读了《后汉书》中的《黄琼传》《李固传》,觉得很值得一读,批了"送刘、周、邓、彭一阅","送陈毅同志一阅"。有关同志都及时地认真阅读了。这对全党的读书风气起了很好的推动作用。

问题:

通过阅读以上案例,我们看到了一个革命家丰满充实的读书轨迹。显然,毛泽东不仅博览群书,更重要的是,他的学习策略也是卓有成效的。请分析毛泽东的学习方法有什么特色。

第一节 学习策略概述

联合国教科文组织在《学会生存》一书中指出:"未来的文盲不再是不识字的人,而是没有学会怎样学习的人。"诺曼也指出:"我们期望学生学习,却很少教给他们解决问题的思维策略。"卢梭曾说:"形成一种独立的学习方法,要比获得知识更重要。同样,我们有时要求学生记忆大量材料,却很少教给他们记忆术。"研究表明,学习效果=50%的学习策略+40%的努力程度+10%的智商,学习策略对于学习效果的影响之大可窥一斑。学习策略的相关研究及教学指导成为学校教育,尤其是高等教育的重要领域之一。

每个人都会有自己的学习方法,这些方法构成了一个学法体系,只要优化了自己的学法体系,必定大大提高学习效果,使学习真正快速有效。学生知道的有效学习策略越多,他们的元认知意识越高,那么他们的学业成绩就会越好。不幸的是,很多学生没有意识到他们如何才能以最好的方式学习和识记新的信息。很多小学低年级学生对于有效的学习策略基本上是一无所知,而年龄大一点的学生也容易对如何才能以最好的方式学习和识记产生误解。比如,所有年级(即使是在大学里面)的很多学生错误地认为机械学习是一种有效的学习策略。

学习策略是学生学习中极为重要的机制,直接影响学生的学习效率,甚至对学生的学习行为和学习态度都有一定的改善作用。它有助于提高学生的认知水平与学习能力,挖掘其学习潜力。研究表明,学习策略是可以教会的,也是可以迁移的。

一、学习策略的概念

学习策略是指学习者为了提高学习的效果和效率,有目的、有意识地制定的有关学习过程的复杂方案,是学生在学习活动中用来保证有效学习的规则、方法、技巧及其调控措施。这个定义可以理解为:第一,学习策略是学习者为了达成学习目标而积极主动使用的措施和方案。第二,学习策略是有效学习必需的,是提高学习效率、保证学习效果的基本条件。第三,学习策略是一种程序性知识,是学习者制定的学习计划,由规则、方法、技能等构成。第四,学习策略是通过学习、练习获得的,并且能通过训练得到提高。

虽然我们给学习策略下了一个定义,但是,目前人们对学习策略的含义还有很多不同的表述,概括起来主要有以下几种观点:

(1)学习策略是具体的学习方法或技能。这种观点认为,学习策略属于信息的加工部分,是学习者在编码、储存、检索、运用信息(解决问题)的认知过程中直接加工信息的认知方法或技能。例如,尼斯比特和舒克史密斯认为:"学习策略是选择、整合和应用学习技巧的一套操作过程。"丹瑟洛认为:"学习策略是能够促进知识的获得和贮存以及信息利用的一系列过程或步骤。"梅尔认为,学习策略是"学习者为影响其如何加工信息所使用的各种行为",它包括画线、概述、复述等方法的使用。

(2)学习策略是学习的调节与控制技能。这种观点认为,学习策略属于信息加工过程进行调节与控制的一系列学习的规则、能力或技能。例如,尼斯比特等人认为,"学习策略是一系列选择、协调和运用技能的执行的过程"。温斯坦认为,学习策略是对有效地学习和保持信息有帮助的,并且是必需的各种不同能力。斯滕伯格认为,学习中的策略(也称为"智力技能")是由执行的技能和非执行的技能整合而成。持有这一观点的人不把具体的学习方法或技能包括在学习策略之内。

(3)学习策略是学习方法、学习的调节与控制、元认知的有机统一体。这种观点认为,有效的学习策略是能够促进获得、存储和使用信息的一系列过程和步骤。学习方法和学习的调节与控制同属于学习策略的范畴,是互相联系的、具有不同功能的学习策略。学习策略是指学习者为达到一定的学习目的,在元认知的作用下根据学习情境的特点调控整个学习活动的内部方式的方法总和。在这个有机统一体中,学习方法、学习的调节与控制、元认知的关系如下:

学习方法指用在编码、储存、提取、运用信息等认知过程中的认知方法或技能,有外部的方法与内部的方法之分,有单项的方法与系统的方法之分,等等。学习方法是学习策略中最基本的要素,是直接作用于认知过程各个阶段以达到学习目的的手段。

学习的调节与控制是指学习者在一个连续不断的学习活动期间使用的调控学习行为,尤其是学习方法的选择和使用的技能。它包括:在面临学习任务之前和实际学习期间,激活和维持注意与情绪状态,分析学习情境,提出与学习有关的问题,制定学习计划;在学习期间,监控学习过程,维持或修改学习行为;学习结束后,总结性地评价学习效果,包括学习方法的效果。学习的调控在策略构成中处于中介地位,它不直接作用于信息,可看成学习的间接手段。

元认知可以简单地定义为对认知的认知,即个人关于他自己的认知过程和结果以及与之有关的事项(任务、目标、方法等)的认知,其实质是个体对自己认知活动的自我意识和自我体验。元认知是整个学习策略结构的核心,也是这一结构的最高层次的调节机制。学习方法的使用和学习的调控只是一种执行的活动,而要自觉地、有计划地执行某种活动,其首要条件是要对活动中的各种因素及其相互关系有所认知和体验。在学习中,就是要对学什么、如何学、何时学、为何学、学习受何因素的影响及各因素间的关系具有明晰的自我意识和体验。这一切都是在元认知的作用下产生的。就已有资料看,多数研究倾向于这一种观点。

（4）学习策略是由获得陈述性知识的策略、程序性学习策略和学习动机自我激发的策略构成。

陈述性知识是关于事实的知识。获得某一学科的基本概念和事实是学习该学科的基础。获得陈述性知识的策略涉及的技巧有集中注意的技巧、概括的技巧、联想的技巧。

程序性学习策略是指完成各种智力活动程序的认知技能，其涉及的具体技巧有掌握程序模式的技巧，包括了解某一程序模式特点的技巧和选择有效序列的技巧；练习的技巧；反馈-矫正的技巧。

学习动机自我激发的策略涉及的技能有情绪调节技能（如自我激励、自我放松、积极的自我暗示等方法）、自我控制技能（如确立学习目标、制定学习计划、合理安排学习时间、排除干扰等技能）。

当我们了解了上述有关学习策略结构的内容时，不仅有助于加深对学习策略含义的理解，而且对学习策略在学习活动中的运用及其效能也会有所启示。

二、学习策略的特征

（一）操作性和监控性的有机统一

操作性和监控性是学习策略最基本的特性。学习策略的操作性体现在学生认知过程的各阶段，主要体现在学习策略中包含了大量具体的有关学习认知活动的方法，如记忆法、时间管理法等。这些方法类策略容易被传授和习得，而且学习者也可以根据实际学习任务的需求，因时、因地变通这些方法。学习策略是有关学习过程的，它规定学习时做什么不做什么、先做什么后做什么、用什么方式做、做到什么程度等诸方面的问题。

监控性则体现在内隐的认知操作之中。对学习活动实施监控，支配和调节外在可操作的策略行为，其中元认知是最主要的动力系统。

（二）外显性和内隐性的有机统一

由于学习任务和策略类型的影响，学习策略对学习效果的促进作用既可能是直接的，也可能是间接性的。在学习中使用的一些学习操作可以直接观察到，足见其外显性的特点。有的学习策略使用之后立即使学习效果提高，如复述策略对陈述性知识学习的影响；而有的学习策略先作用于某种学习行为，再通过对某种学习行为的调节进而促进学习效果的提高，例如时间管理策略。

学习策略又是在头脑中借助内部语言进行的内部意向活动，因此又具有内隐性的特点。

（三）主动性和迁移性的有机统一

学习策略的主动性是指学习策略可以根据学习材料和学习情境的特点以及学习的变化，进行自我调整。被动的学习谈不上学习策略。学习策略的实质就是学习者的主体意识的明确和主动性的发挥。学习策略是学习者为了达到学习目标而积极主动地使用的。运用学习策略是主体有意识的心理过程，首先学习者要有需求与动机，然后才能自觉地分析学习任务和自身特点,制定适当的学习方案。

学习策略的迁移性则是指从某种学习情境中获得的学习策略,能够有效地迁移到类似或不同的学习情境中去。学习策略在一定程度上不受学习材料和学习情境的制约,可以随时根据学习的需要,进行自我调整以适应不同的学习情境,具有迁移性。运用学习策略是为了取得学习的高效率。一个人在完成某科学习任务时,使用最原始的方法,最终也能达到目标,但效果不会好,效率也不会高。因此,低效的学习效果一定是不好的学习策略所致。学习策略是学习者制定的学习方案,由于学习任务和学习者个人特征不同,每个人、每次学习采用的学习策略都不可能完全雷同。但相对而言,对于同一种类型的学习,存在着基本相同的计划,这些基本相同的计划就是常见的一些学习策略。从知识分类的角度看,学习策略是一种程序性知识,由一套规则系统或技能构成,具有通用性。

三、学习策略的分类

不同学者对学习策略的分类及层次有不同的观点,较具代表性的有以下几个。

(一)尼斯比特等人的六成分说

尼斯比特等人认为学习策略包含质疑、计划、调控、审校、修正、自评六种成分,并将这些学习策略要素按三个层次排列起来:第一层次是一般策略,包括态度和动机;第二层次是宏观策略,主要有调控、审校、修正和自评;第三层次是微观策略,主要有质疑和计划。

(二)温斯坦的四成分说

温斯坦认为学习策略包含:(1)认知信息加工策略,如精加工策略;(2)积极学习策略,如自我检查;(3)辅助性策略,如处理焦虑的办法;(4)元认知策略,如监控新信息的获得。温斯坦基于这一划分,编制了学习策略量表,该量表中包括十个分量表,分别是信息加工、选择要点、考试策略、态度、动机、时间管理、专心、焦虑、学习辅助手段和自我检查。

(三)丹瑟路的学习策略系统

丹瑟路根据学习策略所起的作用,把学习策略划分成两大类:基本策略和支持策略。基本策略是指直接用来操作学习材料的基本策略,包括信息的获得和存储策略、信息的领会与保存策略、提取和利用策略。支持策略是用来维持适宜心理状态的辅助策略,主要指帮助学习者维持适当的认知氛围,处理由挫折、疲劳、分心等而产生的注意缺失的各种方法,以及控制和纠正正在操作中的基本策略的各种技能,以保证基本策略有效发挥作用的策略。它包括三个子策略:计划和时间安排、注意管理、自我监控和诊断策略。在学习过程中,基本策略和支持策略是相辅相成的。

(四)迈克卡尔等人的学习策略分类系统

迈克卡尔等人认为学习策略包括认知策略、元认知策略和资源管理策略三大部分。认知策略是指学生用来加工和组织学习材料的策略;元认知策略是学习者用来评估自己的理解、安排学习时间、选择有效的计划来学习或解决问题、监控自己的学习情况等方面的策略;资源管理策略是用来辅助学生管理可用的环境和资源的策略。迈克卡尔等人的学习策略分类系统得到较为广泛的认可,这些策略与学生的学习动机有密切关系。

第二节 认知策略

认知策略的概念最早是由布鲁纳(Bruner)于1956年在研究人工概念形成时提出的。直到20世纪70年代,加涅(Gagne)才在其学习分类中单列一类,他把认知策略看作是一种智慧技能。但关于认知策略的定义,至今尚无统一的说法。有的把认知策略视为用以支配自己的心智过程的内部组织起来的技能,意在突出个体对自己内部认知活动的调控。有的把认知策略视为"加工信息的一些方法和技术",旨在强调其本质属性仍为方法范畴。还有的把认知策略视为个人自主控制其内在心理活动历程从而获得新知识的一切方法,同时兼具上述两种观点的要义。我们认为,认知策略是优化信息加工效果、提高加工效率的一种认知技能。它是认知领域中学习策略的最主要成分。认知策略主要包括复述策略、精细加工策略、组织策略。

一、复述策略

复述策略是在工作记忆中为了保持信息,运用内部语言在大脑中重现学习材料或刺激,以便将注意力维持在学习材料上的方法。复述是短时记忆的信息进入长时记忆的必要条件,只有经过重复,复述的信息才能够进入长时记忆,才能够长久保持。复述策略通常是学习过程中必不可少的环节。它仅仅是一种识记策略,与其他学习策略相比,它的作用仅仅是保持信息,因而是一种比较低水平的信息加工策略。在学习和教学过程中,不能把复述与死记硬背画等号。为了保证有效地复述,学习者在学习过程中,要注意以下几方面。

(一)及时复习

德国著名心理学家艾宾浩斯在系统研究的基础上,描述了人类遗忘的规律,即遗忘在学习之后立刻开始,遗忘的进程是先快后慢的,并据此绘制出著名的艾宾浩斯遗忘曲线。根据这一遗忘规律,学生有必要采取及时复习的策略,以便减少短时间内的大量遗忘。

(二)集中复习和分散复习

正确分配复习时间对复习效果具有很大影响。复习时间的分配一般有两种情况:一是集中复习,就是集中一段时间重复学习许多次,如期末总复习。二是分散复习,就是每隔一段时间重复复习一次或几次,如家庭作业和单元复习。对大多数学生和学习材料而言,分散复习的效果好于集中复习的效果。

(三)试图回忆

自问自答和尝试背诵就是将学习与重现交互进行,这样可以提高复习效率。学习者借助这种复习策略,可以根据自己回答或背诵的情况检查自己的学习效果和薄弱环节,从而在随后的学习中能够有的放矢地分配学习时间和注意力。

(四) 利用记忆中的系列位置效应

记忆中的系列位置效应是指一份材料的开始部分和最后部分的记忆效果优于中间部分。在学习时可充分利用学习材料的系列位置效应,通过巧妙地安排材料的系列位置和时间顺序,把学习的重点和难点放在最有利于记忆的位置和时间上,以保证这些材料的学习效果。

(五) 调动多种感官参与学习

通过多种感官掌握所学内容,是一种有效的学习策略。研究结果表明多种感官的参与,能有效地增强记忆,提高学习效率。

(六) 利用情境和心境的相似性提高复述效果

在一定的情境下,人能够联想起这一情境下曾经发生的事情,这表明情境的相似性有助于回忆。另外,学习与回忆时心境的相似,也能提高回忆成绩。因此,在学习过程中,教师可借助情境创设和心境诱导来帮助学生记忆学习材料。

(七) 画线

画线是阅读时常用的一种复述策略。画线有两种具体的方式:一种是边看书边画线,另一种是看完一部分后再根据信息的重要性画线。画线技术需要训练,画线的注意事项是:画线必须有选择性、针对性;画线应与眉批、脚注结合起来;通过画线的练习或实践,逐渐形成个人化的符号;要注意对学生画线技术的训练。画线能使学生快速找到和复习课文中重要的信息。有研究表明,如果学生画出课文中重要的相关的信息,学生就能从课文中学到更多的东西。在画线的旁边注释可能是一种更为有用的方法。下面是一些常用的方法:圈出不知道的词;标明定义;标明例子;列出观点、原因或事件序号;在重要的段落前面加上星号;在混乱的章节前画上问号;作注释,如检查上文中的定义;标出可能的测验项目;画箭头表明关系;注上评论,记下不同点和相似点;标出总结性的陈述。

尽管画线这种方法应用广泛,但人们并不觉得它有多大效益,画线法能否促进学习被许多人质疑。问题在于大多数学生不能决定什么材料是最关键的,只是一味地画。当要求学生每段只画一句最重要的句子时,他们确实能记住得多一些,这可能是因为决定哪一句是最重要的句子需要较高水平的加工。所以,要有针对性地对学生进行画线法的训练,教授学生要谨慎使用画线,并且只画出他们认为重要的信息,这一点很重要。有研究表明,画出无关信息将降低对重要材料的回忆。

一般而言,画线法属于复述策略,因为画线是在工作记忆中为了保持信息,运用内部语言在大脑中重现学习材料或刺激,以便将注意维持在学习材料上。而精细加工策略还要联系头脑中已有知识而增加新信息的意义,而画线并没有。

二、精细加工策略

精细加工策略也称精加工策略,是指学习者主动将新学材料与头脑中已有知识联系起来,从而增加信息意义的深层加工策略。学习者对材料加工得越细致、越深入,一个新信息与其他信息联系越多,能回忆出该信息的原貌的途径就越多,提取的线索越多,回忆越容易,对知识的掌握就越牢固。与复述策略相比,精加工策略是一种更高水平的更精细的信息加工策略。

这里所说的精细也可以称为精制,辨别的标准主要有两个方面:精制必须是学习者自己产生的;精制必须与学习内容相关联。例如,加涅等人设计了要求对精制与非精制进行辨别练习的例子。如果学生读到"哥伦布1492年发现美洲"时,他认为应该记住,就在心里一遍又一遍重复"哥伦布1492年发现美洲"。加涅认为这不属于精细加工,因为他并没有进行精制,而只是简单地复述。如果学生读到"哥伦布1492年发现美洲,他是西班牙人",而后又想:"哥伦布平时爱吃什么呢?"加涅认为这也不属于精制,因为尽管它是由学生自己产生的,但与教学内容毫无关联。如果学生想:"15世纪末欧洲人口正在膨胀,他们需要新的居住地、矿藏资源和原材料。哥伦布是一名技术娴熟的航海家,他认为由大西洋一直向西航行可以到达资源丰富的东亚大陆。哥伦布在寻找由西欧通往亚洲的西行之路时无意中发现了美洲大陆。"加涅认为,学生的这种分析属于精制。这是由学生自己产生的,并将其原有的地理知识与这一新知识联系起来了。

常用的精细加工策略包括记忆术、作笔记、生成性学习、利用背景知识、联系实际等。

(一)常用的精细加工策略

1. 记忆术

当学习材料本身的意义性不强时,通过应用精细加工策略,可以人为地赋予它某种意义,以促进记忆,这些精细加工策略就称之为记忆术。当然,学习材料本身的意义性比较强时,也可以运用精细加工策略。精细加工策略是一种理解、记忆策略,如果和前面讲的复述策略结合使用,能较好地提高记忆效果。比较典型的记忆术包括位置记忆法、缩简和歌诀法、谐音联想法、关键词法。

(1)位置记忆法。位置记忆法是一种传统的记忆术,这种技术在古代不用讲稿的演讲中曾被广泛使用,而且沿用至今。位置记忆法实质上是一种视觉想象法,就是学习者在头脑中创建一幅熟悉的场景,在这个场景中确定一条明确的线路,在这个线路上确定一些特定的点,然后将所有要记忆的事项全部视觉化,按照顺序把这条线路上的各个点联系起来。回忆时,按照这条线路上的各个点提取所要回忆的项目。例如,想象从宿舍到教室的路,按照顺序我们就会回忆起路上有商店、食堂、书店、水房等。位置记忆法除了有助于记忆一些有顺序的事件以外,也可用于演讲稿、有顺序的文章的记忆等。

(2)缩简和歌诀法。缩简就是把所要记忆的材料的内容经过压缩简化为有意义的字、词或简单的句子,从而有助于记忆的方法。利用每个词或每句话的第一个字组成缩写,这种方法简便易行,在材料很多时,还可以编成歌谣。例如记《辛丑条约》的内容时就可以把它简缩为:①要清政府赔款;②要清政府保证禁止人民反抗;③允许外国在中国驻兵;④划分租界,建领事馆。在运用缩简法时除了要对所学的内容进行缩简以外,还要注意缩简后的内容必须和自己的知识经验相联系,这才更有助于记忆。还可以用"钱禁兵馆"(谐音"前进宾馆")来帮助记忆)。歌诀法就是把所要记忆的材料的内容编成一首歌,以方便记忆。例如,为了记忆中国农历的二十四个节气,人们就编写了一首《二十四节气歌》:春雨惊春清谷天,夏满芒夏暑相连,秋处露秋寒霜降,冬雪雪冬小大寒。这样记起来就会容易一些。

(3)谐音联想法。例如,背诵圆周率(π=3.1415926535897932384626……):山巅一寺一壶酒(3.14159),尔乐苦煞吾(26535),把酒吃(897),酒杀尔(932),杀不死(384),乐尔乐(626)。

(4)关键词法。这种方法就是将新词或概念与相似的声音线索词,通过视觉表象联系起来。回忆时先想起关键词,以此为线索,引起对新词或概念的回忆。例如,学习单词house(房子),该单词的发音与"耗子"相似,可以把"耗子"作为关键词,利用表象或一句话"那间房子有一只耗子"来记忆单词 house。回忆时只要想起关键词"耗子",就很容易想起house 的意思。

2. 作笔记

作笔记是阅读和听讲中用得较为普遍的精加工策略。俗话说:"好记性不如烂笔头。"早期的研究认为,作笔记的主要作用是对信息进行编码和用于课后复习,新近的研究则把作笔记看作一个学生自我监控的过程。在这个过程中,作笔记的目标、学生对课程重要性和笔记的作用的理解、学生所具有的关于如何作笔记的知识经验等都会对作笔记产生影响,有助于发现新知识的内在联系和建立新旧知识之间的联系,有利于知识的概括、总结。作笔记包括康奈尔笔记法和卡片法。

(1)康奈尔笔记法。美国康奈尔大学的研究者曾总结出一种有效的笔记方法,称为5R笔记法,又名康奈尔笔记法。它几乎适用于一切课堂自学场合。5R 即指由 5 个"R"字母开头的术语:①记录(record),在听讲及阅读过程中,在主栏内尽量多记有意义的概念、论据等;②简化(reduce),随后(或课后)将听讲中的内容恰当概括,并简明扼要地写进辅栏(回忆栏);③背诵(recite),即遮住主栏内容,以回忆栏中的内容为线索,叙述课堂上(或阅读中)学习过的东西(不要求机械地叙述,而是在充分理解的基础上用自己的话叙述),叙述过后,再打开主栏,核实所述之正误;④反省(reflect),即把自己听课或阅读时的想法、意见等,写在卡片或笔记本的某一单独部分(与课堂记录内容分开),并加上标题和索引,编制成提纲、摘要、分类;⑤复习(review),每周花一定时间快速浏览笔记,主要是看回忆栏。

康奈尔笔记法操作步骤,如图 5-1 所示。

①在笔记本上画线分区:留下笔记本每页左边的 1/3 或 1/4 空白处,为线索栏;留下笔记本每页底部的 1/4 空白处,为总结栏,其他部分为主栏。

②在主栏记下听课或阅读的内容,写上标题和日期,方便日后查询。

③在上完课之后马上回顾,然后把要点和关键词都写到左边的线索栏,线索栏是用来归纳主栏的内容的,主要是写一些提纲挈领的东西,也可以加边注、评语等。这样一方面马上回顾内容,另一方面理清头绪。

④总结栏是用来做总结的,主要起到促进思考消化的作用,另外也是笔记内容的极度浓缩和升华。

(2)卡片法。将要记录的内容写在卡片上,既有利于归类存放,又有利于存取、批注。

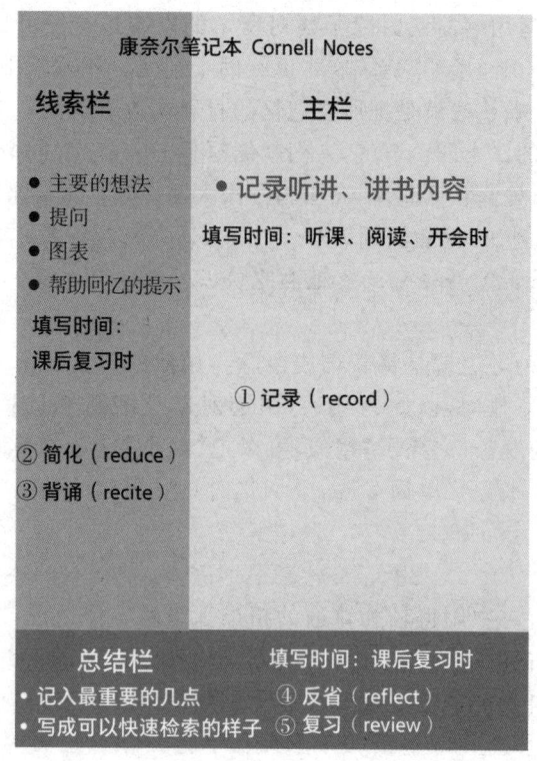

图 5-1　康奈尔笔记法操作步骤

它广泛应用于零散资料的收集,是非系统性自学最适宜的笔记形式。

做卡片笔记应做到:一卡一题,即记一个相对独立的内容,否则,几方面的内容混记在一张卡片上,分类就困难;在卡片的左或右上角,标明分类号、材料性质等;在卡片下方正中打孔,用线串卡片,便于保存与查找。卡片法也可以用于学科知识的学习。使用这种方式提取知识要点时应注意:和笔记法配合使用,在认真记好笔记的前提下将那些意义性不强的、容易遗忘而又重要的知识点记到卡片上;要和复述策略配合使用,依据遗忘规律进行复习。具体方法建议如下:将卡片分为左右两栏,分别写上中文和英文词,或者字母符号和字母符号的中文意义、公式名称和公式的字母符号表达式等,然后自制七个纸袋(或找七个信封),每袋内放置一周中某一天应复习的卡片。例如,某卡片星期二复习以后,就放入星期四的袋子内,星期四复习后又放入星期天(或星期一、二)的袋子内,或反之,遮住右边回忆左边(或看正面回忆反面),进行自我测验。每复习一次,就在卡片左下角打一小小的"√","√"越多,复习的间隔时间应越长,意义性不强的学习材料有了 5 个"√"(有意义的材料只需 3～4 个"√")就可以收起来,等到一章结束时(或考前)再复习一道。一张卡片上如果记录了多个要记的知识点,在复习时,要对回忆失败的项目作上记号,下次主要复习做了记号的项目,未做记录的可复习也可不复习,以提高时间的利用效率。

3. 生成性学习

生成性学习的最初提出者是维特罗克(Wittrock),它属于结构主义的一种教学方法。生成性学习就是要训练学生对他们所阅读的东西产生一个类比或表象,如图形、图像、表格或图解等,以加强其深层理解。生成性教学是指在弹性预设的前提下,在教学的展开过程中由教师和学生根据不同的教学情境自主构建教学活动的过程。维特罗克认为,学习是一个主动的过程,学习者积极参与其中并非被动地接受信息,而是主动的构建自己对信息的解释,并从中做出推论。"他可能不理解教师讲解的语句,但他肯定理解自己加工生成的语句。"他认为学习的生成过程就是学习者原有的认知结构,已经储存在长时记忆中的事件和脑的信息加工策略与从环境中接受的感觉信息即新的知识相互作用,主动选择信息和建构信息的意义。这里的生成主要是强调理解,而且产生了原材料完全没有的东西,比如产生课文中没有的句子,与课文中某几句重要信息相关的句子,以及用自己的话组成的句子。例如,语文课文《背影》,朱自清先生通过文字给我们呈现了一个步履蹒跚的老父亲形象,大家只有在读这篇散文的时候,脑海中生成这样一个形象,才能更好地理解文章的中心思想。而像其他的图形、图像、表格等的产生都是针对新知识本身,学习者自己加工出来的。

4. 利用背景知识,联系实际

背景知识对学习是很重要的。教师一定要把新知识的学习和已有的背景知识联系起来,并联系实际生活,不仅帮助他们理解这些信息的意义,而且要帮助他们感觉到这些信息有用,从而加深记忆。

(二)精加工教学技术的原则

J.R.莱文归纳了精加工教学技术的十条原则,大体可以分为三组:优质精加工、更好地运作优质精加工、妥善应用。下面做简单的介绍。

1. 优质精加工

不是任何精加工都能显著改善学习,在为显著改善学习而对记忆材料进行精加工的时候,要讲究精加工的语义。

原则1:精加工应该富有意义,且与学习者已有的知识相匹配。好的精加工应该具有学生能理解的正常语义,而语义不明确的精加工往往效果不理想。

原则2:精加工应该把有待联系的信息整合起来。从教学应用的角度看,当我们使用精加工来联结两个独立信息时,最好努力多用及物动词,即主谓宾结构,描述一个过程,显示一个事件的发生,等等。简而言之,精加工宜动不宜静。

原则3:精加工应该为整个语境充实逻辑联系。

2. 更好地运作优质精加工

好的精加工还要有好的运作,而好的运作则万变不离其宗,那就是促进或诱发学生主动积极地参与精加工。

原则4:精加工应该促使学习者做积极的信息加工。要促使学生对精加工本身再编码,这也是通过实验开发出来的一个技术,即在提供精加工之后,再跟着提出一个关于该精加工的问题要求回答。比如,为使被试记住"电话-茶杯"的配对,主试编了个"电话砸茶杯"的句子要学生记住,这属于"提供精加工"。接着,主试问:"电话是怎样砸茶杯的?"这就属于"提出一个关于该精加工的问题"。

原则5:精加工要生动。它要求教师帮助学生专注于视觉意象随着语言叙述而逐步形成,或者借助于语言的描述、指称来固定意象中的必要成分。通俗地说,好比在脑子里一笔一笔地画画,一幕一幕地放电影。图画精加工往往比言语精加工更有利于信息的长期保存。

原则6：在一般情况下，精加工多多益善。

3. 妥善应用

精加工策略在应用时要适合学习者的个体差异。

原则7：对于能力差的学生，与其要他们自生一个精加工，还不如向他们提供一个精加工。学习能力低的学生有"产生性缺陷"，因此他们没有能力自行构建好的精加工，但是他们并没有"传递性缺陷"，因此他们可以接受一个恰当的精加工，照令行事地运作。

原则8：言语精加工和图画精加工的加工方式不一样，因此它们并不总是产生同等的学习效益。教师应该善于在学习材料和策略与学生个体的信息加工偏爱方式之间造成最适合的匹配。

原则9：不同特点、不同能力水平的学生都可以从精加工的使用中受益。

原则10：精加工并不对一切作业结果都有益。一般来说，精加工主要对联想性的记忆学习有显著效果。

三、组织策略

组织策略是整合所学新知识、新旧知识之间的内在联系，对学习材料进行一定归类、组合，形成新的知识结构。组织的基本方法是将学习材料分成一些小的单元，并将这些小的单元置于适当的类别中，从而使每项信息和其他信息联系在一起。许多研究表明，组织有序的学习材料比杂乱无章的材料易学易记。一般来说，学习者首先能回忆的是有组织结构的信息，其次才是个别信息。材料经过分门别类的组织，就好像把东西分类装进了一个个抽屉中，存取就变得很轻松。例如，要学生背诵全国各个省份的名称，可以按照序列逐个背诵，但这样做费时费力，更有效的方法是按照一定形式将要背诵的信息组织归类。例如，可按地理区域加以组织：东北、西北、西南、中南、东南、华东、华北。这便是组织策略的运用。组织策略的实质是发现要记忆的项目的共同特征或性质，而达到减轻记忆负担的目的。温斯坦和梅耶提出两种有用的组织策略：列提纲、利用图形。这些策略能帮学生分析课文的结构，形成知识的结构网络，从而使他们更好地把握材料。

（一）列提纲

列提纲，就是用简要的语词写下材料中的主要观点、次要观点，以金字塔的形式呈现材料的要点及其各种观点之间的关系，从而对材料进行整合。每一具体的细节都包含在高一级水平的类别之下。在教授列提纲技能时，教师可先提供一个列得比较好的提纲，然后解释这些提纲是如何统领材料的，下一步就可以利用各种不完整的提纲。训练学生列提纲有三种做法：提供一个几乎完整的提纲，需要学生听课或阅读时填写一些支持性的细节；提供一个只有主题的提纲，要求学生填写所有的支持性细节；提供一个只有支持性细节的提纲，而要求填写主要观点。也可以采用另一种方式进行训练：向学生传授如何列提纲的技巧；要求学生独立列提纲；老师提供自己事先列好的"样板"提纲；通过对比分析，说明学生的提纲哪些地方不如样板好，如何改进。

（二）利用图形

利用图形就是用图来描述各知识点之间的相互联系，也就是先提炼知识点，然后图解它们之间的关系。在作关系图时,应先找出主要的知识点,这些知识点由核心概念来表示。然后分析这些知识点之间的关系,再用适当的图解标明这些知识点之间的内在联系。结构网络图比列提纲更简明、更形象,更能体现上下层次之外的各种复杂关系。主要有下列几种方法:(1)系统结构图。学完一科知识或某一单元内容,对学习材料进行归类整理,将主要信息归成不同水平或不同部分,然后形成一个系统结构图。如图5-2所示矿物的分类。(2)流程图。用来表现步骤、事件和阶段的顺序,一般是以时间或事件的先后为参照的。(3)模式或模型图。模式图是利用图解的方式来说明在某个过程中各要素之间是如何相互联系的。(4)网络关系图。这种方法越来越受重视,在学习、教学和测评中被广泛运用。它可以表示事物或事件的多种关系,利用关系图可以图解事物或事件是如何相互联系的。

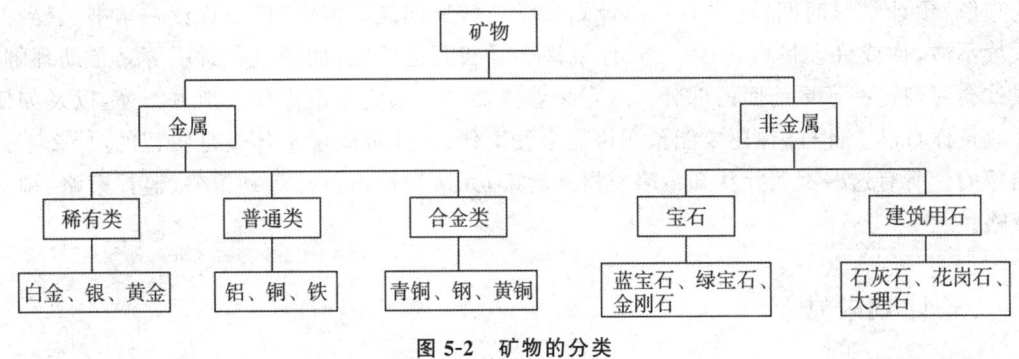

图5-2　矿物的分类

第三节　元认知策略

元认知由弗拉维尔于20世纪70年代提出,又称为反审认知、反省认知、超认知、后设认知。元认知就是对认知的认知,具体地说,就是个体对自己的认知过程及结果的意识与控制,就是一个人对有效完成任务所需的技能、策略及其来源的意识。元认知有三个既相互独立,又相互联系的成分:元认知知识、元认知体验、元认知监控和调节。

元认知主要包括:

(1)关于个人的知识。指对自己和他人认知能力与特征的认识,即所谓"知己知彼",对自己的智力、兴趣、记忆特点及他人长处与不足的认识;有关个人作为学习者的知识,即有关人作为学习着或思维着的认知加工者的一切特征的知识。这方面的知识可以再细分为以下三类:关于个体内差异的认识(比如,正确地认识自己的兴趣、爱好、学习习惯、能力及其限度,以及如何克服自己在认知方面存在的不足等);关于个体间差异的认知(比如,知道人与人之间在认知方面以及其他方面存在的种种差异);关于主体认知水平和影响认知活动的各种主体因素的认识(比如,知道记忆、理解有不同的水平,知道注意在认知活动中的重要性,知道人的认知能力可以改变)。

(2)关于任务的知识。对学习材料、学习任务和学习目的的认识,如对不同课程内容的性质、对学习材料的结构、逻辑性及呈现方式的知识。在有关认知材料方面,主体应当认识到,材料的性质(如图形材料与文字材料)、材料的长度(如一段短文与一篇长文)、材料的熟悉性(如熟悉的材料与不熟悉的材料)、材料的结构特点(如论说文与叙述文)、材料的呈现方式(如听觉呈现与书面呈现)、材料的逻辑性(如有组织的材料与无组织的材料)等因素都会影响我们的认知活动的进行和结果。在有关认知目标、任务方面,主体是否知道不同认知活动的目的和任务可能是不同的,有的认知活动可能有更多、更高、更难的要求。比如,要求回忆一篇文章的大意要比要求回忆该文章的准确词序的任务容易得多。

(3)关于策略的知识。关于认知策略及其使用范围的认识,个体意识到自己对学习策略的选取、调节和控制。

元认知策略是一种典型的学习策略。学习时,学习者要学会使用一些策略去评估自己的理解,预计学习时间,选择有效的计划来学习解决问题。例如,假如你读一本书,遇到一段读不懂,你或许会慢慢再读一遍;你或许会寻找其他线索,如图、表、索引等来帮助理解,或许会回到这一章更前面的部分。这意味着你要学会如何知道你什么地方不懂,以及如何去改正你自己。此外,你还要能预测可能会发生什么,或者能说出什么是明智的,什么不是明智的。所有这些都属元认知策略。概括起来,元认知策略包括计划策略、监控策略、调节策略。

一、计划策略

元认知计划是根据认知活动的特定目标,了解目前具备的学习条件、产生待回答的问题以及分析如何完成学习任务,在一项认知活动之前计划各种活动,预计结果,选择策略,想出各种解决问题的方法,并预估其有效性。元认知计划策略包括设置学习目标、浏览阅读材料、产生待回答的问题以及分析如何完成学习任务。成功的学生在开始执行学习任务之前,就会估计任务的难度,预测完成任务大约需要多长时间,完成这项任务将会遇到哪些困难,在遇到困难时如何解决等,这些估计和预测实际上是学习者在运用自己的计划策略,为学习活动做积极准备。他们会在做作业前将各种相关知识融会贯通,会在考试前复习笔记,会在必要时组成学习小组,通过这些设定的计划,学习者对自己的学习过程进行监控,经常对学习过程与原先的计划设想进行比较,及时发现问题,进行调整。

二、监控策略

元认知监控是在认知活动进行的实际过程中,根据认知目标及时评价、反馈认知活动的结果,正确估计自己达到认知目标的程度、水平,并且根据有效性标准评价各种认知行动、策略的效果。监控策略包括学习时控制自己的注意,对学习材料进行自问自答,考试时监控自己的速度和时间分配等。德文(Devine)提出了两种具体的元认知监控策略:集中注意和领会监控。另外,自我提问也是一种很有用的元认知监控策略。

(一)集中注意

在课堂上,有些学生很难把注意集中在教学任务上,而分心于那些有吸引力的、易分散注意力的事物。为了有效教学,提高注意力显得特别重要。监控策略使学习者警觉自己在注意和理解方面可能出现的问题,以便找出来,加以修改。学习一份材料时,成功的学习者通常能够意识到自己哪里懂了,哪里还不懂,问题出在哪里,是把握的信息不够,还是方法或策略不得当,等等。德文认为,教师可以采用下列提高注意力的方法:(1)设置教学目标,在上课之前,告诉学生需注意的目标,学生学得好一些;(2)使用标示重点的线索,课本常常用不同的颜色或不同的排版指明要点;(3)增加材料的情绪性,选择情绪色彩浓的词来赢得注意;(4)使用独特的或奇特的刺激,例如,使用相关的视频资料吸引学生的注意力;(5)提前通知学生后面讲的内容,可以告诉学生测验的题型和范围,同时也有必要告诉学生哪些材料不重要,使学生提高学习效率。

(二)领会监控

一些研究表明,许多学生都缺乏领会监控策略,例如在阅读时,常常是以重复(如再读、抄笔记等)为主要的策略。为了帮助这类学生,德文建议他们使用变化阅读的速度、容忍模糊、猜测、重读较难的段落等策略以监控自己的领会过程:(1)变化阅读的速度,以适应对不同课文领会要求上的差异。对于比较容易的章节快速阅读,抓住作者的整体观点;对于较难的章节,则放慢速度。(2)容忍模糊。如果某些陈述不太明白,要继续读下去,不要中止,作者可能会在后面对此加以补充说明。(3)猜测。当不太理解某些内容时,要养成猜测的习惯,猜测其含义,并且读下去,看看自己的猜测是否正确。(4)重读较难的段落。重新阅读较难的段落,尤其是当信息仿佛自相矛盾或模棱两可时,此时运用重读往往是最有效的。

(三)自我提问

在元认知训练中,教师可以提供一系列供学生自我观察、自我监控、自我评价的问题清单,促进学生自我反省,提高学习和解决问题的能力。自我提问应该贯穿于整个的学习过程中。

自我提问过程中,学生在给定类型的任务中寻找共同的成分,并就这些共同的成分进行自我提问。例如,许多研究者曾教授学生寻找故事中的人物、背景、问题及其解决方法。教师先提出一些具体的问题,之后让学生自己去发现关键的成分。柏里斯(Paris)等人研究发现,如果教会学生阅读时反问自己何人、何事、何处以及如何等方面的问题,他们会理解得更好。恩格勒特、拉斐尔、安德森、安东尼和史蒂文斯为学生提供了一张计划表,以帮助他们规划如何进行创造性的写作。训练学生进行自我提问,比如:我描写的对象是谁?打算描述什么?具体步骤是怎样的?最根本的是要训练学生在活动的进程中与自己对话,自我提问或者同学间互相提问,所提的问题可能是教师将要提问的,学生能在解数学题、拼写、创作以及其他课题中成功学会自我谈话技术。

三、调节策略

元认知调节是根据对认知活动结果的检查,如果发现问题,则采取相应的补救措施,根据对认知策略的效果的检查,及时修正、调整认知策略。例如,当学习者意识到他不理解的某一部分时,便会退回去读困难的段落,在阅读困难或不熟的材料时放慢速度,复习他不懂的课程材料。又如,学生测验时跳过某个难题,先做简单的题目等。调节策略能帮助学生矫正他们的学习行为，使他们补救理解上的不足。

元认知策略总是和认知策略一道起作用的。如果一个人没有使用认知策略的技能和愿望，他就不可能成功地进行计划、监视和自我调节。元认知过程对于帮助我们估计学习的程度和决定如何学习是非常重要的；认知策略则帮助我们将新信息与已知信息整合在一起，并且存储在长时记忆中。认知策略（如画线、口头复述等）是学习内容必不可少的工具，而元认知策略则监控和指导认知策略的运用，也就是说，可以教学生使用许多不同的认知策略，但如果他们没有必要的元认知技能来帮助他们决定在某种情况下使用哪种策略或改变策略，那么他们就不是成功的学习者。

第四节 资源管理策略

资源管理策略就是帮助学生有效地管理和利用资源，以提高学习效率和质量的策略，体现了学习者识别、选择和控制资源的能力。资源管理策略主要包括时间管理策略、环境管理策略、努力管理策略、资源利用策略。

一、时间管理策略

时间管理策略是学习者为了有效达成学习目标，依据自身特点和任务特点，在学习过程中对学习时间进行合理安排和自我监控所采取的行之有效的谋划。

时间管理策略总的原则：(1)统筹安排学习时间；(2)利用最佳时间；(3)灵活利用零碎时间。在时间管理的过程中，人们容易出现一些误区，主要分为两种：外生误区，指由他人所引起的时间浪费因素；内生误区，指由自己所引起的时间浪费因素。

最典型的时间使用误区：(1)因欠缺计划而导致时间浪费；(2)因不好意思拒绝他人的托付而导致时间浪费；(3)因拖延而导致时间浪费；(4)因不速之客的干扰而导致时间浪费；(5)因电话的干扰而导致时间浪费；(6)因会议过多与过长而导致时间浪费。

关于时间管理的表述非常丰富，我们可以从各个不同的学者那里获得有效的时间管理方法，下面介绍的仅仅是其中的时间管理法则。

第一法则：设立明确的目标。

成功等于目标，时间管理的目的是让你在最短时间内实现更多想要实现的目标。把年度4~10个目标写出来，找出一个核心目标，并依次排列重要性，依照目标设定一些详细的计划，然后就是依照计划进行。

第二法则：列一张总清单。

把年度所要做的每一件事情都列出来，并进行目标切割：(1)年度目标切割成季度目标，列出清单，每一季度要做哪一些事情；(2)季度目标切割成月目标，并在每月初重新再列一遍，碰到因突发事件而更改目标的情形便及时调整过来；(3)每一个星期天，把下周要完成的每件事列出来；(4)每天晚上把第二天要做的事情列出来。

第三法则：20∶80定律。

"20∶80"定律也称为"重要的少数与琐碎的多数"原理,即80%的价值是来自20%的因子,其余的20%的价值则来自80%的因子。如80%的销售额是源自20%的顾客,80%的电话都是来自20%的发话人,80%的外出吃饭都前往20%的餐馆,80%的讨论都是出自20%的讨论者,80%的教师辅导时间都被20%的学生所占用。

按事情的"重要程度"编排行事优先次序,如图5-3。

第一优先:既重要又紧急的事;
第二优先:重要但不紧急的事;
第三优先:紧急但不重要的事;
第四优先:既不紧急也不重要的事。

高效的管理时间,需要把精力放在一、四象限。造成时间管理效果差异的秘密在第四象限(重要但不紧急)。成功的人花60%~80%的时间(普通人只有20%左右)来处理重要但不紧急的事,一般人都是做紧急但不重要的事。要学会如何把重要的事情变得很紧急。有规律有计划地完

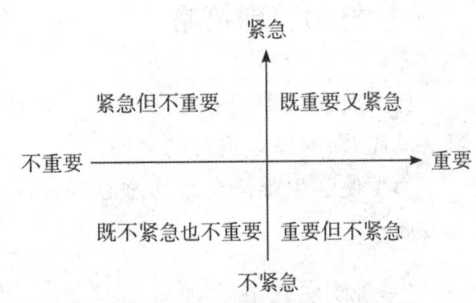

图 5-3 时间管理象限

成任务,同时极力压缩在第二、第三象限停留的时间,掌握时间的主动权。

重要又紧急的事情,通常都是一些突发困扰、一些灾难、一些迫不及待要解决的问题。当你天天处理这些事情时,表示你时间管理、你的工作并不理想。

第四法则:保证"不被干扰"时间。

每天至少要有半小时到一小时的"不被干扰"时间。假如能有一个小时完全不受任何人干扰,自己关在自己的房间里面,思考一些事情,或是做一些你认为最重要的事情。这一个小时可以抵过一天的工作效率,甚至有时候比三天工作的效率还要好。

第五法则:同一类的事情最好一次把它做完。

假如你在做纸上作业,那段时间都做纸上作业;假如你是在思考,用一段时间只做思考;打电话的话,最好把电话累积到某一时间一次把它打完。当你重复做一件事情时,你会熟能生巧,效率一定会提高。

第六法则:做好"时间日志"。

花了多少时间在哪些事情,把它详细地记录下来,每天从刷牙开始,洗澡,早上穿衣花了多少时间,吃早餐的时间……把每天花的时间一一记录下来,就会发现浪费了哪些时间。只有找到浪费时间的根源,才有办法改变。

第七法则:时间大于金钱。

用金钱去换取别人的成功经验,要仔细选择你所接触的对象,因为这会节省你很多时间。假设与一个成功者在一起,他花了四十年时间成功,你跟十个这样的人一起,你是不是就浓缩了四百年的经验?

二、环境管理策略

学习环境可影响学生学习时的心境,从而影响学习的效率,因此,为学习创设适宜的环境很重要。学习环境包括自然环境、物质环境、心理环境。

自然环境包括空气、温度、光线、噪声等;物质环境包括学习的空间范围、室内布置、用具的摆设等;心理环境包括学习的意识状态、情绪状态等。

首先,要注意调节自然条件,如流通的空气、适宜的温度、明亮的光线以及和谐的色彩等;其次,要设计好学习的空间,如空间范围、室内布置、用具摆放等。

三、努力管理策略

努力管理策略是指学习者为了达成学习目标,尽力把努力因素投入学习活动中,是学习活动高效、有序地进行的策略。

为了使学生维持自己的意志努力,需要不断地鼓励学生进行自我激励。这包括以下几个方面:

(一)激发内在动机

对学习本身就有兴趣、好奇心和求知欲是一种重要的内在学习动机,它可以使人持续学习下去,敢于克服障碍,迎接挑战,从学习活动中获得快乐。学习的内在动机是可以自我培养的。例如,可以设法通过某些活动,如参观博物馆、展览会、听讲座、观看影像资料等,了解某一学科知识在现实生活中的意义,以及对将来学习的重要性,激发学生进一步了解相关知识的愿望,并使学生在求知过程中获得愉快的情绪体验。创造各种机会,使学生多与那些热爱并擅长某一学科的老师和同学等来往,分享他们从这一学科知识中所获得的快乐,逐渐使这些学生产生对这门学科的兴趣,并感到自己在这方面的不足,从而产生学习该门知识的动力。或者,在实际生活中设法应用所学的知识来解决问题。例如,向别人讲述某些现象的原因,设计一些工具或活动,用所学知识解决一些日常生活问题等。随着应用和学习,自己会感到知识上的不足,而后愿意得到更多的相关知识。

(二)树立为了掌握知识而学习的信念

每个人学习时都带有不同的目的,这些学习目的大致可以归为两类。一类是为了追求好成绩,即所谓的绩效目标。这种人一般特别注重自己在别人心中的地位和形象,生怕别人觉得自己不行。另一类则特别注重自己是否真正掌握知识。这种人敢于迎接学习挑战,克服学习上遇到的困难。学习成绩固然重要,因为它也是学习效果的反映,但学习不是为了回答几个选择题,而是掌握某一门知识。因此,除了要在考试中真实反映出自己的能力水平外,更重要的是,要让学生给自己设立一个内在的标准,来衡量自己的学习是否成功,如此,才能关心老师所规定任务之外的知识,在深度和广度上拓展自己的知识,最终通过不断积累,而提高自己的能力。

(三)选择有挑战性的任务

在挑选学习任务时,要挑选那些具有中等难度的任务。中等难度的任务比太易或太难任务更能激励自己。一个一心想着不断追求成功的人往往挑选中等难度的任务。而一个一心为了外在成绩和效果的人则总是设法避免因失败而带来的丢脸和难堪,他们不是选择容易任务,就是选择特难的任务,因为,容易任务不会失败,自己不会因失败而丢脸;特难的任务肯定会失败,但别人也难以成功,自己也不会因此受人小瞧。

(四)调节成败的标准

学习时,对于成败,要做到自己心中有一杆秤。有时,即使自己得了 99 分,别人觉得你学得不错,但自己并不满意,因为题目太容易了,未能反映出自己的真实水平,或者发现自己还有一处关键地方并未弄懂。相反,有时,即使自己得了 60 分,别人觉得你一般,但自己很满意了,因为,相比自己的过去,自己进步了很多。随着学习的深入和自己能力的变化,要不断调整自己的成败标准。如果标准一直过高,自己总不满意自己,结果会造成自责、自卑和情绪低落。相反,如果标准一直过低,自我感觉过于良好,造成盲目的自信,学习也受到影响。因此,只有适时调整自己的内在的成败标准,才能维持自己的学习自信心。

(五)正确认识成败的原因

学习有成功,但也难免会失败。人在成功或失败时,肯定会产生相应的情绪反应,但积极或消极的情绪并非直接等于自己能力的高低。因此,在反应过后,需要冷静下来,客观而正确地认识自己成败的原因,以便获取下一次成功,避免下一次失败。一般来说,在学习成败之后,人们总会找这样那样的原因。人在成功时,往往倾向归因于自己能力高。而在失败后,自卑的人倾向于认为自己能力不强,过于自我保护的人则可能倾向于找一些主观原因,如,我身体感觉不舒服,我心情不佳,我不喜欢那门学科,我不擅长考试;也可能会找一些客观原因,如老师教得不好,考题不公平合理,复习时间不够,运气不好等。但是,一个人的成败主要还是取决于一个人的努力程度。

能力不是一成不变的,更不是天生的,而是通过努力不断积累起来的。如果认为能力是成败的关键,而能力又是天生的、不可改变的,那就会导致两种情况:一种情况是,觉得自己能力高的人,认为自己肯定能成功,不需要努力,努力反而显得自己能力不高,为了显示自己能,往往不是选择特难的任务就是选择特容易的任务,因为这不会导致失败,也就不会丢脸,也就不会对自己能力产生怀疑。另一种情况是,觉得自己能力低的人,认为自己不是学习的料,怎么也不会成功的,努力也白搭,老师和同学也别来帮我,帮我也没用,因为,能力是天生的,改变不了。因此,要正确引导学生学会正确地自我归因。

(六)自我奖励

当学生获得了满意的效果后,要设法让学生对自己进行奖励。奖励的方式多种多样,可以是暗示自己"我真行""我成功了""坚持就能成功"等,也可以是从事一些自己喜欢的活动等。但是,要注意,并不是只有获得好成绩后才能获得奖励。每个人的起点不同,但每个人都可在自身的起点上进步和发展。只要自己取得了满意的进步,即使分数不高,也值得奖励。因此,要为了掌握而学,要引导学生设立自己的成败标准。

四、资源利用策略

资源利用策略主要包括两方面:一是学习工具的利用,指善于利用参考资料、工具书、图书馆、广播电视以及电脑与网络等。二是社会性人力资源的利用,指善于利用老师的帮助以及通过同学间的合作与讨论来加深对内容的理解。

（一）参考资料的利用

选用参考资料时，要注意所选资料宜精不宜杂；与自己的学习内容相吻合；具有较强的针对性；与自己的现有水平相适应；编写体例要条理清晰；具有一定的权威性。使用参考资料时，要注意配合教材；有选择性地参考重要内容，不必从头到尾地学习；遇到不懂之处，要对照其他参考资料，或请教老师，或与其他同学讨论。

（二）工具书的利用

工具书是学习时的"无言的老师""案头顾问"，它包括字典、词典、百科全书、年鉴以及索引等。选择工具书时，要注意选择最新版本和有权威性的出版社或作者，以确保知识的科学性和时代性。使用工具书时，一是要注意了解并熟悉检索方式，二是要注意将工具书中的信息与书本上的上下文结合起来理解。

（三）图书馆的利用

进入图书馆，首先要学会根据图书目录查阅所需要的书籍。在图书馆看书，要注意做读书笔记和摘要。

（四）广播电视的利用

广播电视不仅可供人娱乐，也能让人增长知识，开阔视野。但要注意有选择地收看，并且要严格控制时间，可以有计划的连续收看一两项重要内容学习，如新闻联播、英语讲座或电脑世界等。

（五）电脑与网络的利用策略

电脑的使用不仅可增长有关电脑科技方面的知识、电脑操作技能，而且有助于各科课程的学习。它可用作教学工具和学习工具。

（六）老师的帮助

老师不仅是一座知识库，而且是学习的引路人和促进者。因此，除了听老师的讲授，课后自己一旦有什么疑问无法解答，最好向老师请教。值得注意的是，老师并不一定能给你满意的解答。另外，老师的解答并不一定就是对的。因此，不要过分迷信老师的权威性。关键是得到老师在知识、解决问题以及学习方法上的启发。

（七）同学间的合作与讨论

同学间的相互合作和讨论有助于彼此相互启发，达成对事物的全面理解。同学间的合作存在许多形式，一种是双方或小组学习同样的内容，相互讨论，彼此提问和回答；另一种是双方或小组共同完成同一项任务。此外，同学间还可以相互辅导。这不仅仅是付出，也能有所收获，往往是双方受益。

第五节　学习策略的培养

一、学习策略掌握和运用的影响因素

学习策略的掌握和运用既受学习者的内部因素影响,也受学习者的外部因素影响。

(一)内部因素

1. 学习动机

国内外大量研究表明,学习动机影响着学习策略的掌握和运用,学生的成就目标、动机归因、自我效能感不同,其学习策略的掌握和运用情况往往不同。早期研究表明,告诉学生某些有关学习方法的规则,就可以使他们掌握该策略,提高学习成绩。后来的研究表明,学生仅记住论述学习策略的小册子中的条文,并不能改进他们的学习。只有当外来的指导被学生接受并改变他们的信息加工过程时,才能改进学习。而且,策略性知识必须通过大量的练习才能作为一种概括化的策略能力迁移到与原先的学习任务不同的新任务中去。进行这样的学习,如果学生没有强烈的要求改进自己认知加工过程的愿望(即学习动机),是难以奏效的。国外有一项研究表明,学生的动机决定他们选择什么策略,并决定他们使用这些策略的效果。具有外部动机的学生倾向于选择和使用机械策略,具有内部动机的学生倾向于选择和使用有意义的和起组织作用的策略。动机强的学生倾向于常使用他们习得的策略,动机弱的学生对策略的使用不敏感。

2. 学习者的认知发展水平

学生的认知发展水平是其掌握和运用学习策略的前提。对于小学低年级学生而言,较低的概念发展水平、元认知发展水平都是制约其学习策略掌握和运用的重要因素。元认知是策略训练成败的关键,也是影响策略可迁移性重要因素。而元认知成分的掌握情况则主要取决于个体自身意识发展水平的高低。一般来说,儿童先有对外部事物认识的发展,然后才有自我意识的发展。研究表明,元认知能力是个体在学习中随着经验的增长而逐渐发展起来的,要经历一个逐步提高的过程,不可能在一夜之间或经过几次教学就能达到元认知能力的改进。由于儿童的自我意识发展水平较低,对他们来说,策略的应用达到反省水平相对比较困难,这也是低年级儿童使用策略效果较差的原因之一。教师要针对不同年龄阶段学生的认知发展特点,帮助学生发展和运用适合于他们特点的有益的学习策略。

3. 学习者原有的知识经验

丰富的知识经验为学习策略的形成提供了基础,同时又促进着学习策略的掌握和运用。学习策略的应用与它所加工的信息内容有着十分密切的关系。研究表明,策略的应用离不开被加工的信息本身,学生在某一领域的知识越丰富,就越能应用适当的加工策略。当学生遇到不熟悉的事物,策略应用就明显地存在问题,记忆效果也较差。因此,学生原有的知识背景是策略学习与应用的一个重要条件。

（二）外部因素

1. 学习策略训练

学习策略训练是直接影响学生掌握和运用学习策略的主要外部因素。从已有的研究来看。策略的训练方式可以归纳为两种对立的观点和方法。第一种是对学习策略进行直接的专门训练，单独开设学习策略训练课，教授一般的学习方法和思维技巧；第二种是对特定学科内的学习策略进行训练，即根据具体的学科内容教授适合特定领域的方法与思维技巧。

2. 教师日常的教学方法

教学过程中，教师的教授知识技能的方式间接影响着学生学习策略的掌握水平和应用意识。另外，教师本人在学习和问题解决中体现出来的策略运用风格，为学生提供了很好的模仿对象。

3. 学习氛围

研究表明，强调掌握、自主与合作的学习气氛有助于促进学生使用发展和运用深加工策略及适宜的求助策略。而在一种强调竞争、超越他人，服从教师指示的学习环境中，学生更多地运用表层加工策略，并倾向于回避求助。

总之，内部因素和外部因素都会影响学习策略的掌握和运用，但两者的效果还是有些不同。里格尼（Rigney）将学生的学习策略划分为意识水平和潜意识水平。前者指学生意识到策略的存在与运用；后者指学生在运用策略时，并没有意识到策略的存在，也不知道是怎样使用的。选用学习策略的控制方式也有两种：学生的自我控制与课程的外在控制。前者指学生有意识地或潜意识地选用学习策略；后者则为教学的外部要求促使学生有意识地或潜意识地选用学习策略。根据运用策略的两种水平和两种控制方式，里格尼提出了获得学习策略的四种模式，如表 5-1：(1)模式 A，指学生有意识地自我控制策略的选用；(2)模式 B，指学生在教学的外部要求、诱发和控制下，有意识地选用策略；(3)模式 C，指学生潜意识地自动控制学习策略的选用；(4)模式 D，则是大多数传统教学所体现的情景，在这种情景下，教学本身既没有明确地教给学生策略，也没有有意识地控制学生使用策略，学生选用策略或方法只是教学本身"隐含"要求，是学生完成认知活动的"伴随"产物。

表 5-1　学生获得学习策略的四种模式

学生的策略意识	自我控制	课程控制
意识	A	B
潜意识	C	D

里格尼提出的以上四种模式，实质上比较全面地反映了学生学习策略掌握的四种状况。A、C 模式一般是优秀学生所达到的水平，而 D 模式则反映了大多数学生掌握学习策略的现状。为使大多数学生能从 D 状态转为 A、B、C 状态，对学习策略进行专门教学是必要的，即通过专门的课程设计和教学的要求，使学生学会并能有意识地选用、评价学习策略。

二、中小学生学习策略的发展过程

(1)儿童学习策略的早期，大致在学前期，这时幼儿还不能掌握学习策略。

(2)过渡期,大致在小学时期,这时小学生初步掌握了一些学习策略,但是还不能有效地运用这些策略来充分提高学习成绩。这一时期,如果教师给以有效的指导,他们也能运用这些学习策略来促进学习成绩的提高。

(3)学习策略的后期,相当于初中、高中时期,部分中学生在他们熟悉的领域,可以不按教师的指导,能够自觉地运用适当的学习策略来促进学习成绩的提高,并能根据学习任务的需要及时调整学习策略。

三、学习策略的培养

一般而言,学生在学习时常常使用各种不同的策略,没有一种学习策略可以适用所有的情况,显然,学习策略需根据具体情况加以选择和使用。基于学习策略学习的特点,托马斯和罗瓦提出了一套适用于具体学习方法的有效学习原则来培养和形成良好的学习策略。

(1)特定性。学习策略一定要适于学习目标和学生的类型。教师要针对学生的年龄、学生已有的知识水平,以及学生的学习动机类型,训练学生知道如何确定学习目标,帮助学生选择学习策略或改善其对学习不利的学习策略。同时,还要考虑学习策略的层次,必须给学生大量的各种各样的策略,教给学生大量可供提取或选用的学习方法和技能。例如,研究者们发现,同样一个策略,年长的和年幼的,成绩好的和成绩差的,用起来的效果都不一样。不仅有一般的策略,而且还要有非常具体的策略。

(2)生成性是指在学习过程中要利用学习策略对学习的材料进行重新加工,产生各种新的东西,这就要求学习者进行高度的心理加工,这是有效学习策略最重要的原则之一。帮助学生储存有关学习及学习方法或策略的信息,教师要促使学生自己来管理策略学习,要告诉学生在什么时候检查自己策略的使用效果,以及如何进行检查。生成性程度高的有效策略有给别人写内容提要、向别人提问、将笔记列成提纲、图解要点之间的关系、向同伴讲授课的内容要求等。

(3)有效的监控。对策略执行结果的监控强调学生要把注意力集中在学习结果和学习过程二者之间的关系上,监控自己使用每种学习策略所导致的学习结果,以便确定所选策略的有效性。经过这样的监控实践,学生就能够灵活把握何时、何地与如何使用何种策略。教师根据学生的学习结果与策略学习之间的关系反思自己的策略教学实践,及时调整教学中存在的问题,以适应改进学生学习策略的要求。

(4)自我效能感是指学生在执行某一任务时对自己胜任能力的判断,它是影响学习策略选择的一个重要的动机因素。成绩和态度之间的关系是十分密切的,学生如果不愿意使用这些策略,他们的学习能力是不会得到提高的。那些能有效使用策略的人相信只要自己使用某一策略就会对自己的成绩产生影响。教师一定要给学生一些机会使他们感觉到策略的效力。有些策略训练课程必须包括动机训练。教师要树立这样一个意识,在学生学习某材料时,要不断向学生提问和测查,并且根据这些评价给学生定成绩,如此促进学生使用学习策略,并发现使用学习策略学习就会有所收获。

【真题解析】

1.( )是指在工作记忆中为了保持信息,运用内部语言在大脑中重现学习材料或刺激,以便将注意力维持在学习材料上的方法。

A.内在强化　　　　B.自我强化　　　　C.复述策略　　　　D.组织策略

解析：运用内部语言在大脑中重现学习材料，指复述策略，故正确答案为C。

2.小明同学总是随身携带一本小本子，里面记录着许多的知识点，经常拿出来看看能够很好地提高学习效率。这属于学习策略中的（　　）。

A.组织策略　　　　B.认知策略　　　　C.精细加工策略　　D.资源管理策略

解析：用本子记录知识点，往往对知识进行了进一步加工，因此正确答案是C。

3.小丽在学习时为了记住数字年代等枯燥无味的知识，常对其赋予意义，使记忆过程生动有趣。小丽使用的学习策略是（　　）。

A.复述策略　　　　B.精加工策略　　　C.组织策略　　　　D.计划策略

解析：对知识赋予意义，是对知识进行了进一步加工，因此正确答案是B。

【案例回顾与分析】

毛泽东读书笔记"六式"让人们意识到，有效的学习者应当被看作是一个积极的信息加工者、解释者和综合者，他能使用各种不同的策略来存储和提取信息，他努力使学习环境适应自己的需求和目标，因而对自己的学习非常负责。正是在这种理论背景下，兴起了有关学习策略的研究。

【学以致用】

上海市宝山区教育学院开展了学习策略方面的研究，有一套帮助学生矫正差错的技术。以4年级的四则运算为例，他们发现学生常犯的错误有4种类型：(1)疏忽；(2)不理解；(3)混淆；(4)错格和其他非智力型错误。在矫正时，他们创造了一种可以操作的程序。这套操作程序被概括为：一找，即找到并且画出差错在何处（找到错误部分）以及何因（分析差错原因）；二标（用符号标出错误的类型，如疏忽型错误用"?"号标出，不理解型错误用"×"标出）；三订正（针对错误类型提出具体订正方法）。采用这样一套纠正差错的技术后，学生的错误行为被一套适当的程序所控制。实验表明，同平行对照班相比，实验班在测验时的差错率显著减少。

问题：请你谈谈上述研究涉及学习策略的哪些方面，还可以有哪些矫正差错的方法？

【关键术语】

学习策略是指学习者为了提高学习的效果和效率，有目的、有意识地制定有关学习过程的复杂方案，是学生在学习活动中用来保证有效学习的规则、方法、技巧及其调控措施。

【参考文献】

[1]蒯超英.学习策略[M].武汉：湖北教育出版社，2011.
[2]刘电芝.学习策略研究[M].北京：人民教育出版社，2001.
[3]黄国龙.有效学习策略[M].南京：南京大学出版社，2012.
[4]熊川武.学习策略论[M].南昌：江西教育出版社，1997.
[5]曹宝龙.学习与迁移[M].杭州：浙江大学出版社，2009.

第六章 学习理论

学习理论简称"学习论",是心理学中最古老、最核心也是最发达的领域之一。学习理论用于说明人和动物学习的实质、过程和影响学习的因素。心理学家从不同的观点出发,采用不同的方法,根据不同的实验资料,提出了许多学习的理论。以华生为代表的行为主义学派认为学习就是在刺激和反应之间建立联结,即 S-R。以格式塔学派为先驱的认知派认为学习是在头脑中构造和组织一种认知结构(完形),而不是经验要素或 S-R 的简单集合。随着学习理论研究的深入,心理学中出现了一种新的思潮——人本主义。人本主义学派反对把人还原和分割为各种要素,主张研究整体的人,他们强调学习者的自我参与、自我激励、自我评价和自我批判。在皮亚杰和维果斯基思想基础上发展起来的建构主义认为学习是一个建构的过程,是学习者通过新旧知识相互作用而形成、丰富和调整自己的经验结构的过程。教学并不是把知识经验从外部"装"到学习者头脑中,而是要引导学生从原有的经验出发,生长(建构)起新的经验。在当今的心理学界,建构主义学习理论被称为"教育心理学中的一场革命"。

【本章知识框架】

【学习要点】

学习的概念与分类:理解学习的概念,掌握加涅、奥苏贝尔关于学习的分类。

行为主义学习理论:理解并运用斯金纳和班杜拉的学习理论促进教学。

认知派学习理论:理解并运用布鲁纳和奥苏贝尔的学习理论促进教学。

人本主义学习理论:理解并运用罗杰斯的学习理论促进教学。

【学习提示】

1. 这部分知识有一定理解难度,建议在学习时注重理解每种学习理论产生的逻辑脉络和实验基础,运用精加工和组织等认知策略加强对这部分知识的学习和理解。

2. 在实践学习中,要注重思考如何运用这部分知识促进教学,以加深对理论知识的认识和理解。

3. 学习理论与教学实践结合紧密。在学习这部分内容以及日后教学实践工作中,要密切关注学习理论研究的新进展,以确保用先进的学习理论指导教学实践。

【案例引导】

跳一跳就摘到

张老师根据学生小丽的个性特点,为她设定"跳起来,摘桃子"的方案(图 6-1),即设定一个个经过努力可以达到的目标,一个目标实现就兑现她需要的东西,如一件心仪的学习用具、体育用品、玩具等。小丽一直按照这计划坚持到高考,最后考上自己心仪的大学。

问题:

1. 张老师所设定"跳起来,摘桃子"的方案体现了维果斯基的什么理论?

2. 请点评张老师的方案。

图 6-1 跳一跳就摘到

第一节 学习的概念与分类

学习作为一种获取知识、交流情感的方式,已经成为人们日常生活中不可缺少的一项重要内容。在知识经济时代,自主学习更是个体持续发展、实现目标的关键途径。

一、学习的概念

心理学界对学习有种种界说。目前接受度较高的广义上的学习定义是:**学习**是人和动物在特别情境下,由于练习或反复经验而产生的行为、能力或倾向上的比较持久的变化及其过程。学习具备以下特征:第一,学习的发生是由练习或反复经验所引起的。这里的经验不是通常所说的总结出来的经验,而是指经历,即是个体通过某种活动获得的经历和体验。个体通过练习直接与外部世界相互作用,或通过观察、阅读或听讲等方式与外界信息相互作用,进而引发行为、能力或倾向上产生改变。第二,学习表现为个体行为或行为潜能的变化。一些学习引发的变化是立即见诸行为,而另一些学习引发的变化需要经过长时间酝酿才能见诸行为或需要合适的诱因才能见诸行为,因此学习引发的既可能是行为上的变化,也可能是行为潜能的变化。第三,学习所引发的行为或行为潜能的变化是相对持久的。有机体的行为变化不仅可以由学习引起,也可以由疲劳、创伤、药物等因素引起,这些因素诱发的行为变化通常是比较短暂的,并使得行为水平降低。因此,不能简单地认为行为的变化等同于学习的存在。第四,学习是一个广义概念,它不仅是人类普遍具有的,动物也存在学习。

狭义的学习是指学生的学习,它是指在教师的指导下,有目的、有计划、有组织地进行的,在较短时间内系统地接受前人积累的文化经验,以发展个体的知识技能,形成符合社会期望的道德品质的过程。学生的学习是人类学习的特殊形式,它不但具有人类学习的一般特点,还具有特殊性,主要表现在以下六个方面:第一,接受学习是学生学习的主要形式。在教师的合理指导下,学生可以尽快在较短时间内掌握大量的知识。第二,学生的学习过程是主动建构的过程。学生的学习必须通过一系列的主动建构活动来接受信息,形成经验结构或心理结构,这意味着学生的学习是主动建构意义的自主活动,而不是被动地接受刺激。第三,学生学习的内容具有间接性。学生主要是接受前人的经验,而不是亲自去发现经验,因此,学生所获得的经验具有间接性。第四,学生的学习具有连续性。学生的学习是一个连续的过程,当前的学习与过去的学习有关,同时也影响以后的学习。可以说,前面的学习为后面的学习奠定基础,而后面的学习又是前面学习的补充和发展。第五,学生的学习目标具有全面性。学生的学习不但要掌握知识经验和技能,还要发展智能,以及形成行为习惯,培养道德品质,促进人格发展。第六,学生的学习过程具有互动性。学生的学习是师生之间、生生之间互动的过程,且互动的质量对学习质量的影响十分明显。

【真题解析】

下面情况发生了学习的是(　　)。

A.小李从亮处走进了暗室,视力显著提高

B.小明喝酒后脾气变得暴躁

C.小张服用兴奋剂后百米赛跑夺冠

D.大猩猩模仿游人吃饼干

解析:本题考查的是学习的定义。选项A中发生的变化是由暗适应引起的,不是学习带来的;选项B中的变化是因为饮酒带来的,是暂时的,不是学习引发的;选项C中的变化是由服用兴奋剂带来的,是暂时的,不是学习引发的;选项D中的变化是需要练习才会发生的,是相对持久的,因此是学习引发的。正确答案是D。

二、学习的分类

学习现象十分复杂。为了了解学习规律,提高学习效果,就必须对学习进行分类研究。

目前,在心理学界较为有代表性的分类有下面三种。

(一)根据学习结果分类

加涅根据学习结果对学习进行了分类。他认为学习结果就是各种习得的能力或性情倾向。从学习结果对学习进行分类,对于我们帮助学生学习,更好地组织教学具有更现实的意义。

加涅根据学习的结果,把学习分为以下五类。

1.言语信息

言语信息,即学生掌握的是以言语信息传递(通过言语交往或印刷物的形式)的内容或者学生的学习结果是以言语信息表达出来的。这一类学习通常是有组织的,学习者得到的不仅是个别的事实,而且是根据一定的教学目标给许多有意义的知识,使信息的学习和意义的学习结合在一起,构成系统的知识。言语信息的学习有三大作用:(1)是进一步学习的必要条件,如识字之于文学作品的学习。(2)有些言语信息在人的一生中都有实际意义,如时钟的识别、天体运行、四季的形成等知识。(3)有组织有联系的言语信息可以为思维提供工具。

2.智慧技能

言语信息的学习帮助学生解决"是什么"的问题;而智慧技能的学习要解决"怎么做"的问题,以处理外界的符号和信息,又称过程知识。在各种水平的学习中都包含着不同的智慧技能,比如怎样把分数转换成小数,怎样使动词和句子的主语一致,等等。加涅认为每一级智慧技能的学习要以低一级智慧技能的获得为前提,最复杂的智慧技能则是把许多简单的技能组合起来而形成的。他把辨别技能作为最基本的智慧技能,按不同的学习水平及其所包含的心理运算的不同复杂程度依次分为辨别、概念、规则、高级规则(解决问题)等智慧技能。

3.认知策略

认知策略是学习者用以支配他自己的注意、学习、记忆和思维的有内在组织的才能,这种才能使得学习过程的执行控制成为可能。因此,从学习过程的模式图来看,认知策略就是控制过程,它能激活和改变其他的学习过程。认知策略与智慧技能的不同在于智慧技能定向于学习者的外部环境,而认知策略则支配着学习者在对付环境时其自身的行为,即"内在的"东西。简单地说,认知策略就是学习者用来"管理"他的学习过程的方式。这种使学习者自身能管理自己思维过程的内在的有组织的策略非常重要,是目前教育心理学研究中的热门课题。认知策略的培养也应该成为学校教育的重要任务之一。

4.态度

态度是通过学习获得的内部状态,这种状态影响着个人对某种事物、人物及事件所采取的行动。学校的教育目标应该包括态度的培养,态度可以从各种学科的学习中得到,但更多的是从校内外活动中和家庭中得到。加涅提出有三类态度:(1)儿童对家庭和其他社会关系的认识;(2)对某种活动所伴随的积极的喜爱的情感,如音乐、阅读、体育锻炼等;(3)有关个人品德的某些方面,如爱国家、关切社会需要和社会目标、尽公民义务的愿望等。

5.运动技能

运动技能又称为动作技能,如体操技能、写字技能、作图技能、操作仪器技能等,它也是能力的组成部分。

(二)根据学习性质和形式分类

奥苏贝尔根据以下两个维度对认知领域的学习进行了分类:一个维度是学习进行的方式,学习可以分为接受学习和发现学习;另一个维度是学习材料与学习者原有知识的关系,学习可以分为机械学习和有意义学习。这两个维度互不依赖,彼此独立。每一个维度都存在许多过渡形式,其具体组合见图6-2。

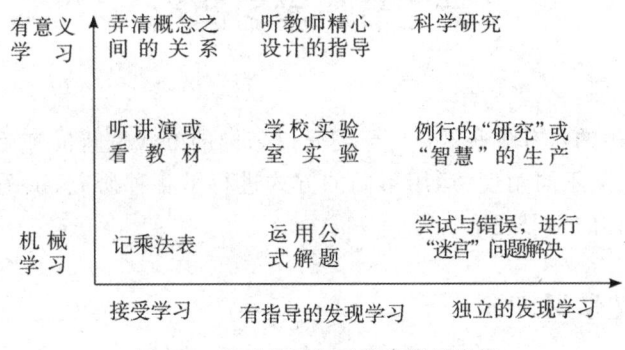

图 6-2　学习性质与形式分类及举例

(三)根据学习内容的性质分类

根据学习内容的性质可以把学习分为陈述性知识的学习和程序性知识的学习。陈述性知识是关于事物及其关系的知识,或者说是关于"是什么"的知识,包括对事实、规则、事件等信息的表达。程序性知识是关于完成某项任务的行为或操作步骤的知识,或者说是关于"如何做"的知识。它包括一切为了进行信息转换活动而采取的具体操作程序。陈述性知识与程序性知识的主要区别表现在以下六个方面:第一,知识类型不同。陈述性知识是关于"是什么"的知识;程序性知识是关于"如何做"的知识。第二,表征方式和功能不同。陈述性知识主要通过网络化和结构性来表征观念间(命题、表象、线性次序、图式)的联系,为人考虑或反思事物之间的联系提供方便;程序性知识主要通过目的流将一系列条件-行动组装起来(产生式),体现了人会在何种条件下采取何种行动来达到一系列中间的子目标,并最终达到总目标。第三,静态和动态之分。陈述性知识是相对静态的知识,反映事物的状况及其联系;而程序性知识则要对信息进行某种运作从而使之发生转变。第四,获得的速度和方式不同。陈述性知识的获得主要通过激活的传播来完成,而程序性知识的获得更多依赖于程序化和自动化;陈述性知识的获得速度较快,图式经历的时间稍长,命题往往在几秒钟内就被掌握,程序性知识获得速度要慢得多,有的需要几年甚至更长的时间。究其原因,是由于两类知识对人的生存有着完全不同的影响,程序性知识直接引发或控制人的行为,所以人在获得此类知识时不得不小心谨慎。第五,做出改变的难易程度不同。对于陈述性知识,修改比较容易,当然对一些定型的图式进行修改也比较困难;对于程序性知识,在获取的早期修改比较容易,然而一旦他们在人的记忆中被编码且达到自动化,修改起来就会相当困难。第六,陈述性知识和程序性知识达到的标准不同,检验陈述性知识是通过看其能否被陈述、描述,而检验程序性知识则是通过看其能否被操作和实施。

陈述性知识和程序性知识是学习过程不可分割的两个方面。任何知识的学习都要经过陈述性阶段才能进入程序性阶段。程序性知识的获得过程就是陈述性知识向技能的转化过程。练习与反馈是陈述性知识转化为程序性知识的重要条件。程序性知识的运用有助于陈述性知识的学习。在人类的绝大多数的活动中,这两类知识是共同参与,互为条件的。

第二节 学习理论

学习是如何发生的?有哪些规律?学习是以怎样的方式进行的?近百年来,心理学家们围绕着这些问题,从不同角度,运用不同的方式进行了各种研究,试图回答这些问题,也由此形成了各种各样的学习理论。

一、行为主义学习理论

行为主义创始人华生曾经这样写道:"给我一打婴儿,只要他们身体健康、发育正常就行,允许我对他们按照我的计划实行特殊培养。我保证对他们决不刻意挑选,每个行业只随机抽取其中任意一个来训练。我相信我一定能将他们培养成某个行业的专家,或医生,或律师,或艺术家,或经理人才,甚至是乞丐和小偷,而不管他们的天资如何,性情、气质怎样,能力和天赋是不是有所不同,或者他们的祖先是属于何种人种。"行为主义学习理论可以用"刺激—反应—强化"来概括,认为学习的起因在于对外部刺激的反应,学习与内部心理过程无关。行为主义学习理论把学习者当作一个"黑箱",认为学习是一种可以观察到的行为变化。他们把观察分析的重点放在行为变化上,关心的是如何获得令人满意的输出。根据这种观点,人类的学习过程归结为被动地接受外界刺激的过程,教师的任务只是向学生传授知识,安排刺激,观察学生的反应,对令人满意的反应予以加强,对令人不满意的反应予以补救或否定来纠正其反应;学生的任务则是做出反应,接受和消化知识。

行为主义学习理论的主要代表有桑代克的尝试错误学习论、巴甫洛夫的经典条件反射作用论、华生的行为主义、斯金纳的操作性条件反射理论以及班杜拉的社会学习理论等。

(一)桑代克的尝试错误学习论

1.尝试错误学习论的基本观点

桑代克于19世纪末就开始进行了大量的动物学习的实验研究,其中最著名的实验是饿猫学习如何逃出迷笼获得食物的实验。桑代克将饥饿的猫禁闭于迷笼之内,饿猫可以用抓绳或按钮等动作逃出笼外获得食物。饥饿的猫第一次被关进迷笼时,开始盲目地乱撞乱叫,东抓西咬,经过一段时间后,它可能做对了打开迷笼门的动作,逃出笼外。桑代克重新将猫再关入笼内,并记录每次从实验开始到猫做出打开笼门的正确动作所用的时间。经过上述多次重复实验,桑代克得出猫的学习曲线。该曲线表明猫逃脱迷笼潜伏期与实验次数的关系(图6-3)。桑代克认为猫是在进行"尝试错误"的学习,经过多次的尝试错误,饿猫学会了打开笼门的动作。因此,有人将桑代克的这种观点称为学习的"尝试错误说",或简称为"试误说"。桑代克根据迷笼实验,提出学习的实质是在情境与反应之间建立了联结,联结是通过"盲目尝试—逐步减少错误—再尝试"即"尝试与错误"的过程实现的。

2.尝试错误学习的规律

根据迷笼实验结果,桑代克提出了准备律、练习律和效果律三条学习规律。

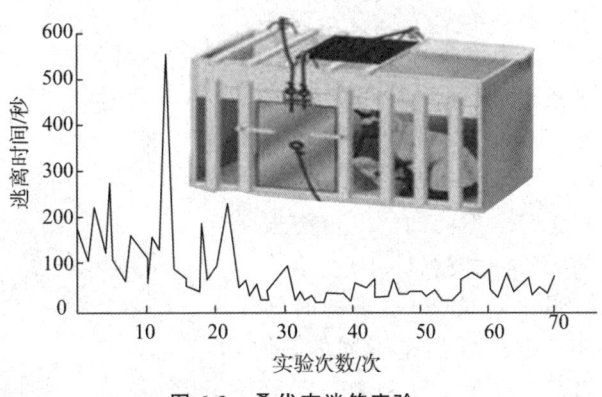

图6-3 桑代克迷笼实验

(1)准备律

准备律是指学习者在进入某种学习活动之前,如果做好了相应的与学习活动相关的预备性反应(包括生理和心理的),学习者就能比较自如地掌握学习的内容。准备率也可以看作是学习开始时的预备定势,当某一刺激与某一反应准备联结时,给予联结就引起学习者的满意,反之就会引起烦恼。

(2)练习律

练习律是指一个已经学会了的刺激-反应之间的联结,在实践中练习和使用越多,就会有效地增强这种联结,所谓"熟能生巧",反之则会变弱。刺激-反应联结的应用会增强这个联结的力量,联结的失用(不练习)会导致联结的减弱或遗忘。

(3)效果律

效果律是指如果一个动作跟随着情境中一个满意的结果,在类似的情境中这个动作重复的可能性将增加;但如果跟随的是一个不满意的变化,这个动作重复的可能性将减少。导致满意后果的行为被加强,带来烦恼的行为则被削弱或淘汰。效果律是尝试错误学习规律中最重要的学习定律。

(二)巴甫洛夫的经典条件反射作用论

1.经典条件反射作用论的基本观点

著名的俄国生理学家和心理学家巴甫洛夫用狗做了这样一个实验(图6-4):每次给狗送食物以前就会响起铃声。这样经过一段时间以后,铃声一响,狗就开始分泌唾液。巴甫洛夫把狗用一副套具固定住,唾液是用连接在狗颚外侧的管道收集的,管道连接到一个既可以测量以立方厘米计的总量,也可以记录分泌滴数的装置。如前所述,当狗嘴里有食物时,会产生分泌唾液的反应。这种反应是本能固有的,巴甫洛夫把食物称为无条件刺激,简称"UCS",把反射性唾液分泌称为无条件反射,简称"UCR"。为了使狗对某一种刺激(如铃声)形成条件作用,把这种原来只会引起探索性反射的中性刺激(即铃声)与无条件刺激(即肉)配对。经过一系列配对尝试后,单是发出铃声,不提供肉,也能引起狗产生唾液分泌。在这种情况下,铃声就成了条件刺激,简称"CS",铃声引起的唾液分泌就是条件反射,简称"CR"。由此可见,条件反射仅仅是由于条件刺激与无条件刺激配对呈现的结果。需要指出的是,在巴甫洛夫看来,重要的是引起反射的刺激,反射之后的结果是没有任何理论上的意义的。

巴甫洛夫和桑代克都在分析刺激与反应之间的联系,但他们对形成这种联系的程序以及对学习过程的解释是完全不同的。巴甫洛夫的无条件刺激(UCS)与桑代克强化刺激(S)呈现的时间和所起的作用是不同的,前者可以说是一种刺激辨别学习,后者则是通过强化刺激加强刺激-反应的联结。原来并不能引起某种本能反射的中性刺激物,由于它总是伴随某个能引起该本能反射的刺激物出现,如此多次重复之后,这个中性刺激物也能引起该本能反射。后人称这

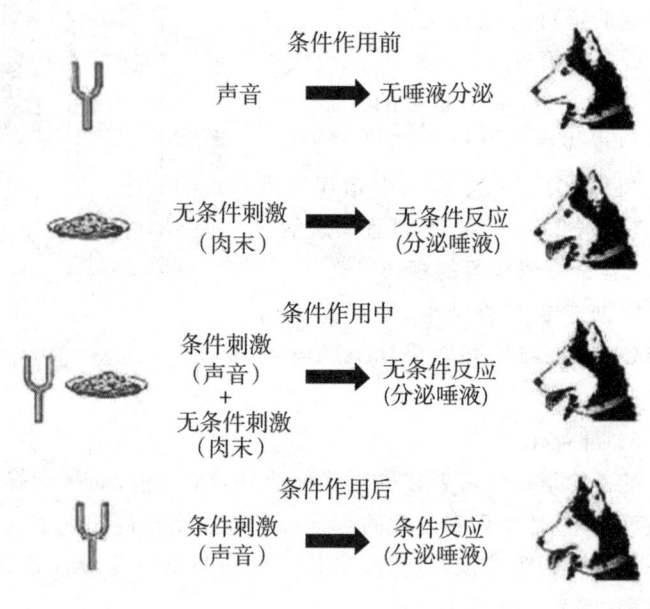

图 6-4 巴甫洛夫经典条件反射实验

种反射为经典性条件反射。两种刺激物必须经过多次的结合,中性刺激物成为条件刺激物的信号后,这种反射才会形成。

2.经典条件反射作用的规律

(1)获得与消退

在条件作用的获得过程中,条件刺激与无条件刺激之间的时间间隔十分重要。一方面,条件刺激和无条件刺激必须同时或近于同时呈现,间隔太久则难以建立联系;另一方面,条件刺激作为无条件刺激出现的信号,必须先于无条件刺激呈现,否则难以建立联系。

条件反射建立以后,如果多次只给条件刺激而不用无条件刺激加以强化,结果是条件反射的反应强度将逐渐减弱,最后将完全不出现。例如,对以铃声为条件刺激而形成唾液分泌条件反射的狗,只给铃声,不用食物强化,多次以后,则铃声引起的唾液分泌量将逐渐减少,甚至完全不能引起分泌,出现条件反射的消退。巴甫洛夫认为,消退是因为原先在皮质中可以产生兴奋过程的条件刺激,当前变成了引起抑制过程的刺激,是兴奋向抑制的转化。这种抑制称为消退抑制。巴甫洛夫指出,消退抑制是大脑皮质产生主动的抑制过程,而不是条件刺激和相应的反应之间的暂时联系已经消失或中断。因为如果将已消退的条件反射放置一个时期不做实验,它还可以自然恢复;同样,如果以后重新强化条件刺激,条件反射就会很快恢复,这说明条件反射的消退不是原先已形成的暂时联系的消失,而是暂时联系受到抑制。一般来说,条件反射愈巩固,消退速度就愈慢;条件反射愈不巩固,就愈容易消退。

(2)刺激的泛化与分化

在条件反射开始建立时,除条件刺激本身外,那些与该刺激相似的刺激也或多或少具有条件刺激的效应。例如,用500赫的音调与进食相结合来建立食物分泌条件反射。在实

验的初期阶段,许多其他音调同样可以引起唾液分泌条件反射,只不过它们跟500赫的音调差别越大,所引起的条件反射效应就越小。这种现象称为条件反射泛化。"一朝被蛇咬,十年怕井绳"便是刺激泛化的最好例证。以后,只对条件刺激(500赫的音调)进行强化,而对近似的刺激不给予强化,这样泛化反应就逐渐消失。动物只对经常受到强化的刺激(500赫的音调)产生食物分泌条件反射,而对其他近似刺激则产生抑制效应。这种现象称为条件反射的分化。

刺激泛化与分化是互补的过程,泛化是对事物相似性的反应,分化则是对事物差异的反应。泛化能使我们的学习从一种情境迁移到另一种情境,而分化则能使我们对不同的情境做出不同的恰当反应,从而避免盲目行动。

【真题解析】

1. 小英到医院打针以后,再遇到穿白大褂的人就会感到害怕。这种心理现象是(　　)。
A. 内化　　　　　B. 泛化　　　　　C. 焦虑　　　　　D. 移情

解析:小英之所以在打针后再遇到穿白大褂的人就会感到害怕,是因为对事物的相似性产生了反应(医院、白大褂等),因此本题考查的是刺激的泛化。正确答案是B。

2. 在心理学实验中,为了使小狗能够区分开圆形光圈和椭圆形光圈,研究者只在圆形光圈出现时才给予食物强化,而在呈现椭圆形光圈时不给予强化,那么小狗便可以学会只对圆形光圈做出反应而不理会椭圆形光圈。该过程称为(　　)。
A. 刺激分化　　　B. 刺激泛化　　　C. 刺激获得　　　D. 刺激消退

解析:小狗要学会只对圆形光圈做出反应而不理会椭圆形光圈,需要对圆形和椭圆形光圈的差别进行辨别学习,因此本题考查的是刺激的分化。正确答案是A。

(三)华生的行为主义观点

1. 华生行为主义理论的基本观点

美国心理学家华生在巴甫洛夫条件反射学说的基础上创立了行为主义观点。他认为学习就是以一种刺激替代另一种刺激建立条件反射的过程。在华生看来,人类出生时只有几个反射(如打喷嚏、膝跳反射)和情绪反应(如惧、爱、怒等),所有其他行为都是通过条件反射建立新刺激-反应(S-R)联结而形成的。华生主张心理学应该摒弃意识、意象等太多主观的东西,只研究所观察到的并能客观地加以测量的刺激和反应。无须理会其中的中间环节,华生称之为"黑箱作业"。他认为人类的行为都是后天习得的,环境决定了一个人的行为模式,无论是正常的行为还是病态的行为都是经过学习而获得的,也可以通过学习而更改、增加或消除,只要查明了环境刺激与行为反应之间的规律性关系,就能根据刺激预知反应,或根据反应推断刺激,达到预测并控制动物和人的行为的目的。

拓展阅读　小艾伯特实验

1920年,为了验证恐惧并非天生,而是一种条件反应,华生和他的助手雷纳在约翰霍普金斯大学进行了小艾伯特实验(图6-5)。

华生从一所医院挑选了9个月大的艾伯特进行这项研究。在实验开始之前,小艾伯特接受了一系列基础测试。让他首次短暂地接触以下物品:白鼠、兔子、狗、猴子、有头发和无头发的面具、棉絮、焚烧的报纸等。结果发现,小艾伯特对这些物品均不感到恐惧。大约两个月后,当小艾伯特刚超过 11 个月大时,华生和他的助手开始进行实验。开始时,把白鼠放在靠近艾伯特处,允许他玩弄抚摸白鼠。此时,小艾伯特对白鼠并不恐惧。当白鼠在他周围游荡,他开始伸手触摸它。在后来的测试中,当艾伯特触摸白鼠时,华生和雷纳

图 6-5 小艾伯特实验

就在艾伯特身后用铁锤敲击悬挂的铁棒,制造出响亮的声音。听到巨大声响的小艾伯特大哭起来,并表现出恐惧。经过几次这样的操作后,当白鼠再次出现在艾伯特面前时,他对白鼠的出现感到非常痛苦。他哭着转身背向白鼠,试图离开。显然,小艾伯特已经将白鼠(原先的中性刺激,现在的条件刺激)与巨响(非条件刺激)建立了联系,并产生了恐惧或哭泣的情绪反应。

华生式行为主义观点的影响在 20 世纪 20 年代达到最高峰。它的一些基本观点和研究方法渗透到很多人文科学中去,从而出现了"行为科学"的名称。需要注意的是,小艾伯特实验因未进行脱敏处理而备受伦理质疑。现代心理学研究已严格遵循知情同意和事后干预原则。

2. 影响学习的规律

华生的学习理论在一定程度上是建立在抨击桑代克效果律的基础上提出的,他主张用频因律和近因律来代替桑代克的效果律。

(1)频因律

华生认为,在其他条件相等的情况下,某种行为练习得越多,习惯形成得就越迅速,练习的次数在习惯形成中起着重要作用。

(2)近因律

当反应频繁发生时,最新近的反应比较早的反应更容易得到加强,也就是说在每一次练习中,有效的反应总是最后一个反应,所以这种反应在下一次练习中必定更容易出现。由此,他把反应离成功的远近,作为解释一些反应被保留、另一些反应被淘汰的原则。在他看来,习惯反应必然是离成功时机最近出现的反应。

但是,华生在以后的著作中又推翻了自己的学习律。他在 1919 年出版的《从一个行为主义者的观点看心理学》(*Psychology from the Standpoint of a Behaviorist*)一书中,不再把频因律作为学习的一般机制。他承认频因律当初纯粹是猜测性的。

(四)斯金纳的操作性条件反射作用理论

斯金纳是行为主义学习理论中非常重要的代表人物。他以白鼠和鸽子为实验对象,观察它们在食物的强化作用下,学会压杠杆等操作行为的过程,并对操作性条件反射、强化的机制和原则、惩罚和消退等内容进行了系统的研究。

1. 操作性条件反射作用论的基本观点

美国著名心理学家斯金纳于 20 世纪 50 年代进行了著名的操作条件反射实验(图 6-6)。

斯金纳设计了"斯金纳箱"(Skinner box),在箱内设有一个杠杆装置和一个食物盘,如果里面的动物按压杠杆,就会有食物落入盘中。斯金纳把一只饥饿的白鼠放入箱中,白鼠在饥饿的刺激下不停地活动,产生一系列的行为反应(R),其中偶然出现的按压杠杆的行为会为它带来少量食物(S),白鼠吃完食物后继续活动。偶尔按压杠杆得到食物的反应-刺激会继续发生,这种在行为之后出现的刺激对行为本身是一种强化。白鼠在一次次获得食物刺激的奖励下,逐渐学会主动地反复按压杠杆来获取食物,即形成了按压杠杆(S)与食物刺激(R)之间的联结,按压杠杆则变成了获取食物的手段。这就是一个**操作条件反射**的过程。

斯金纳通过实验进一步提出,个体的偶然性行为能否再次出现,取决于行为发生以后对个体产生了怎样的影响;如果个体的行为得到了奖励,那么该行为出现的概率将可能增加;但如果个体的行为受到了惩罚,那么出现该行为的概率就会大大减少。实验中的强化对行为反应有十分重要的影响,因为个体都会趋向于得到奖励,避免惩罚。

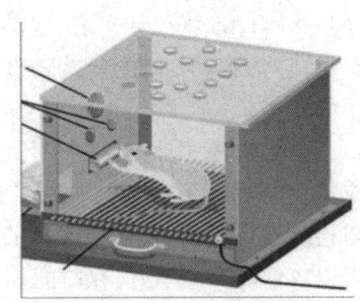

斯金纳箱→

图 6-6　操作性条件反射实验

2. 操作性条件反射作用的规律

斯金纳认为,人和动物的行为有两种:应答性行为和操作性行为。应答性行为是由特定刺激所引起的,是经典条件作用的研究对象;而操作性行为则不与任何特定刺激相联系,是有机体自发做出的随意反应,是操作性条件作用的研究对象。操作性行为主要受强化规律的制约。

(1)强化

斯金纳认为,教育就是塑造行为,成功的教学和训练的关键就是分析强化的效果以及设计精密的操纵强化过程的技术。他说:"只要我们安排好一种被称为强化的特殊形式的后果,我们的技术就会容许我们几乎随意地塑造一个有机体的行为。"

在条件作用中,凡是能使个体操作性反应的频率增加或维持的一切刺激都是**强化物**。斯金纳认为行为之所以发生变化,是由于强化作用的结果,人的学习是否成立关键在于强化。当一个操作发生之后,紧接着呈现一个强化刺激时,那么这个操作的概率就会增加。这里所增加的不是刺激-反应的联结,而是使反应发生的一般倾向性增强,即反应发生的概率增强了。他认为在学习中,练习虽然是重要的,但关键的变量却是强化。练习本身并不提高速率,它只是为进一步强化提供机会。

凡是能增强反应概率的刺激和事件都叫**强化物**,反之,在反应之后紧跟一个讨厌的刺激,从而导致反应率下降,则是**惩罚**。强化又分为正强化和负强化,**正强化**通过呈现刺激增强反应概率,**负强化**则通过中止不愉快条件来增强反应概率。例如,在斯金纳的实验中,白鼠通过按杠杆可以获得食物,这里的食物是呈现的刺激,并且可以增强白鼠再次按杠杆的概率,因此,食物属于正强化;给斯金纳箱通电,白鼠只有按杠杆才能停止被电击,这里的电击是被终止的不愉快刺激,且可以增强白鼠再次按杠杆的概率,因此停止电击属于负强化。

【真题解析】

某学生由于进步明显,老师取消了对他的处分,这种强化方式是(　　)。

A.正强化　　B.负强化　　C.消退　　D.惩罚

解析：学生的学习进步明显，教师取消了对他的处分，希望学生保持进步的行为，这里运用的强化方式属于负强化，即撤销某种刺激以增加个体行为再次发生的概率。正确答案是B。

强化还可划分为一级强化和二级强化两类。一级强化满足人和动物的基本生理需要，如食物、水、安全、温暖、性等。二级强化是指任何一个中性刺激如果与一级强化反复联合，就能获得强化物的属性，包括社会强化（社会接纳、微笑）、信物强化（钱、级别、奖品等）和活动强化（自由地玩、听音乐、旅游等）。例如，金钱对婴儿不是强化物，但当孩子知道钱能换糖时，它就能对儿童的行为产生效果；再如分数，也是在受到教师的注意后才具有强化性质的。

强化的程式是指反应在什么时候或多频繁地受到强化。每一种不同的程式都产生相应的反应模式。连续程式的强化在学习新反应时最为有效。间隔式强化又称部分强化。与连续程式相比，它具有较高的反应率和较低的消退率。定时距式由于有一个时间差，随之以较低的反应率，但在时间间隔的末尾反应率上升，出现一种扇贝效应（图6-7）。学生在期终考试前临时抱佛脚就证明了这一点。定比率式对稳定的反应率比较有益，而变比率式则对维持稳定和高反应率最为有效。

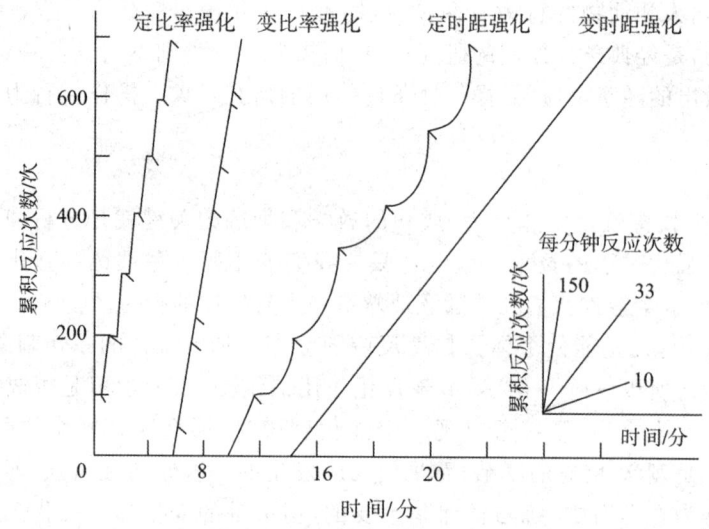

图6-7　操作性条件反射的强化程式

（2）惩罚

当有机体做出某种反应之后，呈现一个厌恶刺激，以消除或抑制此类反应的过程，称作**惩罚**。惩罚与负强化有所不同，负强化是通过厌恶刺激的停止或排除来增加反应在将来发生的概率，而惩罚则是通过厌恶刺激的呈现来降低反应在将来发生的概率。但是，惩罚并不能使行为发生永久性的改变，它只能暂时抑制行为，而不能根除行为。因此，惩罚的运用必须谨慎，惩罚一种不良行为应与强化一种良好行为结合起来，方能取得预期的效果。

斯金纳认为，在教育过程中，教师应多用正强化的手段来塑造学生的良好行为，用不予强化的方法来消除消极行为，慎重使用惩罚。因为惩罚能使学生明白为什么不做，但不能让学生知道什么能做和应该怎么做。

(3)消退

有机体做出以前曾被强化过的反应,如果在这一反应之后不再有强化物相伴,那么此类反应在将来发生的概率便会降低,这种现象称为**消退**。消退是一种无强化的过程,其作用在于降低某种反应在将来发生的概率,以达到消除某种行为的目的。因此,消退是减少不良行为、消除坏习惯的有效方法。

【真题解析】

小伟为获得老师和同学的关注,在课堂上总扮鬼脸,老师和同学都不予理睬,于是他扮鬼脸的行为逐渐减少。这体现了(　　)原理。

A.消退　　　　　B.负强化　　　　　C.惩罚　　　　　D.正强化

解析:小伟扮鬼脸是为了获得老师和同学的关注,这里关注是强化。当老师和同学不再予以强化时,小伟扮鬼脸的行为逐渐减少,这体现了消退原理。正确答案是 A。

(五)班杜拉的社会学习理论

1. 班杜拉社会学习理论的基本观点

行为主义代表人物班杜拉选择了 66 名 4 岁的儿童作为被试,将其随机分成三组,让他们观看录像。在录像中,一个成年男子(榜样人物)对一个像成人那么大的玩具娃娃做出种种攻击行为。不同组的儿童观看录像中的同一攻击行为的后果是不同的(图 6-8)。

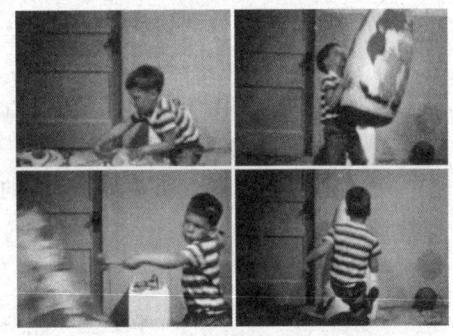

图 6-8　班杜拉的观察学习实验

第一组是攻击-奖赏组:该组儿童看到一个成年人(榜样人物)采取攻击行为后,另一个成年人对他进行奖赏,称赞他为勇敢的胜利者,并给他巧克力等食品。第二组为攻击-惩罚组:该组儿童看到一个成人(榜样人物)采取攻击行为后,另一个成年人指责他,骂他是暴徒,打他并迫使他低头逃跑。第三组是控制组:该组儿童看到一个成年人(榜样人物)采取攻击性行为后,既没有受到奖赏,也没有受到惩罚。随后儿童被单独领到一个房间里去。房间里放着各种玩具,其中包括玩具娃娃,在 10 分钟里,观察并记录他们的行为。结果表明,看到"榜样人物"的侵犯行为受到惩罚的一组儿童,同控制组儿童相比,在他们玩洋娃娃时,侵犯行为显著减少。反之,看到"榜样人物"侵犯行为受到奖励的一组儿童,在自由玩洋娃娃时模仿侵犯行为的现象较为严重。

班杜拉认为,人的行为,特别是人的复杂行为主要是后天习得的。行为的习得既受遗传因素和生理因素的制约,又受后天经验环境的影响。生理因素的影响和后天经验的影响在决定行为上微妙地交织在一起,很难将两者分开。班杜拉认为行为习得有两种不同的过程:一种是通过直接经验获得行为反应模式的过程,班杜拉把这种行为习得过程称为"通过反应的结果所进行的学习",即我们所说的直接经验的学习;另一种是通过观察榜样人物的行为而习得行为的过程,班杜拉将它称为"通过示范所进行的学习",即我们所说的间接经验的学习。

班杜拉的社会学习理论所强调的是这种观察学习或模仿学习。他认为儿童通过观察他们生活中重要人物的行为而习得社会行为。所谓**观察学习**,是指个体通过对他人的行为及其强化性结果的观察,从而获得某些新的行为反应的过程。在观察学习的过程中,人们获得了榜样活动的象征性表象,并引导适当的操作。观察学习的全过程由注意、保持、动作再现和动机四个阶段(或四个子过程)构成。注意过程是观察学习的起始环节,在注意过程中,榜样人物行动本身的特征、观察者本人的认知特征以及观察者和榜样人物之间的关系等诸多因素影响着学习的效果。例如,观察者比较容易观察那些与他们自身相似的或者被认为是优秀的、热门的和有力的榜样;有依赖性的、自身概念低的或焦虑的观察者更容易产生模仿行为。在观察学习的保持阶段,榜样人物虽然不再出现,但他的行为仍给观察者以影响。要使榜样行为在记忆中保持,需要把榜样行为以符号的形式表象化。通过符号这一媒介,短暂的榜样示范就能够被保持在长时记忆中。观察学习的第三个阶段是把记忆中的符号和表象转换成适当的行为,即再现以前所观察到的榜样行为。这一过程涉及:(1)选择和组织反应要素。(2)在信息反馈的基础上精炼自己的反应,即自我观察和矫正反馈。自我效能感是影响复制过程的一个重要因素。所谓**自我效能感**,指个体对自己是否有能力完成某一行为所进行的推测与判断。如果学习者不相信自己能掌握一个任务,他们就不能继续完成这个任务。再现榜样行为之后,观察学习者(或模仿者)能否经常表现出榜样行为要受到行为结果因素的影响,即动机过程。行为结果包括外部强化、自我强化和替代性强化。班杜拉把这三种强化作用看成是学习者再现榜样行为的动机力量。

2. 观察学习的基本规律

个体是否会表现出所观察、模仿的行为,受到动机的影响。班杜拉认为影响学习的除了直接强化,还有替代强化和自我强化。

替代性强化指学习者通过观察他人行为所带来的奖励性后果而受到强化。例如,当教师强化一个学生的助人行为时,班上的其他同学也将表现出更多的助人行为,这里其他同学受到的就是替代性强化。

自我强化是指个体观察自己的行为,并根据自己的标准进行判断,由此强化或处罚自己。自我强化依赖于社会传递的结果,社会向个体传递某一行为标准,当个体的行为表现符合甚至超过这一标准时,他就对自己的行为进行自我奖励。

【真题解析】

1. 晓冬看到自己最好的朋友因为学习成绩优异受到校长的亲自嘉奖后,也加倍努力学习,力争取得优异成绩。这种强化属于(   )。

    A.直接强化　　　　B.替代强化　　　　C.自我强化　　　　D.内部强化

    解析:晓冬因为好友受到表扬后,自己也努力学习,力争取得优异成绩。这里的强化并没有直接作用于晓东,因此属于替代强化。正确答案是B。

2. 低年级学生擅自离开座位时,教师忽略了他们,转而表扬那些保持不动的学生,离座率会下降。这是因为离座的学生受到了(   )。

    A.直接强化　　　　B.自我强化　　　　C.替代强化　　　　D.间隔强化

    解析:相较于上一题,本题的难度较大。教师表扬的是那些保持不动的学生,对于这些学生而言,受到的是直接强化。而擅自离座的学生离座率下降是因为看到老师表扬保持不动的学生,对于离座的学生而言,他们受到的是替代强化。正确答案是C。

二、认知派学习理论

20世纪60年代,行为主义心理学的统治地位被认知心理学所代替,认知学习理论得到快速发展。其中,布鲁纳的认知-发现学习理论、奥苏贝尔的有意义-接受学习理论和加涅的信息加工学习理论等都有很大影响。认知派学习理论强调认知结构和内部心理表象,即学习的内部因素,这与行为主义学习理论只关注学习者的外显行为,无视其内部心理过程有很大的不同。认知派学习理论认为,人的认识不是由外界刺激直接给予的,而是外界刺激和认知主体内部心理过程相互作用的结果。根据这种观点,学习过程被解释为每个人根据自己的态度、需要和兴趣并利用过去的知识与经验对当前工作的外界刺激(例如教学内容)做出主动的、有选择的信息加工过程。教师的任务不是简单地向学生灌输知识,而是首先激发学生的学习兴趣和学习动机,然后将当前的教学内容与学生原有的认知结构有机地联系起来,学生不再是外界刺激的被动接收器,而是主动地对外界刺激提供的信息进行选择性加工的主体。

(一)苛勒的顿悟学习理论

德国心理学家苛勒在1913—1917年间对黑猩猩的问题解决活动进行了研究。在其最著名的箱子问题实验(图6-9)中,实验者将香蕉吊于黑猩猩笼子的顶板上,笼中放置一些箱子。猩猩在多次跳跃试图取得香蕉失败后,突然顿悟——把箱子叠在一起,爬上箱子即可获取香蕉。苛勒由此提出顿悟说,即解决问题不是试误的渐进过程,而是突然发生的顿悟的结果。这种顿悟不是对问题情境中个别刺激的个别反应,而是通过对整个情境的理解或认知重组而做出的有组织的反应。

图6-9 苛勒的顿悟实验

苛勒认为,学习是个体利用本身的智慧与理解力对情境及情境与自身关系的顿悟,而不是动作的累积或盲目的尝试。顿悟虽然常常出现在若干尝试与错误的学习之后,但不是桑代克所说的那种盲目的、胡乱的冲撞,而是在做出外显反应之前,在头脑中进行一番类似于"验证假说"的思索。学生只有在清楚地认识到整个问题情境中各种成分之间的关系时,顿悟才会出现。学习的实质在于在主体内部构造出完形。完形是一种心理结构,是对事物关系的认识。

顿悟学说作为认知派学习理论的先驱,肯定了主体的能动作用,强调心理具有一种组织的功能,把学习视为个体主动构造完形的过程,强调观察、顿悟和理解等认知功能在学习中的重要作用,这对反对当时行为主义学习论的机械性和片面性具有重要意义。但是,苛勒的顿悟学习与桑代克的尝试-错误学习也并不是完全互相排斥和对立的。尝试-错误学习往往是顿悟学习的前奏,顿悟则是在练习到某种程度时出现的结果。

(二)布鲁纳的认知-结构学习论

布鲁纳是美国著名的认知教育心理学家。他认为不能以实验室内研究狗、猫、鼠、猩猩等的学习现象来推论人类个体的学习过程,必须到人类个体学习的第一线进行研究。布鲁纳强调学生的主动探索,从事物和现象的变化中去发现原理,才是构成学习的主要条件。他主张,学习的目的在于以发现学习的方式,使学科的基本结构转变为学生头脑中的认知结构。因此,他的理论常被称为认知-发现说或认知-结构论。

1.认知发现学习论的学习观

布鲁纳认为学习的实质是主动地形成认知结构。学习的本质不是被动地形成刺激-反应的联结,而是主动地形成认知结构。学习者不是被动地接受知识,而是主动地获取知识,并通过把新获得的知识和已有的认知结构联系起来,积极地建构其知识体系。布鲁纳认为人是通过认知表征的过程来获得知识、实现学习的。所谓认知表征,就是指通过知觉而将外在事物转换为个体内在心理事实的过程,而其认知表征方式则会随个体年龄而发展,表现为三个阶段:动作表征——儿童靠动作来认知世界,获得知识;映象表征——儿童用头脑中的表象去表现世界,获得知识;符号表征——儿童运用符号、文字再现世界,获得知识。

布鲁纳指出,学习包含三个差不多同时发生的过程,这就是新知识的获得、知识的转化和评价。获得了新知识以后,还要对它进行转化,目的在于学得更多的知识。评价是对知识转化的一种检查,通过评价可以核对我们处理知识的方法是否适合新的任务,或者运用得是否正确。

2.认知发现学习论的教学观

布鲁纳认为教育的目的在于理解学科的基本结构。他强调学习的主动性和认知结构的重要,教学的最终目标是促进学生对学科结构的一般理解。所谓学科的基本结构,是指学科的基本概念、基本原理及其基本态度和方法。学生理解了学科的基本结构,就容易掌握整个学科的具体内容,就容易记忆学科知识,就能促进学习迁移,促进智力和创造力的发展,并可提高学习兴趣。

在教学原则上,布鲁纳认为教师在教学中要注重和运用动机原则、结构原则、程序原则和强化原则:(1)动机原则。强调教师要注意儿童学习的心理倾向和动机,促进儿童的好奇心等内在动机。(2)结构原则。教师在教学过程中应注意使学生掌握学科知识的结构。(3)程序原则。教学活动的程序会影响儿童获得知识和发展能力的效果,因此教师在教学过程中应注意设计和选择最佳教学程序,其包括的主要因素有学生以往的学习、发展的阶段、学习材料的性质和个性差异。(4)强化原则。教师在教学过程中应注意反馈,使儿童通过反馈知道自己的学习结果,并使他们逐步具有自我矫正、检查和强化能力,从而强化有效的学习。

在教学和学习方法上,布鲁纳提倡使用发现法。所谓**发现法**,就是让学生独立思考,提出假设,进行验证,自己发现要学习的概念、规则等知识。发现法能激发学生内在的学习动机和学习兴趣,启发学生独立思考,发展学生的创造性思维能力,有利于知识的巩固和提取。布鲁纳认为,发现学习具有一系列优点:(1)有利于激发学生的智力潜力;(2)有利于培养学生的自我激励的内在动机;(3)有利于学生获得解决问题的能力、探索的技巧;(4)有利于增强学生的责任心;(5)发现学习的结果有利于学生记忆的保持。发现式教学方法的基本教学过程可以概括为四个阶段:第一阶段,创设问题的情境,使学生在这种情境中产生矛盾,提出要求解决或必须解决的问题;第二阶段,促使学生利用教师所提供的某些材料、所提出的问题,提出解答的假设;第三阶段,从理论上或实践上检验自己的假设;第四阶段,根据实验获得的一定材料或结果,在仔细评价的基础上得出结论。教师在应用发现法进行教学时,首先要把教材划分为一个个的发现过程,制定出具体要求。

发现学习的特征表现在三个方面:(1)学习过程。发现学习强调的是学习过程,而不是学习的结果。教师教学的主要目的,就是要学生亲自参与所学知识的体系建构,自己去思考,自己去发现知识。布鲁纳认为,只有学生自己亲自发现的知识才是真正属于他自己的东西。教学目的不是要学生记住教师和教科书上所陈述的内容,而是要培养学生发现知识的能力,培养学生卓越的智力。这样学生就好比得到了打开知识大门的"钥匙",可以独立前进了。(2)直觉思维。在发现学习的过程中,学生的"直觉思维"对学生的发现活动显得十分重要。所谓"直觉思维",就是要求学生在学习过程中不要用正常逻辑思维的方式进行思维,而是要运用学生丰富的想象,发展学生的思维空间,去获取大量的知识。布鲁纳认为,"直觉思维"虽然不一定能获得正确答案,但由于"直觉思维"能充分调动学生积极的心智活动,因此它就可能转变成"发现学习"的前奏,对学生发现知识和掌握知识是大有帮助的。(3)内在动机。学生的内在动机是促进学生学习活动的关键因素。布鲁纳十分重视内在动机对学生学习心向的影响作用。他认为,在学习过程中,"发现学习"最能激发学生的好奇心,而学生的好奇心是其内在动机的原型,是学生内在动机的初级形式,外部动机也必须将其转化为内在动机才能起作用。他说:"儿童的智力发展表现在内部认识结构的改组与扩展,它不是简单的由刺激到反应的连接,而是在头脑中不断形成、变更认知结构的过程。"因此,布鲁纳反对运用外在的、强制性的手段来刺激学生的学习,主张教师要把教学活动尽可能地建立在唤起学生学习兴趣的基础上,充分调动学生的学习积极性,才能取得良好的学习效果。

发现学习法的一般步骤包括六个环节:(1)提出和明确使学生感兴趣的问题;(2)使学生对问题体验到某种程度的不确定性,以激发探究的欲望;(3)提供解决问题的各种假设;(4)协助学生收集和组织可用于下结论的资料;(5)组织学生审查有关资料,得出应有的结论;(6)引导学生运用分析思维去验证结论,最终使问题得到解决。总之,在整个问题的解决过程中,要求教师向学生提供材料,让学生亲自发现应得的结论或规律,使学生成为发现者。

发现学习有利于激发学生的好奇心和探究未知事物的兴趣,能够最大限度地为学生提供自由回旋的余地,有利于学生批判性和创造性思维的发展,有利于其知识、技能的巩固和迁移。同时也要看到,有些学科,诸如文学、艺术等不适合采用发现学习,有些学生也不适合发现学习。发现法耗时较多,不宜在短时间内向学生传授一定数量的知识和技能。对教师的知识素养和教学机智、技巧、耐心等要求很高,一般教师很难掌握,反而容易弄巧成拙。

(三)奥苏贝尔的有意义-接受学习论

美国教育心理学家奥苏贝尔认为,影响学习的最重要因素是学生已有的认知结构,他强调学生的学习应该是有意义的接受学习,这种学习是通过新知识与学生认知结构中的有关观念相互作用而进行的,其结果是新旧知识意义的同化。

1.学习分类的观点

奥苏贝尔将学习进行了两维度的分类:按照学习进行的方式将学习分为接受学习和发现学习,按照学习材料与学习者原有知识之间的关系将学习分为机械学习和有意义学习。参见图6-2。

(1)按照学习进行的方式的分类:接受学习和发现学习

接受学习是将学生要学习的概念、原理等内容以结论的方式呈现在学生面前。对学生而言,学习不包括任何的发现,只是需要将学习内容与自己已有的知识相联系。发现学习是指学习的内容不是以定论的形式给学生,而是需要学生通过独立思考、探索和发现而获得。发现学习和接受学习的根本区别在于学生在将新旧知识相联系之前,是否存在一个发现的过程。

(2)按照学习材料与学习者原有知识关系的分类:机械学习和有意义学习

机械学习是指学习者并没有理解符号所代表的知识,只是根据字面上的联系,记住某些符号的词句或组合,死记硬背。**有意义学习**是指当前的学习与已有知识建立起实质性的、非人为的联系。

奥苏贝尔认为,不能错误地认为接受学习就必然是机械的,发现学习就是有意义的。无论接受还是发现都可能是机械的,也都可能是有意义的,关键在于学生是否将新知识与认知结构的已有知识进行了联系。在学校环境下,学生的学习应以接受学习为主,发现学习往往浪费时间,一般不宜作为大量获取知识的主要手段。

【真题解析】

小冬会背九九乘法口诀,但并不懂得"二二得四"是2个2相加之和是4,这种学习属于(　　)。

A.信号学习　　　　　B.连锁学习　　　　　C.机械学习　　　　　D.有意义学习

解析:小冬不懂"二二得四"是2个2相加之和是4,但却会背九九乘法口诀,说明小冬进行的是死记硬背。正确答案C。

2.有意义学习的实质和条件

(1)有意义学习的实质

所谓**有意义学习**,奥苏贝尔认为就是将符号所代表的新知识与学习者原有认知结构中已有的适当观点建立起非人为的、实质性的联系。相反,如果学习者并未理解符号所代表的知识,只是依据字面上的联系,记住某些符号的词句或组合,则是一种死记硬背式的机械学习。所谓实质性联系,是指表达的词语虽然不同,但却是等值的,也就是说这种联系是非字面的联系。所谓非人为的联系,是指有内在联系而不是任意的联想或联系,指新知识与原有认知结构中有关的观念建立在某种合理的或逻辑基础上的联系。

(2)有意义学习的条件

有意义学习既受学习材料本身性质(客观因素)的影响,也受学习者自身因素(主观因素)的影响。从客观条件来看,有意义学习的材料本身必须具有逻辑意义,在学习者的心理上是可以理解的,是在其学习能力范围之内的。一般来说,学生所学的教科书或教材,是人类认识世界的概括,都是有逻辑意义的。从主观条件来看,实现有意义学习的条件有三个方面:第一,学习者认知结构中必须具有同化新知识的适当的认识结构。第二,学习者必须具有积极主动地将符号所代表的新知识与认知结构中的适当知识加以联系的倾向性。如果学习材料本身具有逻辑意义,而学习者认知结构中又具备了适当的知识基础,那么,这种学习材料对学习者来说就构成了潜在的意义,即学习材料和学习者认知结构中的适当观念建立联系的可能性。第三,学习者必须积极主动地使这种具有潜在的新知识与认知结构中的有关旧知识发生相互作用,使认知结构或旧知识得到改善,使新知识获得实际意义即心理意义。有意义学习的目的就是使符号代表的新知识获得心理意义。

(3)有意义学习的过程

奥苏贝尔认为,根据新学习的命题与学生已有命题之间的关系,可以把认知同化过程分为三种:第一种是下位学习关系,即新学习的内容从属于学生认知结构中已有的、包摄性较广的概念。第二种是上位学习,即当学生学习一种包摄性较广,可以把一系列原有概念从属于其下的新命题时,新学习的内容便与学生认知结构中已有概念产生了一种上位关系。奥苏贝尔认为,在教学生掌握一般的、包摄性较广的命题时,除了要唤起学生已有的有关概念之外,还需为学生提供一些他们还不曾了解的事例,以便使学生较全面地掌握该命题。第三种是组合学习,即当学生有意义地学习与认知结构中已有概念既不产生下位关系,又不产生上位关系的新命题时,就产生了组合学习。

3.有意义接受学习理论在教学中的运用

奥苏贝尔认为,在教学组织中,应遵循以下三个原则。

(1)逐渐分化原则

学生首先应该学习最一般的、包摄性最广的观念,然后根据具体细节对它们逐渐加以分化。奥苏贝尔提出两个基本的假设:①学生从已知的包摄性较广的整体知识中掌握分化的部分,比从已知的分化部分中掌握整体知识难度要低些。这实际上就是说,下位学习比上位学习更容易些。②学生认知结构中对各门学科内容的组织,是依次按包摄性水平组成的。包摄性最广的概念在这结构中占据最高层次,下面依包摄程度下降而逐渐递减。

(2)整合协调原则

整合协调原则是指如何对学生认知结构中现有要素重新加以组合。奥苏贝尔认为,所有导致整合协调的学习,同样也会导致学生现有知识的进一步分化。因此,整合协调是在有意义学习中发生的认知结构逐渐分化的一种形式。当教材内容无法按纵向序列的形式展开,而只能用横向序列的形式组织时,整合协调原则也是适用的。

(3)先行组织者策略

所谓**先行组织者**,是先于学习任务本身呈现的一种引导性材料,它要比学习任务本身有较高的抽象、概括和综合水平,并且能够清晰地与认知结构中原有观念和新任务关联起来。也就是,通过呈现"组织者",在学习者已有知识与需要学习的新内容之间架设一道桥梁,使学生能更有效地学习新材料。

这种策略也是促进学习迁移的一种有效策略。先行组织者教学策略就是在向学生传授新知识之前,给学生呈现一个短暂的具有概括性和引导性的说明。这个概括性的说明或引导性材料用简单、清晰和概括的语言介绍新知识的内容和特点,并说明它与哪些旧知识有关,有什么样的关系。使用先行组织者的目的在于:①为新知识的学习提供可利用的固定点,即唤醒学习者认知结构中与新知识学习有关的旧知识或旧观念,增强旧知识的可利用性和稳定性。②说明新旧知识之间的本质区别,增强新旧知识之间的可辨别性。

组织者可根据它的作用而分为两类:一类是陈述性的组织者,它的作用在于为新知识的学习提供适当的起固定作用的旧知识,提高有关旧知识的可利用性;另一类是比较性组织者,它的作用在于比较新知识与认知结构中有关相似知识的区别和联系,从而增强似是而非的新旧知识之间的可辨别性。

(四)加涅的信息加工学习理论

加涅被公认是将行为主义学习观与认知主义学习观相结合的代表。加涅认为,学习是神经系统中发生的各种过程的复合,学习不是刺激-反应间的一种简单联结。

1.信息加工学习理论的基本观点

加涅认为学习是一个有始有终的过程,这一过程可分成若干阶段,每一阶段需进行不同的信息加工。在各个信息加工阶段发生的事件,称为学习事件。学习事件是学生内部加工的过程,它形成了学习的信息加工理论的基本结构。与此相应,教学过程既要根据学生的内部加工过程,又要影响这一过程。因而,教学阶段与学习阶段是完全对应的。在每一教学阶段发生的事情,即教学事件,这是学习的外部条件。教学就是由教师安排和控制这些外部条件构成的,而教学的艺术就在于学习阶段与教学阶段的完全吻合。

2.学习过程的基本模式

从学习的信息加工模式中可以看到,学习是学生与环境之间相互作用的结果。学习过程是由一系列事件构成的。加涅认为,每个学习动作可以分解成八个阶段(图 6-10)。左边是学习阶段,其中方框上面是该阶段的名称,里面是该阶段内部的主要学习过程;右边则是教学事件。这样,学生内部的学习过程一环接一环,与此相应的学习阶段把这些内部过程与构成教学的外部事件联系起来了。

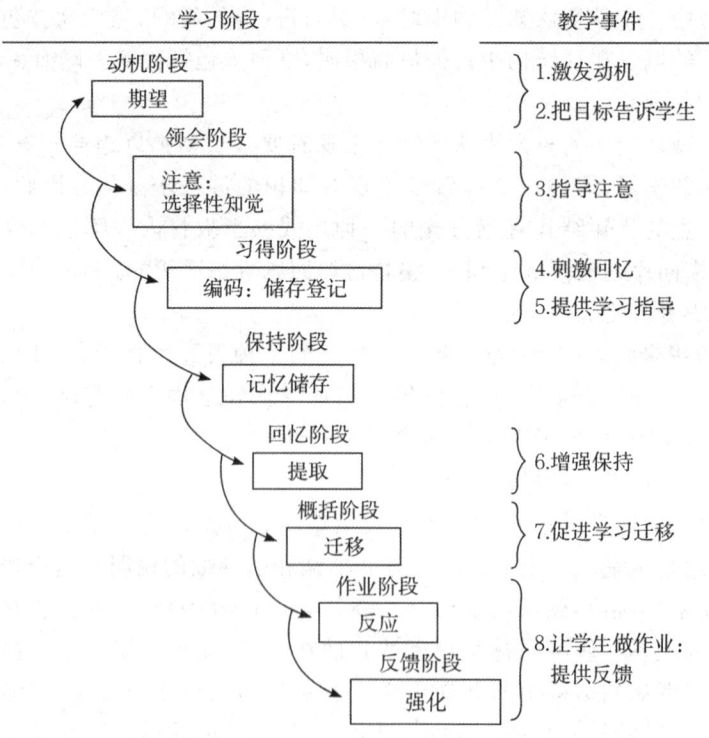

图 6-10 加涅信息加工学习理论的学习阶段

(1) 动机阶段

有效的学习必须要有学习动机,这是整个学习的开始阶段。动机的形式多种多样,在教育教学情境中,首先要考虑的是激发学生进行学习活动的动机,即学生力图达到某种目的的动机。它是借助于学生内部产生的心理期望过程而建立起来的。期望就是指学生对完成学习任务后将会得到满意结果的一种预期,它可以为随后的学习指明方向。

但是,在有些场合下,学生最初并没有被达到某种目的的诱因所推动,这时就要帮助学生确立学习动机,形成学习期望。理想的期望只有通过学生自己的体会才能形成,而不能仅仅通过教师告诉学生学习的结果来形成。因此,为了使学生形成理想的期望,在学生实际获得某种知识和技能之前,应先做出安排使学生达到某种目标,以便向学生表明他们能够达到预期的目标。

(2) 领会阶段

有了学习动机的学生,首先必须接受刺激,即必须注意与学习有关的刺激,而无视其他刺激。当学生把所注意的刺激特征从其他刺激中分化出来时,这些刺激特征就被进行知觉编码,储存在短时记忆中。这个过程就是选择性知觉。

为了使学生能够有效地进行选择性知觉,教师应采用各种手段来引起学生的注意,如改变讲话的声调、手势动作等;同时,外部刺激的各种特征本身必须是可以被分化和辨别的。学生只有对外部刺激的特征做出选择性知觉后,才能进入其他学习阶段。

(3) 习得阶段

当学生注意或知觉外部情境之后,学生就可获得知识。而习得阶段涉及的是对新获得的刺激进行知觉编码后储存在短时记忆中,然后再把它们进一步编码加工后转入长时记忆中。

在短时记忆中暂时保存的信息,与被直接知觉的信息是不同的。在这里,知觉信息已被转化成一种最容易储存的形式,这种转化过程称为编码过程。当信息进入长时记忆时,信息又要经历一次转换,这一编码的目的是保持信息。如用某种方式把刺激组织起来,或根据已经习得的概念对刺激进行分类,或把刺激简化成一些基本原理,这些都会有助于信息的保持。在此过程中,教师可以给学生提供各种编码程序,鼓励学生选择最佳的编码方式。

(4) 保持阶段

学生习得的信息经过复述、强化后,以语义编码的形式进入长时记忆储存阶段。对于长时记忆,人类至今了解不深,但有几点目前是清楚的:第一,储存在长时记忆中的信息,其强度并不随时间进程而减弱,如七八十岁的老人回忆孩提时的事情往往比当天的事情更清楚;第二,有些信息因长期不用会逐渐消退,如一个人已习得的外语单词会因经常不用而遗忘;第三,记忆储存可能会受干扰的影响,新旧信息的混淆往往会使信息难以提取。因此,如果教师能对学习条件做适当安排,避免同时呈现十分相似的刺激,可以减少干扰的可能性,从而提高信息保持的程度。

(5) 回忆阶段

学生习得的信息要通过作业表现出来,信息的提取是其中必需的一环。相对其他阶段而言,回忆或信息提取阶段最容易受外部刺激的影响。教师可以利用各种方式使学生得到提取线索,这些线索可以增加学生的信息回忆量。但作为教师,最重要的是指导学生,使他们为自己提供线索,从而成为独立的学习者。所以,对于教学设计来说,通过外部线索激活提取过程固然重要,但更重要的是使学生掌握为自己提供线索的策略。

(6) 概括阶段

学生提取信息的过程并不始终是在与最初学习信息时相同的情境中进行的。同时,教师也总是希望学生能把学到的知识运用于各种类似的情境中去,以达到举一反三的目的。因此,学习过程必然有一个概括的阶段,也就是学习迁移的问题。为了促进学习的迁移,教师必须让学生在不同情境中学习,并给学生提供在不同情境中提取信息的机会;同时,更为重要的是,要引导学生概括和掌握其中的原理和原则。

(7) 作业阶段

一个完整的学习过程需要有作业阶段似乎是不言而喻的,因为只有通过作业才能反映学生是否已习得了所学的内容。作业的一个重要功能是获得反馈;同时,学生通过作业看到自己学习的结果,可以获得一种满足。

当然,作业主要是给教师看的。一般来说,仅凭一次作业是很难对学生的学习情况做出判断的,有些学生可能碰巧做得很好,有些学生则可能碰巧做得不理想,因此教师需要几次作业才能对学生的学习状况做出判断。

(8) 反馈阶段

当学生完成作业后,他马上意识到自己已经达到了预期的目标。这时,教师应给予反馈,让学生及时知道自己的作业是否正确,从而强化其学习动机。当然,强化在学习过程中之所以起作用,是因为学生在动机阶段形成的期望在反馈阶段得到了肯定。

教师在提供反馈时,不仅可以通过"对""错""正确"或"不正确"等词语来表达,而且可以使用点头、微笑等许多微妙的方式反馈信息。同时,反馈并不总是需要外部提供,也可以从学生内部获得,即进行自我强化。例如,学生可以根据已经学过的概念、规则,知道自己的答案是否正确。

总之,加涅认为教师是教学活动的设计者和管理者,也是学生学习效果的评定者。一个完整的学习过程是由上述八个阶段组成的。在每个学习阶段,学习者的头脑内部都进行着信息加工活动,使信息由一种形态转变为另一种形态,直到学习者用作业的方式做出反应为止。教学程序必须根据学习的基本原理来进行。在学习结果(即言语信息、认知策略、智慧技能、动作技能、态度)确定之后,它们必须按照教学工作目标的适当顺序安排。有效的教学要求教师根据学生的内部学习条件,创设或安排适当的外部条件,促进学生有效地学习,以实现预期的教学目标。

三、人本主义学习理论

人本主义心理学是有别于精神分析与行为主义的心理学界的"第三种力量",主张从人的直接经验和内部感受来了解人的心理,强调人的本性、尊严、理想和兴趣,认为人的自我实现和为了实现目标而进行的创造才是人行为的决定因素。人本主义心理学的目标是要对作为一个活生生的完整的人进行全面描述。

(一) 人本主义学习理论的基本观点

人本主义心理学家认为,行为主义将人类学习混同于一般动物学习,不能体现人类本身的特性,而认知心理学虽然重视人类认知结构,却忽视了人类情感、价值观、态度等最能体现人类特性的因素对学习的影响。在他们看来,要理解人的行为,必须理解他所知觉的世界,即必须从行为者的角度来看待事物。要改变一个人的行为,首先必须改变其信念和知觉。人本主义者特别关注学习者的个人知觉、情感、信念和意图,认为它们是导致人与人之间差异的"内部行为",因此他们强调要以学生为中心来构建学习情景。人本主义心理学家认为,教育的目标、学习的结果应该是使学生成为具有高度适应性和内在自由性的人。

1.自由为基础的学习观

人本主义强调教学的目标在于促进学习,因此学习并非教师以填鸭式严格强迫学生无助地、顺从地学习枯燥乏味、琐碎呆板、现学现忘的教材,而是在好奇心的驱使下去吸收任何他自觉有趣和需要的知识。罗杰斯认为,学生学习主要有两种类型——认知学习和经验学习,其学习方式也主要有两种——无意义学习和有意义学习,并且认知学习和无意义学习、经验学习和有意义学习是完全一致的。因为认知学习的很大一部分内容对学生自己是没有个人意义的,它只涉及心智,而不涉及感情或个人意义,是一种"在颈部以上发生的学习",因而与完整的人无关,是一种无意义学习。而经验学习以学生的经验生长为中心,以学生的自发性和主动性为学习动力,把学习与学生的愿望、兴趣和需要有机地结合起来,因而经验学习必然是有意义的学习,必能有效地促进个体的发展。

所谓有意义学习,不仅仅是一种增长知识的学习,而且是一种与每个人各部分经验都融合在一起的学习,是一种使个体的行为、态度、个性以及在未来选择行动方针时发生重大变化的学习。在这里,我们必须注意罗杰斯的有意义学习和奥苏贝尔的有意义学习的区别。前者关注的是学习内容与个人之间的关系;而后者则强调新旧知识之间的联系,它只涉及理智,而不涉及个人意义。因此,按照罗杰斯的观点,奥苏贝尔的有意义学习只是一种"在颈部以上发生的学习",并不是罗杰斯所指的有意义学习。

罗杰斯认为,有意义学习主要包括四个要素:第一,学习具有个人参与的性质,即整个人(包括情感和认知两方面)都投入学习活动;第二,学习是自我发起的,即便在推动力或刺激来自外界时,但要求发现、获得、掌握和领会的感觉是来自内部的;第三,学习是渗透性的,也就是说,它会使学生的行为、态度,乃至个性都会发生变化;第四,学习是由学生自我评价的,因为学生最清楚这种学习是否满足自己的需要,是否有助于导致他想要知道的东西,是否明了自己原来不甚清楚的某些方面。

2.学生为中心的教学观

人本主义的教学观是建立在其学习观的基础之上的。罗杰斯从人本主义的学习观出发,认为单纯通过讲授传递的知识难以引发个体的内在改变,需与学习者的经验结合才能产生意义;能够影响个体行为的知识,只能是他自己发现并加以同化的知识。因此,教学的结果,如果不是毫无意义的,那就可能是有害的。教师的任务不是教学生学习知识(这是行为主义者所强调的),也不是教学生如何学习(这是认知主义者所重视的),而是为学生提供各种学习的资源,提供一种促进学习的气氛,让学生自己决定如何学习。为此,罗杰斯对传统教育进行了猛烈的批判。他认为在传统教育中,"教师是知识的拥有者,而学生只是被动的接受者;教师可以通过讲演、考试甚至嘲弄等方式来支配学生的学习,而学生无所适从;教师是权力的拥有者,而学生只是服从者"。因此,罗杰斯主张废除"教师"这一角色,代之以"学习的促进者"。

罗杰斯认为,促进学生学习的关键不在于教师的教学技巧、专业知识、课程计划、视听辅导材料、演示和讲解、丰富的书籍等(虽然这中间的每一个因素有时候均可作为重要的教学资料),而在于特定的心理气氛因素,这些因素存在于"促进者"与"学习者"的人际关系之中。那么,促进学习的心理气氛因素有哪些呢?罗杰斯认为,这和心理治疗领域中咨询者对来访者(患者)的心理气氛因素是一致的,这就是:(1)真实或真诚。学习的促进者表现真我,没有任何矫饰、虚伪和防御。(2)尊重、关注和接纳。学习的促进者尊重学习者的情感和意见,关心学习者的方方面面,接纳作为一个个体的学习者的价值观念和情感表现。(3)移情性理解。学习的促进者能了解学习者的内在反应,了解学生的学习过程。在这样一种心理气氛下进行的学习,是以学生为中心的,"教师"只是学习的促进者、协作者或者说伙伴、朋友,"学生"才是学习的关键,学习的过程就是学习的目的之所在。

(二)人本主义学习理论在教学中的应用

人本主义学习理论提倡在教学中培养健全的人格,推行以学生为中心的教育理念,重视自由学习和合作学习,推崇人性中心课程,提倡情感型师生关系等。根据上述教育理念,罗杰斯等构建了包括以题目为中心的课堂讨论模式、自由学习的教学模式和开放课堂的教学模式。

1. 以题目为中心的课堂讨论模式

这种教学模式强调学生要全身心投入课堂的群体讨论当中,在课堂讨论时要充分尊重学生的个别性和独特性,并且讨论不能长时间集中于某一题目上。

2. 自由学习的教学模式

这种教学模式允许学生参与决定学习的内容与授课方式。学生可以自由选择学习所需的信息源。师生共同制定学习契约。在课堂结构安排方面,可以根据具体情况灵活变通。学习的结果由学生进行评定。

3. 非指导性(开放课堂)的教学模式

罗杰斯倡导的"非指导性",其含义应是较少有"直接性、命令性、指示性"等特征,而带有"较多的不明示性、间接性、非命令性"等特征。"非指导"是罗杰斯用来表示与传统的"指导"思想和方法相区别的新概念,不是"不指导",而是"不明确的指导",即要讲究指导的艺术。"非指导性"教学的目标在于促进学习。其基本目标是帮助学生达到更大程度的个人的统合、有效性和现实的自我鉴定。教师的教学目标就是创造一种学习环境,以利于激发、考核和评价种种新出现的知觉的过程,帮助学生理解他们自己的需要和价值,以便能有效地指导他们自己的教育决策。

"非指导性"教学模式的理论假设是,学生乐于对他们自己的学习承担责任。学习的成功取决于师生坦率地共享某些观念和具有相互之间真诚交流思想的愿望。罗杰斯相信,积极的人际关系能使人成长,所以教学应以人际关系的概念而不是以教材的概念、思想过程或其他理智来源为基础。

总之,罗杰斯等人本主义心理学家从他们的自然人性论、自我实现论及其"患者中心"出发,在教育实际中倡导以学生经验为中心的"有意义的自由学习",对传统的教育理论造成了冲击,推动了教育改革运动的发展。这种冲击和促进主要表现在:突出情感在教学活动中的地位和作用,形成了一种以知情协调活动为主线、以情感作为教学活动的基本动力的新的教学模式;以学生的"自我"完善为核心,强调人际关系在教学过程中的重要性,认为课程内容、教学方法、教学手段等都维系于课堂人际关系的形成和发展;把教学活动的重心从教师引向学生,把学生的思想、情感、体验和行为看作是教学的主体,从而促进了个别化教学运动的发展。

四、建构主义学习理论

建构主义的主要思想来源于认知加工学说,以及维果斯基、皮亚杰和布鲁纳等人的思想。建构主义学习理论认为学习是一个积极主动的建构过程。学习者不是被动地接受外在信息,而是根据先前认知结构主动地和有选择性地知觉外在信息,建构当前事物的意义。知识是个人经验的合理化,而不是说明世界的真理。因为个体先前的经验毕竟是十分有限的,在此基础上建构知识的意义,无法确定所建构出来的知识是否就是世界的最终写照。知识的建构并不是任意的和随心所欲的。建构知识的过程中必须与他人磋商并达成一致,并不断地加以调整和修正,在这过程中,不可避免地要受到当时社会文化因素的影响。学习者的建构是多元化的。由于事物存在复杂多样化,学习情感存在一定的特殊性,以及个人的先前经验存在独特性,每个学习者对事物意义的建构将是不同的。

(一)建构主义学习理论的基本观点

1.建构主义的学习观
(1)学习的含义

建构主义认为,知识不是通过教师传授得到的,而是学习者在一定的情境及社会文化背景下,借助学习过程其他人(包括教师和学习伙伴)的帮助,利用必要的学习资料,通过意义建构的方式而获得的。由于学习是在一定的情境及社会文化背景下,借助其他人的帮助即通过人际间的协作活动而实现的意义建构过程,因此建构主义学习理论认为情境、协作、会话和意义建构是学习环境中的四大要素或四大属性。

情境:学习环境中的情境必须有利于学生对所学内容的意义建构。这就对教学设计提出了新的要求。也就是说,在建构主义学习环境下,教学设计不仅要考虑教学目标分析,还要考虑有利于学生建构意义的情境的创设问题,并把情境创设看作是教学设计的最重要内容之一。

协作:协作发生在学习过程的始终。协作对学习资料的搜集与分析、假设的提出与验证、学习成果的评价直至意义的最终建构均有重要作用。

会话:会话是协作过程中的不可缺少环节。学习小组成员之间必须通过会话商讨如何完成规定的学习任务的计划;此外,协作学习过程也是会话过程,在此过程中,每个学习者的思维成果(智慧)为整个学习群体所共享,因此会话是达到意义建构的重要手段之一。

意义建构:这是整个学习过程的最终目标。所要建构的意义是指事物的性质、规律以及事物之间的内在联系。在学习过程中帮助学生建构意义就是要帮助学生对当前学习内容所反映的事物的性质、规律以及该事物与其他事物之间的内在联系达到较深刻的理解。这种理解在大脑中的长期存储形式就是前面提到的"图式",也就是关于当前所学内容的认知结构。

由以上所述学习的含义可知,学习的质量是学习者建构意义能力的函数,而不是学习者重现教师思维过程能力的函数。换句话说,获得知识的多少取决于学习者根据自身经验去建构有关知识的意义的能力,而不取决于学习者记忆和背诵教师讲授内容的能力。

在学习方法上,建构主义提倡在教师指导下的、以学习者为中心的学习,也就是说,既强调学习者的认知主体作用,又不忽视教师的指导作用,教师是意义建构的帮助者、促进者,而不是知识的传授者与灌输者。学生是信息加工的主体,是意义的主动建构者,而不是外部刺激的被动接受者和被灌输的对象。学生要成为意义的主动建构者,就要求学生在学习过程中从以下几个方面发挥主体作用:①要用探索法、发现法去建构知识的意义;②在建构意义过程中要求学生主动去搜集并分析有关的信息和资料,对所学习的问题要提出各种假设并努力加以验证;③要把当前学习内容所反映的事物尽量和自己已经知道的事物相联系,并对这种联系加以认真的思考。"联系"与"思考"是意义构建的关键。如果能把联系与思考的过程与协作学习中的协商过程(即交流、讨论的过程)结合起来,则学生建构意义的效率会更高,质量会更好。协商有"自我协商"与"相互协商"(也叫"内部协商"与"社会协商")两种,自我协商是指自己和自己争辩什么是正确的,相互协商则指学习小组内部相互之间的讨论与辩论。

(2)学习观

学习过程同时包含两方面的建构:一方面是对新信息的意义建构,同时又包含对原有经验的改造和重组。这与皮亚杰关于通过同化与顺应而实现的双向建构的过程是一致的。只是建构主义者更重视后一种建构,强调学习者在学习过程中并不是发展起供日后提取出来以指导活动的图式或命题网络,相反,他们形成的对概念的理解是丰富的、有着经验背景的,从而在面临新的情境时,能够灵活地建构起用于指导活动的图式。

任何学科的学习和理解都不像在白纸上画画,学习总要涉及学习者原有的认知结构,学习者总是以其自身的经验,包括正规学习前的非正规学习和科学概念学习前的日常概念,来理解和建构新的知识和信息。即学习不是被动接收信息刺激,而是主动地建构意义,是根据自己的经验背景,对外部信息进行主动的选择、加工和处理,从而获得自己的意义。外部信息本身没有什么意义,意义是学习者通过新旧知识经验间的反复的、双向的相互作用过程而建构成的。因此,学习不是像行为主义所描述的"刺激-反应"那样。学习意义的获得,是每个学习者以自己原有的知识经验为基础,对新信息重新认识和编码,建构自己的理解。在这一过程中,学习者原有的知识经验因为新知识经验的进入而发生调整和改变。所以,建构主义者关注如何以原有的经验、心理结构和信念为基础来建构知识。

(3)知识观

知识不是对现实的纯粹客观的反映,任何一种记载知识的符号系统也不是绝对真实的表征。它只不过是人们对客观世界的一种解释、假设或假说,它不是问题的最终答案,必将随着人们认识程度的深入而不断地变革、升华和改写,出现新的解释和假设。

知识并不能绝对准确无误地概括世界的法则,提供对任何活动或问题解决都适用的方法。在具体的问题解决中,知识是不可能一用就准,一用就灵的,而是需要针对具体问题的情境对原有知识进行再加工和再创造。

知识不可能以实体的形式存在于个体之外,尽管通过语言赋予了知识一定的外在形式,并且获得了较为普通的认同,但这并不意味着学习者对这种知识有同样的理解。真正的理解只能由学习者自身基于自己的经验背景而建构起来,取决于特定情境下的学习活动过程。否则,就不叫理解,而是叫死记硬背或生吞活剥,是被动的复制式的学习。

显然,这种知识观是对传统课程和教学理论的巨大挑战。照建构主义看来,课本知识,只是一种关于某种现象的较为可靠的解释或假设,并不是解释现实世界的"绝对参照"。某一社会发展阶段的科学知识固然包含真理,但是并不意味着终极答案,随着社会的发展,肯定还会有更真实的解释。更为重要的是,任何知识在为个体接收之前,对个体来说是没有什么意义的,也无权威性可言。所以,教学不能把知识作为预先决定了的东西教给学生,不要以我们对知识的理解方式来作为让学生接收的理由,用社会性的权威去压服学生。学生对知识的接收,只能由他们自己来建构完成,以他们自己的经验为背景,来分析知识的合理性。在学习过程中,学生不仅理解新知识,而且对新知识进行分析、检验和批判。

(4)学生观

建构主义认为学习是学生建构自己的知识的过程,学生并不是被动地接受外来信息,而是主动地进行选择加工,主动地构建信息意义,且这种构建不可能由他人所替代。这表明,学习过程并不是简单的信息输入、储存和提取,而是新旧知识或经验之间的相互作用的过程,学生要主动地对外部信息进行选择与加工,主动地去建构信息的意义。建构信息的意义并不是由信息本身决定的,外部信息本身没有意义,意义是学生通过新旧经验间反复、双向的相互作用过程而建构、生成的。

2.建构主义学习理论在教学中的应用

(1)教师在教学过程中的作用

教师要成为学生建构意义的帮助者,就要求教师在教学过程中从以下几个方面发挥指导作用:①激发学生的学习兴趣,帮助学生形成学习动机;②通过创设符合教学内容要求的情境和提示新旧知识之间联系的线索,帮助学生建构当前所学知识的意义。③为了使意义建构更有效,教师应在可能的条件下组织协作学习(开展讨论与交流),并对协作学习过程进行引导使之朝有利于意义建构的方向发展。引导的方法包括:提出适当的问题以引起学生的思考和讨论;在讨论中设法把问题一步步引向深入以加深学生对所学内容的理解;要启发诱导学生自己去发现规律,自己去纠正和补充错误或片面的认识。

(2)建构主义的教学观

①教学应在教师指导下以学习者为中心

由于事物的意义并非完全独立于我们而存在,而是源于我们的建构,每个人都以自己的方式理解事物的某些方面,教学要增进学生之间的合作,使学生看到那些与他不同的观点的基础。因此,合作学习受到建构主义者的广泛重视。这些思想是与维果斯基对于社会交往在儿童心理发展中的作用的重视的思想相一致的。学习者以自己的方式建构对于事物的理解,从而不同的人看到的是事物的不同方面,不存在唯一的标准的理解,通过学习者的合作使理解更加丰富和全面。教学不能无视学习者的已有知识经验,简单强硬地从外部对学习者实施知识的"填灌",而是应当把学习者原有的知识经验作为新知识的生长点,引导学习者从原有的知识经验中,生长新的知识经验。这一思想与维果斯基的"最近发展区"的思想相一致。教学不是知识的传递,而是知识的处理和转换。教师不单是知识的呈现者,不是知识权威的象征,而应该重视学生自己对各种现象的理解,倾听他们时下的看法,思考他们这些想法的由来,并以此为据,引导学生丰富或调整自己的解释。教学应在教师指导下以学习者为中心。当然强调学习者的主体作用,也不能忽视教师的主导作用。教师的作用从传统的传递知识的权威转变为学生学习的辅导者,成为学生学习的高级伙伴或合作者。教师是意义建构的帮助者、促进者,而不是知识的提供者和灌输者。学生是学习信息加工的主体,是意义建构的主动者,而不是知识的被动接收者和被灌输的对象。简言之,教师是教学的引导者,并将监控学习和探索的责任也由教师为主转向学生为主,最终要使学生达到独立学习的程度。

②提倡情境性教学

建构主义认为,学习者的知识是在一定的情境下,借助他人的帮助,如人与人之间的协作、交流,利用必要的信息等,通过意义的建构而获得的。理想的学习环境应当包括情境、协作、交流和意义建构四个部分。学习环境中的情境必须有利于学习者对所学内容的意义建构。在教学设计中,创设有利于学习者建构意义的情境是最重要的环节或方面。协作应该贯穿于整个学习活动过程中,包括教师与学生之间、学生与学生之间的协作。交流是协作过程中最基本的方式或环节。其实,协作学习的过程就是交流的过程,在这个过程中,每个学习者的想法都为整个学习群体所共享。交流对于推进每个学习者的学习进程是至关重要的手段。意义的建构是教学活动的最终目标,一切都要围绕这种最终目标来进行。

同时,教学应使学习在与现实情境相类似的情境中发生,以解决学生在现实生活中遇到的问题为目标,为此学习内容要选择真实性任务,不能对其做过于简单化的处理,使其远离现实的问题情境。由于具体问题往往都同时与多个概念理论相关,所以,它们主张弱化学科界限,强调学科间的交叉。这种教学过程与现实的问题解决过程相类似,所需要的工具往往隐含于情境当中,教师并不是将提前已准备好的内容教给学生,而是在课堂上展示出与现实中专家解决问题相类似的探索过程(甚至有人主张教师不要备课),提供解决问题的原型,并指导学生的探索。主张一方面要提供建构理解所需的基础,同时又要留给学生广阔的建构空间,让他们针对具体情境采用适当的策略。

③教学任务的整体性

在教学进程的设计上,建构主义者提出如果教学简单得脱离情境,就不应从简单到复杂,而要呈现整体性的任务,让学生尝试进行问题的解决,在此过程中学生要自己发现完成整体任务所需首先完成的子任务,以及完成各级任务所需的各级知识技能。教学活动中,不必非要组成严格的直线型层级,因为知识是由围绕着关键概念的网络结构所组成,它包括事实、概念、概括化以及有关的价值、意向、过程知识、条件知识等。学生可以从知识结构网络的任何部分进入或开始。即教师既可以从要求学生解决一个实际问题开始教学,也可以从给一个规则入手。在教学中,首先选择与儿童生活经验有关的问题(这种问题并不是被过于简单化),同时提供用于更好地理解和解决问题的工具。而后让学生单个地或在小组中进行探索,发现解决问题所需的基本知识技能,在掌握这些知识技能的基础上,最终使问题得以解决。

④高级学习与随机通达教学

学习可以分为初级学习与高级学习两种层次。初级学习是学习中的低级阶段,教师只要求学生知道一些重要的概念和事实,在作业中学生只要将他们所学的东西按原样再生出来,为此,初级学习的内容主要是结构良好的领域。传统教学往往混淆了初级学习与高级学习之间的界限,将初级学习阶段的教学策略(如将整体分割为部分,着眼于普遍原则的学习,建立单一标准的基本表征等)不合理地推及高级学习阶段的教学中;同时,教学设计从低到高、由局部到整体地展开学习过程的做法,使得教学过于简单化。这种简单化使得学生的理解简单片面,妨碍了学习在具体情境中更广泛而灵活地迁移。建构主义的目的就是要寻求适合于高级学习的教学途径。其中适合于高级学习的教学途径之一就是随机通达教学。"随机通达教学"认为,对同一内容的学习要在不同时间多次进行,每次的情境都是经过改组的,而且目的不同,分别着眼于问题的不同侧面。这种反复绝非为巩固知识技能而进行的简单重复,因为在各次学习的情境中会有互不重合的地方,而这将使学习者对概念知识获得新的理解。这种教学避免抽象地谈概念的一般运用,而是把概念具体到一定的实例中,并与具体情境联系起来。每个概念的教学都要涵盖充分的实例(变式),分别用于说明不同方面的含义,而且各实例都可能同时涉及其他概念。在这种学习中,学习者可以形成对概念的多角度理解,并与具体情境联系起来,形成背景性经验。这种教学有利于学习者针对具体情境建构用于指引问题解决的图式。可以看出,这种思想与布鲁纳关于训练多样性的思想是一致的,是这种思想的深入发展。

(3)建构主义的教学模式

建构主义学习理论可促进课堂教学形成一些有助于学生思维发展的具体教学方法,主要有研究性学习、合作学习和支架式教学。研究性学习是指教师提供问题情境,学生通过搜集资料、验证假设来解决问题的学习活动。在研究性学习中,学生学会的不仅是知识,更重要的是探究过程本身,如学会如何解决问题、如何评价问题解决的途径以及如何批判性地思考等。合作学习是指在学习时,由几个能力不同的学生组成小组,在积极互动中发生的共同学习。它不同于小组学习。小组学习,几个学生围在一起学习,他们之间可能有合作也可能没有。合作学习的关键在于小组成员之间的相互依赖、相互沟通、相互合作,共同负责,从而达到共同的目标。合作学习时的小组交流、争议、意见综合等有助于学生建构起新的、更深层的理解;小组互动可引起学生的认知冲突和不平衡,从而使个体质疑自己的理解,并寻求新的解释,最终导致新的认知平衡。此外,在社会互动中学习,有助于学生达成对问题的共同理解,建立起更完整的表征,这正是问题解决的关键。

支架式教学被定义为:"应当为学习者建构对知识的理解提供一种概念框架。这种框架中的概念是为发展学习者对问题的进一步理解所需要的,为此,事先要把复杂的学习任务加以分解,以便于把学习者的理解逐步引向深入。"支架原本指建筑行业中使用的脚手架,在这里用来形象地描述一种教学方式:儿童被看作是一座建筑,儿童的"学"是在不断地、积极地建构着自身的过程;而教师的"教"则是一个必要的脚手架,支持儿童不断地建构自己,不断建造新的能力。支架式教学是以苏联著名心理学家维果斯基的"最近发展区"理论为依据的。维果斯基认为,在测定儿童智力发展时,应至少确定儿童的两种发展水平:一种是儿童现有的发展水平,另一种是潜在的发展水平,这两种水平之间的区域称为"最近发展区"。教学应从儿童潜在的发展水平开始,不断创造新的"最近发展区"。支架教学中的"支架"应根据学生的"最近发展区"来建立,通过支架作用不停地将学生的智力从一个水平引导到另一个更高的水平。支架式教学由以下几个环节组成:①搭脚手架——围绕当前学习主题,按"最近发展区"的要求建立概念框架。②进入情境——将学生引入一定的问题情境。③独立探索——让学生独立探索。探索内容包括:确定与给定概念有关的各种属性,并将各种属性按其重要性大小顺序排列;探索开始时要先由教师启发引导,然后让学生自己去分析;探索过程中教师要适时提示,帮助学生沿概念框架逐步攀升。④协作学习——进行小组协商、讨论。讨论的结果有可能使原来确定的、与当前所学概念有关的属性增加或减少,各种属性的排列次序也可能有所调整,并使原来多种意见相互矛盾且态度纷呈的复杂局面逐渐变得明朗、一致起来,在共享集体思维成果的基础上达到对当前所学概念比较全面、正确的理解,即最终完成对所学知识的意义建构。⑤效果评价——对学习效果的评价,包括学生个人的自我评价和学习小组对个人的学习评价,评价内容包括自主学习能力、对小组协作学习所做出的贡献、是否完成对所学知识的意义建构等。

【案例回顾与分析】

张老师根据学生小丽的个性特点,为她设定"跳起来,摘桃子"的方案,这个方案体现了维果斯基的最近发展区理论。张老师根据小丽的实际情况,为她设立经过努力可以达到的目标。"跳起来,摘桃子"的设计方案正是"最近发展区"反映。维果斯基认为,儿童有两种心理发展水平:一种是现有的发展水平,另一种是在指导下能够达到的(或称即将达到的)发展水平。最近发展区就是指实际的发展水平与潜在的发展水平之间的差距。

"桃子"就是目标(潜在的发展水平),对学生具有相当的诱惑力;"让"就是教师的诱导;"跳一跳"就是挖掘学生的努力程度;而"摘"就是让学生自我探究,自主地获取知识。小丽按照所定的目标不断地努力,凭着自己的努力去实现了一个又一个目标,不停地探索,不断地体验成功,激发求知欲望,从而增强了自信心,最后取得较好的结果。当然,张老师所设计的方案中的目标是学生力所能及的范围内再稍做努力就可以达到。目标太高,连跳数次仍然摘不到桃子,人们会认为努力也是白费劲,最终丧失信心;目标太低,无须跳就能摘到桃子,就使人们失去了跳的动力,不利于发掘潜能。所以目标太高或太低都不利于个体才能的有效发挥。学生"跳一跳摘桃子",就是强调让学生经过努力,自主地获取知识,这个"桃子"是学生自己摘到的,而不是教师摘下来塞给学生的,学生"跳一跳摘到了桃子"自然就得到了锻炼,不仅体验了成功的快乐,而且获得了知识,形成了能力。

【学以致用】

⊙情境1

王显凤出生在辽宁省台安县高力房镇锅杨子村一个特殊的家庭中。她的母亲因早年患大脑炎而导致痴呆,属中度残疾;她的父亲是聋哑人。小显凤出生后,父亲忙于每天的生活,根本没有时间照顾她,小显凤整天饥一顿饱一顿的,经常饿得哇哇大哭。当王显凤会爬以后,为了能够填饱肚子,便开始摸摸索索地四处找东西吃。有一天她从炕上摔下来,不分东南西北的小显凤不知不觉爬进一窝刚出生不久的猪崽中间,她本能地与小猪崽一起拱在母猪肚皮下吃起奶来。老母猪似乎并不讨厌这个外来的"孩子"。小显凤吃饱喝足后,和小猪崽儿一起,偎在母猪的怀抱中睡着了。就这样,王显凤正式开始了她与猪为伴的生活。11年关键的生长发育期是在与猪为伴的极为特殊的环境里度过的,造成了她心理的严重畸形。据测量表明,她的智商为39。全国教育系统先进教师姜云香把王显凤领回自己的家中,采用特殊引导的教育方法帮助"猪孩"王显凤认字、念诗,培养独立生活的能力。7年后,经过全面科学的测定,王显凤的智力相当于小学二三年级水平。她的智商也从39的重度智残达到 69,而她的社会交往能力基本达到了正常人水平。

问题:试运用有关的心理学原理对此案例进行分析。

⊙情境 2

中低年级小学生容易混淆形近字而出错误。为预防这样的错误,语文教师在教形近字"大、犬、太、天、夭"时,一般用"辨析比较"、"区分异同"和"以旧带新"等方法,帮助小学生观察易出错误的部位,以区分形近字的不同之处。

问题:运用经典条件反射理论的有关规律简要进行分析。

【关键术语】

学习是人和动物在特别情境下,由于练习或反复经验而产生的行为、能力或倾向上的比较持久的变化及其过程。

经典条件反射是指一个刺激和另一个带有奖赏或惩罚的无条件刺激多次联结,可使个体学会在单独呈现该刺激时,也能引发类似无条件反应的条件反应。

操作性条件反射是指一种行为主义的学习类型,具体指自主行为受到后继刺激操作的控制,也称为"R-S 学习模式"。

观察学习是指个体通过对他人的行为及其强化性结果的观察,从而获得某些新的行为反应的过程。

替代性强化指学习者通过观察他人行为所带来的奖励性后果而受到强化。

自我强化是指个体观察自己的行为,并根据自己的标准进行判断,由此强化或处罚自己。

发现法就是让学生独立思考,提出假设,进行验证,自己发现要学习的概念、规则等知识。

有意义学习是指当前的学习与已有知识建立起实质性的、非人为的联系。

先行组织者是先于学习任务本身呈现的一种引导性材料,它要比学习任务本身有较高的抽象、概括和综合水平,并且能够清晰地与认知结构中原有观念和新任务关联起来。

支架式教学是为学习者建构对知识的理解提供一种概念框架。

最近发展区是指在测定儿童智力发展时,应至少确定儿童的两种发展水平:一种是儿童现有的发展水平,另一种是潜在的发展水平,这两种水平之间的区域称为"最近发展区"。

【参考文献】

[1]罗伯特·斯莱文.教育心理学:理论与实践[M].10 版.吕红梅,姚梅林,等译.北京:人民邮电出版社,2016.

[2]伍尔福克.教育心理学:主动学习版[M].伍新春,等译.北京:机械工业出版社,2015.

[3]皮连生.教育心理学[M].4 版.上海:上海教育出版社,2011.

[4]张大均.教育心理学[M].3 版.北京:人民教育出版社,2015.

[5]陈琦,刘儒德.当代教育心理学[M].3 版.北京:北京师范大学出版社,2019.

[6]吴庆麟,胡谊.教育心理学[M].上海:华东师范大学出版社,2018.

[7]冯忠良.教育心理学[M].北京:人民教育出版社,2000.

[8]朱永新.教育心理学论稿[M].北京:中国人民大学出版社,2011.

[9]李伯黍,燕国材.教育心理学[M].3版.上海:华东师范大学出版社,2010.

[10]王德强,邢斌.教育心理学:教育实践与学生发展取向的心理学研究[M].武汉:华中科技大学出版社,2018.

[11]简妮·爱丽丝·奥姆罗德.教育心理学精要:指导有效教学的主要理念[M].3版.雷雳,等译.北京:中国人民大学出版社,2013.

[12]丽莎·马克斯·伍尔夫森.教育心理学[M].杜保源,等译.上海:上海社会科学院出版社,2019.

[13]B.R.赫根汉,马修·奥尔森.学习理论导论[M].离本禹,等译.上海:上海教育出版社,2011.

[14]布兰思福特.人是如何学习的:大脑、心理、经验及学校(扩展版)[M].程可拉,等译.上海:华东师范大学出版社,2013.

[15]克努兹·伊列雷斯.我们如何学习:全视角学习理论[M].孙玫璐,译.北京:教育科学出版社,2015.

[16]卢家楣.学习心理与教学理论和实践[M].3版.上海:上海教育出版社,2017.

第七章　学生的身心发展特点

个体的身心发展是指个体在从生命开始到结束的全部人生过程中,生理和心理、体力和脑力不断变化的过程,包括生理和心理两个方面的发展。所谓身体的发展,指机体正常发育和体质的增强。机体发育正常使体质增强,而体质的增强又有助于机体的健全发育,两者互为作用。所谓心理的发展,是指认识能力和个性特征的发展。认识包括感觉、知觉、记忆和思维等;个性包括需要、兴趣、情感和意志等。这两者也是密不可分的,认识的发展,促进人的个性的形成与发展;个性的发展,促使人在按照自己的意向实践活动中加深对自己的认识。个体的生理发展和心理发展是紧密相连的,生理发展是心理发展的物质基础,心理发展也影响着生理发展。

【本章知识框架】

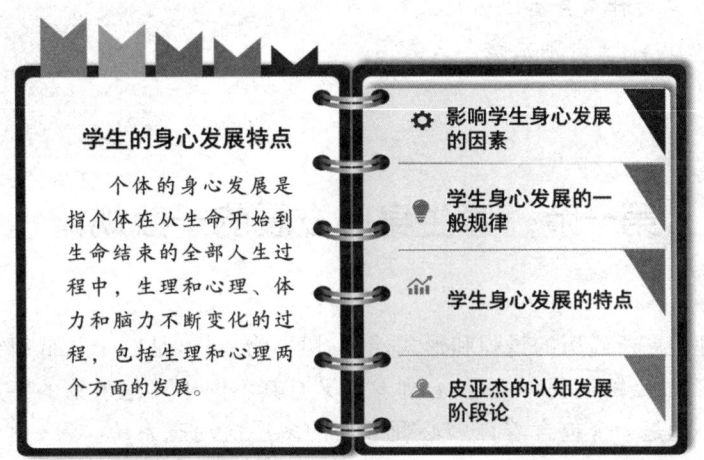

【学习要点】

小学生身心发展特点:了解小学生身体、认知和个性特征发展的一般特点。

中学生身心发展特点:了解中学生身心发展的过渡性、闭锁性、社会性和动荡性等特点。

个体身心发展的一般规律:了解学生身心发展的连续性和阶段性、定向性和顺序性、不平衡性以及个别差异性等特点。

【学习提示】

1. 这部分知识点内容不多,知识本身逻辑性较强,建议在学习时按照知识内部逻辑线索对知识进行理解和掌握。

2. 在实践学习中,要注意观察学生身心发展的特点,收集典型案例,以加强对这部分知识内容的体验和感悟。

3. 学生的身心发展受遗传、环境、教育和个人主观努力等多方面因素的影响。不同时代、社会、环境和遗传基础的个体,其具体的身心发展特点都是不同的。在实践工作中,要根据具体情况灵活运用这部分知识来理解和预测学生的身心发展特点和规律,切忌生搬硬套。

【案例引导】

不愿再写诗的小军

王老师教初二的英语课。一天,刚上课时她就很兴奋地宣布:"我想告诉你们,咱们班出了一个诗人。小军写了一首很美的诗,我想读给大家听听。"接着,王老师朗读了那首诗,它的确很美。然而,王老师注意到小军的脸红了,并且看上去非常不安。班上有些同学在窃窃私语。后来,王老师问小军是否愿意再写一首诗去参加全市的诗歌比赛,他说再也不写了,因为他真的觉得自己在这方面并不擅长,并且也没有时间写(图7-1)。

图7-1 不愿再写诗的小军

问题:

1. 你认为小军为什么会有上述反应?
2. 为了鼓励小军,王老师应该怎么做?

第一节 学生身心发展的一般规律

个体的心理发展所经历的过程和形式,同一切事物一样,是一个从低级到高级、从简单到复杂、从量变到质变的过程。但是,心理发展又有其不同于其他事物的特点,这种特点主要是因为个体心理是一个包含着许多心理因素的多层次动态系统。每一心理因素的形成和发展,都是从缓慢地积累发展到一定年龄阶段而发生质的变化的;各种心理因素的发展变化是不同步的。同时,它们之间又相互影响,形成各种心理因素错综复杂的交替变化。

一、个体身心发展的连续性和阶段性

个体身心发展的阶段性是指个体在不同的年龄阶段表现出不同的身心发展的总体特征和主要矛盾,面临着不同的发展任务。个体按照一定的顺序,在持续不断的发展过程中,在一定的年龄阶段,会反映出一些新的生理与心理变化的典型特点。这些典型特点的出现,标志着个体的发展在量的增长过程中,产生了质的变化,进入了一个新的发展阶段。人

们根据这些特点的典型性与普遍性,确定了个体发展的阶段性。每个阶段都有其普遍的与典型的特点,这是个体发展的一种突变。这些特点与前后阶段既有差别性,又有连续性,构成不同年龄阶段的年龄特征。个体从出生到青少年的发展,一般划分为六个阶段,即新生儿期(1周岁以内)、婴儿期(1~3岁)、幼儿期(3~6岁)、童年期(又称学龄初期,六七岁到十二三岁,相当于小学阶段)、少年期(又称学龄中期,十二三岁到十五六岁,相当于初中阶段)、青年初期(又称学龄晚期,十五六岁到十七八岁,相当于高中阶段)。

每一发展阶段又可分为若干小的阶段,各阶段之间既是连续的,又是不同质的或不完全同质的。在连续性方面,前后相邻的阶段是有规律地更替的,在一段时间内,发展主要表现为数量上的变化,经过一段时间,发展由量变到质变,从而发展水平达到一个新的阶段。各个阶段之间不是割裂的,而是相互联系构建成一个完整的连续发展的过程。这种身心发展的阶段性表现在不同的个体之间,可能发生得有早有晚,有快有慢,但一般说来,这些阶段的顺序是不可逾越的,各个阶段的次序也是不会颠倒的。阶段性强调不同年龄阶段的学生特点各不相同,小学生有小学生的特点,中学生有中学生的特点,作为一名教师要看到他们在各个时期的特点,能够有针对性、分阶段地教学。

二、个体身心发展的定向性和顺序性

个体身心发展在整体上具有一定的顺序,身心发展的个别过程和特点的出现也有一定的顺序。定向性和顺序性强调人的身心发展是一个从低级到高级、从量变到质变的过程,并且这个顺序和方向是不可逆的。例如,人的身体的发展是按"首尾法则"和"近远法则"进行的,即身体的发展遵循由头部到躯干和四肢,从中心向全身边缘等顺序。再如,心理的发展总是按照由机械记忆到意义记忆,由具体思维到抽象思维,从一般的喜、怒、哀、惧等初级情感到理智感、道德感、美感等高级情感等顺序进行的。个体身心发展的定向性和顺序性说明在教学过程中,教师要依据学生身心发展的特点,循序渐进,不能揠苗助长。

【真题解析】
"揠苗助长"违背了人的身心发展的( )。
A.阶段性　　　　B.顺序性　　　　C.不平衡性　　　　D.差异性
解析:"揠苗助长"就是不顾个体身心发展的顺序性,对未做好身心发展准备的个体提出过高要求。因此正确答案是B。

三、个体身心发展的不平衡性

个体身心发展的不平衡性表现在两个方面:一是身心发展的同一方面的发展速度在不同的年龄阶段是不平衡的。这样的发展不平衡存在两个高峰期:一个是儿童出生后第一年,另一个则是青春发育期。儿童在出生后的第一年里,成长速度非常快,变化很明显。这是因为新生儿离开母体后来到人世这一新的环境中,产生了个体与外在环境的极大不适应,必须急速发展才可使个体与客观世界逐渐适应,逐渐平衡。这是主体与客体的矛盾所形成的一种必然现象。在此期间,个体以很快的速度成长,反映在身体上的变化也十分显著。在青春发育期,个体不仅身体素质有很大变化,身高、体重的增长也很快,在心理特点上也产生了许多新的变化。青春期是个体逐渐发育成熟的时期,身体结构向成人过渡,能力逐渐增强,性机能开始萌发,成人感逐渐形成。在青春期,个体大脑的发展速度也是不均衡的。研究证明,儿童出生后第5~10个月,大脑的发展最为迅速,之后又经历5~6岁和13~14岁两个显著的加速期。这种不均衡同个体意识的萌发、认识客观世界的急切需求以及智力的发展水平有着密切的关系。

个体身心发展的不平衡性的第二个方面是身心发展的不同方面的发展速度不平衡。在某些方面,个体的发育水平可能已经达到较高程度,而另一些方面的发展仍处于较低水平。例如,当儿童的身高与体重发展到较高水平时,其骨化过程离完成还有很远的距离。5岁时,个体掌握了数的概念,但对时间和空间的感知还需要在稍晚的时候形成。

个体身心发展的不平衡性说明教育工作要抓住关键期。所谓**发展关键期**,是指个体身体或心理的某一方面机能和能力最适于形成的时期。在关键期内施加教育影响,可以起到事半功倍的效果,错过了关键期的教育,往往事倍功半。

【真题解析】

1. 印度"狼孩"的事例表明,个体在早期心理发展的某一个短暂时期内,对某类刺激特别敏感,一旦错失将难以达到应有的发展水平。心理学上把这一时期称为(   )。

　　A.最近发展期　　　　B.生长高峰期　　　　C.心理断乳期　　　　D.发展关键期

解析:题干描述符合发展关键期的内涵。因此正确答案是D。

2. 判断题:一个人如果错过了语言关键期,就怎么也学习不好外语了。

参考答案:错。

解析:与动物完全依赖本能学习不同,人类的行为学习有时候即便错过了关键期,也能经过补偿学习而可以获得,只是难度加大而已。

四、个体身心发展的个别差异性

人的先天素质、环境和教育以及自身的主观能动性的不同,决定了人的身心发展存在着个别差异。个体的发展既有共同性,又有差异性。共同性是指个体发展的基本阶段是共同的,每个阶段也都表现出一些典型的共同特点。但在每个阶段内,每个个体之间的发展并不是完全一样的,在发展水平、个性特点、兴趣爱好等方面完全相同的个体是不存在的。不同的个体即使其心理发展的过程是基本相同的,但在其心理发展的速度、稳定性、个性特点等方面都会有差异。例如,1963年心理学家厄伦迈耶-金林和贾维克对过去半个世纪8个国家52项研究进行分析后发现,同卵双胞胎在同一环境下成长的,他们的智力相关达到0.88,同卵双胞胎在不同环境下长大,其智力相关为0.60;相应地,同胞兄弟姐妹在相同和不同环境中长大时,智力的相关分别是0.50和0.35。

个体身心发展的差异性体现在群体和个别两个层面。在群体层面,不同性别群体在生理机能和社会地位、角色、交往群体等方面均存在差异。在个别层面,个体身心发展的差异性表现在身心构成的所有方面,有些是发展水平的差异,例如有的人"少年得志",有些人则"大器晚成";有些是心理特征表现方式上的差异,例如有的个体的数学能力较强,但绘画却很差,而有的个体正好相反。个体身心发展的差异性说明教师在教学中应做到因材施教,根据学生的特点选择恰当的教育方法。

【真题解析】

1. 有人大器晚成,有人聪明早慧。这说明了人的心理发展具有(　　)特点。
   A.阶段性　　　B.顺序性　　　C.不平衡性　　　D.差异性

   解析:"有人大器晚成,有人聪明早慧",说明个体身心发展具有个别差异性。正确答案是 D。

2. 在教育工作中,我们要"一把钥匙开一把锁",这是遵循了人的发展的(　　)。
   A.阶段性　　　B.不平衡性　　　C.顺序性　　　D.个别差异性

   解析:在教育工作中,"一把钥匙开一把锁"是指要因材施教,因此这里遵循的是个体身心发展的个别差异性。正确答案是 D。

第二节　影响学生身心发展的因素

个体的身心发展受到遗传、环境、学校教育和人的主观努力等多方面因素的影响。其中,遗传因素为人的发展提供了物质前提,但不能决定人的发展;环境因素包括家庭、学校和社会等众多环境,它使遗传所提供的发展可能性变成现实,决定了人发展的方向、水平、速度和个体差异。学校教育有其独特的功能,在人的发展中起主导作用。而人的主观能动性则表明了人在发展过程中,不是完全被动地接受影响,而是可以主动选择发展的方向和内容。这几方面因素共同影响人的发展,不能偏重其中的某一个方面。

一、遗传

遗传即是个体从上一代继承下来的生理解剖上的特点,包括机体的构造、形态、感官和神经类型的特征等。遗传素质在人的身心发展中起重要作用。遗传素质是人身心发展的前提,为人的身心发展提供了可能性,但这个可能性能否得到表达也只是一种可能。遗传素质的差异对人身心发展有一定的影响作用,遗传素质的成熟机制制约着人的身心发展水平及阶段,为一定年龄阶段的身心特点的出现提供了可能和限制。遗传素质对个体发展的影响随年龄的增加而在总体上呈现减弱趋势。俗语中"种瓜得瓜,种豆得豆"和"虎父无犬子"所说的都是遗传对个体身心发展的影响。

【真题解析】

如果让6个月婴儿走路,不但徒劳而且无益。同理,让4岁的儿童学高等数学,也难以成功。这说明(　　)。

A.遗传素质的成熟程度制约着人的发展过程及其阶段

B.遗传素质的差异性对人的发展有一定影响

C.遗传素质具有可塑性

D.遗传素质决定人发展的最终结果

167

解析：婴儿要1岁左右才准备好学习走路，个体要在十一二岁后才会在认知或智力上达到形式运算阶段，因此题干所叙述内容反映的是遗传素质的成熟程度制约着人的发展过程及其阶段。这里D选项的论述本身就是错误的；B选项提到的遗传素质差异性和C选项提到的遗传素质可塑性均与题干所述信息无关，因此正确答案是A。

二、环境

环境是指围绕在人们周围并对人的生存和生活发生作用的因素，主要包括物质环境和精神环境两个方面。环境在人的身心发展中具有重要作用。环境为个体的发展提供了多种可能，包括机遇、条件、活动对象等。环境使遗传提供的发展可能性变成现实（这种转变本身也只是一种可能）。因为人具有主观能动性，因此人在接受环境影响和作用时，并不是消极的、被动的。环境决定了人的身心发展方向、水平、速度和个别差异。"近朱者赤，近墨者黑"，"蓬生麻中，不扶而直；白沙在涅，与之俱黑"所说的都是环境对个体身心发展的影响。

三、学校教育

学校教育在人的身心发展中起主导作用。学校教育是有目的、有计划、有组织的培养人的活动，是通过专门训练的教师来进行的，相对而言效果较好。学校教育能有效地控制影响学生发展的各种因素，给人的影响比较全面、系统和深刻。

学校教育在人的身心发展中起的主导作用主要表现在四个方面：第一，学校教育是按照社会对个体的基本要求对个体发展方向做出社会性规范。第二，学校教育具有加速个体发展的特殊功能。第三，学校教育对个体发展的影响具有即时和延时价值。第四，学校教育具有开发个体特殊才能和发展个性的功能。

四、个体的主观能动性

个体的主观能动性是指人的主观意识对客观世界的反映和能动作用。主观能动性是人的身心发展的动力，是促进人身心发展的决定性因素。而个体主观能动性的最高层次表现为创造性。俗语中"莲出淤泥而不染，濯清涟而不妖"所说的就是主观能动性对个体身心发展的影响。

【真题解析】

1."近朱者赤，近墨者黑"，说明在人的身心发展过程中，起影响作用的因素是（　　）。
　　A.遗传　　　　　　B.环境　　　　　　C.个性差异　　　　D.个人努力
解析："近朱者赤，近墨者黑"说的是环境对个体身心发展的影响，因此正确答案是B。

2.促进个体发展从潜在的可能状态转向现实状态的决定性因素是（　　）。
　　A.遗传素质　　　　B.环境　　　　　　C.个体主观能动性　D.教育
解析：个体的主观能动性是促进人身心发展的决定性因素。正确答案为C。

第三节 学生身心发展的特点

一、小学生身心发展的特点

小学阶段通常是指个体在六七岁至十二三岁之间的阶段,这一时期又称为童年期或学龄初期。

（一）小学生身体发育的特点

小学生的身体发育,正处于两个生长发育高峰之间的相对平稳阶段。身高平均每年增长 4～5 厘米,体重平均每年增加 2～3 千克,胸围平均每年增宽 2～3 厘米。男孩身高的生长高峰年龄为 12 岁,年增长为 6.6 厘米。女孩子身高的生长高峰年龄为 11 岁,年增长为 5.9 厘米。男孩体重增加的高峰年龄为 13 岁,年增重为 5.5 千克。女孩体重增加的高峰年龄为 11 岁,年增重为 4.4 千克。从发育时间看,女生不仅发育加速期比男生早 1～2 年,而且身高生长高峰期和体重增加的高峰期也比男生提早 1～2 年。随着人民物质生活水平的提高,目前男、女生的生长发育期出现提前的趋势。

1. 骨骼骨化尚未形成

小学生骨骼系统的许多软组织、椎、骨盆区和四肢的骨骼还没有骨化,骨骼组织含水分多,含钙盐成分少,使骨骼硬度小、韧性大,富于弹性,易弯曲变形。因此,要特别注意学生坐、立、行、读书、写字的正确姿势的培养训练,尤其要防止驼背的产生。

2. 肌肉群和肌肉长度增加

小学生的肌肉发育呈现两个特点:一是大肌肉群的发育比小肌肉早;二是肌肉长度的增加,然后才是肌肉横断面的增大。因此,小学生能做比较用力和动作幅度较大的运动,如跑、跳、投、掷等活动,而对他们小肌肉运动精确性要求比较高的运动则很难做好,也不能提出太高的要求,特别是手部活动。由于小学生的腕骨尚未完全骨化,因此不能长时间连续地书写、演奏乐器和做手工劳动。在小学阶段,家长要注意配合学校帮助孩子保持正确的书写姿势,矫正错误的用笔姿势,防止写太小的字。

3. 心肺功能增强

伴随着心脏、肺、呼吸肌、胸廓形态发展的同时,小学生的心肺功能也相应增强,血管发展的速度大于心脏的发展速度,血液的循环量加大,新陈代谢加快。但小学生的心脏容积小于成人,脉搏频率远超过成年人,且心脏每搏输出量比成人小,心脏搏动频率每分钟 80～90 次,因次要注意不让学生开展过分剧烈的运动和繁重的体力劳动,以防损害心脏。小学生的呼吸频率随着年龄增长而递减。一般而言,6～9 岁的儿童,男孩为 23～24 次/分,女孩为 25～26 次/分;到了 10～13 岁,男女孩都为 19～20 次/分,而 14 岁以后基本上和成人一样,每分钟 16～18 次。与此相关的是,孩子的肺活量大小随着年龄增长而显著增加,且体育锻炼的情况也直接关系到肺活量的大小,家长应该鼓励孩子多参加体育锻炼活动。

4. 神经系统逐步完善

小学生的神经系统,特别是大脑结构逐步完善。儿童到了6~7岁时,脑重约1280克,已接近成人脑重的90%,以后增长缓慢,9岁时约1350克,到了12岁约1400克,基本上和成人一致。随着儿童大脑皮层的发育生长,儿童脑的兴奋过程和抑制过程也逐步趋向平衡,觉醒时间长,睡眠时间缩短。条件反射形成呈现出时间缩短、潜伏期较短和比较容易巩固的特征,使孩子能更好地接受外界刺激,更好地支配、控制自己的行为,为儿童心理的进一步发展提供了便利条件。

(二)小学生心理发展的特点

1. 认知发展的特点

(1)从具体形象思维向抽象逻辑思维过渡

在小学阶段,学生的思维发展呈现出从具体形象思维向抽象逻辑思维过渡的特点,这一过程贯穿整个小学时期,并且在不同年级阶段表现出不同的特征。在低年级(6~8岁),小学生主要依赖具体事物或表象来进行思考。例如,在学习数学概念时,他们需要借助实物来辅助理解。在学习加法和减法时,孩子们可能会通过数手指、使用小木棒或者摆放苹果等具体物品来帮助自己计算和理解数量的变化。这种对具体事物的依赖是因为他们的思维还处于具体形象思维阶段,抽象的概念对他们来说比较难以直接理解和掌握。在这个阶段,孩子们的思维活动主要围绕着他们能够直接感知和操作的具体对象展开,这些具体的事物和表象成为他们认识世界和解决问题的重要工具。随着年级的升高,到了高年级(9~12岁),小学生的思维开始逐步向抽象逻辑思维发展。他们开始能够进行一些简单的逻辑推理,但这个过程仍然需要感性经验的支持。也就是说,尽管他们的思维开始具有一定的抽象性,但这种抽象性并不是完全脱离具体事物的。例如,在学习几何图形的性质时,学生可以通过观察和操作具体的图形模型,逐渐理解图形的特征和规律,并能够进行一些简单的推理和判断。然而,这种逻辑推理能力的发展并不是一蹴而就的,它需要在大量的具体实践和经验积累中逐步形成和完善。在这个过程中,教师和家长的引导作用至关重要,他们可以通过提供丰富的感性材料和创设适宜的学习情境,帮助学生更好地理解和掌握抽象的逻辑概念。

(2)思维过程逐渐去中心化

与此同时,小学生的思维过程也在逐渐去中心化。这意味着他们不再仅仅从自己的角度出发来看待问题,而是能够综合多维度的信息来考虑问题。例如,在理解守恒概念时,低年级学生可能很难理解物体的数量、长度、面积等属性不会因形状或排列方式的改变而改变。他们会因为物体的外观变化而认为其属性也发生了变化。然而,随着思维的去中心化,高年级学生能够逐渐理解守恒概念,他们可以从多个角度来观察和分析问题,不再局限于自己的主观感受。这种思维的去中心化使得学生能够更加全面和客观地看待事物,为他们进一步的学习和发展奠定了基础。

总的来说,小学生在小学阶段的思维发展是一个逐步从具体形象思维向抽象逻辑思维过渡的过程,同时伴随着思维过程的去中心化。在这个过程中,低年级学生依赖具体事物或表象进行思考,而高年级学生则逐步发展逻辑推理能力,但仍需感性经验的支持。这些特点反映了小学生认知发展的规律,也为教育工作者在教学过程中提供了重要的参考依据。教师可以根据学生的思维发展阶段,采用合适的教学方法和策略,帮助学生更好地理解和掌握知识,促进他们思维能力全面发展。

(3)注意力发展呈现结构化特征

在小学阶段,学生的注意力发展呈现出明显的结构化特征,主要体现在无意注意向有意注意的转化以及注意品质的年龄差异上。

在低年级(6~8岁),学生的注意力往往容易受到外部刺激的干扰。例如,教室里的装饰、窗外的动静等都可能分散他们的注意力。因此,教师需要通过趣味活动来维持学生的注意力。游戏化教学是一种有效的方法,通过将学习内容融入游戏情境,激发学生的兴趣,使他们在不知不觉中集中注意力。例如,在学习数学时,可以通过数学游戏让学生在玩的过程中掌握数学概念。随着年级的升高,到了高年级(9~12岁),学生逐渐能够主动调控自己的注意力,适应课堂规则。他们能够更好地管理自己的注意力,减少外界干扰的影响。例如,学生在课堂上能够更长时间地专注于教师的讲解,即使遇到一些干扰因素,也能够迅速调整注意力,回到学习任务上。

在注意力的稳定性方面,低年级学生(7岁左右)的注意力集中时间较短,通常只能持续约15分钟。而到了高年级(12岁左右),学生的注意力集中时间可以达到30分钟甚至更长。这种差异反映了学生注意力稳定性的逐步提高。在注意力的分配能力方面,低年级学生往往难以同时完成多项任务。例如,他们很难做到"边听边记",即在听教师讲解的同时进行笔记记录。而高年级学生则能够更好地协调多重任务。例如,他们可以在听课的同时整理笔记,甚至在小组讨论中同时参与讨论和记录要点。针对小学生的注意特点,教师应灵活采取教学策略,例如对于低年级学生,教师可采用分段式课程设计,即采用20分钟一个环节的方式,每个环节结束后安排短暂的休息或活动,以帮助学生恢复注意力。在小组合作学习中,教师可以明确分工,让每个学生负责不同的任务,从而训练他们的注意力分配能力。例如,在科学实验中,一个学生负责观察现象,另一个学生负责记录数据,通过分工合作提高学生的注意力分配能力。

(4)记忆策略的演化与元记忆的初步发展

在小学阶段,学生的记忆策略也呈现出从机械记忆向意义记忆的演化过程。低年级学生在记忆学习内容时,往往依赖于重复背诵。例如,学习乘法口诀时,他们通过反复背诵来记忆口诀。这种机械记忆方式虽然能够帮助学生记住一些简单的知识,但对于复杂的信息效果有限。随着年级的升高,高年级学生开始运用更为有效的记忆策略,如分类、联想等。例如,在学习历史事件时,学生可以通过"故事法"将事件串联起来,形成一个完整的故事,从而更好地记忆和理解这些事件。这种方法不仅能够帮助学生记住信息,还能促进他们对知识的理解和应用。

学生在小学阶段开始意识到"如何记忆更有效"。例如,高年级学生会自发地画思维导图来整理知识点,通过这种方式,他们能够更好地组织和记忆学习内容。然而,这种元记忆能力的发展仍处于初步阶段,需要教师的引导和帮助,以使学生掌握系统化的记忆策略。

针对低年级的学生,教师可以采用"结合韵律、动作强化记忆"的教学策略,帮助学生记忆学习内容。例如,在学习拼音时,可以通过编唱拼音歌,让学生在唱歌的过程中记忆拼音字母。针对高年级的学生,教师可以有意培养学生的元记忆,教授学生记忆术,如关键词法、位置记忆法等,帮助学生更高效地记忆和理解复杂的学习内容。

(5) 元认知能力开始萌芽

在小学阶段,学生的元认知能力开始萌芽,主要体现在从"盲目学习"向"反思学习"的转变上。低年级学生在学习过程中较少监控自己的学习过程。例如,他们在完成作业后往往不会主动检查,即使发现错误也不会深入思考原因。这种"盲目学习"的方式使得学生难以发现和纠正自己的不足。随着年级的升高,高年级学生逐渐能够评估自己的学习不足。例如,学生可能会意识到自己在应用题方面总是出错,从而主动要求多练习应用题。然而,这种自我评估能力仍处于初步阶段,学生需要外部反馈来进一步完善自己的学习策略。教师可以通过"错题本"培养学生自我监控习惯的养成,也通过提问引导学生进行反思。例如,在学生完成作业后,教师可以问"这道题为什么错?""你认为自己在哪些方面还需要改进?"等问题,帮助学生深入思考自己的学习过程,从而提高元认知能力。

2.个性特征发展的特点

(1)自我意识从他律到自律

在小学阶段,学生的自我意识逐渐从他律向自律发展,这一过程体现在自我评价的转变和自尊心的敏感性上。低年级小学生在自我评价时,往往依赖于权威人物的评价,如教师或家长的评价。例如,当老师说"你真聪明"时,他们会将这种评价内化为对自己的认识。这种依赖权威评价的特点反映了他们自我意识的初步形成,但缺乏独立的自我评估能力。随着年级的升高,高年级学生开始形成自己的内部评价标准。他们能够根据自己的表现和感受来评价自己。例如,一个学生可能会说"我数学比语文好"。这种内部标准的形成标志着学生自我意识的逐渐成熟。

小学生的自尊心在这个阶段非常敏感,他们对批评的耐受性较低。一次失败或批评可能会引发他们的焦虑和不安。例如,一个学生在考试中没有取得好成绩,可能会因此感到沮丧和不自信。为了维护学生的自尊心,教师和家长需要通过"小步成功"的方式,让学生体验到阶段性的成功。例如,设定一些小目标,让学生在达成这些目标的过程中逐步建立自信。教师和家长应避免在公开场合批评学生,以免伤害他们的自尊心。相反,可以通过私下沟通的方式,给予学生建设性的反馈。此外,也可以采用"成长型思维"反馈方式,即强调学生的进步和努力,而不是单纯关注结果。例如,教师可以这样说:"你的方法有进步,再试试优化步骤。"这种反馈方式能够激励学生继续努力,培养他们的成长型思维。

(2)性格发展的可塑性与矛盾性

在小学阶段,学生的性格发展既具有可塑性,也表现出一定的矛盾性,主要体现在外向性与责任感的显现以及埃里克森理论的关键冲突上。低年级小学生通常活泼好动,规则意识较弱。他们更关注当下的活动和乐趣,对规则的遵守相对随意。然而,随着年级的升高,高年级学生逐渐表现出更强的责任感。例如,他们可能会主动承担班级任务,如打扫卫生、管理图书角等。但与此同时,他们仍然存在独立性与依赖性的矛盾。一方面,他们渴望自主选择朋友和活动;另一方面,在面对重要决策时,仍然依赖家长的指导和帮助。

根据埃里克森的心理社会发展理论,小学生处于"勤奋感对自卑感"的阶段。在这个阶段,学生通过学业成就和同伴认可来建立自信。例如,一个学生在数学竞赛中获得好成绩,会增强他的勤奋感和自信心。相反,如果学生长期遭受挫败,可能会产生自卑感,导致退缩或逃避。这种关键冲突反映了小学生性格发展的可塑性和敏感性。教师可以根据学生的不同能力水平设计分层任务,如差异化作业,让学生在适合自己的任务中体验成功,增强自信心。也可以通过角色扮演任务培养责任感,例如通过"今日班长"活动,让学生在实践中承担角色责任,培养他们的责任感和独立性。

(3)道德判断从结果到动机

在小学阶段,学生的道德判断从关注行为结果逐渐向考虑行为动机转变,这一过程体现在道德认知的层级发展和道德行为的实践化上。低年级小学生在判断行为对错时,主要关注行为的结果。例如,他们可能会认为"打破10个杯子比打破1个杯子更坏",而不考虑行为的意图。这种对结果的关注反映了他们道德认知的初步阶段。随着年级的升高,高年级学生开始考虑行为的动机。例如,他们会思考"在帮忙打扫时打碎杯子是否该批评",这种对动机的考虑标志着道德认知的进一步发展。道德观念的形成不仅需要理论知识,还需要通过具体情境的实践来内化。例如,通过班级互助活动,学生可以在实践中体验和理解道德行为的意义。空洞的说教往往效果有限,而具体的情境和活动能够帮助学生更好地理解和践行道德规范。教师可以通过提出两难问题,如"该不该告密",引导学生进行讨论,发展他们的道德推理能力。这种讨论可以帮助学生在不同情境中思考道德问题,提高他们的道德判断水平。此外,通过树立身边的榜样,让学生在具体情境中学习道德行为。借助榜样的力量激励学生在日常生活中践行道德规范,促进他们的道德发展。

3.观察力发展的特点

小学生的观察力发展水平随年级增高而提高,其特点表现在以下四个方面:

(1)观察的目的性较差

低年级学生的观察目的性较差,他们一般还不会独立地给自己提出观察任务,即使对教师提出的任务也不能很好地排除干扰,集中注意进行观察。他们的知觉主要由刺激物的特点和个人兴趣、爱好所决定。

(2)观察缺乏精确性

低年级小学生观察事物缺乏细心、全面,常常笼统、模糊,只能说出客体的个别部分的个别属性,对事物间细微的差别难以觉察,难以表述。例如,在刚学写字时,常常不是多一点就是少一横,"己"和"已"、"析"和"折"等形近字常混淆在一起。三年级学生观察的精确性明显提高。

(3)观察缺乏顺序性

低年级学生观察事物零乱、不系统,常常东看一下西看一下,看到哪里算哪里。中、高年级学生观察的顺序性有较大发展,一般能做系统观察,而且在表述观察的情况前,往往能先想一下再做表述,即能把观察到的点滴材料进行加工,使观察内容更加系统化。

(4)观察缺乏深刻性

低年级学生对所观察的事物难以从整体做出概括,他们往往较注意事物表面的、明显的和无意义的特征,而看不到事物之间的关系,更不善于揭露事物的本质特征。例如,语文教师将语文课本第二册《美丽的公鸡》这课的插图涂上色彩,并且放大,让学生观察。许多学生只看到公鸡的大红鸡冠、美丽的羽毛和金黄色的爪子,而偏偏就没有看到公鸡站在水边欣赏自己的形象,表现出扬扬得意的骄傲神态。三年级学生观察的深刻性有较大的提高。随着抽象思维的发展,五年级学生观察的深刻性更有显著发展,表现为正确判断明显提高。

4.想象力发展的特点

小学生的想象从形象片段、模糊向着越来越能正确、完整地反映现实的方向发展。低年级的小学生,想象具有模仿、简单再现和直观、具体的特点,到中高年级,他们对具体形象的依赖性会越来越小,创造想象开始发展起来。

(1)有意想象增强

低年级小学生的想象仍以无意想象为主。到了中高年级,随着年龄的增长和知识经验的积累,有意想象的成分逐渐增多,并能够初步控制自己的想象。

(2)想象更富于现实性

小学低年级儿童的想象较接近于现实,但因缺乏空间透视能力,在事物的比例关系上仍把握不好。到了中高年级,他们通过适当的方式将想象与现实联系起来,想象更接近于现实。但是,不切实际的想象仍常有发生。

(3)想象的创造成分日益增多

小学低年级学生的再造想象成分占很大比重,创造和加工的成分不多。随着经验的逐渐丰富,认知能力的不断提高,大脑中的表象越来越多,想象的创造成分也随之增加,想象的内容也更细致、丰富,并且能在词的水平上进行生动和形象的联想,初步具有了创造想象的能力。

5.情绪情感发展的特点

随着年龄的增长,小学生的情感也逐渐变得更加稳定、丰富和深刻了。低年级小学生虽已能初步控制自己的情感,但还常有不稳定的现象。到了小学高年级,他们的情感更为稳定,自我尊重、希望获得他人尊重的需要日益强烈,道德情感也初步发展起来。

(1)情绪的稳定性逐渐增强

儿童进入学校以后,在集体生活和独自学习活动的锻炼和影响下,控制、调节自己情绪的能力开始发展起来。虽然小学生的情绪仍然具有很大的冲动性,还不善于掩饰、控制自己的情绪,但他们的情绪已开始逐渐内化,小学高年级学生已逐渐能意识到自己的情绪表现以及随之可能产生的后果,情绪的稳定性和平衡性日益增强,冲动性和易变性逐渐消失。而且小学生尚未面临繁重的学习压力,因而其基本情绪状态是平静而愉快的。

(2)小学生情绪逐渐变得丰富

对于小学生来讲,学习是他们的主要活动,因而大量与学习活动和学校生活有关的事物构成小学生情绪的主要内容。完成各项学习任务成为小学生最主要的需要。学习任务完成得顺利,满足了需要,他们就会迅速产生愉快的情绪情感体验,反之则会产生消极的情绪体验。而且,小学生是在学校、班级这样的集体中学习和生活的,所以他们在集体中的地位以及与同伴、老师之间的关系,学校、班集体对个人的要求和评价等,都会引起他们的复杂多样的情绪体验。

同时,他们的各种高级情感也在不断发展中,小学生在加入中国少年先锋队之后,逐步接受一些共产主义道德观念的教育,他们的情感体验就和国家、民族、社会等联系起来,他们会被历史上的民族英雄的精神所染,产生热爱祖国、人民的情感。小学生在各项活动中,逐渐养成了团结、友爱、互助等良好的个性品质。这样,他们情绪情感的内容日益丰富起来。

(3)情绪的深刻性不断增加

小学生的情绪与学前儿童相比,不但在内容上丰富多彩了,而且其情绪体验也更加深刻了。例如,同样是惧怕的情绪体验,学龄前儿童主要是怕具体事物,小学生虽然也怕具体事物,但多了对学校的恐惧,怕被批评,怕被嘲笑,怕成绩不好等。研究发现,同样是一种消极的情绪,如愤怒,小学生对其的体验比学龄前儿童要现实得多。小学生的各种高级情感也在不断深化,如在评价他人时,亦不再局限好坏之分,而是能够初步运用一定的道德标准来评价他人,评价事物的好坏。这表明,小学生情绪的深刻性正在不断地增加。

二、中学生身心发展的特点

中学阶段通常是指个体在十二三岁至十五六岁之间的阶段,这一时期又被称为学龄中期、青少年期或青春期。这是人的一生中身心发展最快的时期。中学生是由儿童向成人过渡的时期,是人生发展变化的重大转折时期。由于此时期儿童生理上的急剧发育,尤其是性的成熟,第一性征、第二性征的相继出现,引起了一系列不同于孩子们也不同于成人的明显变化,进入一个具有独特心理特征的年龄阶段。

(一)中学生身体发育的特点

一个人的一生要经历两次生长发育高峰期,一次是出生后的第一年,另一次就是青春发育期。一般说来,女生从十一二岁到十五六岁,男生从十三四岁到十七八岁,正处于这一阶段。青春发育期生理上变化多端,发展迅猛,主要有包括体形、内脏和性在内的三大变化。

1.身体外形的变化

青春期是个体生长发育的鼎盛时期,这个时期身体和生理机能都发生了急速变化,成为生长发育的第二高峰(第一个生长高峰在0~1岁)。这个时期个体的身高、体重等都发生了明显的变化。

(1)身高

身高的快速增长是青春期个体身体外形变化最明显的特征。据统计,在青春发育期之前,儿童平均每年长高3~5厘米,在青春发育期间,平均每年长高6~8厘米,甚至达到10~12厘米之多。身高增长存在着性别差异,女性少年要早于男性少年2年左右进入青春发育期,一般12岁为成长最快期。男性少年14岁为成长最快期。身高增长还存在着个体差异,这种个体差异在男性和女性少年儿童中都很明显,一般个体差异平均相差2厘米左右,这是由于先天遗传、环境条件等多种因素造成的,多属于正常现象。

(2)体重

体重是身体发育的一个重要标志,体重反映肌肉的发展、骨骼的增长以及内脏器官的增大等。体重的增加同样存在着性别差异,女性少年体重增加高峰期在十二三岁,平均每年增加4.5千克左右。男性少年体重增加的高峰期在14岁,平均每年约增加5.5千克。体重的增加也存在个体差异。

(3)头面部

进入青春期的学生,其头面部特点也发生了微妙的变化。童年期的面部特征逐渐消失,以前较低的额部发际逐渐向头顶部及两鬓后移,嘴巴变宽,原来较为单薄的嘴唇开始丰满。而且随着青春期个体身体其他部分骨骼的迅速增长,头部骨骼的增长速度却在显著减慢,童年期那种头大身小的特征逐渐向成人的体貌特征发展。

2. 生理机能的变化

青春期个体的生理机能也迅速增强,具体表现在:肌肉与脂肪的变化,使男性肌肉强健,女性身材丰满;脑与神经系统逐步走向成熟,使脑的重量接近成人脑重水平,脑电波变化出现新的飞跃,脑机能的发展主要体现在兴奋和抑制过程趋于平衡等;心血管系统加速发展,使心脏功能增强,并与成人基本相同;肺功能增强,肺活量迅速增加。经历青春发育期的成长加速,个体的体形和面部特征都发生了明显的变化。通过这一变化,他们的体貌特征开始接近成人。在成长加速中各生理机能迅速增强,使他们的机能发育也开始走向成熟。

3. 性的发育和成熟

生殖系统是人体各系统中发育成熟最晚的,它的成熟标志着人体生理发育的完成。生殖器官在青春发育期之前发育非常缓慢,一进入青春发育期,发育速度直线上升。男性成熟比女性晚。第二性征是指身体形态上的性别特征,也称副性征。在青春发育期,性激素的分泌,促使少年第二性征发育起来,致使少年男女在身体形态上出现性别特征,进而使性器官、性功能发育成熟。女性第二性征主要表现为乳房隆起、体毛出现、骨盆变宽和臀部变大等;男性第二性征主要表现为出现胡须、喉结突出和嗓音低沉、体毛明显等。第二性征的出现,使少年男女在体征上的差异凸显出来。

生殖系统发育成熟标志着人体生理发育的完成,性腺的发育成熟使女性出现月经,男性发生遗精。女性月经初潮的出现是少年女性身体发育即将成熟的标志。月经初潮的年龄在10~16岁之间,平均年龄为13岁左右。造成月经初潮差异的因素有地理环境、气候条件、经济发展水平以及个人营养状况等。月经初潮后的数月或一年左右,月经周期尚不规律,卵巢发育也尚未成熟。一般到18岁卵巢发育方达成熟水平。男性性成熟要晚于女性,男性性腺是睾丸,睾丸一般在13岁左右开始迅速增长。首次遗精出现在12~18岁之间,平均年龄为十四五岁。遗精意味着男性生殖腺开始成熟起来,但是遗精初期的精液内并无精子,4~5年之后生殖系统才能真正发育成熟。

近几十年以来青春期出现加速发展的现象,从而形成青春期缩短化,青春发育期提前到来,达到成人的成熟标准。这种具有时代性的发展加速现象,是受当代经济和科学技术高度发展、现代文明的普及以及全球气候条件的变化等多种因素的影响所致。这种青春发育期普遍提前的趋势给教育带来很多新课题。

(二)中学生心理发展的特点

中学生的认知发展非常迅速,情绪情感日益丰富,个性特点逐渐鲜明,中学生的心理发展特点集中表现在以下四个方面。

1. 过渡性

过渡性即从幼稚期向成熟期的过渡,主要表现在两方面:(1)中学生的身心发展既具有儿童期的特点又具有成熟期的特点,处于半幼稚、半成熟的状态。首先,在身体的发育方面,十七八岁的青少年已经基本具备成人的特征,但实际上他们正处在发育迅速期,还未达到完全的成熟;其次,在思维水平的发展方面,他们的逻辑思维水平得到进一步发展,有可能学习系统、全面的知识,理解一些问题,但又很不深刻,很不全面。他们开始比较自觉地完成学习任务,但控制情感、自我监督的能力还不高。(2)青少年期是人由童年向成年的转变时期,各种心理特征逐渐接近成人,如由发育迅速逐渐趋向平稳,由人格的不稳定到形成比较稳定的人格,特别明显地表现在由对成人的依赖到相对的独立方面。

2. 闭锁性

所谓闭锁性是指人的心理活动具有某种含蓄、内隐的特点,它是相对于人的外部行为表现与内部心理活动之间的一致性而言的。由于思维的发展,青少年把探索的视线转向自己的内部,心理活动开始转向自己的内心世界。加之青少年的独立性与自尊心的发展,便失去了童年时的外露、直爽、单纯、天真,出现了心理活动的闭锁性。

这种闭锁性首先表现在出现了"内心的秘密",开始愿意有自己的空间,自己的抽屉要上锁,反感别人随便翻动自己的房间。开始记日记,自己向自己倾诉内心的秘密。记日记是青少年的共同特点,也是青少年的一种特殊现象。研究表明,日记是青少年的好朋友,它可以倾诉内心的秘密,而又不会说话、泄密。青少年日记的内容有其明显的倾向性。青少年在日记中探求自我、反思自我、理解自我和追求理想自我。

青少年的闭锁性还表现在与人交往中变得不那么坦率了,即使对最亲近的人也不能做到毫无保留。青少年的这一特点不属于世故圆滑,而是包含了一种积极的适应环境和自我监督。青少年心理的闭锁性使他们不轻易向别人吐露真情,交往中要求较高,选择条件较苛刻。因此,他们不仅与父母、教师之间难以沟通,就是在同龄人中也不易找到真正的知音,常常感到不被人理解。青少年希望被人理解与其闭锁性之间的矛盾往往导致孤独感。

3. 社会性

中学生通过在社会环境中与人、事、物的交互作用而逐渐学会认识自己和了解别人。在青少年期,由于社会地位的变化,其活动社会性的增强,青少年对社会生活越来越关注。同时,他们与社会环境的接触越来越多,社会环境对青少年社会化的影响也越来越明显。他们已不再像儿童时期那样更多受家庭和学校的影响,而随着交往领域的扩大、活动范围的增加,更多地受同辈团体及社会风气的影响,他们的心理带有极大的社会性。

中学生已经不拘泥于儿童时那种仅仅对自己或自己周围生活中具体事物的关心,而是开始以极大的兴趣观察、思考和判断社会生活中的种种现象与问题,政治、历史、文学艺术、法律道德、社会风气、人际关系等成了他们认识和思考的对象,成了他们关心的问题。他们希望从中找出现象的本质,形成自己的看法;他们的社会性情感越来越丰富和稳定;他们已逐步形成一定的为人处世的态度和行为方式,动机、兴趣、品德、自我意识、世界观与人生观都开始逐渐形成并趋于稳定。

4. 动荡性

中学生一方面表现出希望受人重视,因此体现为思想单纯、敢说敢想、敢作敢为。但是另一方面在他们心目中,什么是正确的幸福观、友谊观和人生观,都还不是特别清楚。他们对于别人的评价十分敏感,但思维的片面性很大,容易偏激,容易摇摆。他们往往把坚定和执拗,勇敢与蛮干、冒险混同起来。

【真题解析】

判断对错:少年期是多事之秋,心理学家称之为"危险期",因此,对这一阶段的少年一定要严加看管。

参考答案:错。

解析:十三四岁到十六七岁是个体发展的少年期。少年常常因为缺乏认识和准备,被突如其来的身心变化搞得惊慌失措。有些心理学家把少年期称为"危险期"或"心理断乳期"。对这一阶段的少年如果管教过严,会使他们出现逆反心理。要尊重、支持和引导少年独立的要求,丰富少年的内心世界,使其形成正确的自我意识和自我理想。

【案例回顾与分析】

　　王老师在课堂上表扬了小军写的诗,然而,王老师却发现小军看上去非常不安。王老师问小军是否愿意再写一首诗去参加全市的诗歌比赛,他说再也不写了,因为他真的觉得自己在这方面并不擅长,并且也没有时间写。

　　小军为什么会有这样的反应呢?为了鼓励小军,王老师应该怎么做?小军的表现与他所处的年龄阶段有关,这个年龄段的孩子的心理还不成熟而且比较复杂。他们通常完全以自己的立场、观点分析看待事物,不考虑事物的客观性;过分地关注自我,过多反省,自我封闭,孤芳自赏;体验敏感,多疑。这些特征导致老师公开读他的诗时,小军有了种种不情愿的表现。因为,在他看来自己的诗是一种隐私,尽管写得好也不希望拿出来公开读。显然,老师的做法不符合他的心理特征,引起了他的反抗和淡漠,害怕自己的诗再被公开读,从此不想写诗,不再积极上进。王老师应该争取到小军的同意,可以在课堂上说:"小军同学的诗这次写得很好,有兴趣的同学课下可以找他借来欣赏一下。"这样既尊重了小军本人的意见,不会使他觉得有压力,又可使大家欣赏到他的美文,同时还能激发他的写作动机,有助于他向正确的方向发展。

【学以致用】

⊙ 情境1

　　学生小张进入青春期后,非常关注自己的相貌,但她认为自己长相难看,不被人喜欢。看到同学聚在一起咯咯地笑,她就认为她们在笑话自己;在寝室里,若听到同学在谈论某某长得漂亮,会以为是在影射自己;上课未被老师点名发言,也会认为老师嫌自己难看不愿意点自己。所有这一切致使她郁郁寡欢,不愿意与同学沟通交流,学习效率低下,学习成绩明显下降。

　　问题:请运用心理学知识分析案例中小张的问题,并提出合理建议。

⊙ 情境2

　　小亮和小明是初二的学生,最近两人都有些心事,于是凑在一起聊天。

　　小亮:你说咱们已经快要和爸爸一样高了,可父母还老把我们当小孩看,什么都管。

　　小明:可不是吗,吃饭要管,穿衣服要管,去哪玩也要管,放学回家稍晚就唠叨个不停,真烦!有时他们让我做什么,我偏不听他们的话。

　　小明:最近一段时间,我的情绪似乎失控了。今天的课堂演讲,我紧张得要命,生怕在老师同学面前出丑。

　　小亮:我发现了,你脸都红到脖子根了。

　　小明:不光这个,有时候高兴起来,我就跟飞上天似的,觉得无所不能;可是难过起来,又像被打入了十八层地狱。

　　小亮:我也一样,就比如每次跟女同学打招呼,我常莫名地心跳加速,感觉既紧张又害羞,以前不是这样。

　　小明:有时候也会担心自己在别人眼中形象不好,譬如不够帅之类的。

小亮:还有不够优秀,能力不够强等。我特别希望在别人眼中是一个聪明、有实力的人。

小明:我特理解你,这种感觉我也有,而且特想跟人倾诉,但就是不知道该跟谁说。

问题:

(1)上面两位同学的对话,反映了中学生青春期心理发展的哪些特点?

(2)作为老师,你可对他们提出哪些建议?

【关键术语】

成长型思维是指个体认为能力(如智力、才能)是可以通过努力、策略调整和学习经验提升的信念系统。

【参考文献】

[1]谢弗.发展心理学[M].9版.邹泓,等译.北京:中国轻工业出版社,2016.

[2]罗伯特·费尔德曼.发展心理学——人的毕生发展[M].6版.苏彦婕,等译.北京:世界图书出版公司,2013.

[3]帕帕拉.发展心理学——从生命早期到青春期(上册)[M].10版.李西营,冀巧玲,等译.北京:人民邮电出版社,2013.

[4]帕帕拉,奥尔兹,费尔德曼.发展心理学:从成年早期到老年期(下册)[M].10版.李西营,冀巧玲,等译.北京:人民邮电出版社,2013.

[5]伯克.伯克毕生发展心理学:从0岁到青少年[M].4版.陈会昌,等译.北京:中国人民大学出版社,2014.

[6]丹尼斯·博伊德,海伦·比.儿童发展心理学[M].13版.夏卫萍,译.北京:电子工业出版社,2016.

[7]雷雳.发展心理学[M].3版.北京:中国人民大学出版社,2017.

[8]沈莉.发展心理学笔记[M].北京:商务印书馆,2013.

[9]西格曼·瑞德尔.生命全程发展心理学[M].陈英和,译.北京:北京师范大学出版社,2009.

[10]李晓东.发展心理学[M].北京:北京大学出版社,2013.

[11]刘金花.儿童发展心理学[M].3版.上海:华东师范大学出版社,2013.

[12]大途教育教师资格考试命题研究院.教育知识与能力历年真题及全真模拟(中学)[M].上海:复旦大学出版社,2018.

[13]中公教育教师资格考试研究院.教育教学知识与能力历年真题及标准预测试卷(小学)[M].北京:世界图书出版公司,2019.

第八章 学生的认知发展

个体的认知发展是指认知能力随其年龄、经验的增加而发生变化的过程,主要包括感知觉、注意、记忆、思维和智力等方面的发展。学生身心的发展、社会活动和学习要求的增加,对学生认知发展提出了更高的要求,也为他们的认知发展创造了有利的条件,学生认知的发展也出现了一些新的特征。

【本章知识框架】

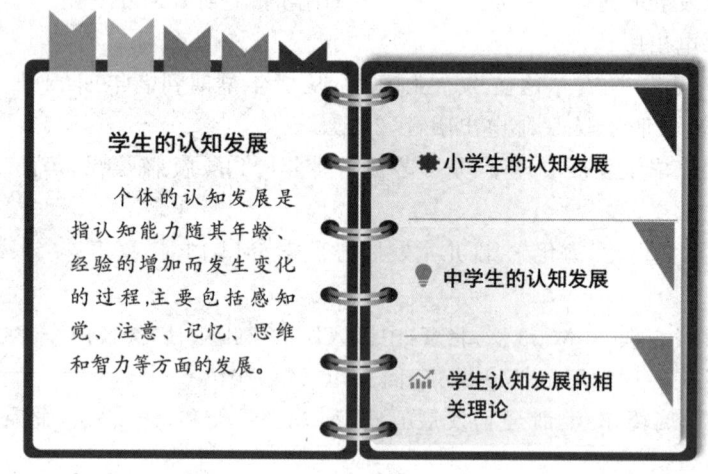

【学习要点】

小学生的认知发展:掌握小学生认知发展的理论、特点和规律,联系实际,对如何提高小学生学习的识记效果和创造性思维的培养等进行思考。

中学生的认知发展:掌握中学生认知发展的理论、特点和规律,联系实际,对如何提高中学生学习的识记效果和创造性思维的培养等进行思考。

学生认知发展的相关理论:掌握各流派的代表人物及基本观点。

【学习提示】

1. 这部分知识涉及的范围较广,知识点琐碎,不容易记忆和掌握,不容易复习。建议在学习这部分内容时,首先要对整体有所掌握,然后再对细小的内容逐个击破。对比较难以理解的部分,可以增加与教师和同学的讨论,以加深理解。

2. 在实践学习中,要注意观察学生认知发展的特点,收集典型案例,以加强对这部分知识内容的体验和感悟。

3. 学生的认知发展受遗传、环境和教育等多方面因素的影响。不同时代、社会、环境和遗传基础的个体，其具体的认知发展特点都是不同的。在实践工作中，要根据具体情况灵活运用相关知识来理解和预测学生的认知发展特点，切忌生搬硬套。

【案例引导】

爱与老师争辩的小林

小林进入初中以后发生了很大的变化。小学时，他经常把"这是老师说的"挂在嘴边；现在，他经常跟同学一起讨论书本以及老师的一些观点，觉得书本上和老师的很多观点不合理，经常以独立批判的态度对待老师和家长所给出的建议，有时候甚至会因为一个问题或观点与老师争得面红耳赤(图 8-1)。老师觉得小林有时不能根据实际情况对所学原理恰当地加以运用，看待问题有点片面，对一些观点的怀疑和批判缺乏充足的论据。

图 8-1 爱与老师争辩的小林

问题：

根据心理学原理分析小林思维变化的特点，提出促进小林思维发展的建议。

第一节　小学生的认知发展

学龄初期，小学生感知事物时较笼统，往往只注意表面现象和个别特征，对时空特性的知觉也不完善。随着教学过程的深入，知觉的有意性和目的性明显发展。这个时期，无意注意仍起重要作用，但有意注意迅速发展，并且逐渐在学习和从事其他活动中占主导地位。有意记忆逐渐成为主要的记忆方式，意义记忆逐渐超过机械记忆而在记忆活动中占主要地位。儿童的词汇增加很快，对词义的理解越来越精确，言语表达更加连贯、生动。小学生通过学习人类积累的知识经验，逐渐掌握了越来越多的概念、定理、规律，这些概念、定理和规律促使他们进行积极思维，他们的抽象逻辑思维随之逐渐地发展起来。

一、感知觉的发展

(一)感知觉发展的基础特征

小学生的感知觉系统在入学时已具备基本功能，但各通道的发展水平存在差异。6～7 岁儿童视敏度达到 1.0 标准，颜色辨别能力接近成人水平。fMRI 研究表明，视觉皮层 V4 区(负责颜色处理)的髓鞘化在儿童早期(如 6～7 岁)有显著进展，但完全成熟可能需要到青少年期。言语频率范围(500～4000 Hz)的听觉阈限与成人相当，但噪声环境下的语音识别能力仍弱于成人。前额叶-顶叶神经网络支持的多感官整合能力在7~9岁时显著提升,但具体的脑电N1成分潜伏期缩短数据尚需进一步研究。

(二)感知觉的发展轨迹

小学阶段是感知系统精细化发展的关键期。在空间分辨率上,视觉最小可辨视角从6岁时的3.8′(3分48秒角,对应成人视力的0.4)提升至12岁时的1.5′(1分30秒角,对应成人视力的1.0)。在时间敏感性上,小学生大脑处理声音的"反应速度"会随着年龄增长而加快。这种听觉提速就像给阅读能力装上了加速器——孩子能更快捕捉单词中的音节变化(比如区分"b"和"d"的发音),从而提升识字速度和阅读理解水平。在触觉敏锐度上,指尖两点辨别阈限随着年龄增长而降低。

二、注意的发展

小学生的注意(图8-2)发展表现在注意的目的性和注意品质的发展两方面。

(一)注意的目的性

刚刚进入学校,小学生的注意力水平是有限的,注意的目的性还很低,无意注意仍起重要作用。小学生的注意力在很大程度上被教学的直观性、形象性和教师所创设的教学情境所吸引。上课时,他们会思想"开小差",做小动作;做作业时,也需要教师或家长的督促。随着学习活动的进行,大脑不断成熟,神经系

图8-2 注意

统活动的兴奋与抑制过程逐步协调起来,有意注意逐渐在学习和其他活动中占据主导地位。四五年级小学生在课堂上可以根据学习活动和教师的要求将注意指向学习对象,有意注意由被迫状态提高到了自觉状态。

(二)注意的品质

儿童入学以后,学习成了他们的主导活动。社会、学校和家长向学生们提出了许多新的要求:要求他们按时上课,不迟到、不早退、不旷课;要求他们在课堂上要坐姿端正,用心听讲;回家要认真做作业。学生不但要注意他们感兴趣的课业,还要注意虽然不感兴趣但必须认真学习的内容。为了完成学习任务,儿童需要发展有意注意能力和无意注意能力,还需要发展注意的稳定性、集中性等品质。小学生注意品质的发展具体表现在以下四个方面。

1.有意注意逐渐发展,无意注意仍然起作用

低年级学生刚离开幼儿园不久,还不能完全适应学校的学习生活,此时无意注意仍然起重要作用。他们的注意在很大程度上会被教学的直观性、形象性和教师所创设的教学环境所吸引。上课时,学生会不由自主地思想开小差,分散注意,会不时摆弄一些玩具,做小动作。在做作业时,他们往往需要老师和家长的督促。由于低年级学生神经系统活动的抑

制功能发展水平较低,他们的有意注意基本上还属于被迫发展的状态。

随着年龄的增长,学生的大脑不断成熟,神经系统活动的兴奋与抑制过程逐步协调起来。同时,由于教学提出的要求和教师的训练,学生的有意注意逐步发展起来。到四五年级时,小学生的有意注意开始占主导地位。

2. 注意的范围(广度)依然有限

注意范围是学生在同一时间内能注意到的客体的数量。注意广度是影响学生学习的重要因素,对提高学习效率具有重要意义。天津师范大学教科所儿童心理组和北京师范大学心理系儿童心理组协作研究了小学生的注意广度,发现随着年级的升高,小学生注意广度在不断发展。在实践教学中也可以发现,一年级学生在阅读时,常常是一个字一个字地念,他们的注意范围很有限;在四年级时,学生的认知水平有所提高,注意范围也得到发展,他们常常可以一次看到整个句子。

3. 注意的集中性和稳定性较差

在整个小学时期,学生的注意集中能力是逐步发展的。低年级学生注意的集中水平较低,主要表现在两个方面:一是注意集中的深度不足。他们能观察具体形象的事物,而不善于观察抽象、概括的教材;他们集中注意于事物的外表现象,而不善于专注事物的本质联系。二是小学生注意集中的时间较短,即注意的稳定性差。

心理学的研究表明,7~10岁的儿童可以连续集中注意20分钟左右,10~12岁的儿童可以连续注意25分钟左右,12岁以上的儿童可以集中注意30分钟左右。如果教材新颖、教法得当,高年级学生保持40分钟的注意也是可以实现的。

4. 注意的分配和转移能力较弱

在教学活动中常常要求师生能很好地分配自己的注意。教师一边讲课,一边观察学生听讲的情况;学生一边听课,一边记笔记,一边思考问题。一年级学生在学习过程中常常不善于分配自己的注意,很难一边听讲一边抄写,或一边抄写算术题一边思考解题方法。小学生注意转移的综合反应时间随年龄的增长而呈下降趋势。五年级的小学生注意转移的综合反应时间比二年级学生平均少了2.17秒。这种差异表明五年级学生注意转移的速度比二年级学生要快。

三、记忆的发展

小学生记忆发展的特点集中表现在以下四个方面。

(一)记忆能力有所提高

在小学阶段,个体的记忆能力逐渐得到发展,其短时记忆能力及运用记忆策略的能力也得到较大发展。

(二)从无意记忆向有意记忆发展

根据记忆的目的,小学生的记忆从无意记忆向有意记忆发展。小学生的无意识记和有意识记的效果随年龄的增长而递增,有意识记的增长速度更为明显。一般来说,小学生入学时,无意识记占主导地位。随着年级的增长,有意识记效果赶上无意识记效果,最后有意识记的效果超过无意识记的效果,有意识记逐渐占主导地位。

(三)从机械记忆向意义记忆发展

从记忆方法上说,小学生意义识记正在逐步发展乃至占主导地位。一般来说,学前儿童和低年级小学生主要采取机械识记的方法,中高年级小学生比较多地采用意义识记的方法。小学低年级的学生由于知识经验比较贫乏,抽象逻辑思维欠缺,对学习材料不易理解,也不会进行信息加工,因而在学习功课时较多地运用机械识记。到了中高年级,由于他们知识经验日益丰富,抽象逻辑思维不断发展,在学习活动中运用意义识记的比例逐渐增大。

(四)从形象记忆向抽象记忆发展

从识记的内容上说,小学生在形象记忆的基础上,对词的抽象记忆也在迅速发展。小学低年级学生,由于第一信号系统活动占优势,在头脑中和第一信号系统相联系的事物的具体形象容易记住。到了中高年级,学生掌握的语词量不断增加,第二信号系统的活动逐渐占优势,所学课本的内容大多是些抽象的词、数字或符号,所以他们的抽象记忆也渐渐地占主导地位。但对小学生来说,他们在记忆抽象的材料时,主要还是以事物的具体形象为基础,即形象记忆仍起着重要作用。

四、思维的发展

小学生的思维从以具体形象思维为主要形式逐步向以抽象逻辑思维为主要形式过渡,但他们的抽象逻辑思维在很大程度上仍是直接与感性经验相联系的,具有很大成分的具体形象性。比起感觉和知觉等,思维发生较迟,但随着年龄的增长,儿童的思维水平不断提高,在发展的不同阶段,儿童的思维显示出不同的水平和特点。

(一)由具体形象思维向抽象思维过渡

儿童思维的发展遵循着质量互变这一辩证规律。在小学阶段由具体形象思维为主要思维形式发展到以抽象思维为主要思维形式是一个质变。小学三、四年级是小学生思维发展的质变时期。但思维发展过程中的每一个质变都不是突然爆发的,而是通过新质要素逐渐积累和旧质要素逐渐衰亡和改造实现的。小学儿童由具体形象思维向抽象思维过渡不是自发实现的,而是在新的生活环境中,在教学条件的影响下实现的。

(二)思维的基本过程日趋完善

分析和综合是思维的基本过程。幼儿在解决问题时,往往只注意事物的某一点或某一个方面,不能同时注意和思考更多的方面,这种倾向称为思维的自我中心性。以瑞士著名心理学家皮亚杰的守恒实验为例:他让儿童判断两个杯子的水是否一样多,幼儿往往认为两杯水是不一样多的。这说明幼儿在解决问题时往往只考虑事物的单一因素,他们的分析综合能力还很差。而到了小学阶段(6.5～8.5岁),儿童已能同时考虑到液面降低和杯子变宽等多种因素,而且知道一个维度——液体高度的变化可以由另一个维度——液体宽度的相应变化所补偿,这种倾向称为思维的去中心化。这说明儿童的分析综合能力提高了。小学低年级儿童还只能在直接观察事物的条件下进行分析综合,随着儿童知识经验的积累,在教学条件的影响下,小学高年级儿童已能在表象和概念的基础上进行更高水平的分析和综合了。

拓展阅读　皮亚杰的液体守恒实验

守恒是皮亚杰理论中的一个重要的概念,其含义是指物体从一种形态转变为另一种形态时,它的物质含量既不增加,也不减少。皮亚杰认为守恒概念的获得是儿童认知水平的一个重要标志。儿童一般要到具体运算阶段(7～11岁)才能获得守恒概念。皮亚杰对儿童的守恒概念做了大量的研究,其守恒实验主要包括液体质量、物体质量、重量、长度、数量、面积、体积守恒等。其中液体守恒是皮亚杰最著名的实验。如图8-3所示,实验的开始首先给儿童呈现两杯等量的水(杯子的形状一样),然后把这两杯水倒入不同口径的杯子里,问儿童哪一个杯子的水多(或一样多)。皮亚杰发现,六七岁以下的儿童仅根据杯子里水的高度判断水的多少而不考虑杯子的口径的大小。而六七岁以上的儿童对这个问题一般都能做出正确的回答,即他们都同时考虑水面的高度和杯子口径两个维度来决定杯子里水的多少。

图8-3　皮亚杰液体守恒实验

(三)抽象逻辑思维的自觉性开始发展

小学低年级学生虽然已掌握一些概念,并能进行简单的判断和推理,但他们尚不能自觉地调节、控制自己的思维过程。而中高年级小学生在教师的指导下,对自己的思维过程进行反省和监控的能力有了提高,能说出自己解题时的想法,能弄清自己为何出错,这表明他们思维的自觉性有了发展。

【真题解析】

在幼儿园时,小军将自己最喜欢的玩具汽车送给妈妈作为生日礼物;三年级时,他送给妈妈的生日礼物是妈妈喜欢的漂亮发夹,这一转变说明他的思维已进入(　　)。

A.感知运动阶段　　　B.前运算阶段　　　C.具体运算阶段　　　D.形式运算阶段

解析:小军在三年级时能够送妈妈喜欢的漂亮发夹做礼物,说明小军已经摆脱自我中心的思维模式,能够同时思考多个维度的因素,这标志着小军思维发展已经进入了具体运算阶段。正确答案是C。

五、言语的发展

小学生的言语能力如同正在扩建的"语言城市",在听说读写各领域持续升级。6～7岁时，他们的大脑已能捕捉语音的细微差别——就像升级了声纹识别系统，研究发现这个阶段儿童能较好地区分相似辅音（如"sh"和"s"）。随着前额叶的"语言工厂"（布洛卡区）与颞叶的"语义仓库"（韦尼克区）建立更高效的神经连接，三年级学生的词汇量会迎来爆发期。

六、想象的发展

小学生的想象力如同会变形的"思维橡皮泥"，在现实与幻想之间塑造独特认知世界。低年级学生的大脑"现实检验站"（前额叶背内侧皮层）尚未完全启用，他们的想象常与现实交融——有些孩子会坚信自己昨晚变成蝴蝶飞过花园。这种奇幻思维在7~8岁达到高峰。当学生混淆了想象与客观现实（例如描述"不存在的好朋友"）时，教师应避免将其简单定义为说谎，而是要意识到这通常是健康想象力的表现方式，可以引导转化为故事创作的素材。

在9岁时，小学生的想象力迎来第一次蜕变，此时前额叶与海马体的协同工作使想象更具逻辑性，能构思多步骤的故事（如完整描绘太空探险流程）。在11岁时，想象力进入飞跃期，小学生可以按照老师的要求主动控制想象的方向，执行性想象能力显现。

第二节 中学生的认知发展

中学生正处于个体身心加速发展的第二高峰期，生理的发展为其认知的发展提供了重要的物质前提。整个中学时期学生的认知发展都处于迅速上升阶段。新的认知结构的出现使得中学生能熟练地运用假设、抽象概念、逻辑推理等手段解决问题。在初中阶段，学生认知的特点是思维的抽象逻辑性占主要优势，但还属于经验型的逻辑思维阶段，在一定程度上还需要感性经验的直接支持。到了高中阶段，学生的认知迅速发展，认知结构不断完善，辩证逻辑思维和创造性思维有了大幅度的发展，已经能够用理论作指导来分析综合各种事实材料，从而不断扩大自己的知识领域。

一、认知发展的总体特征

经过青春期的神经重塑与认知升级，中学生的认知系统如同装配了精密导航仪的航天器，展现出独特的运作特征。

（一）认知结构体系基本形成

中学生大脑的"思维硬件"迎来关键升级：前额叶皮层的灰质修剪（神经元连接优化）进入高峰期，就像园丁修剪树枝般，保留重要神经通路的同时去除冗余连接。这使得青少年的逻辑推理能力突飞猛进，能够理解代数中的抽象符号（如变量 x）和物理中的隐形力场（如电磁力），这种抽象思维能力的神经基础在于顶叶-前额叶功能连接的增强。但此时边缘系统（情绪中枢）的成熟度比认知控制系统早3~5年，导致他们常出现"道理都懂却控制不住"的现象。例如，明知熬夜有害仍沉迷手机，这与其杏仁核与前额叶的神经信号传导延迟有关。高中阶段(15~18岁),白质髓鞘化(神经信号高速公路的绝缘层形成)基本完成,信息处理速度较儿童期显著提升。这使得他们能像高级侦探般进行"二阶思维":不仅思考问题本身,还能反思自己的思考过程(元认知)。经典研究显示,17岁青少年在解决哲学悖论时,其背外侧前额叶的激活强度是13岁时的2.3倍。社会认知方面,颞顶联合区(理解他人意图的脑区)在16岁左右达到功能峰值,使高中生能解码复杂社交暗示,如识别反讽语气和隐藏动机,这种能力直接影响同伴关系的建立与维持。

贯穿整个中学阶段的认知革命还表现在"认知弹性"的飞跃。脑成像研究揭示,青少年在转换思维策略时,其前扣带回与基底节的协同效率显著提升。这解释了为何高中生能灵活切换不同学科思维:上午用演绎法推导几何证明,下午用归纳法分析历史规律。但值得注意的是,这种认知优势具有领域特异性:他们在熟悉领域的表现可能超越成人,而在陌生情境中又可能退行至儿童水平,这种波动性与默认模式网络的调控能力密切相关。

(二)认知活动自觉性显著增强

随着"认知监控中心"(背外侧前额叶)的成熟,中学生开始具备思维"反光镜"。他们能主动评估记忆策略的有效性(如发现思维导图比死记硬背更高效),也能在嘈杂的环境中筛选关键信息。实验室数据显示,高中生抗干扰能力和注意力持续时间较初中生显著提升。中学生的学科思维特异性逐渐发展,如建立数学模型时自动调用演绎推理,分析社会事件时切换至归纳模式。

(三)认知与情意系统协同发展

随着大脑情绪中枢(边缘系统)与理性控制区(前额叶)建立更高效的协作网络,中学生的学习过程开始获得独特的情感动力:当遇到感兴趣的内容时,大脑会释放更多"学习兴奋剂"(多巴胺),使得相关知识记忆速度显著提升。面对长期目标时(如备战高考),他们的"心理天平"逐渐成熟,既能感受到坚持的痛苦,也能清晰预见未来的回报,这种平衡能力使得持续三年的高强度学习成为可能。更重要的是,他们开始具备"知识透视眼",不仅能记住物理公式,还能思考核能技术背后的伦理抉择,这种将知识与价值观相联结的能力,正是大脑社交理解中枢(颞顶联合区)发育成熟的重要标志。

二、中学生感知觉发展的特点

感知觉是人认识客观世界最基本的方式,是整个认知过程的开端,是一切高级、复杂心理现象的开始。人们通过感知觉建立起关于客观事物的最初印象,这些印象又可进一步加工为头脑中的记忆痕迹,再成为人们驰骋想象的素材,成为抽象思维和解决问题的前提条件。感觉是指人脑对直接作用于它的客观事物的个别属性的反映,如对事物的大小、颜色、形状、声响、气味、冷热等某一个特性的认识。感觉是由感觉器官来完成的,主要包括眼、耳、鼻、舌、皮肤等。知觉是指人脑对直接作用于感官的客观事物的各个部分和属性的整体反映,是对感官信息的整合和解释。知觉是在感觉的基础上产生的,是结合原有知识经验,对感觉信息的进一步整合与解释的结果。

初中生的学习、生活发生了较大变化,致使其感知觉在原有的认识水平的基础上,有了新的变化和发展,促使他们的感受性和观察力发展得更好。初中生的视觉感受性在不断提高,辨别各种颜色和色度的精确性在不断增加。与小学一年级学生相比,初中生区别各种色度的精确性提高60%以上。到15岁前后,视觉和听觉的灵敏度甚至可以超过成人。初中生辨别音高的能力也在不断提高,对音阶的辨别有很高的准确性。在运动觉方面,学生的关节肌肉得到高度发展,为体育活动、绘画、写字等技能的发展起到重要作用。教师在学生教育中,要注意保护学生的感官,尤其是视感官,要提醒学生注意用眼卫生。

在知觉方面,初中生的知觉出现了许多新的特点。首先,知觉的有意性和目的性有了较大提高,能够比较稳定地、长时间地进行知觉,能自觉地根据教学要求去知觉有关事物。其次,知觉的精确性、概括性更加发展,出现了逻辑性知觉,知觉更富有选择性、理解性、整体性和恒常性。在空间知觉上带有更大的抽象性,比较熟练地掌握三维的空间关系。远距离空间知觉逐渐形成,能够掌握各种地理空间关系,形成地球、世界、宇宙等空间表象。但对更加复杂的空间关系,如立体几何、光年等的理解尚有困难。在时间知觉上,可以更精确地理解较短的单位,如月、周、时、分等,而对较大的如世纪、年代这样的历史时间单位,虽然也可以开始理解,但常常不太精确,容易草率下结论。观察水平不断提高,内容更加丰富,能抓住事物的本质。初中学生已经能够根据经验,对事物加以组合、补充、删减或替代,从而形成比较完整的理解,而高中学生更能抓住事物的本质特征,能够更从容、灵活地使用各种概念、定理或规律,更能做到触类旁通,举一反三。在观察力发展上,初中生观察的目的性、持久性、精确性和概括性都比小学生有了显著的发展。研究发现,初中二年级是观察力概括性发展的一个转折点。在观察中,他们观察细节的感受力、辨别事物差异的准确率、理解事物的抽象程度均在不断地发展。这些为他们更好地认识世界,打下了一个良好的基础。

三、中学生注意发展的特点

注意是指心理活动对一定事物的指向性和集中性。其中指向性是指认知活动总是选择一个或几个事物为当前的认知对象,而排除其他事物;而集中性是指认知活动在进行过程中处于一定的紧张度和强度,从而保证这一活动的顺利完成。注意又可分为需要意志努力的有意注意和不需要意志努力的无意注意。中学生注意的特点表现在两个方面:一方面,注意的目的性逐渐增强并趋于成熟。有意注意在学习、生活中发挥重要作用,无意注意进一步深化并达到成人的水平。另一方面,注意品质不断改善。注意的广度、分配达到了一般成人的水平,能根据学习的目的、要求及时而又迅速地转移注意力。随着中学生年级的升高,青少年的注意趋向稳定,注意的稳定性对初一学生成绩的影响比学习能力对学习成绩的影响更加明显。在初一到初二阶段,注意稳定性的提高最为显著,高中阶段增长速度逐渐减慢。青少年在初中阶段,注意广度已经接近成年人水平,但受本身知识经验和直觉对象的特点的影响仍然比较大。初中低年级的学生由于缺乏经验,注意的广度较窄,随着知识经验的积累,他们的注意广度也得到不断的提高。

四、中学生记忆发展的特点

记忆是指人脑对过去经验的保持和提取。也有人把人脑比作计算机,那么记忆就相当于向计算机里输入、编码和储存信息的过程。按不同的标准可以对记忆做不同的分类。按照记忆的内容可以分为形象记忆、语词记忆、情绪记忆和运动记忆;按照保存的时间可分为瞬时记忆、短时记忆和长时记忆;按照记忆材料的意义性可以把记忆分为机械记忆、意义记忆。记忆是智力的重要内容,是决定学习和工作效率的重要心理条件。中学阶段是人的记忆力发展的高峰期。中学生记忆的主要特征有:(1)记忆的容量日益增大,短时记忆广度接近成人。高中生处于记忆发展的"黄金"时代。高中一、二年级学生记住的学习材料的数量,比小学一、二年级几乎多四倍,比初中一、二年级多一倍多,达到了记忆的高峰。(2)对直观形象的材料记忆要优于抽象材料,对图形记忆要优于词语。即使同样是语言材料,视觉记忆要优于其他感官(听觉)收到信息的记忆。(3)有意记忆逐渐占主导地位。中学生有意注意和无意注意的品质都在提高,但逐渐以有意注意为主。能逐渐学会依据不同的教材内容,由自己提出恰当的记忆任务,主动选择良好的记忆方法。(4)理解记忆成为主要记忆手段。机械记忆在10岁左右得到快速发展后,一直保持高水平,直到高中阶段,才随着年龄的增长而有所下降。之后,逐渐以理解记忆代替机械记忆。(5)抽象记忆逐渐占据主导地位。青少年学生形象记忆和语词抽象记忆都在发展,随着思维从具体形象到逻辑抽象占优势的发展,抽象记忆的发展速度也超过了形象记忆,并最终在中学阶段占主导地位。

【真题解析】

判断对错:

1.中学生的短时记忆广度达到成年人,其短时记忆容量为 7 ± 2 个组块。

2.随着年龄的增长,中学生记忆的内容逐渐从具体记忆为主过渡到抽象记忆为主。

解析:1.中学生的短时记忆广度接近成年人,成年人的短时记忆容量为 7 ± 2 个组块。第1题正确。

2.中学生的抽象记忆的逐渐占据主导地位。青少年学生形象记忆和语词抽象记忆都在发展,随着思维从具体形象到逻辑抽象占优势的发展,抽象记忆的发展速度也超过了形象记忆,并最终在中学阶段占主导地位。第2题正确。

五、中学生思维发展的特点

整个中学阶段,学生的抽象逻辑思维均得到了迅速的发展。但是,初中阶段与高中阶段,学生的思维发展特点还是存在质的不同。初中生思维发展的最主要特点就是抽象逻辑思维逐步占据主导地位,能运用假设、逻辑法则进行逻辑推理,但这时的逻辑思维还需要具体经验的支持;进入高中阶段以后,学生已能在头脑中进行完全的抽象符号推导,能在理论的指导下去分析、解决各种问题。总体而言,中学生思维发展具有如下特点。

(一)思维能力迅速得到发展,抽象逻辑思维逐渐处于优势

抽象逻辑思维就是要求人们撇开具体事物,运用概念和假设进行思维活动,它要求思维者按照提出问题、明确问题、提出假设、检验假设的途径,经过一系列抽象逻辑的过程,达到解决问题的目的。在初中阶段,抽象逻辑成分已经在一定程度上占有相对优势,但在很大程度上还属于经验型,即思维活动在许多情况下还受到具体的、直观的感性经验的直接

支持。只有到了高中阶段，思维才能逐步摆脱经验的限制，从而可以根据理论来进行逻辑推理，达到理论型。

(二)形式逻辑思维逐渐发展，占据主导地位

形式逻辑思维和辩证逻辑思维是抽象逻辑思维的两个不同发展阶段。其中，形式逻辑思维主要表现在概念、推理和逻辑法则等的应用能力上。整个中学阶段，形式逻辑思维已获得了相当完善的发展，在高中阶段处于优势，在其思维活动中占据主导地位。

(三)辩证逻辑思维迅速发展

形式逻辑思维和辩证逻辑思维的发展和成熟，是青少年思维发展和成熟的重要标志。初一阶段的学生已经开始掌握辩证逻辑的各种形式，但水平较低。初三学生的辩证思维处于迅速发展阶段，高中学生的辩证逻辑思维已趋于占优势地位。

(四)思维品质呈现出矛盾性特点

中学生思维品质的矛盾性主要体现在思维创造性和批判性明显增加的同时，思维中的片面性和表面性依然突出，思维活动的自我中心的出现等方面。

1.思维的创造性和批判性日益明显

思维的创造性，即思维的独创性，是人类思维的一种形态。它是在问题情景面前，采取新颖、独特的对策去解决问题的一种思维品质。初中生具有强烈的求知欲和探索精神，他们兴趣广泛、思想活跃、敏感，与成人相比较少有保守性，他们喜欢进行丰富的、奇特的幻想，喜欢别出心裁和标新立异，他们在许多方面都表现出强烈的创造欲望，例如，他们迷恋各种富有创造性的科技制作活动；在文体活动中也表现出极高的创作热情；在自己编排的节目中，虽然仍显出稚拙，但富有创意；在日常的课业中，也充分体现出他们富有创造性的特点，如初中生的作文，从内容到形式，模仿的成分都在逐渐减少，独创成分不断增多；在解题的过程中，不满足于一种方法，竭力寻求不同的方法，试图做到举一反三，一题多解，触类旁通。初中生的这种创造欲望，主要来自他们心理上强烈的成人感及高涨的自我意识。他们要证实及展示自己的能力及才华，要摆脱过去那种"被动接受"式的学习方法以及对教师、父母和教科书的依赖，因而，在各个方面都表现出明显的创造意识和热情。另外，这种思维的创造性与求异思维有密切关系。求异思维和求同思维是主体思维的两个主要方面，有关研究表明，初中生的求异思维的发展非常明显，而求同思维的发展则比较缓慢，这也是初中生创造性思维发展的原因之一。

在初中生创造性思维发展的同时，其思维的批判性也明显地发展起来。思维的批判性，是指在思维活动中善于严格地分析思维材料并精细地检查思维过程的一种思维品质，它具有分析性、策略性、全面性、独立性以及正确性的特点。初中生思维批判性的出现也是与其自我意识的发展密切相连的，由于自我意识水平的提高，使他们能通过控制自己的意识而调节自己的思维活动。

初中生思维批判性的明显增长，一方面表现在他们不愿轻易地接受别人的意见，对别人的思想、态度及意见，经常要做一番审查，甚至有时持过分怀疑和批评的态度；另一方面，表现在他们开始严肃认真地对待自己的思想和主张，能够有意识地调节、支配、检查和论证

自己的思想；最后，还表现在对世界宇宙的看法上，开始热衷于探讨那些极为深奥而神秘的星辰运转、生命起源等问题，显露出一种不愿盲目生存的人生态度的萌芽。初中生思维中的这种日益增长的创造性和批判性，表明他们的思维正逐步走向成熟。

2.思维的片面性和表面性依然存在

初中生思维发展的另一个明显特点就是思维的片面性和表面性依然存在。初中生思维的片面性主要表现在其思想的偏激与极端，不能全面、辩证地分析问题、解决问题，而是抓住一点而不计其余。这种思想的片面性，首先反映在他们对人、对事的态度上，狂热的"明星崇拜"就是出现在这个年龄阶段，少男少女们常搜集大量的、他们所崇拜的明星照片，甚至在发式、服装、姿态及言行举止上都去竭力模仿某位明星，从中能获得心理上的满足感，而没有明确意识到自己在现实生活中的身份及所应追求的目标；其次，思维的片面性还使初中生在思考、分析问题时极易钻牛角尖，经常陷入思想的死潭而不能自拔，严重者会出现心理障碍；第三种表现是，初中生在日常的学业活动中，在显示出很高的创造力的同时，又暴露出思想上缺乏严谨的逻辑性及全面性，所以，对问题的最后处理结果常常是虽很有新意，但并不准确。

初中生思维的表面性主要表现为，他们在分析问题时，还经常被事物的个别特征或外部特征所困扰，难以深入事物的本质中，如在一个关于儿童青少年获得几何概念的实验中发现，在初中被试所归纳的各种几何概念的性质中，一般都能归纳出某几何概念的较为明显而重要的性质，但也容易遗漏一些隐蔽的却是事物的本质内涵。他们在对某种社会现象或某种道德行为进行评价时，往往也易失之表面化。总之，初中生思维品质的发展也具有矛盾性，同样体现出半成熟、半幼稚的特点，随着他们各种相关能力的增强，其思维品质也将获得更全面的发展。

3.思维中的自我中心再度出现

在初中生思维中再度出现的自我中心与幼儿时的自我中心具有本质的区别。初中生已能正确地认识客观世界，能够分清现实与想象的区别，能够了解和考虑别人的思想。

拓展阅读　皮尔的石头房子实验

皮尔（Peel）的实验揭示了幼儿和中学生的自我中心思维的区别。实验中，主试给被试读一段描述一栋石头房子（图8-4）的文章，然后，要求被试判断这栋石头房子是用来干什么的，是人们用来朝拜的地方还是一个古堡垒？7岁以下年龄组的被试用非常干脆、果断的陈述对主试的提问予以回答，就好像他们讲的完全是事实。而且当主试给出一些与幼儿的结论不相一致的证据时，被试不是用这些证据去审查或修改结论，而是试图让证据更贴近他的结论；少年组被试则是以十

图8-4　石头房子

分谨慎的态度回答问题，并从文章中引出证据来论证和支持他们提出的结论。由此可见，幼儿组被试在解决这个问题时，表现出了明显的自我中心，他们坚信他们最初的结论是正确无误的，因为那是通过他们自己的推断而得出的结论，他们的这种思维的自我中心性是

十分专断的，决不在意别人怎么想，别人是否能够接受和理解这个结论。而少年组的被试不仅了解自己的想法，也了解别人的想法，而且更重视别人的想法。所以，他们在回答问题时，更重视其结论对他人的可理解性和可接受性。上述这些特点恰是青春期少年思维中自我中心再度出现的关键。

初中生思维中自我中心主要表现为，虽然他们能区别自己与他人的想法，但却不能明确区分他们自己的关心焦点与他人关心焦点的不同所在。例如，他们十分关心自己的内心及外表，因而认为别人也同样地关注他们的一切。初中生思维自我中心的表现包括假想的观众和独特的自我两个方面。

(1)假想的观众

初中生自我中心式思维的结果之一就是，在心理上，他们制造出了假想的观众。因此，他们感觉每天就像生活在舞台上一样受到别人的欣赏或批评。他们非常重视别人对自己的评价，所以要花很多时间和心力来应付这些假想的观众。当他们感到自责的时候，便感到别人也在责备自己，所以，常会有加倍的"疚罪感"；在公众场合中，他们会感到无数双眼睛在监督自己，因而常感到手足无措；也常将自己的是非观、审美观与别人的混淆起来，认为自己认为美的，别人自然喜欢；自己认为正确的，别人也应该接受。所以，初中生常常不理解父母的想法为什么总是与他们的想法格格不入，而导致与父母关系的危机。初中生还常常将极度自我欣赏的心境投射到别人身上。例如，男生会站在镜子前面伸展自己的胳臂，欣赏自己逐渐发达的肌肉；女生会花很多时间试用不同的化妆品，变换头发式样及衣服等，他们都希望能给那些关注自己的人一个极好的印象。然而不幸的是，当他们大家在一起的时候，每个人都在欣赏着自己，而并不过多地去关心别人，事实上，他们每人都是自己的演员和观众。

(2)独特的自我

在初中生自我中心的思想中，与"想象的观众"相对应的是关于"个人的虚构"。初中生将别人如此关注他们的原因解释为自身的"与众不同"，即他们具有一个独特的自我。因此，他们总是将思想集中在自己的情感上，常常夸大自己的情绪感受，认为他的情绪体验是独一无二的，只有他才能感受到那种极度的痛苦与极度的狂喜。许多初中生的家长都熟悉自己的孩子常说的这样一句话，即"你们怎么会了解我的感受呢？"。这种对于自己的感受过分夸大的倾向，就使他们在分析、评价事物时带有了强烈的主观性色彩，他们会依照个人的意愿，创造出一套独立的推理体系，并试图按照自己的推理模式对现实中的一切进行分析，最后常得出不正确的结论。

初中生思维中这种自我中心的特点，是与他们当时所具有的身心特点紧密联系的。高中阶段开始后，这种自我中心倾向就会逐渐削弱，逐渐会明确区分出自己与他人思想上关注点的区别，认识到自己的主观意见与现实之间的差异，更好地掌握分析问题的客观标准，这时个体的思维就又发展到一个新的水平。

六、中学生语言发展的特点

语言是人用于交际的最重要、最有效的工具，是人类高度结构化的声音组合，或通过书写符号、手势等构成的符号系统,同时又是运用这种符号系统来交流思想的工具,是随着社会的发展在人类的生产实践中逐渐产生和完善的。中学生语言发展的重要部分就是对字词概念的理解和运用。

(一)中学生对字词概念的理解逐渐能够把握本质

研究发现,初二是概念掌握的转折点。初二以前,学生的思维在一定程度上还依靠直观形象,难以抓住事物的本质属性和主要特征,难以掌握抽象概念。初二以后,随着抽象思维的发展,开始能够较好地理解抽象概念的本质属性,并能分出主次特征。

(二)中学生对语法结构的掌握逐渐丰富

中学生对于语法的掌握更加丰富,能对变性句和扩充句进行正确分析,能掌握表明事物各种复杂关系的语法结构,如并列句、条件句等,但对联谓句和变序句的分析,初中生仍有不同程度的困难;即使是能正确分析句子成分的学生,其语法修辞知识也大多只停留在理论上,很少能自觉应用它来指导写作,这种情况在高中的学习中才略有改观。

(三)中学生语言表达能力迅速提高

中学生的语言表达能力总体上得到了迅速发展。初一大部分学生能进行较完整的、清晰的、合乎规则的口语表达;初二到高二阶段能进一步做到用词准确、言简意明、通顺恰当,并达到生动、鲜明、灵活运用各种修辞方法的表达水平。

七、中学生想象的发展

想象与思维之间有着密切的联系。想象是一种特殊的思维过程。中学生的学习内容变得更加复杂和抽象,所以更需要想象的参与。中学生想象的有意性迅速增长。这与他们实践活动的丰富多彩有很大关系。研究发现,初中二年级到初中三年级是学生空间想象力发展的加速期或关键期。教师在教学过程中要特别注意在这个时期发展学生的想象力。此外,中学生想象的创造性成分在不断增加。他们不仅能将看到的或听到的具体事物说出来、写出来,还能运用这些材料"编出"尚未看到或听到的事情来。他们的想象不像小学生那样,多是模仿和再现,而能够显示出一种创造性。中学生想象的现实性在不断发展。想象的内容比较符合现实,富有逻辑性。中学生想象的现实性可以通过他们的幻想和理想反映出来。初中生的幻想具有现实性、兴趣性,有时也带有虚构的特点,要达到理性的想象一般要到高中阶段。

八、中学生智力的发展

智力是一种综合的认知能力,包括注意力、观察力、记忆力、想象力和思维能力五个基本因素,抽象思维能力是智力的核心,创造力是智力的最高表现。中学生随着年龄的增长,体内机能逐渐增强,社会实践增加,记忆力和想象力同步发展,使得整个智力水平都得到飞跃式的提高。有关研究表明,初中二年级到高中二年级是中学生智力发展的关键期。智力发展指个体智力在社会生活条件和教育的影响下,随年龄的增长而发生的有规律的变化。智力发展是整个心理发展的一个重要组成部分。儿童从出生到成熟的各个年龄阶段,智力的发展是一个连续的、按一定顺序发展的过程,发展的顺序是确定的,但每一发展阶段的发展速度并不完全相同,不同个体各阶段的发展速度也不相同。如作为智力核心成分的思维能力,就是按感知运动思维、具体形象思维、抽象逻辑思维的顺序发展的。人的认识能力在十一二岁以前发展较快,以后较慢,到18岁左右达到高峰(成熟期),此后随着知识经验的增长,总的智力不会有显著增长(图8-5)。

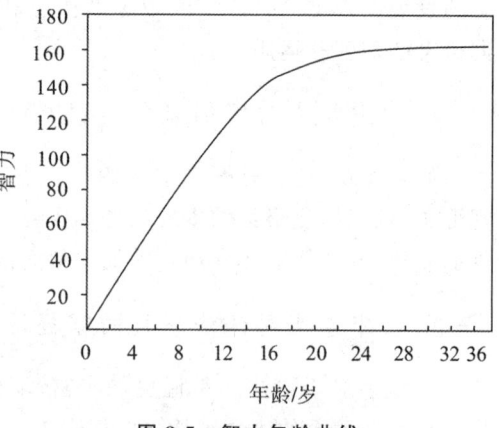

图8-5 智力年龄曲线

由于个人的先天素质存在差异,加之后天条件的不同,例如社会、家庭、学校、实践活动以及主观努力程度的不同等,使中学生的智力出现了差异。智力的个别差异可以分为量和质两个方面。智力的量的差异主要表现为两种情况:一种是智力的水平差异,另一种是智力表现早晚的差异。智力的水平差异主要用智力测验来研究并用智商值来表示。心理学的研究表明,智力是随着年龄增长而发展变化的。在同龄人口中,人们的智力水平是不同的,有的智力高有的智力低。在不同的年龄阶段,人们的智力水平也存在很大差异。在智力表现早晚的差异上,有的人在儿童时期就表现出非凡的智力和特殊能力,即早慧型,如"伤仲永";而有的人的智力才能表现较晚,即晚熟型,如"大器晚成"。

智力在质的方面的差异也包括两种情况:一种是智力的类型差异,另一种是智力的性别差异。智力是各种因素构成的综合体,同一种智力在不同的人身上会有不同的表现,构成了各种不同的智力类型。在个体的智力因素中,言语智力发展较晚,到20岁以后能达到高峰;逻辑思维能力是智力的核心,要在18岁之后才能达到顶峰。知觉发展较早,12岁左右就能达到峰值。

在智力的性别差异方面,心理学并不否认智力有性别差异,不过,心理学上所指的"智力的性别差异",不是笼统地说成是男性比女性聪明,或男性智力水平高于女性。心理学讨论的性别智力差异是指群体差异。美国心理学家托尔曼和他的同事用十多年时间进行了450多个项目的测验,以讨论男性、女性的智力差异。结果表明:从群体角度出发,男子更进取,好争斗,喜欢自夸,敢冒险,对社会活动多注意;女于富于同情心,比较柔和,有审美观念,爱打扮,对家庭生活多注意;男女群体的智力随着年龄、家庭地位、教育、职业的不同而有强弱高低之分,但是同性之间的差异大于异性之间的差异;家庭环境优越的男女差别不大,接近常模(平均数);受教育越高,个性越向异性方向转化,差别越小。

多种测验表明男女智力差异表现在如下三个方面:

(1)水平差异。研究表明,在智力水平上,总的来说男女之间不存在谁优谁劣的问题。男女两性中既都有天才,也有低能。"神童"并不都是男孩,即使在我国的封建社会,也发现过女"神童",如宋朝就有9岁女"神童"林幼玉和8岁女"神童"吴志瑞。水平差异可以理解为居优势的智力因素:①男性偏于逻辑思维,女性偏于形象思维。②男性的空间视觉能力和数学能力较佳,女性则短时记忆和语言能力较优。③男女同学在某种环境因素的影响下,表现有所不同。比如,男同学的思维比较广阔、敏捷,兴趣广泛,动手能力强,喜欢独立思考,但有时不够细心、周密;而女同学往往在记忆力和语言能力上比较强,用功、细致,但思路比较单一,不够活跃,活动面窄,易对身边的琐事发生兴趣,情绪易波动,怕羞,不敢大胆发问。在学习方法上,女同学习惯于背诵、默写和记忆,长于死记硬背,比较看重分数;而男同学,勇于实践,喜欢独立思考,敢于怀疑已有的结论。低年级时,男生的学习成绩可能赶不上女生,但知识和能力却在独立思考和实践中得到了增长,因此,到了高中阶段,成绩往往超过女同学。在数学学习中,女同学往往注重模仿,注意机械记忆,不善于把握全局,逻辑思维能力较弱。在解题遇到困难时,女同学往往首先求助于书本或寻找例题中的类似问题,而男同学却是独立思考的居多。

(2)智力表现的早晚差异。一般女性表现较早,男性表现较晚。这多少可以说明小学一般女性较聪明,中学一般是男孩较优的现象。

(3)智力分配也有差异。女性与男性相比,女性中智力超常和低能的比例较小,智力中等的比例较大;男性则智力超常和低能的比例较大,智力中等的比例较小。

第三节 学生认知发展的相关理论

一、遗传决定论

遗传决定论是19世纪后半期到20世纪初西方关于个体心理发展的主要观点之一。遗传决定论者强调遗传在儿童心理发展中的作用,认为儿童心理的发展是由先天的、不变的遗传所决定的,儿童心理发展过程就是这些先天遗传的自我发展和自我暴露的过程,与外界影响、教育无关,外界的影响和教育即使对儿童心理发展起作用,至多也只能促进或延缓素质的自我发展和自我暴露,不能改变它的本质。

遗传决定论的创始人是英国的高尔顿(图8-6)。1869年,他出版了《遗传的天才》一书,书中说:"一个人的能力,乃由遗传得来的,其受遗传决定的程度,如同一切有机体的形态及躯体组织之受遗传的决定一样。"彪勒认为儿童心理发展的过程乃是儿童

图8-6 高尔顿

内部素质向着自己的目的有节奏的运动过程,外界环境在这里只起着促进和延缓这一过程的作用,而不能改变这一过程。1972年,智力遗传论的积极支持者詹森等人从英国、美国和丹麦的四个有代表性的双生子智力相关的研究资料中分析得出结论,认为遗传对智力所起的作用占遗传和环境总作用的80%,或者说遗传对智力的作用4倍于环境。英国心理学家艾森克认为60%~70%的天才是由遗传决定的,30%由环境决定。这些观点忽视了环境促使遗传这种可能性转变的客观事实。

二、环境决定论

环境决定论否定人的生物遗传素质在儿童发展中所起的作用,确信在儿童发展过程中,其后天的生活经历和环境影响起决定的作用。环境决定论关注儿童成长的环境、后天教养内容和教育方法以及这些环境因素在儿童成长与发展中的重要影响作用。

心理学家约翰·华生(John Broadus Watson)是环境决定论的代表人物。他认为个体的心理发展是环境影响或塑造的结果,有什么样的环境就有什么样的心理和行为。环境决定论片面夸大环境和教育在儿童心理发展上的作用,认为儿童心理发展是由环境和教育所决定的,否认遗传的作用,否认儿童心理年龄特征的作用,否认儿童的主动性和能动性。

我国古代教育家孔子就强调后天环境影响对心理发展的作用,他说:"性相近也,习相远也。"就是说,人的先天禀赋是差不多的,人的成就和习性不同则是后天学习的结果。而英国哲学家洛克则提出了著名的"白板说"。他认为,人脑开始只是"一张白纸,没有特性也没有观念"。人的一切观念都来自(后天)经验,儿童发展的原因在于后天,在于教育。而华生则从其行为主义心理学思想出发,提出了儿童发展的环境决定论。其主要内容是:

(一)否认遗传在儿童发展中的作用

他明确指出"在心理学中再不需要本能的概念了"。在他看来,行为发生的公式是刺激-反应。行为的反应是由刺激所引起的,刺激来自客观而不是决定于遗传,因此行为也不可能取决于遗传。另外,他认为生理构造上的遗传作用并不导致机能上的遗传作用,由遗传而来的构造,其未来的形式如何,要取决于所处的环境。因此,他否认了遗传的作用。

(二)片面夸大环境和教育的作用

华生从刺激-反应的公式出发,认为环境和教育是行为发展的唯一条件,并提出了他闻名于世的教育万能论。他有一个著名的论断:"请给我一打健康而没有缺陷的婴儿,让我把他们放在特殊的环境中教养,那么我可以保证,把他们训练为任何一方面的专家,可以使他成为一名医生、一名律师、一名艺术家,或者是商界首领,乞丐或窃贼。"

现在比较公认的看法是:把遗传和环境当作儿童发展中两个独立因素而进行非此即彼的二分选择的做法是错误的,毫无意义的。"遗传和环境哪一个是儿童发展的决定因素?"此问毫无意义。因为事实上遗传和环境始终交织在一起,二者不可分离。儿童的任何发展都有二者的作用,都有两种成分参加。离开环境,遗传不可能起作用;离开遗传,环境也不可能起作用。

三、皮亚杰的认知发展阶段论

让·皮亚杰(Jean Piaget,1896—1980)是发生认识论的开创者,被誉为心理学史上除了弗洛伊德以外的另一位"巨人",其提出的发生认识论不仅是日内瓦学派的理论基础,也是欧洲机能主义的重大发展。它开辟了心理学研究的一个新途径,对当代心理学的发展和教育改革具有重要影响。

(一)认知发展阶段论

皮亚杰认为人的心理(智力、思维)既不是源于先天的成熟,也不是来源于后天的经验,而是来源于主体的动作。由于个体的身心发展具有顺序性,同样儿童的认知发展也遵循这一规律。皮亚杰将儿童从出生到成人的认知发展分成了几个按不变顺序相继出现的时期或阶段,将婴儿至青春期的认知发展分为感知运动、前运算、具体运算和形式运算四个阶段。各个阶段出现的先后次序是恒定不变的。一个阶段的结构是在前一个阶段的基础上形成的,又为下一个阶段的建构提供条件。每一个阶段都有一个准备期和完成期。

1.感知运动阶段(0~2岁)

这一阶段儿童的认知发展主要是感觉和动作的分化,儿童主要凭感知运动手段反映外界刺激,协调并适应外界环境,其智力活动处于感知运动水平。在这一时期儿童主要通过抓咬吮吸等动作获得对外界事物的认识。在这一阶段中,婴儿发展起若干重要的认知概念,其中之一就是"**客体永存性**"概念,即儿童开始认识到一个物体即使不在眼前它仍然存在于某个地方。

2.前运算阶段(2~7岁)

这一阶段的儿童开始学习并逐渐能够熟练地运用符号象征事物,并用符号从事简单的思考活动。皮亚杰把这种通过符号进行学习的能力称为符号功能。在这一阶段中,儿童思维发展的典型特点表现在以下四个方面:

(1)泛灵论

泛灵论也称万物有灵论,是指孩子认为一切事物都有生命。例如,妈妈带小朋友去公园玩,这时妈妈不小心踩到了小草,宝宝会说:"妈妈别踩,小草会疼。"此时孩子认为小草和他一样也有生命,这就是体现了万物有灵或者泛灵论。

(2)思维的自我中心

思维的自我中心是指孩子只能站在自己的角度思考问题。这里的自我中心并不是自私的意思,是指此年龄阶段的孩子只能从自己的角度出发思考问题。皮亚杰在三山实验中,如图8-7所示,在一个立体沙丘模型上错落摆放了三座山丘,首先让儿童从前后、左右不同方位观察这座模型,然后让儿童看四张从前后、左右四个方位所摄的沙丘的照片,让儿童指出和自己站在不同方位的另外一人(实验者或娃娃)所看到的沙丘情景与哪张照片一样。前运算阶段的儿童无一

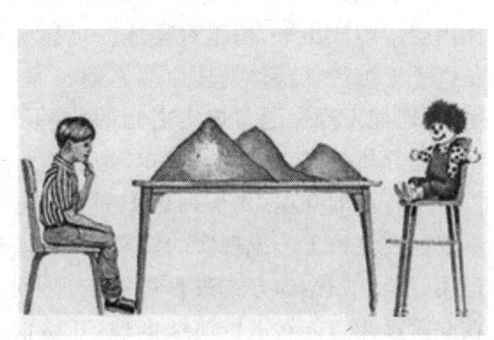

图8-7 三山实验

例外地认为别人在另一个角度看到的沙丘和自己所站的角度看到的沙丘是一样的。这个实验证明前运算思维缺乏逻辑性的表现之一是不具备观点采择能力——从他人的角度来看待事物的能力。

(3)思维的不可逆性

思维的可逆性是指儿童能够在心理上设想一个动作的倒转顺序,而无须具体执行这些动作。可逆性思维主要有两种表现:①逆向性或否定性,即当逆向运算与相应的正运算结

合时，整体便消去了，如$+A-A=0$；②互反性或对称性，即当$A>B$时，则$B>A$是它的互反。儿童自身的左右与对面人的左右，就是一个互反关系。皮亚杰认为，运算就是内化了、可逆的动作。儿童在感知运动阶段和前运算阶段都不具有可逆性思维，只有到具体运算思维阶段才形成发展起来。在具体运算思维阶段，可逆性思维的逆向性和互反性是孤立出现的，到了形式运算思维阶段，两者已综合成一个有机整体。皮亚杰的守恒实验证明前运算阶段的儿童思维具有不可逆性，因此不能掌握守恒概念。

(4) 缺乏守恒性

缺乏守恒性是指当事物的形状发生改变但是质量或者体积等不变时，儿童不能进行正确的判断。例如，两个大小质量完全相同的苹果，其中一个是完整的，另外一个完整的苹果分成大小相等的四块，此时让儿童进行选择，大多数儿童选择分成四块的苹果，因为他们认为此时苹果数量多。其实，两个苹果的质量一样，但是儿童却不能正确区分，这就体现了儿童没有守恒观念。

3. 具体运算阶段(7～12岁)

儿童在5～7岁之间进入具体运算阶段，这一阶段发展最典型的标志就是儿童能够运用符号进行有逻辑的思考活动。前运算阶段的儿童可以形成对事物的初步符号表征，但他们的认知活动还与身体经验密切相关。而具体运算阶段的儿童则在分类、数字处理、时间和空间概念上有了很大的进步。这个时期儿童的认知能力能够摆脱知觉的局限，获得概念的稳定性，达到守恒。守恒概念是这一阶段出现的标志。

4. 形式运算阶段(12岁以后)

形式运算阶段的典型特征是抽象思维的发展与完善。这时青少年不再将思维局限于具体的事物上，他们开始运用抽象的概念，能提出合理的假设并进行验证，知道事物的发生有多种可能性，从而使他们的思维具有更大的弹性和复杂性。

形式运算是指对抽象的假设或命题进行逻辑转换。这一时期儿童或青少年能够从具体内容中解放出来，超越对具体的可感觉事物的依赖，使形式从内容中解脱出来并完全具备以下思维特征：(1)处理命题之间关系的能力。即不仅能考虑命题与经验之间真实性关系，同时能发现命题与现实之间的关系，并能推论两个或多个命题之间的逻辑关系。根据形式运算所处的年龄阶段可知，此年龄处于初中时期。在上初中的孩子就开始学习符合他们年龄特征的知识，真假命题就是在初中阶段学习。(2)进行假设—演绎的思维能力。即不仅能在逻辑上考虑现实的情境，而且能根据可能的情境(假设的情景)进行思维；不仅能运用经验—归纳的方式进行逻辑推理，而且能够运用假设—演绎推理的方式来解决问题。在此阶段儿童能够进行演绎推理，开始借助假设来解决问题。(3)抽象逻辑思维接近成人水平。即能运用符号进行思维。本阶段的儿童能理解符号的意义、隐喻和直喻，能做一定的概括，其思维发展水平已经接近成人的水平。例如，在学习数学平面图形的时候开始用M、N等字母代表某个边或者某个角，之所以用字母代替是因为此阶段的儿童可以理解这些字母所代表的真正含义。

(二)影响心理发展的因素

皮亚杰对制约心理发展的各种因素进行了具体分析，他认为，支配心理发展的因素主要有四个：成熟、物理因素、社会环境和平衡。皮亚杰认为，心理既不是起源于先天的成熟，也不是起源于后天的经验,而是起源于动作。即动作是认识的源泉,是主客体相互作用的中介。最早的动作是与生俱来的无条件反射。儿童一出生就以多种无条件反射反映外界的刺激,发出自己需求的信号,与周围环境相互作用。随之而发展起来的各种活动与心理操作,都在儿童的心理发展中起着主体与环境相互作用的中介作用。第四个因素平衡化促进了同化与顺应之间的和谐发展,并使得成熟、物理因素和社会环境之间处在协调状态。更为重要的是,平衡的倾向作为一种过程,总是把儿童的认知水平推向更高阶段。当低层次的平衡被冲破以后,由于有了这种倾向,平衡才能在高一级的水平上得以恢复,从而导致了智力的发展,因此是最为根本的因素。

1. 成熟

成熟主要指大脑和神经系统的发育程度。皮亚杰认为,成熟在儿童日益增加的理解他们周遭世界的能力上有重要作用,是儿童心理发展的必要条件,但不是充分条件(决定性条件)。"成熟仅仅是所有因素之一,儿童年龄渐长,自然及社会环境影响的重要性将随之增加。"

2. 物理因素

物理因素包括具体经验(物理经验)和抽象经验(即逻辑数学经验),是影响心理发展的重要因素。新的认知结构就是在与环境的交互中形成的,儿童直接面对实在的物品,从而获得具体经验。皮亚杰认为,具体经验是思维发展的基础。具体经验虽然重要,但并不是心理发展的决定因素。

3. 社会环境

社会环境是指社会上的相互作用和社会传递,包括社会生活、文化教育、语言等。皮亚杰认为,社会经验同样是儿童心理发展的必要条件,却不起决定作用,它只能促进或延缓儿童心理发展而已。儿童不仅需要从环境中获取经验,还需要进行社会交往。社会生活、文化教育、语言同样会加速或阻碍认知发展,关键在于给予儿童检验和讨论他们的信仰和观念的机会。教育者不但要帮助儿童获得具体经验和抽象经验,还要向儿童灌输社会规则和社会价值观,为儿童创造社会交往的条件。大大小小的集体讨论对于儿童的认知发展是至关紧要的。不管儿童生活在什么样的社会环境中,甚至是没有语言的聋哑儿童,到了7岁左右也会出现具体运算的逻辑思维。因此,皮亚杰认为,环境、教育对儿童心理发展并不起决定作用,它只能促进或延缓儿童心理发展而已。

4. 平衡

平衡是不断成熟的内部组织和外部环境的相互作用,是动态的平衡,具有自我调节的作用。平衡可以调和成熟、物理因素以及社会经验三方作用,通过不断的自我调节及动态的平衡,使儿童的心理结构不断变化和发展。平衡化或自我调节是儿童心理发展中最重要的、决定的因素。

四、维果斯基的心理发展观

维果斯基(图8-8)是苏联(俄国)的心理学家,他主要研究儿童心理和教育心理,着重探讨思维与言语、教学与发展的关系问题。他和鲁利亚和列昂节夫一道从20世纪20年代开始研究人的高级心理机能的社会历史发生问题,形成了社会文化-历史学派,又称"维列鲁"

学派。

维果斯基认为,由于工具的使用,引起人的新的适应方式,即物质生产的间接的方式,而不像动物一样是以身体的直接方式来适应自然。在人的工具生产中凝结着人类的间接经验,即社会文化知识经验,这就使人类的心理发展规律不再受生物进化规律所制约,而受社会历史发展的规律所制约。

当然,工具本身并不属于心理的领域,也不加入心理的结构,只是由于这种间接的"物质生产的工具",就导致在人类的心理上出现了"精神生产的工具",即人类社会所特有的语言和符号。生产工具和语言符号的类似性就在于它们使间接的心理活动得以产生和发展。所不同的是,生产工具指向于外部,引起客体的变化;符号指向于内部,不引起客体的变化,而是影响人的行为。控制自然和控制行为是相互联系的,因为人在改造自然时也改变着人的自身性质。

图 8-8 维果斯基

维果斯基认为就心理学家看来,发展是指心理的发展。所谓心理的发展就是指一个人的心理(从出生到成年),是在环境与教育影响下,在低级的心理机能的基础上,逐渐向高级的心理机能的转化过程。针对心理机能由低级向高级发展的标志,维果斯基归纳为四个方面的表现:(1)心理活动的随意机能;(2)心理活动的抽象-概括机能,也就是说各种机能由于思维(主要是指抽象逻辑思维)的参与而高级化;(3)各种心理机能之间的关系不断地变化、组合,形成间接的、以符号或词为中介的心理结构;(4)心理活动的个性化。

在心理机能由低级向高级发展的原因方面,维果斯基强调了三个方面的原因:一是源于社会文化-历史的发展,是受社会规律所制约的。二是从个体发展来看,儿童在与成人交往过程中通过掌握高级的心理机能的工具——语言、符号这一中介环节,其在低级的心理机能的基础上形成了各种新质的心理机能。三是高级的心理机能是不断内化的结果。

由此可见,维果斯基的心理发展观,是与他的文化-历史发展观密切联系在一起的。他强调,心理发展的高级机能是人类物质产生过程中发生的人与人之间的关系和社会文化-历史发展的产物;强调心理发展过程是一个质变的过程,并为这个变化过程确定了一系列的指标。

维果斯基还提出了教学与发展,特别是教学与智力发展的关系的思想。在教学与发展的关系上,维果斯基提出了三个重要的问题:一个是"最近发展区"思想,另一个是教学应当走在发展的前面,还有一个是关于学习的最佳期限问题。

维果斯基认为,至少要确定两种发展的水平。第一种水平是现有发展水平,这是指由于一定的已经完成的发展系统的结果而形成的心理机能的发展水平。第二种是在有指导的情况下借别人的帮助所达到的解决问题的水平,也是通过教学所获得的潜力。这样在智力活动中,对所要解决的问题和原有独立活动之间可能有差异,由于教学,而在别人的帮助下消除这种差异,这就是"**最近发展区**"。教学创造着最近发展区,第一个发展水平与第二个发展水平之间的动力状态是由教学决定的。

根据上述思想,维果斯基提出"教学应当走在发展的前面"。这是他对教学与发展关系问题的最主要的理论。也就是说,教学"可以定义为人为的发展",教学决定着智力的发展,这种决定作用既表现在智力发展的内容、水平和智力活动的特点上,也表现在智力发展的速度上。

怎样发挥教学的最大作用,维果斯基强调了"学习的最佳期限"。如果脱离了学习某一技能的最佳年龄,从发展的观点看来都是不利的,它会造成儿童智力发展的障碍。因此,开始某一种教学,必须以成熟与发育为前提,但更重要的是教学必须首先建立在正在开始形成的心理机能的基础上,走在心理机能形成的前面。

在个体智力形成方面,维果斯基提出了"内化"学说。在儿童思维发生学的研究中,国际不少心理学家提出了外部动作"内化"为智力活动的理论。维果斯基是"内化"学说最早推出人之一。他指出,教学的最重要的特征便是教学创造着最近发展区这一事实,也就是教学激起与推动学生一系列内部的发展过程,从而使学生通过教学而掌握全人类的经验,内化为儿童自身的内部财富。维果斯基的内化学说的基础是他的工具理论。他认为,人类的精神生产工具或"心理工具",就是各种符号。运用符号就使心理活动得到根本改造,这种改造转化不仅在人类发展中,而且也在个体的发展中进行着。学生早年还不能使用语言这个工具来组织自己的心理活动,心理活动的形式是"直接的和不随意的、低级的、自然的"。只有掌握语言这个工具,才能转化为"间接的和随意的、高级的、社会历史的"心理技能。新的高级的社会历史的心理活动形式,首先是作为外部形式的活动而形成的,以后才"内化",转化为内部活动才能默默地"在头脑中进行"。

【案例回顾与分析】

小林进入初中以后发生了很大的变化。小学时,他经常把"这是老师说的"挂在嘴边;现在,他经常跟同学一起讨论书本以及老师的一些观点,觉得书本上和老师的很多观点不合理,经常以独立批判的态度对待老师和家长所给出的建议,有时候甚至会因为一个问题或观点同老师争得面红耳赤。老师觉得小林有时不能根据实际情况对所学原理恰当地加以运用,看待问题有点片面,对一些观点的怀疑和批判缺乏充足的论据。

初中生的思维最主要的特点就是其思维的抽象逻辑性。这一特点体现在运用假设、逻辑以及运用逻辑法则三个方面。另外,与初中生心理发展的矛盾性特点相呼应,初中生的思维也显示出明显的矛盾性,这一特点也体现在三个方面,思维的创造性和批判性日益明显,思维的片面性和表面性依然存在,思维活动的自我中心的出现。针对中学生思维发展的上述特点,在对小林进行教育时应当做到以下几方面:贴近生活,拉近理论与实践的距离;帮助小林从借助具体实物思考到抽象思维,从动手实践到抽象理论;要创设一种能激发小林积极思维的情境;帮助小林加强实际逻辑训练,培养其逻辑思维能力。

【学以致用】

小明和小罗今年高三,是一对好朋友。两人在处理问题的认知风格方面有较大差异。小明在学习上遇到问题时,常常利用个人经验独立地对其进行判断,喜欢用概况与逻辑的方式分析问题,很少受到同学与老师建议的影响。而小罗遇到问题时常常表现与小明相反,他更愿意倾听老师和同学们的建议,并以他们的建议作为分析问题的依据。另外,他还善于观察言观色,关注社会问题。

问题:(1)结合材料分析小明和小罗的认知风格差异。

(2)假如你是他们的老师,如何根据认知风格差异展开教学?

【关键术语】

遗传决定论强调遗传在儿童心理发展中的作用,认为儿童心理的发展是由先天的、不变的遗传所决定的,儿童心理发展过程就是这些先天遗传的自我发展和自我暴露的过程,与外界影响、教育无关,外界的影响和教育即使对儿童心理发展起作用,至多也只能促进或延缓素质的自我发展和自我暴露,不能改变它的本质。

环境决定论否定人的生物遗传素质在儿童发展中所起的作用,确信在儿童发展过程中,其后天的生活经历和环境影响起决定的作用。环境决定论关注儿童成长的环境、后天教养内容和教育方法以及这些环境因素在儿童成长与发展中的重要影响作用。

儿童的发展,至少要确定两种发展水平。第一种水平是现有发展水平,是指由于一定的已经完成的发展系统的结果而形成的心理机能的发展水平。第二种是在有指导的情况下借别人的帮助所达到的解决问题的水平,也是通过教学所获得的潜力。这两种水平之间的差距就是**最近发展区**。

发展关键期是指个体身体或心理的某一方面机能和能力最适于形成的时期。

客体永存性是指儿童开始认识到一个物体即使不在眼前它仍然存在于某个地方。

同化是指外界因素整合于一个正在形成或已形成的结构,也就是把环境因素纳入机体已有的图式或结构之中,以加强和丰富主体的动作,即同化是通过已有的认知结构获得知识。

顺应是指同化性的格式或结构受到它所同化的元素的影响而发生的改变。也就是改变主体动作以适应客观变化,或改变认知结构以处理新的信息。

平衡是不断成熟的内部组织和外部环境的相互作用,是动态的平衡,具有自我调节的作用。

【参考文献】

[1]程琛,胡经纬,桑标.青春期冒险行为的认知神经科学研究及其教育启示[J].华东师范大学学报(教育科学版),2013,31(2):56-62.

[2]KUNNATH A J, BERTISCH H S, KIM A S, et al. Effects of multisensory simultaneity judgment training on the comprehension and cortical processing of speech in noise: a randomized controlled trial[J]. Scientific Reports, 2025,15(1):1-12.

[3]WU, X Y, LIANG C, BUSTILLO J, et al. The impact of atlas parcellation on functional connectivity analysis across six psychiatric disorders[J]. Human Brain Mapping, 2025,46(5):e70206.

[4]谢弗.发展心理学[M].9版.邹泓,等译.北京:中国轻工业出版社,2016.

[5]罗伯特·费尔德曼.发展心理学——人的毕生发展[M].6版.苏彦婕,等译.北京:世界图书出版公司,2013.

[6]帕帕拉.发展心理学——从生命早期到青春期(上册)[M].10版.李西营,冀巧玲,等译.北京:人民邮电出版社,2013.

[7]帕帕拉,奥尔兹,费尔德曼.发展心理学:从成年早期到老年期(下册)[M].10版.李西营,冀巧玲,等译.北京:人民邮电出版社,2013.

[8]伯克.伯克毕生发展心理学:从0岁到青少年[M].4版.陈会昌,等译.北京:中国人民

大学出版社,2014.

[9]丹尼斯·博伊德,海伦·比.儿童发展心理学[M].13版.夏卫萍,译.北京:电子工业出版社,2016.

[10]雷雳.发展心理学[M].3版.北京:中国人民大学出版社,2017.

[11]沈莉.发展心理学笔记[M].北京:商务印书馆,2013.

[12]西格曼·瑞德尔.生命全程发展心理学[M].陈英和,译.北京:北京师范大学出版社,2009.

[13]李晓东.发展心理学[M].北京:北京大学出版社,2013.

[14]刘金花.儿童发展心理学[M].3版.上海:华东师范大学出版社,2013.

[15]大途教育教师资格考试命题研究院.教育知识与能力历年真题及全真模拟(中学)[M].上海:复旦大学出版社,2018.

[16]中公教育教师资格考试研究院.教育教学知识与能力历年真题及标准预测试卷(小学)[M].北京:世界图书出版公司,2019.

第九章　学生的情绪发展

情绪的含义很广泛,情绪一般指个体在其需要是否得到满足的情景中直接产生的心理体验和相应的反应。它往往用来形容短暂但强烈的体验。情绪是由生理唤起、认知解释、主观感觉和行为表达这四部分组成的过程。

【本章知识框架】

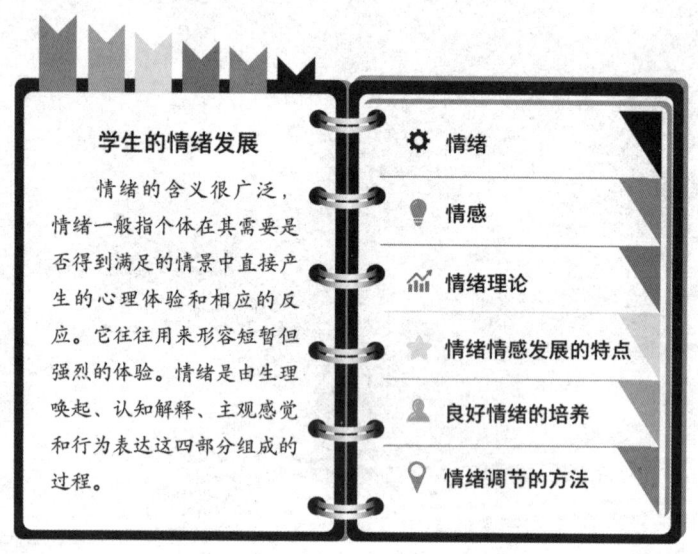

【学习要点】

情绪、情感:了解情绪的来源、含义、功能和分类。

情绪理论:了解詹姆斯-兰格理论、坎农-巴德理论、普里布拉姆不协调论、阿诺德的评定-兴奋理论、沙赫特的两因素理论、拉扎勒斯的认知评价理论、伊扎德的情绪分化理论。

中小学生情绪情感发展的特点:了解中小学生情绪情感发展的特点。

中学生良好情绪的培养:了解中学生常见的情绪问题,了解中学生良好情绪的培养以及指导中学生情绪调节的方法。

【学习提示】

在日常生活中,情绪的作用无处不在。不同学科的研究者对情绪采用不同的方法进行各种研究。近年来,随着计算机技术、电子技术和认知心理学的发展,基于脑电的情绪识别研究已经成为神经工程和生物医学工程领域的热门课题。

第九章　学生的情绪发展

【案例引导】

你害怕蛇和蜘蛛吗?

瑞典心理学家阿恩·欧曼做了一系列出色的研究,他指出,在人类的进化史中,蛇和蜘蛛几乎一直都是危险的动物。一些祖先很快认识到它们的危险性,从而逃过了毒物之口,其子孙后代才得以繁衍。假如我们在进化过程中真的已经对曾经威胁人类生存的事物产生了恐惧,那么,今天的人应该能够很快认识到蛇和蜘蛛比花朵、蘑菇或者其他物体都可怕得多。欧曼在实验中用电击来配合一个与恐惧相关的刺激(蛇或蜘蛛)或与恐惧无关的刺激(蘑菇、花朵或者其他物体)。与恐惧相关的刺激只要和电击配合使用一次,人们再次见到蛇或蜘蛛时,即使没有遭受电击也会产生恐惧,而与恐惧无关的刺激必须和电击配合使用多次,才能使人们在见到蘑菇、花朵或者其他物体时,虽然没有遭受电击仍然能产生恐惧。经过一段时间以后,人们对花朵、蘑菇和其他物体已不再恐惧,但他们还是不能摆脱蛇和蜘蛛的阴影。是否能用进化论来解释欧曼的实验结果呢?如果可以,人类对其他危险事物,例如枪炮和电源插座的反应就应该与见到蛇和蜘蛛一样。然而欧曼没能证实这一点。要人们把恐惧和枪炮、电源插座联系起来,所需要的时间几乎和花朵、蘑菇或其他物体相同。枪炮和电源插座出现得太晚,自然选择还没来得及把它们列入人类共同的情绪诱因当中。

达尔文在他极具前瞻性的著作《人类与动物的情绪表达》中曾经描述了他对一条蛇所做的实验。这个100多年前的实验和欧曼的研究很相似。书中说道:"在动物园南非大毒蛇馆的厚玻璃外面,我把头靠得很近,决心当蛇攻击我时决不后退。但蛇真的攻击时,我的决心已化为乌有,我大吃一惊,快速向后退了一两米远。面对着这种从未经历过的想象中的危险,意志和理智显得无能为力。"达尔文的经历告诉我们,再理智的头脑也敌不过与生俱来的对恐惧这个主题的反应。

问题:

恐惧是一生中必然会经历的情绪之一,是不是因为它带来了不好的感受,就把它看成需要彻底避开的、不能存在的、需要克服的东西呢?

第一节　情绪概述

一、情绪来自何处

假如你在过万圣节的时候到一个"鬼屋"去玩,当一个像幽灵一样的东西突然向你飘来时,你会做出即刻的情绪反应。其中包括外部反应,比如跳起、抓紧身边的人,还有尖叫。同时,还会发生内部反应,你体内的化学物质会发生变化,内部器官的运行状况、脑某些部分和植物性神经的唤起水平也会随之变化。不仅如此,即便你意识到那个所谓的幽灵其实是朋友披着床单装扮的,在意识到自己并没有真正面临危险以后很久,你的心跳还是会很快,其他的生理反应也会久久不能恢复。这就是情绪反应,是一种唤起状态,这种唤起状态能够帮助生物体应对再次发生的重要情境。所以,情绪具有生存价值,而且也被自然选择所塑造。

到了20世纪30年代末,帕佩兹总结了情绪生理学的研究成果,第一次描述了情绪的边缘系统机制,称为帕佩兹环路。按照帕佩兹和麦克莱恩的研究结果,整个位于前脑底部重叠在下丘脑之上环绕着脑干的皮质内边缘系统等部位,调整着有机体的内部过程。这个环路的机能整合作用涉及情绪反应和情绪体验两方面,说明情绪既发生于生理水平,也发生于意识水平。脑中存在着两套不同的情绪处理系统。一套是快速反应系统,这套系统主要工作于潜意识水平,它会对进入的刺激信息进行快速的筛选,而且会帮助我们对潜在重要事件的线索做出快速响应,反应速度甚至快于这些线索到达意识的速度。这一系统与内隐记忆系统相连,是我们的早期防御系统。比如,如果你在深夜听到很大的响声,这一系统会做出近乎瞬时的恐惧反应。快速反应系统主要依靠脑深部自动运作的回路,并不需要意识的有意控制。值得一提的是,这些潜意识的情绪回路似乎对某些线索具有固有的敏感性,这可以解释为何对蜘蛛和蛇的恐惧要比对电的恐惧更加普遍。实际上,死于触电的人比死于蜘蛛和蛇的人更多。此外,通过经典条件作用,这一快速反应系统还可以学习情绪反应,而且一旦学会就很难遗忘。这也就是"一朝被蛇咬,十年怕井绳"的道理。另外一个情绪系统与意识处理过程有关,该系统与外显记忆相连。当你在头脑中想象将要演讲的场景时,这一系统会让你感到紧张;而当你回忆第一次漂流的经历时,这一系统也会让你感觉兴奋。这一系统产生情绪的速度比潜意识通路的慢,但是,它却能为意识提供更加完整的信息。这一系统非常依赖大脑皮层,所以它对事件的看法与潜意识处理系统的看法存在着巨大差异。所以,恐惧症患者虽然"知道"自己的恐惧并不理性,但还是会忍不住觉得恐惧。我们的情绪就是来源于这两套不同的情绪系统作用的结果。让情况变得更复杂的是,这两套系统还会互动。所以,我们在意识中感到的恐惧等情绪可以来自潜意识系统。同时,意识情绪系统能够向潜意识系统发信号,随即产生像演讲前的紧张感觉。这两个系统的互动显然会产生被我们称为"直觉"的感觉。具体而言,情绪的生理机制包括下面几个部分。

(一)边缘系统的作用

两条情绪通路都要依靠脑边缘系统的回路。边缘系统结构位于脑干以上的脑部,在进化中,边缘系统无疑成为控制攻击、防御和撤退行为,即"或战或逃"反应的系统。支持这一论点的证据是,部分被切割或部分受到电刺激的边缘系统能够大幅度地改变情绪反应。边缘系统被改变后,温顺的动物会变成杀手,捕食者和他们的猎物也能成为和平相处的伙伴。有许多研究证明了杏仁核对于产生恐惧感的重要性。杏仁核就像一条看门狗,不停地对各种威胁保持警觉。不过,最近的研究发现,杏仁核对于积极情绪的产生也有一定作用。它不但从快速的潜意识情绪处理通路中接收信息,而且也从更长更慢的意识情绪通路中接收信息。

(二)网状结构的作用

网状结构位于脑干上,它与丘脑和杏仁核一起监视进入的信息。如果网状结构探测到潜在的威胁,它会启动一系列自动反应。这些反应不但会让你的脑兴奋起来,而且会让你的心跳和呼吸加速,还会让你的嘴发干,肌肉变紧。

(三)大脑皮层的作用

大脑皮层在意识情绪通路中起到了领导的作用。意识情绪系统会对事件进行解释,并将其与记忆和感觉联系在一起。就像不同的感觉是由大脑皮层的不同区域产生的一样,积极和消极情绪也与大脑皮层的不同区域有关。大体上讲,右脑负责像愤怒和抑郁这样的消极情绪,而左脑则处理更加积极和快乐的情绪。左右脑司职不同种类情绪的现象叫作情绪的偏侧性(lateralization of emotion)。有关正常人情绪反应的脑电波记录可以证实这一点。此外,还有一些研究发现,右脑或左脑受损的病人在情绪表达上存在特定障碍,这些研究结果也能证实情绪的偏侧性。

(四)植物性神经系统的作用

假如一个危急情况发生了,脑会通过交感系统的通路向全身发出信号,让周身的各个器官和系统警觉起来。一些信号会让肾上腺释放出压力激素,另一些则会让心跳加速,血压升高。与此同时,交感神经系统会让一些血管收缩,把能量从胃和其他内脏转移到骨骼肌。当危急情况过去以后,副交感神经会接管控制权,并发出与先前交感神经所发出紧急命令相反的指令。不过,在经历了引发强烈情绪的情况以后,还会紧张兴奋一段时间,因为激素还在周身的血液中循环。如果引发强烈情绪的情况持续不断,危急反应会大量消耗精力,并导致生理和心理健康状况恶化。

(五)激素的作用

我们的身体会产生许多激素,其中对情绪最重要的有血清素、肾上腺素和去甲肾上腺素。血清素与抑郁感有关。肾上腺素是在恐惧中产生的激素。而在愤怒的时候,体内的去甲肾上腺素会比较多。类固醇激素(有时健美运动员和其他运动员会滥用此类激素)也能对情绪产生巨大的影响。类固醇除了对肌肉会产生作用以外,也会对神经细胞产生作用,会改变它们的兴奋性。

二、情绪的概念

情绪的含义很广泛,情绪一般指个体在其需要是否得到满足的情景中直接产生的心理体验和相应的反应。它往往用来形容短暂但强烈的体验。情绪是由生理唤起、认知解释、主观感觉和行为表达这四部分组成的过程。

(一)生理唤起和主观感觉

假如有一条狗狂叫不止,你被这条气势汹汹的狗给吓坏了。恐惧反应的生理组成部分会发出警报,这一警报同时通过植物性神经系统和内分泌系统向全身广播。结果,你的内脏各系统就会做出相应的反应,胃部的血液会被排空(所以在害怕或紧张时我们会觉得腹部有抽紧的感觉),我们面部的血管会收缩(所以害怕会让人脸色发白)。危险情况想得越多,你就会变得越害怕。随后,这些想法会把主观感觉和生理唤起提升到新的高度。

（二）认知解释和行为表达

情绪的"感觉"组成部分有两个来源：一是脑对身体唤起状态的感觉，另一个则是有关过去相似情况下身体状态的记忆。所以，当你碰到一条乱叫的狗时，你的大脑也许会回忆以前碰到恶狗时的感受。

情绪还能影响行为。当碰到恶狗以后，你可能会做出"或战或逃"的反应，会出现恐惧的面部表情，还会哭，会大声喊叫。愤怒的反应往往会引发不由自主的动作，比如挥舞拳头，或伸出中指。由于在这些情况下情绪会引发行为，所以情绪可以作为动机发挥作用。那么，动机与情绪有什么联系呢？心理学把情绪和动机视为互补的过程。情绪强调生理和心理的唤起，而动机则强调这种唤起如何变为行动。

三、情绪的表达

人们除了言语交往之外，还有非言语的交往形式，这就是表情。言语与表情在人类交往过程中经常是相互配合的。同是一句话，配以不同的表情，会使人产生完全不同的理解。所谓的"弦外之音""此处无声胜有声"就更多地依赖于表情的作用。而且，表情比言语更能显示情绪的真实性。有时人们能够运用言语来掩饰自己的情绪体验，但是表情则往往出卖了自己的内心体验。

（一）情绪表达之一面部表情

面部表情是由面部的肌肉和腺体的变化来表现的，主要由眉、眼、鼻、嘴及脸部皮肤的不同组合所构成。如眉开眼笑、挤眉弄眼、怒目而视、愁眉苦脸、面红耳赤等面部表情是人类的基本沟通方式，也是情绪表达的基本方式。面部表情有泛文化性。同一种面部表情会被不同文化背景下的人们共同承认和使用，以表达相同的情绪体验。心理学家们经过研究发现，有七种表情是世界上各民族的人都能认出的，它们是快乐、惊讶、生气、厌恶、害怕、悲伤和轻视。研究者发现不同文化背景的人们都能精确辨认这七种基本表情。面部表情识别的研究还发现最容易辨认的表情是快乐、痛苦，较难辨认的是恐惧、悲哀，最难辨认的是怀疑、怜悯。一般来说情绪成分越复杂表情越难辨认。

（二）情绪表达之二身段表情

身段表情是通过人的各种身体姿势及动作的变化来表达情绪。如高兴时昂首挺胸，手舞足蹈，摇头晃脑；悲痛时捶胸顿足，泪流满面，形销骨立；成功时神气十足，神气活现，趾高气扬；得意之时装腔作势，张牙舞爪，盛气凌人；失败时垂头丧气，无精打采，长吁短叹；而紧张之际则坐立不安，心急如焚，六神无主等。身段表情不具有跨文化性，并受不同文化的影响。研究表明手势表情是通过学习获得的，在不同的文化中同一手势所代表的含义可能截然不同，如竖起大拇指在许多文化中是表示夸奖，但在希腊却有侮辱他人的意思。

（三）情绪表达之三语调表情

语调表情是通过声调和节奏的变化来表达情绪的，如言语中语音的高低强弱、抑扬顿挫等,又如人在惊恐时会高声尖叫;悲哀时则声调低沉,节奏缓慢;气愤时声音高亢,节奏加快。

总之,面部表情、身段表情和语调表情是情绪的有效表达方式,借助它们人类能够更加准确或复杂地表达不同的情绪。

四、情绪的功能

(一)适应功能

情绪是有机体生存、发展和适应环境的重要手段。例如,恐惧使你免受攻击或者伤害,内疚感有助于提高社会适应能力。

(二)动机功能

情绪唤起心理活动和行为,情绪会加强内驱力。例如,看到蛇引发的恐惧情绪会使你产生回避行为,内疚感会促使你去向对方道歉。

(三)组织功能

积极情绪对活动起着协调和促进的作用,适度的消极情绪也能促进活动的进行,但过度的消极情绪对活动起着瓦解和破坏的作用。

(四)信号功能

情绪在人际交流过程中传递信息,帮助互相沟通和了解。

五、情绪的分类

(一)中医的情绪分类

中国最早的医学著作《黄帝内经》将情绪分为五情,后又演变为七情。《黄帝内经》把心理活动称为"心"或"神",经"五神"和"五志"来表现,而所谓五神即神、魄、魂、意、志,分属于五脏(《素问·宣明五气篇》:"五脏所藏:心藏神,肺藏魄,肝藏魂,脾藏意,肾藏志")。五脏又产生五志,即喜、怒、悲、忧、恐(《素问·阴阳应象大论篇》:"人有五脏,化五气,以生喜怒悲忧恐"),并认为,心在志为喜,肝在志为怒,脾在志为思,肺在志为忧。

(二)按情绪内容分

近代西方学者按照内容把情绪分为基本情绪和复合情绪。复合情绪是由基本情绪的不同组合派生出来的。基本情绪有四类,其他情绪都是由这四类基本情绪交叉叠合衍生出来的。一般认为有四种基本情绪,即快乐、愤怒、恐惧和悲哀。

快乐,是指一个人盼望和追求的目的达到后产生的情绪体验。它可因年龄、性别、环境、学识等的不同而表现出程度不一的欢乐行为。

愤怒,是指所追求的目的受到阻碍,愿望无法实现时产生的情绪体验。当人们意识到不合理的或充满恶意的因素存在时,愤怒就会发生,并且会因刺激的强弱程度而反应有所不同。

悲哀,是指心爱的事物失去时,或理想和愿望破灭时产生的情绪体验。悲哀情绪体验的程度取决于对象、愿望的重要性与对人的价值。

恐惧,是企图摆脱和逃避某种危险情景而又无力应付时产生的情绪体验。它可因受恐吓的程度不同而表现出不同的行为。

在以上四种基本情绪之上,可以派生出众多的复杂情绪,如厌恶、羞耻、悔恨、嫉妒、惊吓等。

(三)依情绪发生的强度、速度、紧张度、持续性等指标分

依据情绪发生的强度、速度、紧张度、持续性等指标,可将情绪分为心境、激情和应激。

心境是一种微弱、平静和持久的情绪状态。心境具有弥散性和长期性的特点。心境的弥散性是指当人具有了某种心境时,这种心境表现出的态度体验会朝向周围的一切事物。心境的长期性是指心境产生后要在相当长的时间内主导人的情绪表现。当人处于某种心境时,会以同样的情绪体验看待周围事物。如人伤感时,会"感时花溅泪,恨别鸟惊心",见花落泪,对月伤怀。心境体现了"忧者见之则忧,喜者见之则喜"的弥散性特点。平稳的心境可持续较长时间甚至数年以上。

激情是一种爆发强烈而持续时间短暂的情绪状态。人们在生活中的狂喜、狂怒、深重的悲痛和异常的恐惧等都是激情的表现。和心境相比,激情在强度上更大,但维持的时间一般较短暂。激情具有爆发性和冲动性的特点,同时伴随有明显的生理变化和行为表现。当激情到来的时候,大量心理能量在短时间内积聚而出,如疾风骤雨,使得当事人失去了对自己行为的控制力。在突如其来的强烈刺激下,人会出现暴跳如雷、欣喜若狂等情绪反应。在这样的激情状态下,人的外部行为表现明显,生理的唤醒程度也较高,所以很容易失去理智,在冲动下做出不顾一切的鲁莽行为。因此,处在激情状态更需要注意调控自己的情绪,以避免一时冲动犯下无法挽回的错误。

应激是出乎意料的紧张和危急情况引起的情绪状态。人在应激状态下常伴随明显的生理变化,这是因为个体在意外刺激作用下必须调动体内全部的能量以应付紧急事件和重大变故。当人面临危及生命的事件或突发事件时,身心会处在高度紧张的状态,从而引发一系列的生理反应,如肌肉紧张、心率及呼吸变快、血压升高等。例如,突然面临地震或者遭遇歹徒抢劫,人就可能会产生上述的生理反应,从而积聚力量以进行反抗。但应激的状态如果维持过久,会过分消耗人的体力和心理能量,导致适应性疾病的发生。

(四)罗伯特·普拉特切克的情绪分类

美国心理学家罗伯特·普拉特切克(Robert Plutchik)是情绪理论方面的学术领袖,开创了情绪进化理论,将情绪分为基本情绪及派生情绪。他认为人类的基本情绪是物种进化的产物,是物种生存斗争的适应手段。

关于情绪,罗伯特·普拉特切克提出了以下十个观点:
(1)情绪存在于所有物种的任何进化水平上。(2)人类和动物同样都有情绪。(3)情绪

在不同物种中进化程度不同,因此会有不同方式的表现形式。(4)情绪是生物体在进化过程中出现的对环境变化的反馈行为,其目的是使生物体更好地解决生存适应问题。虽然在不同的生物体中,情绪反应的出现条件和表现形式各有不同,但是有一些基本的情绪元素是普遍存在于不同物种之间的。(5)基本情绪共有八种,八种基本情绪是生气、厌恶、恐惧、悲伤、期待、快乐、惊讶、信任。(6)其他情绪都是在八种基本情绪的基础上混合派生出来的。(7)基本情绪是理论化的情绪模型,其特征可根据事实观察得出,但无法被完全定义。(8)每种基本情绪都有与之相反的基本情绪。(9)任何两种情绪之间的相似度可以分为几个等级。(10)任何情绪都可以表现出强度的不同。

基于以上情绪理论,普拉特切克在1980年绘制了情绪轮盘模型(图9-1),分为平面和立体两种形式。立体模型以一个倒立的圆锥体的形式呈现。情绪轮盘可以帮助我们更好地理解不同情绪之间的联系和差异。

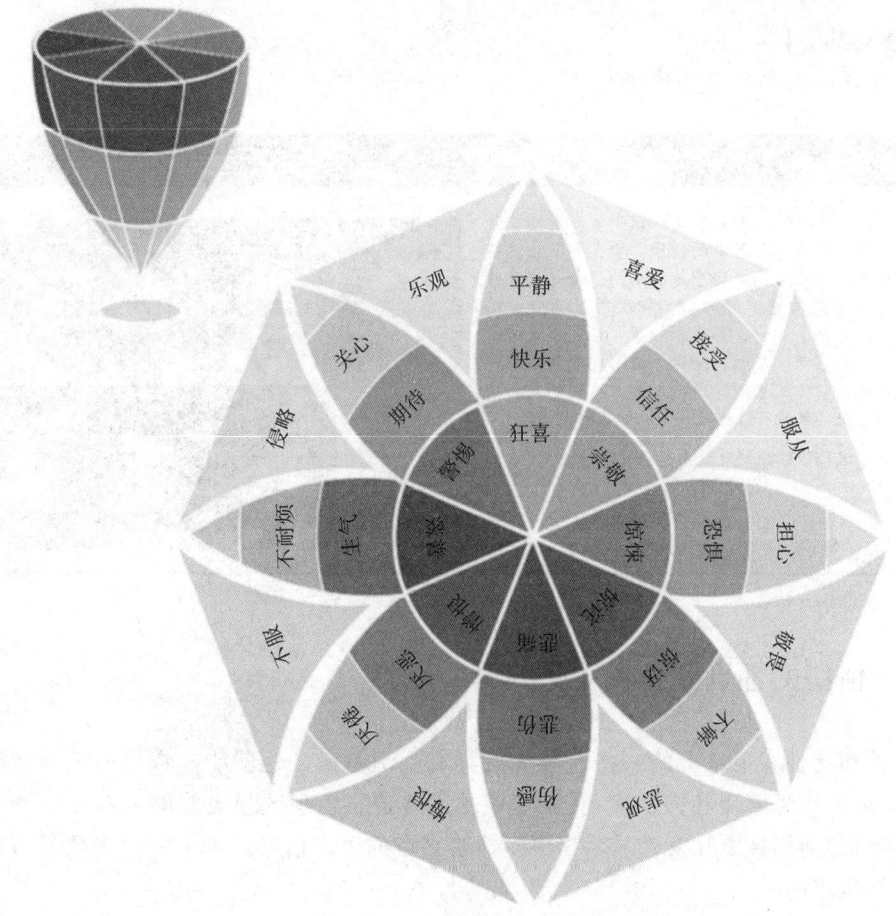

图9-1 普拉特切克情绪轮盘

基本情绪两两对应关系如下:
快乐对悲伤,信任对厌恶,恐惧对生气,惊讶对期待。
基本情绪结合情况如下:
期待＋快乐＝乐观(与之对立的是悲观)

快乐＋信任＝喜爱（与之对立的是悔恨）
信任＋恐惧＝服从（与之对立的是不服）
恐惧＋惊讶＝敬畏（与之对立的是侵略）
惊讶＋悲伤＝悲观（与之对立的是乐观）
悲伤＋厌恶＝悔恨（与之对立的是喜爱）
厌恶＋生气＝不服（与之对立的是服从）
生气＋期待＝侵略（与之对立的是敬畏）

罗伯特·普拉特切克的情绪论将八种基本情绪安排在圆圈的内环，在圆圈上，位置相对的情绪是相反的。内环上相连的情绪可以结合成更为复杂的情绪，这些情绪显示在圆圈的外环上。比如，爱是快乐和接受的结合。其他没有显示的一些情绪，诸如嫉妒和后悔，也是由情绪轮上更为基本的情绪组合而成的。

【参与其中】

下面这张图都有哪些情绪？

六、情绪的性别差异和文化差异

男性和女性在情绪上的一些差异无疑具有生理基础。这就能解释为何某些情绪性心理障碍，诸如惊恐障碍和抑郁症，在女性中更加普遍。生理差异也能够解释在碰到人际冲突的时候，为何男性要比女性显示出更多情绪兴奋的生理信号。世上的大多数暴力行为也是由男性做出的。

不过，其他的情绪性别差异可能不仅取决于生理因素，而且还取决于文化因素。研究者发现，男性和女性的情绪化程度相差无几。他们发现，情绪表达的文化差异比性别差异大得多。比如在美国，社会对男性和女性的情绪控制要求是不同的。如果男人或男孩表现出主导、愤怒和攻击行为，那么他们就会得到社会的奖励。但是，如果他们表现出脆弱，比如哭泣、沮丧和悲伤的话，就会受到社会的惩罚。与此同时，女性被鼓励和惩罚的情绪表达正好相反。女人或女孩如果表现出脆弱，她们会得到奖励，但是如果她们表现出暗示主导的情绪,她们就会被惩罚。在其他国家也表现出现明显的差异。比如,在以色列和意大利,男性会更多地隐藏自己的悲伤感;而在英国、西班牙、瑞士和德国,情况则正好相反,女性更多地隐藏自己的感情。在许多亚洲文化中,无论是男性还是女性都学会要限制自己所有的情绪表达。

总之,要把生理影响和文化影响区分开来并不是一件容易的事情。我们可以说,无论是在同一种文化内,还是在不同文化之间,不同性别的情绪表达有所不同。但是,我们不能得出某一性别比另一性别更加情绪化的结论。

七、情感的概念

情绪和情感都是人对客观事物是否满足个体的需要所产生的态度体验,只是情绪更倾向于个体基本需求欲望上的态度体验,而情感则更倾向于社会需求欲望上的态度体验。情感是指个体意识到自己与客观事物的关系之后产生的稳定的、深刻的心理体验。情感与人的基本社会性需要相联系,所以并不是与生俱来的。

情感的重要作用主要表现为四个方面:情感是人适应生存的心理工具;情感能激发心理活动和行为的动机;情感是心理活动的组织者;情感是人际交流的重要手段。

情感也是多种类的,但具体可分为两类:与自我评价有关的情感,如害羞、骄傲、谦虚等;与他人有关的情感,如爱、恨等。相较于情绪而言,情感具有一定的内隐性和稳定性。

情感还可以分为道德感、理智感和美感。

道德感是根据一定的道德标准在评价人的思想、意图和行为时所产生的主观体验。

理智感是在智力活动过程中,在认识和评价事物时所产生的情感体验。

美感是根据一定的审美标准评价事物时所产生的情感体验。

八、情绪与情感的关系

情绪、情感的划分只是相对的,实际上它们是统一的整体,是一种心理活动过程的不同侧面。情感与情绪的联系在于情绪是情感产生的基础,情感也会通过情绪表达出来,情感的深度决定了情绪的强度和表现形式。情感与情绪的区别主要在于:情绪体验与生理需要相联系,而情感体验与社会需要相联系;情绪带有极大的情境性而情感则较稳定;情绪较低级和简单,是人和动物共同拥有的,而情感则是高级的复杂的体验,是人所特有的心理现象;情感具有内隐性和持久性,而情绪大部分是外显的。

第二节 情绪理论

一、古代哲学的情绪观

自古以来思想家和科学家一直在探讨情绪的奥秘。在人类文化发展的历史长河中,对情绪的看法也曾不时闪现出智慧的火花。笛卡尔对情绪的论述持有比前人更为具体的看法,他把情绪看作人体内动物精神流的活动,动物精神流在松果体中活动,使已有的感觉变成激情或欲望,他认为有六种原始情绪:赞美、爱、恨、欲望、快乐和悲伤,这些情绪合并而产生内省的情感。

二、詹姆斯-兰格理论

19世纪末,在心理学的早期发展阶段,詹姆斯(William James)吸收了达尔文的观点,提出了最早的情绪理论。这个理论认为,刺激导致内脏器官和骨骼肌肉反应,而对这些反应的知觉就是情绪,即情绪是源于身体的反馈,刺激引起身体的生理反应,而生理反应进一步导致情绪体验的产生。詹姆斯说:"我们因为哭泣而感到难过,因为攻击而感到愤怒,因为颤抖而感到害怕。"丹麦的心理学家兰格(Carl Lange)也同时提出了这种观点,所以这种理论便被人们称为詹姆斯-兰格理论(James-Lange theory)。詹姆斯情绪理论的重要性在于指出了情绪刺激、情绪行为和情绪体验之间的关系,揭示出情绪与有机体过程之间的联系。詹姆斯-兰格理论强调了自主神经系统在情绪产生中的作用,但忽视了中枢神经系统的调节控制作用。此外,同样的躯体活动的变化可以引起极不相同的情绪体验;用药物可以引起和某种情绪相同的身体的变化,但却并不产生相应的情绪变化。

詹姆斯-兰格理论的问世刺激了其后大量的研究,为探讨情绪的性质指出了一条必由之路。

三、坎农-巴德理论

继詹姆斯-兰格理论之后,生理学家坎农把情绪确定为产生于皮质抑制的丘脑神经冲动,称之为情绪的丘脑学说。坎农认为,我们的行为和内部器官发生生理变化所需的时间远远超过我们做出情绪反应(如面临危险时的感觉)所需的时间,所以前者不可能导致后者,他还提出了另一个支持反对意见的依据,那就是生理变化的种类有限,而人类情绪却变化多端。躯体的感受器感受到周围环境的刺激,产生兴奋并将兴奋传至大脑皮层及丘脑,丘脑向上传至大脑产生情绪的主观体验,向下传至自主神经系统引起躯体变化。情绪体验与生理变化是同时产生的,都受到丘脑的控制。情绪并非外界变化的必然结果,情绪产生的中心不在外周神经系统,而在中枢神经系统的丘脑。坎农的情绪学说得到巴德的支持和发展,故后人称之为坎农-巴德情绪理论。

那么,哪种理论正确呢?可以说它们都只对了一半。一方面,现代的神经科学已经证实,正如詹姆斯-兰格理论所描述的那样,我们的生理状态会影响我们的情绪。你可能会注意到,喝太多咖啡会让人觉得焦躁,而饥饿会让人容易发火。与此类似,像酒精和尼古丁这样的精神活性药物能够影响脑的生理状态,进而改变我们的心境。这些情绪反应源于脑部深处对生理状况进行自动反应的回路。另一个新发现也支持了詹姆斯-兰格理论,因为我们会在头脑中记忆与特定事件相关的生理状态。所以,如果你在路上看见一条蛇,你会迅速在脑海中回想起以前碰到类似情况时的生理反应。这就有效地回击了坎农提出的,认为生理变化的速度太慢而无法导致情绪的观点。

另一方面，我们的生理反应并不是导致情绪的唯一原因。正如我们已经看到的那样，被潜意识情绪系统探测到的外部线索也能引起情绪。所以，当你出乎意料地听见响声或看见血的时候，这些刺激会让你跳起，并同时引发体内的生理反应。许多心理学家现在相信，这一潜意识情绪系统发生的条件反应能够导致抑郁和恐惧反应。

四、普里布拉姆的不协调论

20世纪中叶，普里布拉姆（K.Pribram）和扬（P.T.Young）总结了大量的生理学和神经心理学资料，提出了情绪的不协调理论。扬把情绪总结为起源于心理状况，并显示出平滑肌腺体和总体行为等身体变化的感情过程或状态的激烈干扰。他们把情绪理解为一种干扰，是对平静状态的分离和破坏，无论是快乐或不快乐的情绪，均导致一种波澜、一种扰乱、一种不平衡。

普里布拉姆还认为，来自边缘输入的调节存在着中枢控制，这一点暗示了大脑皮质对情绪有着重要的作用。情绪的发生涉及刺激情境和过去经验，关系到脑中正在进行着的计划和程序。这就把动机、愿望、评估与情绪联系了起来。也就是说，人们的恐惧、愤怒、眷恋等情绪起源于事件，以及对环境事件的理解、态度和动机。当人们在经验中建立起的认知模式受到破坏，预计的事件或行动遭到失败，预料到意外事件无力应付或无法避免时，就会产生紧张的情绪。意外的成功或挫折会引起欣喜或愤怒这两种意义相反的情绪。情绪的不同决定于环境事件以及对环境事件的认知。

五、阿诺德的评定-兴奋理论

美国心理学家阿诺德在20世纪50年代提出了情绪的评定-兴奋说，强调情绪的产生来源于大脑皮层对情境的评估。阿诺德的评定-兴奋说有三个主要观点：

第一，刺激情境并不直接决定情绪的性质，从刺激出现到情绪的产生，要经过对刺激情境的评估，情绪产生的过程是刺激情境—评估—情绪。

第二，情绪的产生是大脑皮层和皮下组织协同的结果，大脑皮层的兴奋是情绪行为的最重要的条件。

第三，情绪产生的理论模式是，作为引起情绪的外界刺激作用于感受器，产生神经冲动，通过内导神经，经丘脑传到大脑皮层，刺激情境在此得到评估，形成一种特殊的态度。这种态度通过外导神经将皮层的神经冲动传至丘脑的交感神经，将兴奋发放到血管或内脏，使纯粹的认识经验转化为被感受到的情绪。

阿诺德的情绪评定-兴奋理论强调对环境影响的评价是情绪产生的直接原因，即愉快或不愉快等情绪的发生决定于对感觉刺激的评估。她举例说，在树林里感觉到来了一只熊，会引起惧怕，但在动物园里看一只熊，就不会产生惧怕。这个区别显然在于对情境的认知评估。阿诺德认为，外来信息在脑的加工中引起的生理激活模式和产生的认知评价的作用是加强或削弱这样或那样的情绪的机制。认知、评价和情绪三者在此时被整合起来而成为行动的动机，被激活的个体就被一定的适应-选择行为所支配了。

在阿诺德的学说推动下人们概括了情绪产生的三个来源：外部环境刺激、身体生理刺激和认知评价刺激。阿诺德总结了包括詹姆斯-兰格学说在内的各学派的成果和精华,在心理学的发展史上有重大影响。

六、沙赫特的两因素情绪理论

20世纪60年代,美国心理学家沙赫特提出,对于特定的情绪来说,有两个因素是必不可少的:一是个体必须体验到高度的生理唤醒,如心率加快、手出汗、胃收缩、呼吸急促等;二是个体必须对生理状态的变化进行认知性的唤醒。事实上,情绪状态是通过认知过程、生理状态和环境因素在大脑皮层整合作用的结果。环境中的刺激因素,通过感受器向大脑皮层输入生理状态变化的信息;认知过程是对过去经验的回忆和当前情景的评估,来自这几个方面的信息经过大脑皮层的整合作用,才产生了某种情绪经验。将上述理论转化为一个工作系统,称为情绪唤醒理论。这个情绪唤醒模型的核心部分是认知。例如,在研究中,一位吸引人的女性研究者对刚刚过桥的男性被试提问。一半男性被试走过安全稳固的人行桥,而另一半则走过摇摇晃晃的、跨越深谷的吊桥。走危险的吊桥能够引发被试的生理唤起状态。实验者假装正在研究景色对创新的作用,他们要求男性被试为照片上的一位女性写一个简短的故事。而且,女性研究者还告诉男性被试,如果他们想要知道有关这一研究的更多信息,就可以打电话给她。正如预料的那样,那些刚刚走过摇摆吊桥的男性被试,即被假设为因为过吊桥而更加兴奋的男性被试,比那些走过安全人行桥的男性被试写出了更多包含性意象的故事。前者打电话给女研究者以"获取更多信息"的人数4倍于后者!显然,走过吊桥的男性被试误以为自己是因为诱人的女性研究者而兴奋的。

七、拉扎勒斯的认知评价理论

认知评价理论是由拉扎勒斯(Lazarus)提出的。拉扎勒斯认为情绪是人与环境相互作用的产物,在情绪活动中,人不仅接受环境中的刺激事件对自己的影响,同时要调节自己对于刺激的反应。在情绪活动中,人们需要不断地评价刺激事件和自身的关系。根据这一理论,情绪是个体对环境事件知觉到有害或有益的反应。情绪依赖于对刺激事件与自身的关系的持续评价。认知评价可以细分为三种更为具体的评价形式:初级评价、次级评价、重新评价。

初级评价(primary appraisal):将外部情境评估为三类,即积极的、有压力的或者是与个体心境状态无关的。评价刺激事件与自己是否有利害关系,以及这种关系的程度。

次级评价(secondary appraisal):评估个体自己可以用来应对当前状况的资源。是指人对自己反应行为的调节和控制,它主要涉及人们能否控制刺激事件,以及控制的程度,也就是对控制的判断。

重新评价(re-appraisal):对自己的情绪和行为反应的有效性的评价,对刺激情境及相应的应对策略进行监控,必要时对初级评价和次级评价进行修正,是指人对自己的情绪和行为反应的有效性和适宜性的评价,实际上是一种反馈行为。拉扎勒斯还强调这种评价通常是在无意识状态下发生的。情绪发生在评价之中,情绪也影响重新评价,重新评价又调整着情绪。这一评价理论的核心观点是:无论情绪是对知觉到的、回忆的还是想象的事件的反应,还是自动或控制过程所产生,评价理论都认为情绪加工始于认知评价,是认知评价激发了生理的、表情的、行为的或其他任何的变化。这些变化共同构成了最后的情绪状态。

大量研究表明,认知评价影响情绪体验。例如,被试观看各种引发焦虑情绪的电影。其中一部电影讲的是在石器时代的一个宗教仪式上,年轻男子切割自己的阴茎。另一部电影讲的是各种工伤事故,其中最吓人的是一个圆锯拦腰切断一位工人,工人在地上挣扎着死去的场景。在一项研究中,通过改变影片的配音来操控被试的认知评价。例如,一种是否认式指导语。配音表明在切割阴茎的影片中年轻男子并没有表现出痛苦,而在工伤事故这一影片中只是演员在表演而已,并非真有其事。另一种是理智化指导语。配音表明被试应该从人类学家看待问题的角度出发,把切割阴茎这一行为理解为一种奇异的风俗;而对于工厂事故,被试应该从一个客观立场看待这一意外事件。在被试观看电影的过程中,实验者连续记录被试唤起或应激的多个心生理指标(如心率和皮肤电反应)。结果表明,与没有配音的控制条件相比,各种心生理指标揭示,否定和理智化的指导语确实都减少了被试所承受的压力。因此,在个体面临应激事件时,操控被试的认知评价会对他们的生理应激反应造成重要影响。

学术界对情绪的评价理论存在多种批评意见。第一,评价总是对情绪体验起关键性作用的假设可能有些武断。事实上,评价有时仅是情绪反应的结果而不是原因。例如,有大量证据表明抑郁可由神经递质异常引起,并且可以通过抗抑郁药物来减轻症状。第二,评价中所涉及的快速和自动化的联系加工过程是很难具体研究的。这方面的研究也一直没能取得实质性进展。第三,该理论假定评价引起情绪体验,但是评价和情绪体验通常是彼此有些含混不清的。比如,当你用某些词语描述某人有无助和失落感(评价)时,似乎暗示那个人也是悲伤和痛苦的(情绪体验)。第四,评价理论所采用的情绪体验范式(模型)是将情绪体验看作个体面临威胁生存的刺激时,所体验到的个体性的、被动的主观体验。这一模型忽视了社会环境的作用。要知道,绝大部分情绪体验都是在社会环境中发生的。第五,评价理论只关注有限的几种情绪,离我们完全理解全部情绪现象并做出解释还有很大距离。

八、伊扎德的情绪分化理论

该理论主要以伊扎德为代表,他的情绪动机-分化理论以情绪为核心,以人格结构为基础,论述情绪的性质和功能。伊扎德认为,情绪具有重要的动机性和适应性功能,它是人格系统的组成部分,是人格系统的核心动力。情绪体验是情绪系统与人格的其他系统相互作用的主要成分,对形成系统间的稳定和特定的联结起重要作用。情绪特征主要来源于个体的生理结构;遗传是某种情绪的阈限特征和强度水平的决定因素。每种具体情绪都有其发生的根源,都有特定的意识品质和适应功能。

情绪具有神经生理的和通过骨骼肌表现为表情的功能成分,神经生理方面涉及情绪产生的大脑皮质-皮质下的联合活动。情绪表现方面包括面部表情、声音表情和躯体姿态表情,尤其是面部表情既是生理的脑-面部的反馈活动,又是社会性的认知-交流行为。情绪过程与体验是大脑皮质-皮质下脑-面部反馈以及认知-交流行为三部分整合活动的结果。表情在认知-交流中,在儿童社会化成长中,起着重要的作用。它是社会人际交往的重要手段。

对基本情绪来说,情绪表情的神经机制是与生俱来的,它们在婴儿期陆续地自然成熟。婴儿出生后,生活在成人的哺育环境中,其中包含着人际交流的刺激作用。由于婴儿生来具有表情的先天模式和感知面部表情的先天机制,从而使婴儿从出生几个月内,就能进行情绪交流,而不必去学习基本情绪表情的表达和感知,婴儿表情的编码译码的神经程序和情绪信息一方面对生存和适应是关键性的,另一方面影响与他人交往关系的发展。

伊扎德认为,不同的情绪对应的动机和行为倾向不同;不同情绪与认知、行为的不同结合构成了情绪系统;情绪系统是人格系统的组成部分和核心动力。面部表情行为是情绪体验的激活器,外显表情可以强化情绪,反之压抑表情表达会削弱情绪。例如,生气的时候如果叫你笑一下,你咧开嘴的那一瞬间生气的情绪会发生改变。伊扎德的情绪分化理论明确提出情绪适应性功能的论点;强调面部表情对情绪体验的作用;从进化的观点引申出情绪的分化观,深化了各种情绪具有不同性质和功能的观点。

第三节 中小学生情绪情感发展的特点

一、小学生情绪情感发展的特点

进入小学以后,儿童从无拘无束的、天真无邪的幼儿转变为受校规学纪约束的小学生,其主要活动形式也从游戏转变为学习。而与幼儿时期的游戏相比,学习属于有计划、有目的的活动。儿童在学习活动中需要承担一定的义务,需要承受一定的压力,需要同更多的人相处,所有这些都使得小学生需要比幼儿时期承受和体验更广泛的情绪情感反应。儿童在学习活动中更经常地产生种种情绪体验。已掌握了某方面的知识会产生满足感,考试获得好分数会因成功而带来喜悦。相反,如果学习不好,则可能产生挫折感等情绪。大量的研究证明,儿童的情绪、情感对其人格的健全发展有重要的影响作用,因此在教育过程中,培养小学生健康、积极的情绪情感具有重要意义。

(一)小学生情绪发展的一般特点

学龄前儿童在家庭教育的影响下,情绪情感也在不断地发展着。但是,在整个学龄前期,儿童由于经验和智力水平的局限,情绪丰富性、深刻性和稳定性都还很差,情绪的自我调控能力也很弱。进入小学后,生活环境的改变、认知能力的提高,使其情绪也得到了显著的发展。

1. 情绪的稳定性逐步增强

儿童进入学校以后,在集体生活和独自学习活动的锻炼和影响下,控制、调节自己情绪的能力开始发展起来。虽然小学生的情绪仍然具有很大的冲动性,还不善于掩饰、控制自己的情绪,但他们的情绪已开始逐渐内化,小学高年级学生已逐渐能意识到自己的情绪表现以及随之可能产生的后果,情绪的稳定性和平衡性日益增强,冲动性和易变性逐渐消失。小学生尚未面临繁重的学习压力,因而其基本情绪状态是平静而愉快的。但仍然不够稳定,主要表现在以下两方面:第一,情绪经常变化和反复无常。一种刺激激起的情绪反应很快就会被另一种刺激引起的情绪反应所代替。第二,情绪的迅速转化。当出现新异刺激时,最初会产生强烈的情绪,但随着这类刺激的反复出现,情绪就会迅速减弱,甚至产生相反的情绪。

情绪情感的自控力变强、稳定性加强。小学生在环境和生活方式的影响下,逐渐学会了控制自己的情绪和抑制自己的冲动,这是由于学生自我意识的不断发展,情感往往内化,不以外部表情表露出来。情绪调节控制能力的发展,保证了儿童情绪的稳定性,使小学儿童能较好地适应学校的课堂生活并完成学习任务,保证了他们和同伴的友好相处。但是,小学生的自制力还是有限的,在日常生活和学习中还需要家长和教师不断地给予引导,帮助他们调节和控制自己的情绪。

2. 小学生情绪的丰富性不断扩展

对于小学生来讲,大量与学习活动和学校生活有关的事物构成小学生情绪的主要内容。完成各项学习任务如写作业、背诵课文等成为小学生最主要的需要。学习任务完成得顺利,满足了需要,小学生就会迅速产生愉快的情绪情感体验,反之则会产生消极的情绪体验。小学生是在学校、班级这样的集体中学习和生活的,所以他们在集体中的地位以及与同伴之间的关系、老师之间的关系,学校、班集体对个人的要求和评价等,都会引起小学生的复杂多样的情绪体验。

同时,小学生的各种高级情感也在不断地发展中,高级情感的加入及不断丰富更加充实了小学生的情感世界。小学生在加入少先队前后,逐步接受一些共产主义道德观念的教育,加上学习了思想品德、社会和自然等学科,他们的情感体验就和国家、民族、社会等大集体联系起来。他们也会被历史上的民族英雄的舍己为人、模范人物的坚毅顽强、科学家的刻苦钻研等崇高精神所感染,产生热爱祖国、热爱人民的情感。小学生在各种各样的班集体活动、少先队活动、社会公益活动中,能感受到人与人、个人与集体的关系,逐渐养成团结、友爱、互助、爱劳动、集体荣誉感、责任感等良好的个性品质。这样,小学生的情绪情感的内容日益丰富起来。

内容不断丰富、不断社会化。随着思维能力的提高和知识经验的学习,小学生对一些人和事逐渐有了自己的看法和见解。与此同时,参加学校和班级活动,也加快了他们情感的发展。小学生情绪情感的发展由对事物外部特征引起情绪情感转化为由事物的本质特征引起情感体验。同时,情绪中社会性交往成分不断增加,引起情绪反应的社会性动因也不断增加,情绪表达不断社会化。例如,进入小学前,儿童对于自己是否高兴的表现方式基本上只有哭和笑。到了小学阶段,他们会通过沉默、言语手势和其他肢体语言来表达。

3. 情绪的深刻性不断增加

小学生的情绪与学前儿童相比,不但在内容上丰富多彩了,而且其情绪体验也更加深刻了。例如,有关的研究证实,同是惧怕的情绪体验,学前儿童主要是怕人、怕物、怕黑、怕吃药打针等具体的事物,小学生虽然也同样怕这些具体的事物,但更多的是对学校的恐惧,如怕学习不好,考试成绩太差,怕受家长、老师的批评,怕受同学的讥笑、歧视,等等。研究还发现,同样一种消极的情绪,如愤怒,小学生对其的体验比学前儿童要现实得多。如学前儿童会因为父母因有事而取消去游乐园的计划而感到愤怒,小学生则可能了解到实际原因即父母工作忙等而产生失望感;学前儿童常因父母的一些日常生活规定如饭前洗手、常剪指甲等而产生不愉快情绪,而小学生则常因在同伴交往中或在学校中受到讥笑、不公平待遇等而产生不愉快情绪。

小学生的各种高级情感也在不断地深化。例如在评价他人时,已不再像学前儿童那样仅仅根据表面的东西来把人界定为"好人"或"坏人",而是能够初步运用一定的道德标准来评价他人,评价事物的好坏;也不再似学前儿童那样只看事物对自己是否有益,而是能够把事物同他人、同集体的利益结合起来进行评价。到了小学高年级后,在独立学习和集体生活的锻炼下,小学生在一定程度上已能克制自己的一些欲望,努力克服困难去完成自己的任务,形成一定的理智感;也已逐步开始理解自己对集体、对他人、对社会负有的一定责任。这些都表明小学生情绪的深刻性正在不断地增加。

(二)小学生高级情感的发展

随着年龄的增长和社会生活的丰富,小学生的高级情感也得到了发展。高级情感包括道德感、理智感和美感。在教育过程中要培养学生辨别是非的能力,发展他们的道德感。通过绘画、唱歌、跳舞等文艺活动培养学生的美感。同时,在教学活动中,教师要注意激发学生的求知欲和好奇心,发展他们的理智感。

1. 道德感的发展

小学生的道德感是在教育、教学活动中发展起来的。其发展是一个从狭隘模糊到初步深刻化和比较稳定的过程。具体来说,小学生对道德感的体验形式发生了转化,从直觉的情感体验到与具体的道德形象相联系的情感体验。道德感的体验内容越来越丰富,意识到了道德伦理。但总的来说,小学生的道德感是从外部的、被动的、未被意识到的情绪逐渐转化为内部的、主动的、自觉意识到的道德体验。

2. 理智感的发展

理智感是在认识客观事物的过程中产生的情感体验。小学生的理智感表现在学习活动中求知欲和认识兴趣的扩展和加深。虽然求知欲在学前儿童身上已经表现出来,但小学生在这方面的表现更加突出。例如,对上课、作业和学习成绩的态度,对学习的兴趣等,尤其是对各科的学习兴趣逐渐产生了分化。成就感和兴趣是推动小学生理智感发展的重要保证。

3. 美感的发展

美感是人们对审美对象进行审美后所得到的一种愉悦的体验。一般来讲,小学生的美感主要指向内容,指向具体的人物形象,较少注意作品的艺术评价;对事物更多的指向具体的事实,很少注意艺术技巧。所以童年期儿童的美感还不深刻、不细腻,有待于后天的进一步提高。

二、中学生情绪情感发展的特点

中学生情绪情感是一种非常复杂的心理现象,具有深刻、丰富、不稳定、心境化的趋向,自我认识和社会性因素引起的情绪情感反应占据主导地位。情绪情感的产生既受环境事件、生理状态的影响,也受认知过程的影响,中学生情绪情感发展的以下特点比较明显。

青春期是"疾风怒涛"时期,是人生的"第二次断乳期"。这时期的青少年情绪体验跌宕

起伏、剧烈波动,情感活动广泛且丰富多彩,表现出很明显的心理年龄特征,具体表现为以下特点:

(一)丰富性和细腻性

随着社会性和自我意识的逐步发展,中学生对人际关系也有了更深入的了解,情绪更丰富细腻,对别人的言语和行为变得敏感起来。

进入中学阶段,随着环境的改变,视野的扩大,知识的增多,青少年的情绪领域也在不断拓宽,情绪内容日益复杂,其范围已经发展为对学习、生活、友谊等的体验,以及对一切所热衷的事物的体验。但是,由于诸多因素的影响,中学生所有的情绪体验,尤其是高级情感体验尚比较简单,如有的中学生对理想的追求仅仅是因为兴趣深厚,对学习的热情仅仅是为了荣誉,把友谊理解为"义气"等。

情绪情感体验的内容更加丰富多彩。中学生由于其自然活动领域的扩展、生理的成熟、社会环境的复杂以及这些因素之间的相互交织,为情绪体验提供了十分丰富的来源;加之知识结构的完善、社会经验的丰富以及想象能力的发展,中学生的情绪体验日益深刻,体验的内容日益广泛。道德感、理智感、美感等社会性情绪情感逐渐上升到主导地位,社会性情绪的水平也不断提高。此外,随着抽象逻辑思维能力的提高,中学生的智力品质,特别是思维的深刻性得到发展,他们的情绪体验则表现得更具有深刻性。与儿童相比,中学生对精神需要表现出更深刻的情绪体验。随着认知能力的发展,中学生对具有社会性的、抽象性的内容更加关注,从而极大地丰富了情绪体验的内容。不仅如此,中学生的情感也变得更加细腻、敏感和微妙。此外,由于知识经验的增多,中学生的想象力更加丰富,他们经常对未来事物充满憧憬,这使得中学生的精神生活变得丰富多彩,内心情感体验更为丰富复杂。所以人们常常说,中学阶段是一个多"梦"的时期。

(二)爆发性和冲动性

中学生对各种事物比较敏感,自我意识迅速发展,心理行为自控能力较弱,一旦情绪爆发就伴随着明显的冲动性,严重者甚至伴随着攻击行为。中学生的情绪十分强烈,为了一件小事或暴跳如雷,或欣喜若狂,或欢呼雀跃,或垂头丧气的现象屡见不鲜。与此同时,他们的情绪还有着温和细腻的一面,在与知心朋友、所敬重的师长交往时,会表现出温文尔雅、和颜悦色的形象,即使有令人不快的事情发生,有时也会冷静理智地处理和对待。中学生的各种需要迅速发展,需要不能满足往往会引起中学生强烈的情绪反应。这时期影响中学生情绪的各种因素大量出现,如学习成绩、人际交往、升学就业等。同时,中学生自我意识的增强使他们内心世界日益丰富,对外界事物的感受性也日益增强。由于中学生的经验不足,认知结构不完备,对事物的评价和预期往往与客观现实不一致,从而导致较强烈的情绪反应。中学生情绪体验的一个显著特征就是起伏波动较多,表现为情绪变化迅速,反应快,平息也快,情绪维持时间较短,喜怒无常。随着学习和生活阅历的增加和丰富,中学生已意识到情绪的任意表露和冲动对自己要求和需要的满足没有帮助,反而会影响同他人的关系。这一阶段,他们的情绪自控能力和调节能力得到增强,社会化进一步发展,他们已意识到自己在特定的社会情境中适当表达情绪情感的重要性,善于用意志力控制自己的情绪情感,使其符合社会期望。

(三)不稳定性和两极性

中学生情绪虽然强烈,但波动剧烈,两极性明显,很不稳定,情绪很容易从一个极端剧烈地转向另一个极端,他们对事物看法较片面,很容易产生偏激反应,顺利时得意非凡,受挫时心灰意冷。

在青少年初期,当已经意识到自己"像个大人"之后,他们要求参加成人的生活,企望获得成人的能力、权利和品质,因而对各项活动表现出特有的热情。有时,当他们迷上了某一知识和活动后,可以达到废寝忘食的地步,但由于他们的思想还不成熟,易犯忽冷忽热的毛病,热情不易持久,尤其是碰到困难和挫折后,他们很容易泄气。中学生的热情还表现为过度的兴奋、不易自控,甚至态度粗暴,尤其是在别人的评价涉及他们的品性、品质和行为,涉及对他们观点的肯定或否定时,最容易冲动。青少年情绪激荡,容易动感情,也容易激怒。这种冲动性与他们的生理发育,特别是神经活动的兴奋过程强、控制过程弱有一定的关系。他们喜欢感情用事,遇事好激动,对自己认为不良的现象深恶痛绝,对落难者多有恻隐之心。正因为中学生的情绪起伏不定,动荡多变,情景性强,感染性大,来得急而强烈、去得快而迅速,所以,他们既可以表现出惊人的豪壮行为,也能因为狂热愤怒和不冷静而盲目做出一些追悔莫及的事,酿成不可挽回的后果。

中学生的情绪波动性表现为情绪的大起大落,往往从一个极端走向另一个极端,但有时也表现出相对的稳定性,中学生在形成一种看法以后,有时也会表现出一定的坚持性,不易改变。整体上来说,中学生的情绪就是波动性和稳定性的共存。

(四)外露性和内隐性

中学生有时候对外界事物的喜怒哀乐都喜形于色,但是又能在某些场合掩饰压抑自己的情绪,并能逐渐学习用理智控制自己的情绪反应。

随着中学生自我意识增强,他们逐渐学会控制情感及反应,一方面既表现出强烈的情绪情感反应,另一方面又能掩饰、压抑自己的情绪,使这种情绪的表露有时带有很大的文饰性,并逐渐学会用理智控制自己的情绪反应。

在中学生的学习活动中,由于新的需要不断涌现,他们在自我认识的态度体验上,形成了如自尊、自信、自负,以及友谊等方面的多种情绪体验。情绪活动的丰富性,也导致中学生情绪更加复杂化,主要表现为情绪带上了文饰的、内隐的和曲折的性质,面部表情不再是内心世界的显示器。譬如,受了委屈明明心里难过,却在众人场合装得若无其事;受到表扬后明明心里高兴、得意,却故意显得满不在乎。中学生男女交往中更是常常会看到这样一种微妙的现象:明明对某异性充满了爱慕,非常渴望去接近,但总是有意无意地表现出无动于衷,或者做出庄重的、回避的姿态。这就是情绪克制,即情绪表现服从于社会要求。中学生情绪的文饰性主要在于自我意识的发展和意志力的增强,他们已意识到自己在特定的社会情境中适当表达情绪的重要性。也就是说,中学生开始关注情绪的社会适应性问题。比如,他们不会因为一点小事而捧腹大笑,也不会因事与愿违而大发雷霆。相反,他们更善于用意志控制自己的情绪,使其在更符合社会期望的前提下满足自己的需要。

中学生的情绪不再像儿童那样天真直露,他们的情绪表现出了文饰、内隐的性质,有时会把自己真实的内心情绪世界封闭起来,对自己内心的真实想法或真实情绪是否予以表现也时常依时间、对象、场合而转移。但青少年毕竟阅历较浅,涉世未深,内心深处存在希望被理解的强烈愿望,依然比较直率,当意志不能完全控制情绪时,也会锋芒毕露;遇到知己时,也会诉真情,所以,情绪的隐蔽性是相对而言的。

(五)心境化和持久性

中学生的情绪一旦被激发,即使外界刺激已经消失,情绪体验还能持续很长的时间,这时就表现出心境状态,具有弥散性和感染性的特点。

无论是外显的情绪反应,还是内心的情绪体验,中学生与小学生在情绪的持续时间上都有很大的不同。总的来说,随着年龄的增长,他们的情绪持续时间会逐渐延长。在儿童时期,情绪表现虽然强烈,但持续时间却很短暂,而且是爆发性的,情绪来得快,消失得也快,情绪反应的频率往往也比较高。但到了青春期以后,情绪爆发次数就减少了,情绪持续时间的增加和延长,同时也就出现了一种新的心理气候——心境。一方面表现为延长反应过程,如有的中学生在受到批评之后,事后会为此而感到闷闷不乐好几天。另一方面,表现为延迟做出反应。如一位学生在和同学玩扑克牌时与人发生争执并被嘲笑,当时并没有发作,晚上躺在床上,却越想越生气,于是半夜里起床与那位同学理论,最后发生了严重的事故。中学生的情绪既具有易激动、易兴奋等特点,同时又具有心境化的特征,这似乎是矛盾的,但也正是其情绪由不成熟向成熟发展的表现。中学生在摆脱儿童时期情绪反应快、转变快、缺乏心境化状态特点的同时,逐渐发展了对情绪的自我控制能力,使强烈的情绪反应得到一定的调节,转化为心境状态。儿童几乎没有连续的心境体验,情绪随情境的变化而变化,而中学生却能够体验到某种心境,并沉浸于其中。但中学生的心境也不是很稳定持久。一般来说,女孩的心境体验比男孩多,男孩较多地体验到振奋的心境,女孩较多体验到伤感的心境。这种心境在中学时期是迅速交替的。到了高中阶段,心境体验逐渐趋于稳定和持久。

总之,在整个中学时期,青少年的情绪情感一直向稳定化、丰富化和深刻化发展,也就是说,青少年并不是一开始就具有情绪情感的这些特点,而是逐步实现的。同时,我们也应看到,尽管青少年在这些方面相对优于年幼儿童,但其自身的情绪情感发展并不成熟,一直到成年期,情绪情感发展的使命才基本完成。

第四节　中学生良好情绪的培养

一、中学生常见的情绪问题

(一)忧郁

表现为情绪低落、心情悲观、郁郁寡欢、闷闷不乐、思维迟缓、反应迟钝等。忧郁情绪是学生群体中一种比较普遍的消极情绪表现。长期的忧郁会使人的身心受到严重损害,使人无法有效地学习、工作、生活。

(二)恐惧

中学生常见的恐惧情绪有社交恐惧和学校恐惧。社交恐惧表现在怕与人打交道,遇生人特别是异性时面红耳赤、神经紧张,严重时拒绝与任何人接触,把自己孤立起来,对日常生活、学习造成很大的妨碍。学校恐惧表现为对环境不适应,紧张、焦虑,害怕去学校。这种紧张情绪有时会导致一些诸如呼吸困难、心跳加快、出汗发抖、腹痛等症状,个别严重者会演变成情绪障碍。

(三)孤独

孤独感是青春期中一种常见的情绪感受,它标志着中学生的独立意识、自我意识的发展。但是,长期孤独会使人变得消沉、脆弱、萎靡不振、痛苦,进而严重影响身心健康,影响正常的学习、生活和人际关系。

(四)愤怒

中学生由于思维片面、偏激,控制冲动能力较差,容易产生愤怒情绪。愤怒会使人的神经系统出现紊乱,容易诱发高血压、脑出血、神经衰弱等症状。暴怒会使人丧失理智,甚至导致违法犯罪。

这四大情绪问题,对有的中学生来说,是极容易出现的,一旦出现,要及时地进行调控,避免身心健康受到严重损害。

二、中学生良好情绪的培养

中学生正处于情绪情感发展的重要时期,教育者应根据青少年学生情绪情感发展的特点和规律,进行教育引导,促进他们情绪情感的发展。美国教育心理学家布卢姆(B. S. Bloom)指出教育目的应包括情感目的。他认为:"情感目的包括那些描述兴趣、态度和价值变化的目的,以及发展评价(欣赏)和适应调节的目的。"学校教育教学应根据青少年学生情感情绪发展的特点、规律,有意识地确立学生情感培养目标,融学科知识教学和情感教育于一体,促进学生情感情绪的发展。

良好情绪有如下几条标准:

(1)有良好情绪的学生能正确反映环境的影响,善于准确表达自己的感受。
(2)有良好情绪的学生能对引起情绪的刺激做出适当强度的反应。
(3)有良好情绪的学生应该具备情绪反应的转移能力。
(4)良好的情绪应符合学生的年龄特点。

(一)敏锐觉察情绪

敏锐地觉察情绪就是能够自我觉察、了解自己当时的主要情绪,并能予以命名,且大概知道各种感受的前因后果。情感是以认识为基础的,是伴随认识过程而产生和发展的。没有建立在一定认识水平上的情绪情感是冲动性的。儿童由于知识经验的缺乏,辨别是非能力较差,容易感情用事。因此,通过教育提高他们的认识水平,丰富他们的知识经验,培养他们辨别是非、善恶的能力,可以使他们的情绪情感得到很好的发展。可以通过以下方式了解自己的情绪:(1)了解自己的个性特征;(2)了解自身成长经历及早期经验;(3)反思自己的情绪状态。

(二)平和接纳情绪状态

生命中的一切情绪都有它该有的意义。以平和的心态接纳发生在生命中的一切。负性情绪也有它存在的价值。坦然接受自己的情绪,不苛求自己,不过于追求完美,以平常心来面对自己的情绪上的波动。

(三)正确调整情绪

善于及时调整自己的不良心态,包括能够保持正确的理性认知;善于采用多种方式及时宣泄自己的情绪;在遇到生活中的挫折时能够积极地自我暗示;或使自己的情感升华。

(四)有效表达情绪

学会正确表达、合理宣泄情绪。在恰当的时候以恰当的方式表达自己的情绪体验。不要把情绪隐藏在心里,情绪不会因为压抑而消失,累积的情绪越多,心里的压力就越大,总有一天会爆发出来。有效表达包括:选择恰当的方式;进行完整客观的情绪表达。

(五)保持和创造快乐的情绪

我们可以通过陶冶性情的艺术类兴趣爱好、身体锻炼、创设愉快的生活环境等来保持积极快乐的情绪。

三、指导中学生情绪调节的方法

我们在多大程度上能够控制自己的情绪?这种情绪反应是不是和膝跳反射一样,是自动而不可控的呢?理查德·拉扎勒斯对此进行了研究,并发现,训练不仅能帮助人们改变和控制个人情绪,而且可以帮助人们控制对于情绪的表达。掩饰或改变自己情绪的能力不仅在工作中很有用处,在许多其他情境中也能给予你一定的帮助。如果你讨厌一个人,那么不让他察觉你的真实情绪是明智之举。此外,如果你喜欢上了一个人,而对方却并没有意识到这一点,那么最安全的做法就是让对方慢慢地感到你的爱意,否则你可能会把对方吓跑。所有这些例子都说明,情绪控制在我们与他人交往的过程中会起到重要作用。

虽然我们无法一直有意识地控制情绪反应,但是我们可以学习对它们进行控制。虽然情绪有时的确会失控,但是我们对此并非完全无能为力。对于情绪的理解和控制是可以学会的技能。

(一)教会学生形成适宜的情绪状态

控制情绪甚至化解自己的一些不良情绪,首先要了解自己的情绪状态的特点,进而适当调节情绪的紧张度,学会按自己的意愿形成适宜的情绪状态。对于过度的脑力劳动而引起的情绪紧张,可以利用身体活动,如散步、打球等,使神经达到平衡而得到缓解。用词语或理智控制自己的情绪发生的强度,或用注意转移来引导情绪、情感发生的方向,这些方法都有助于保持适宜的情绪状态。

(二)丰富学生的情绪体验

创造情境,加强情绪情感体验。在日常生活和学习过程中,可以给儿童创造各种情境,让他们通过角色扮演和角色互换的方式,体会不同的情绪情感。也可以通过班级活动,给童年期儿童营造一个积极向上、轻松的班级氛围。

(三)培养学生正确看待问题

情绪的产生不单纯决定于外界刺激和机体内部的生理变化,而是外界刺激、机体的生理变化和认知过程三者之间的整合作用的结果,其中认知因素起着决定作用。对于外界的刺激,不同人的认知是不同的,因而做出的解释也是不同的,进而产生不同的情绪反应。例如,一个团体中成员之间如果互不信任、相互戒备,则会随时都处于不安全的情绪之中。如果改变认知,彼此心里相容、互相信任,就会使人心情舒畅、情绪积极。

(四)教会学生情绪调节的方法

有效应对挫折、控制情绪的方法包括合理宣泄法、转移注意法、意志调节法、幽默法、行为补偿法等。

合理宣泄法:可以找好友倾吐不愉快的事情;大哭一场或自言自语,以发泄心中委屈和不满。宣泄必须合理、适当,否则,会导致消极后果。

转移注意法:转移注意法是指把注意力从自己的消极情绪上转移到其他方面上。转移可分为注意转移和行动转移。注意转移是指把注意力从自己的消极情绪转移到其他方面上;行动转移是指把怒气等消极情绪转移到其他积极活动之中。

意志调节法:意志调节法也称升华作用。培养良好的意志品质是培养青少年学生健康情绪的一个重要调节手段。

幽默法:指对于困境以幽默的方式处理。它与诙谐、说笑话还不完全一样。幽默可以使个体承担以及集中注意于困窘的境遇上,而诙谐、打趣的话却引起分心或从情感的问题上移开。

行为补偿法:即把某些情绪化为行动的力量,它具有修复和补偿功能。例如,倘若其貌不扬,便把精力集中到学习和科研上,从事业的成就中求得补偿,保持心理平衡。

【真题解析】

1.情绪很容易从一个极端剧烈地转向另一个极端,对事情看法片面,容易产生偏激反应,顺利时得意非凡,受挫时心灰意冷,体现了情绪(　　)的特点。

A.不稳定性和两极性　　　　　　　　B.心境性和持久性
C.外露性和掩饰性　　　　　　　　　D.爆发性和冲动性

解析:情绪从一个极端剧烈地转向另一个极端说明了情绪的不稳定性和两极性,正确答案为A。

2.詹姆斯-兰格理论中看到了情绪与躯体变化之间的关系,强调了自主神经系统在情绪产生中的作用,但忽视了(　　)的调节控制作用。

　　A.中枢神经系统　　　　B.现实环境　　　　C.突发状况　　　　D.个体经验

　　解析:自主神经系统和中枢神经系统在情绪产生的过程中都在起作用。正确答案是A。

　　3."张牙舞爪、手舞足蹈"属于(　　)情绪表达方式。

　　A.语调表情　　　　B.身段表情　　　　C.言语表情　　　　D.面部表情

　　解析:语调表情和言语表情主要从语言方面来反映情绪,面部表情主要通过脸来表达情绪,"张牙舞爪、手舞足蹈"属于身段表情,正确答案是B。

【案例回顾与分析】

　　恐惧主要来源于人类自身对事物的不了解、不确定,因此通过提高对事物的认知能力,扩大认知视野,判定恐惧源,认识客观世界的某些规律,认识人自身的需要和客观规律之间的关系,确立正确的目标判断,提高预见力,对可能发生的各种变故做好充分的思想准备,就会增强心理承受能力以及对恐惧的免疫能力。同时,要培养乐观的人生情趣和坚强的意志,通过学习英雄人物的事迹,用英雄人物勇敢顽强的精神激励自己。在平时的训练和生活中有意识地在艰苦的环境下磨炼自己,培养勇敢顽强的作风。这样,即使真正陷入危险情境,也不会一时就变得惊慌失措,而是沉着冷静,机智应对。

　　另外,平时积极参加心理训练,提高各项心理素质。比如,模拟危险情境,设置各种可能遇到的情况,进行有针对性的心理训练,形成对危险情境的预期心理准备状态,就能够有效地战胜紧张和不安等不良情绪,提高心理适应和平衡性,增强信心和勇气,以无畏的精神克服恐惧心理。

【学以致用】

　　有些人认为,如果一个人不敢直视你的眼睛,或紧张地坐立不安,那么他心里一定有鬼。你要是真这么想的话,就难免会上当受骗了。大多数人既不善于揭穿谎言,也不善于发现真相。导致这一现象的一个原因是,社会交往通常发生在熟悉的情境中,我们很少会去注意对方的非语言线索。但是,对欺骗进行研究的专家却发现,一个有意要欺骗我们的人会泄露出一些不可控的非语言信号,这些信号会揭穿他们设下的骗局。知道如何读取这些信号能够帮助你判断推销员或政客是不是在说谎,还能帮助你判断医生是否隐瞒了你的病情。

　　问题:我们能够通过人的外部表情来判断其内心的真实想法吗?

【关键术语】

　　情绪一般指个体在其需要是否得到满足的情景中直接产生的心理体验和相应的反应。它往往用来形容短暂但强烈的体验。情绪是由生理唤起、认知解释、主观感觉和行为表达这四部分组成的过程。

【参考文献】

[1]孟昭兰.情绪心理学[M].北京:北京大学出版社,2005.

[2]陈少华.情绪心理学[M].广州:暨南大学出版社,2008.

[3]迈克尔·刘易斯,珍妮特.情绪心理学[M].3版.南莎,译.北京:电子工业出版社,2015.

[4]傅小兰.情绪心理学[M].上海:华东师范大学出版社,2016.

第十章　学生的人格发展

　　生活中，你的父母或老师也许曾经告诉过你，人就像树上的两片叶子一样，没有完全相同的两个人。他们也许说过："你是特别的，因为你就是你自己。"是什么让你成为一片独一无二的叶子呢？是气质、性格、能力等。而这也是人格心理学研究的主题。人格心理学家亨利·默里指出，虽然我们与所有人的生理特征一样（生理解剖结构），或者我们与某些人年龄相仿，但在其他方面我们确实独一无二。

　　人格是一种心理特性，它使每个人在心理活动过程中表现出各自独特的风格。平常在我们的头脑中经常会有许多疑问，如为什么会人心不同，各如其面；为什么江山易改，禀性难移；为什么人格是人生成败的根源之一；人格都有哪些类型，其结构怎样，支持它们背后的理论是什么，我们如何测评人格差异；有哪些因素影响人格的形成与发展，等等。本章将对这些问题一一进行剖析。

【本章知识框架】

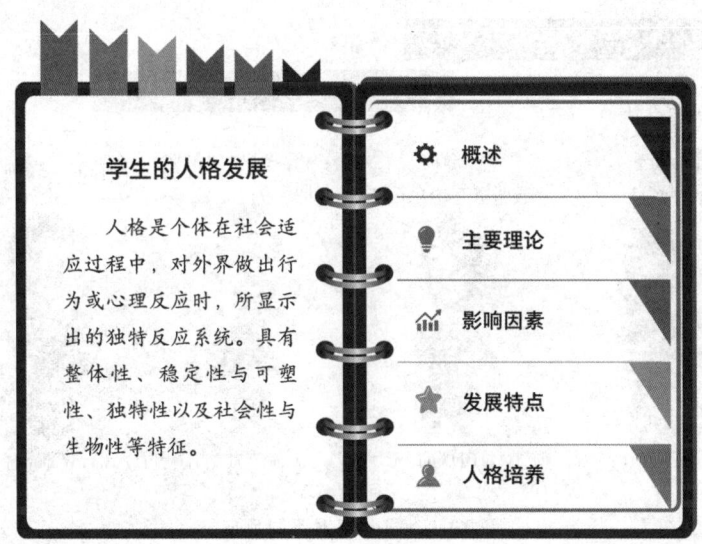

【学习要点】
　　人格：了解人格及其表现的主要特征。
　　气质和性格：掌握气质和性格的内涵，能了解二者关系。
　　人格理论：掌握各流派代表人物，了解各学术流派的基本观点，防止各流派观点相互混淆，并掌握部分人格测试方法。

影响因素:掌握影响人格发展的因素。

学生人格:了解学生人格的特点,并掌握培养其人格的方法。

【学习提示】

1. 人格是很多人所感兴趣的内容,但学习过程中你会发现本章部分内容与生活中的理解不同,建议在学习时首先对本章知识整体进行理解和掌握,然后与生活中的现象进行对比分析以加深对专业知识的理解。

2. 在人格相关理论学习的基础上,能够清楚影响人格发展的因素。

3. 掌握学生人格发展所表现出来的特点,并清楚如何对其进行培养,这对今后的教育教学实践工作会起到重要作用。

【案例引导】

同一情境,不同反应

甲乙丙丁看戏迟到了,按剧院的规定,检票员不能让迟到的人进入剧院,他们必须等到第一幕结束休息时才能进去。甲乙丙丁被检票员拦住后,甲面红耳赤地与检票员争吵起来,甚至企图推开检票员,冲过检票口,径直跑到自己的座位上去,并且还会抱怨说,剧院的钟走得太快了。乙明白检票员不会放他进去,他不与检票员发生争吵,而是悄悄跑到后门进去,另寻一个能看到舞台的地方看表演。丙被拦住后心想自己为什么总是这么不走运,好不容易买了票来次剧院,就这样倒霉,边想边垂头丧气地回家了。丁看到检票员不让他从检票口进去,便想反正第一幕戏都不太精彩,还是先出去逛逛,等幕间休息时再进去。见图10-1。

图 10-1 同一情境不同反应

问题:

1. 基于上面的材料,判断这四人分别是哪种气质类型的人?

2. 说明该类气质类型的人有哪些特点?

第一节 人格概述

英文中大概有 2 万个描述人格的词语,汉语当中更是数量繁多。在人们的日常谈话中,经常会用到它们。**人格**(personality)一词来源于拉丁文"persona",其意指代面具、脸谱。在公元前一百多年前,古罗马有一名戏剧演员,为遮掩其不幸的斜眼,才使用面具的,然后就出现了这个词。后来的舞台表演中,面具则被用来反映不同的角色身份,面具规定或限制着演员的行为。我国京剧中净角和丑角常使用各种脸谱来反映不同的角色性格,例如,红脸象征忠义、耿直、有血性,比如关羽;黑脸代表性格严肃、不苟言笑,又象征威武有力、粗鲁豪爽,比如李逵。

心理学中用面具一词转义为人格,其中包括了两层含义:一是指生活中,个人遵从社会要求所表现出的行为,给他人留下的印象特点;二是指隐藏起来的特点或性格成分。

德国研究记忆的著名心理学家赫尔曼·艾宾浩斯(Hermann Ebbinghaus,1850—1909)曾经对心理学的历史总结过一句名言:"心理学有一个长期的过去,但仅有一个短期的历史。"事实上人格心理学亦是如此。

1937 年美国心理学家奥尔波特(Gordon W. Allport,1897—1967,图 10-2)发表的《人格:心理学的解释》一文,标志着人格心理学的诞生,距今才不过 80 几年的历史。但是有关人性及伦理的观点早在古希腊文明及我国同时的先秦时期开始就已经广为探讨,其中也不乏闪烁着人格心理学思想的光芒。

图 10-2 奥尔波特

一、人格的定义

"世界上最浩瀚的是海洋,比海洋更浩瀚的是天空,比天空还要浩瀚的是人的心灵。"(Victor Hugo)人的心理活动复杂多样、丰富多彩,心理学的研究领域在不断扩展和深入着,不断揭示出人类自身的奥秘。作为心理学的重要组成部分,"人格"也吸引着众多科学家去关注和探索。和其他任何一个学科一样,在向大家揭开这个领域的神秘面纱之前,首先摆在面前的是这样一个问题:什么是人格?

其实对一个概念下定义并不难,但是请注意,对什么是人格这一概念,到目前为止还没有一个统一的答案。实际上,关于人格如何描述及它包含哪些内容,也依然处于争论和探讨中,而且这种讨论恐怕永无终结之日。人格定义的多样性正说明了研究主体的复杂性及丰富性。下面按照侧重点的不同,介绍一些影响较大的人格定义。

(1)总括性定义(人格包括了个体的所有特质)。人格包括个人品性的各个方面,如气质、德行、智慧、技能等。

(2)整体性定义(人格的各特征具有组织性和整体性)。人格是一个人在各个发展阶段的全部组织。

(3)层次性定义(人格各特征是有组织的,按一定层次结构排列,具有内在统一性)。詹姆斯(W.James)认为自我是内在的人格,他将自我(指人格)分为四个层次:第一层是物质自我,包括身体、财产、家庭和朋友;第二层是社会自我,社会角色所导致的特征;第三层是精神自我,将不同层次的自我进行协调统一;第四层是纯粹自我,指自我对自我的反省,这是自我的最高成分。

(4)适应性定义(人格是个体适应环境的方式)。人格是人在对环境进行独特适应中具有的习惯系统的综合。

(5)区别性定义(个体人格的独特性)。人格是习惯、倾向和情操的有组织的系统、起作用的整体或同一体,这些习惯、倾向和情操是区别一群人中任何一个成员不同于其他成员的特征。

奥尔波特(Allport)总结了前人的定义,提出了自己较为全面的定义,他认为人格是个体内部心身系统的动力组织,决定人的行为和思想的独特性。

(6)代表性定义(人格是个体的代表性范式,不是与他人不同,而是有自身特点)。人格是个体在行为上的内部倾向,它表现为个体适应环境时在能力、情绪、需要、动机、兴趣、态度、价值观、气质、性格和体质等方面的整合,是具有动力一致性和连续性的自我,是个体在社会化过程中形成的给人以特色的心身组织。

不同学者从不同角度对人格进行了描述,根据前人对人格的定义,结合新时期人格领域研究的方向,我们认为人格是个体在社会适应过程中,对外界做出行为或心理反应时,所显示出的独特反应系统。

二、人格的特征

人格具有整体性、稳定性与可塑性、独特性以及社会性与生物性等特征。对这些特征的认识,有助于理解人格概念。

(一)人格的整体性

人格的整体性(unity of personality)是指人格虽有多种成分和特质,如能力、气质、性格、情感、意志、认知、需要、动机、态度、价值观、行为习惯等,但在一个现实的个人身上它们并不是孤立存在的,而是密切联系而成为一个有机的组织。正常人的行动并不是某一特定成分(如能力或情感)动作的结果,而是各个成分密切联系、协调一致所进行的活动。正像汽车那样,它要顺利运行,各部分必须协调一致朝着一定的目标,作为一个整体动作。

人格的整体性是心理健康的重要指标。当一个人的人格结构在各方面彼此和谐一致时,他的人格就是健康的。否则,会出现适应的困难,甚至出现"人格分裂"。精神分裂症是一种最常见的精神病。如果一个人得了精神分裂症,他就丧失了心理的完整性和一致性。我们可以把精神分裂症患者的心理和行为比喻为一个失去指挥的管弦乐团。得了这种病,患者的感觉、记忆、思维和习惯等心理机能虽不至于丧失,但已是乱七八糟了。由此可见,正常人的心理是多样性的统一,是一个有机的整体。

（二）人格的稳定性

人格的稳定性(stability of personality)是指个体的人格特征具有跨时间和跨情境的一致性。人出生后，在社会化过程中，逐渐形成一定的动机、信念、理想、世界观等，在这些具有倾向性的心理特征的指引下，个人的心理面貌在不同生活情境中，都可以显示出相一致的品质。在日常生活中，我们可以看到，一个外倾的学生不仅在学校里善交际，喜欢交朋友，在校外活动中也喜欢交际，喜欢联欢会；而且不仅在小学、中学时如此，在大学时也是如此。这就是人格的稳定性。俗话说，"江山易改，禀性难移"，这里的"禀性"就是对人格说的。

人格的稳定性源于孕育期，经历出生、婴儿期、童年期、青少年期、成人以至老年。随着年龄的增长，儿童时代的人格特征往往变得愈巩固。由于人格的稳定性，因而我们可以从一个人在儿童时期的人格特征来推测其成人时的人格特征以及将来的适应情况，同样也可以从成人的人格特征来推论早年的人格特征。

当然，强调人格的稳定性并不意味着它在人的一生中是一成不变的，随着生理的成熟和环境的改变，人格也可能产生或多或少的变化。这种变化有两种情况。第一，人格特征随着年龄增长，其表现方式不同。例如，同是焦虑，在少年时代表现为对即将参加的考试或即将考入的新学校而心神不定，忧心忡忡；在成年时表现为对即将从事的一项新工作而忧虑烦恼，缺乏信心；在老年时则表现为对死亡和疾病的极度恐惧。也就是说，人格特征以不同行为方式表现出来的内在秉性的一致性是有其年龄特点的。第二，对个人具有决定性影响的环境因素和机体因素，例如移民异地、严重疾病、严重挫折等有可能影响某些人格特征的变化，如自我观念、价值观、信仰等的改变。不过，应当注意，人格改变与行为改变是有区别的。行为改变往往是表层的变化，是由不同情景引起的，不一定都是人格改变的表现。人格的改变则是比行为更深层的内在特质的改变。

人格的稳定性不排斥可塑性。人格结构虽存在空间中，但又发生在时间中，所以人可以发生变化，具有可塑性。稳定是相对的，可变性使人格发展、完善。儿童人格不稳定，易受环境影响发生变化，良好的教育对儿童人格形成有重要意义。成人人格较稳定，自我调控在人格改变中起作用。5～18岁是人格形成的重要时期。

（三）人格的独特性

人格的独特性(uniqueness of personality)是指人与人之间的心理和行为是各不相同的。一个人的人格是在遗传、成熟和环境、教育等先后天因素的交互作用下形成的。不同的遗传、生存及教育环境，形成了各自独特的心理特点。人与人没有完全一样的人格特点。所谓"人心不同，各如其面"，正说明了人格是千差万别、千姿百态的。这就是人格的独特性。

【真题解析】

"人心不同，各如其面"，这句俗语为人格的（　　）特性做了最好的诠释。

A.独特性　　　B.稳定性　　　C.统合性　　　D.复杂性

解析：本题答案是A。

我们强调人格的独特性，并不排除人与人之间在心理和行为上的共同性。对每一个人来说，人类文化的影响使他具有人性。同一民族、同一阶级、同一群体的社会文化影响，使他与其他人具有相似的人格特征。如，中华民族是一个勤劳的民族，这里的"勤劳"品质，就是共同的人格特征。许多研究表明，由于受传统儒家文化的影响，不论是海峡两岸的华人或是新加坡等地的华人都有不少相同的人格特征。虽然不同的人可以有某些相同的人格特征，但是各种人格特征在每一个人身上整合为一个完整的人格却是各不相同的，因而也就显示出每个人的人格的独特性。

（四）人格的社会性

人格的社会性（sociality of personality）是指社会化把人这样的动物变成社会的成员，人格是社会的人所特有的。所谓社会化（socialization）是个人在与他人的交往中掌握社会经验和行为规范，获得自我的过程。

人格的社会性并不排除人格的自然性，即人格受个体的生物特性的制约。人格是在个体的遗传素质的基础上，通过与后天环境相互作用而形成起来的。遗传素质是人格形成发展的重要基础，但它不是人格的唯一决定因素。同样，后天环境教育对一个人的人格形成也起着十分重要的作用，但离开了遗传素质的基础，它的作用就无法表现出来。它们的作用不是简单的相加，而是复杂的相互作用。一方面，环境教育使遗传素质的作用得以发挥和表现；另一方面，一个人的遗传素质也制约着环境教育的作用。它们双方相互制约、相互作用共同影响着人格的形成发展。从这个意义上也可以说，人格是个体的自然性与社会性的综合。但是人的本质并不是所有属性相加的混合物，或者是几种属性相加的混合物。构成人的本质的东西，是那种为人所特有的，失去了它人就不能成为人的因素，而这种因素就是人的社会性。即使是人的生物性需要和本能，也是受人的社会性制约的。如，人满足食物需要的内容和方式也是受具体的社会历史条件制约的。

三、人格与相关概念的区别

谈到人格时，人们经常会与性格、气质相混淆，那么它们之间的差别在哪里，联系又在哪里呢？

（一）气质

气质（temperament）是人生来具有的心理活动的动力特征。而人格虽然包含着先天成分，但主要还是通过后天人际交往的经历，在社会活动中逐渐形成。就是说气质属于人格中的先天倾向，表现在心理活动和行为的动力方面的一种稳定的心理特征，即我们平时所说的脾气、秉性。

人的气质差异是先天形成的，受神经系统活动过程的特性所制约。孩子刚一出生时，最先表现出来的差异就是气质差异，有的孩子爱哭好动，有的孩子平稳安静。

由于气质是人的神经系统最基本的特性，因此它是人的个性中更加稳定的特性。气质的稳定性首先表现在它不依赖于人的活动的具体目的、动机和内容，在不同性质的活动中，一个人的气质往往表现出相对稳定的特点（如，一个情绪爱激动的学生，不仅在该兴奋的场合表现出情绪激动，而且在不值得或不应激动的场合也激动：讨论问题时与人大声争辩，面红耳赤,看电影时大声惊叫或叹惜不已);气质不随个人年龄的增长而发生很大变化(如,内外向的儿童所表现出来的特点,他们以后的生活中也很少改变);气质稳定性并不意味着它绝对不可以改变,在生活、教育和社会实践中所形成的各种个性特征,都会对气质的改变造成一定影响(如,一个生性好动、耐不住寂寞、受不了管束的青年,一旦参军,在正规、严格、长期的军事训练过程中,会逐渐学会忍耐、坚持和自制;再如,家庭发生变故)。

由于对气质的实质及其特性的理解不同,便产生了不同的气质类型。最早的古希腊医生希波克拉底(图10-3)认为人体内有四种液体:黏液(脑)、黄胆汁(肝)、黑胆汁(胃)、血液(心脏),这四种体液的配合比率不同,形成了四种不同类型的人,即黏液质、抑郁质、胆汁质和多血质。后来有人把气质与体型联系起来,形成肥满型(躁狂)、细长型(分裂)、筋骨型(黏着)三种,由体型决定了相应的气质特点。还有人把气质与血型联系起来。

图10-3 希波克拉底

巴甫洛夫(图10-4)用高级神经活动类型说解释气质的生理基础。他依据神经过程的基本特性,即兴奋过程和抑制过程的强度、平衡性和灵活性,划分了四种类型(表10-1)。

图10-4 巴甫洛夫

表10-1 高级神经活动类型与气质类型

高级神经活动过程	高级神经活动类型	气质类型
强、不平衡	不可遏制型	胆汁质
强、平衡、灵活	活泼型	多血质
强、平衡、不灵活	安静型	黏液质
弱	抑制型	抑郁质

【真题解析】
巴甫洛夫用高级神经活动类型解释气质,他认为神经过程的三个基本特性是(　　)。
A.强度、平衡性、灵活性　　　　　　　B.平衡性、灵活性、兴奋性
C.强度、灵活性、兴奋性　　　　　　　D.强度、灵活性、兴奋性
解析:本题答案是A。

现在的气质学说仍将气质分为四种典型的类型：

(1)多血质：这种人的行动有很高的反应性。他们会对一切吸引他们注意的东西做出生动的、兴致勃勃的反应。这种人行动敏捷，有高度的可塑性，容易适应新环境，也善于交结新朋友。他们一般属于外倾，情感易发生，姿态活泼，表情生动。言语具有表达力和感染力。他们还具有较高的主动性。在活动中表现出精力充沛，有较强的坚定性和毅力等。但有时候，他们在平凡而持久的工作中，热情易消退，表现出萎靡不振。

(2)胆汁质：有这种气质的人，反应速度快，具有较高的反应主动性。他们脾气暴躁，不稳重，好挑衅，但态度直率，精力旺盛。他们能以极大的热情埋头工作，并克服前进道路上的障碍，但有时表现出缺乏耐心。当困难太大而需要持续努力时，有时显得意气消沉、心灰意懒。他们的可塑性差，但兴趣较稳定。

(3)黏液质：这种人反应性低，情感不易发生，也不易外露。他们态度持重，交际适度，对自己的行为有较大的自制力。他们的心理反应缓慢，遇事不慌不忙。他们的可塑性差，表现为不够灵活。这一方面使他们能有条理地、冷静地、持久地工作；另一方面又使他们容易因循守旧，缺乏创新精神。他们的行为一般表现为内倾。对外界的影响很少做出明确的反应。

(4)抑郁质：这种人具有较高的感受性和较低的敏捷性，他们的心理反应速率缓慢，动作迟钝，说话慢慢吞吞。他们多愁善感，情绪容易发生，但表现微弱而持久。他们一般属内倾，不善于与人交往。在困难面前常优柔寡断，在危险面前常出现恐惧和畏缩，在受挫折以后，常心神不安，不能迅速转向新的工作。他们的主动性较差，不能把事情坚持到底。但这种人往往富于想象，比较聪明，对力所能及的任务表现出较大的坚忍精神，能克服一定困难。

【真题解析】

肖晓活泼好动，善于交际，思维敏捷，易接受新事物，兴趣广泛，注意力容易转移。他的气质类型属于（　　）。

A.多血质　　　　B.胆汁质　　　　C.黏液质　　　　D.抑郁质

解析：本题答案是 A。

可见，四种气质类型的典型特点有明显差别。当然，现实生活中，并不是每个人都能归入某一气质类型。除了少数人具有四种气质类型的典型特征外，大多数都属于中间型或混合型。他们较多地具有某一类型的特点，同时又具有其他类型的一些特点。

气质是人的天性，无好坏之分。每种气质类型都有积极的方面，也有消极的方面，它不预定一个人的性格发展的方向，也不预定他的能力的大小。例如，多血质的人情感丰富、灵活、亲切，这是优点，但又有轻浮、多变、精力易分散等特点。胆汁质的人生气勃勃，动作迅速有力，这是优点，而暴躁、任性是缺点；黏液质的人有较强的自制力，遇事沉着冷静，这是优点，但对周围事物冷淡，动作迟缓，又是缺点；抑郁质的人情感深刻而稳定，办事仔细、认真，观察力敏锐是优点，而容易沉沦于个人的体验和过度保持沉默、孤僻、羞怯，又是缺点。正因为这样，在任何一种气质类型的基础上，既可以发展良好的性格特征和优异的才能，也可以发展不良的性格特征，限制才能的发展。因此，在整个人的个性系统中，气质仅仅具有从属的意义。它只是人的性格和能力发展的前提之一。

(二)性格

性格(character)是指个人的品行道德和风格，指由人对现实态度和他的行为方式所表现出来的个性心理特性,是一种与社会相关最密切的人格特征。主要体现在对自己、对别人、对事物的态度和所采取的言行上。例如,当国家和集体财产遭受损失时,有人不惜献出自己的生命奋起保卫,有人则退缩自保,有人甚至趁火打劫。这就是人们对同一事物的不同态度。这些不同的态度表现在人们的不同行为方式中,它们构成了人的不同的性格。

【真题解析】

心理学上把人表现在对现实的稳定的态度和与之相适应的行为方式上的心理特征称为( )。

A.气质　　　　　　B.性格　　　　　　C.个性　　　　　　D.个性心理特征

解析:本题答案是 B。

性格表现了一个人的品德,受人的价值观、人生观、世界观的影响,如有的人大公无私,有的人自私自利。这些具有道德评价含义的人格差异,我们称为性格差异。性格是在后天社会环境中逐渐形成的,是人的最核心的人格差异。性格有好、坏之分,能最直接地反映出一个人的道德风貌。

性格的特征也存在很大的差异,心理学家一般是从以下四个方面进行分析的:

(1)性格的态度特征:即表现个人对现实的态度的倾向性特点。例如,对社会、集体、他人的态度,对劳动、工作、学习的态度以及对自己的态度等。在这几个方面个体间存在很大的差异。

(2)性格的理智特征:即表现心理活动过程方面的个体差异的特点。例如,在感知方面,是主动观察型还是被动感知型;在思维方面是具体罗列型还是抽象概括型,是描绘型还是解释型;在想象力方面,是丰富型还是贫乏型,等等。

(3)性格的情绪特征:即表现个人受情绪影响或控制情绪程度状态的特点。例如,个人受情绪感染和支配的程度,情绪受意志控制的程度,情绪反应的强弱、快慢,情绪起伏波动的程度,主导心境的性质等。

(4)性格的意志特征:即表现个人自觉控制自己的行为及行为努力程度方面的特征。例如,是否具有明确的行为目标,能否自觉调适和控制自身行为,在意志行动中表现出的是独立性还是依赖性,是主动性还是被动性,是否坚定、顽强、忍耐、持久等。

由此,我们可以看出,人格、性格、气质分别具有不同的侧重点。性格是后天形成的道德行为特征,气质是人格结构的发展基础。性格、气质都包含在人格的内容当中。

(三)认知风格

认知风格也是人格的另一个结构成分,是指个人所偏爱使用的信息加工方式,也叫认知方式。认知风格有许多种,主要有场独立型-场依存型、冲动型-沉思型。

场独立型-场依存型:场独立型的人在信息加工中对内在参照有较大的依赖倾向,他们的心理分化水平较高,在加工信息时,主要依据内在标准或内在参照,与人交往时也很少能体察入微。而场依存型的人在加工信息时,对外在参照有较大的依赖倾向,他们的心理分化水平较低,处理问题时往往依赖于"场",与别人交往时较能考虑对方的感受。

冲动型-沉思型:在学习过程中,有的学生反应非常快,但往往不够准确,这种反应方式称为冲动型;而有的学生反应虽然很慢,却很仔细、准确,这种反应方式称为沉思型。冲动型学生反应虽快,但往往出现很多错误,这主要因为他们在解决问题时没有审查全部问题和可能的答案就匆匆解答。沉思型的学生则相反,他们喜欢深思熟虑,在学习过程中常表现出比冲动型学生更为成熟的学习策略,答案也相对准确。

【真题解析】

教师上课提问时,有的学生急于表现,甚至没有弄清题意便抢先问答,这类学生的认知风格属于(　　)。

A.冲动型　　　　　B.沉思型　　　　　C.场独立型　　　　　D.场依存型

解析:本题答案是 A。

第二节　人格的主要理论

许多心理学家都曾提出他们对人格的理解,统称为人格理论。人格理论众多,多部关于人格心理学的著作都从六个学派详尽介绍了不同研究方向、不同时期的心理学家们是如何对人格做出解释的,这六个学派是经典精神分析学派、新精神分析学派、行为主义学派、人本主义学派、特质论、认知学派。接下来我们从影响较大的精神分析学派选出两位著名心理学家的人格理论中最核心的观点进行介绍。

一、弗洛伊德的经典分析人格理论

西格蒙德·弗洛伊德(Sigmund Freud,1856—1939),奥地利精神病医师、心理学家、精神分析学派创始人。1895年出版了与布雷尔合著的《关于癔症的研究》,书中正式提出精神分析的概念标志着精神分析运动开始。1899年出版《梦的解析》,被认为是精神分析心理学的正式形成。1919年成立国际精神分析学会,标志着精神分析学派最终形成。1938年奥地利被德国侵占,赴英国避难,次年于伦敦逝世。他开创了潜意识研究的新领域,促进了动力心理学、人格心理学和变态心理学的发展,奠定了现代医学模式的新基础,为20世纪西方人文学科提供了重要理论支柱。

在弗洛伊德的观点中,人格是个整体,整体之内包含着各部分之间的彼此关联和相互作用的部分。人的心理就好像大海中漂浮的冰山,海面以上的可见部分是意识,淹没在海面以下的大部分是潜意识,潜意识对个体的行为起着决定性的作用。这一将精神划分为潜意识、前意识和意识的理论称为"地形观"(topographical view,图10-5),其中**意识**(conscious)是人对客观现实的自觉反映,是知觉到的客观现实、思想、情绪、感觉、知觉、记忆等,是可以观察到的心理现象。**前意识**(preconscious)指没有浮现出意识表面的心理现象,人们可以通过回忆而唤起的经验。**潜意识**(unconscious)也称无意识,是弗洛伊德理论最重要、贡献最大的部分。潜意识深藏于内心、无法接近,包括人的原始冲动、各种本能和欲望。

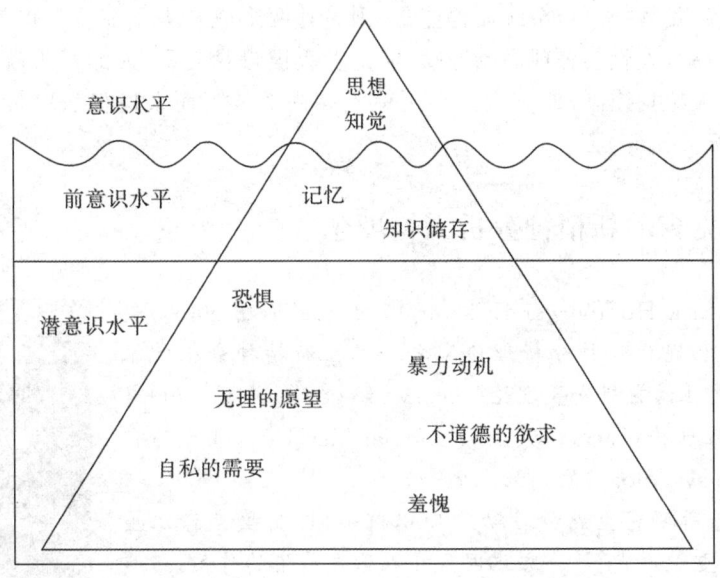

图 10-5　弗洛伊德的人格结构示意(心理冰山)

前意识是意识同潜意识之间的过渡领域,更像意识而不是潜意识,潜意识内容要想进入意识必须借助前意识的某种形式才能实现。由前意识进入意识比较容易,它们之间没有不可逾越的鸿沟,而如果从潜意识进入前意识或者意识是非常困难的。意识虽然广泛被觉知,只是因为它的外显性,实际上意识在整个人格结构中所占的比例很小,隐藏最深的潜意识才是人精神的主体部分,就像图 10-5 所示的冰山模型。

弗洛伊德还将人们的心理活动划分为本我、自我和超我的理论,称为"结构观"(structural view)(表 10-2)。其中,**本我**(id)是人生下来时就具有的心理状况,由原始的本能组成,潜藏于潜意识当中。**自我**(ego)是本我分化出来的,在考虑外部现实性的基础上协调本我和超我的需要。**超我**(superego)是代表社会要求与规范的人格部分,带有社会的价值观和标准。

表 10-2　弗洛伊德的"地形观"与"结构观"的联系

	本我	自我	超我
意识		自我活动的主要层面	超我活动的重要层面
前意识		自我活动的重要层面	超我活动的重要层面
潜意识	本我活动的层面	自我活动的重要层面	超我活动的重要层面

本我遵循快乐原则(pleasure principle),寻求表达和直接满足,不考虑现实情境、社会要求和道德约束。本我为人的心理活动提供能力,强烈要求本能和欲望得到发泄和满足。自我遵循的是现实原则(reality principle),依赖本我而存在,但依照现实原则进行欲望的满足。超我遵循道德原则(moral principle)活动,就像一个监督者或警戒者,引导自我追寻高尚的途径。超我包括良心(conscience)和自我理想(ego-ideal)两个部分。良心是儿童时期受惩罚之后内化了的经验,曾经的惩罚经历使之做错事后产生羞愧感;自我理想是受奖励后内化了的经验,再次产生类似行为就会感到自豪。弗洛伊德认为,人格中的能量是一定

的,本我、自我、超我其中一个系统获得能量,则另外两个就丧失了能量。也就是说,能量多数被本我控制,那么人就会表现原始冲动;能量多数被自我支配,人的行为就会表现出实际性;能量大部分被超我控制,那么人的行为就是高尚的。因而人格特点取决于能量在各系统中的分布情况。

二、艾里克森的新精神分析人格理念

艾里克森(Erik Homburger Erikson,1902—1979,图10-6),美国精神分析医生,现代精神分析理论家之一。在新精神分析学派中的主要贡献是他的自我发展理论(theory of ego development)或心理社会同一性理论(theory of psychosocial identity),被誉为自我心理学(ego psychology)的创始人之一。

与弗洛伊德所研究重点放在幼儿期以前不同,艾里克森注重人格毕生发展,重视自我、社会文化因素在人格发展中的作用。

关于人格的发展,在弗洛伊德理论中强调早期经验对人格发展的影响和对成年人人格特征的决定作用,他主要研究6岁以前的心理发展阶段,而艾里克森强调人格特征的可变性,认为人格在整

图10-6 艾里克森

个一生中都在发展变化着,他研究贯穿于整个生命过程的心理发展。艾里克森提出,人格的发展包括有机体成熟、自我成长和社会关系三个不可分割的过程,经历着一系列来自内外部的冲突,按照其发展顺序分为八个阶段,每一个阶段都存在一种**发展危机**(developmental crisis),也就是说,人生八个不同的心理社会发展阶段要面临和解决不同难题。解决危机就意味着从前一阶段发展到了下一阶段。如果没有顺利解决危机就会出现发展停滞和适应障碍。八个阶段产生的时间由生物基础决定,能否解决发展危机则会受到自我成长和社会环境的影响,所以,艾里克森在描述这几个阶段时,并不强调本能的作用,而是把重点放在个体的社会经验上。

艾里克森的人生八个阶段称为**心理社会发展阶段**(psychosocial stages of development),具体包含以下内容。

(一)信任对不信任(trust vs. mistrust)(0~1.5岁)

艾里克森提出在每一心理社会阶段上都存在着两极,两者争胜。这一阶段相当于弗洛伊德的口唇期。在这一时期,婴儿的无助感很强,对成人依附感也很强。如果父母或其他的护理人对他们十分地爱护或精心地侍候,婴儿便形成基本信任感。反之,护理人对其冷漠,或照料得漫不经心,婴儿便产生基本不信任感。此阶段中,婴儿获得第一个社会成就是在基本信任基础上,愿意离开父母和其他护理人,而又不产生过分焦虑和愤怒。他们记忆中护理人对他们的爱抚和他们接触的周围人和物都是关照他们的,二者的一致性使婴儿产生自我同一性(人对自我一致性或连续性的感知,常常出现在青年后期)的雏形。当儿童形成的基本信任感超过了基本不信任感时,基本信任对基本不信任危机就得到解决。信任感占优势的儿童在人格中便形成了希望的品质,其表现是具有敢于冒险的勇气,不会被困难、

失败所压倒。但是,对任何人和任何事都信任的儿童,会产生极度的依赖心理,因此缺乏独立性,在生活中会陷入困境。若基本不信任超过基本信任时,他们会为需要是否得到满足而担忧,不可能形成希望品质,反而会形成惧怕的品质,其表现是胆小怯懦,经不起挫折和打击。需指出的是,儿童产生适度的不信任会引起积极的作用,使他们形成独立的品质,有助于生存。

(二)自主对羞怯和疑虑(autonomy vs. shame and doubt)(1.5～3岁)

此阶段相当于弗洛伊德的肛门期。在这一时期,儿童学会许多机能:爬、走、推、拉、谈话等。既具有控制自己的机能(排便等),同时又能在活动中控制自己的行为(任意决定愿意做什么,不愿意做什么),明显地出现自主性(相对独立的外部控制的意识)。此阶段中,出现了儿童想做某事而父母不许的冲突。一般而言,父母按社会道德规范来控制和训练儿童的行为,这一时期的儿童在某种程度上能控制自己的行为,但还没有将社会要求和自己行为融为一体的能力,具有的控制能力只不过是随心所欲地做什么或不做什么。因此,父母对其教导是必要的,但应在不伤害儿童自主性的原则基础上,一方面要容忍由于儿童年龄特点暂不能避免的儿童不良行为;另一方面,按社会准则要求、训练他们力所能及地改变一些不良行为。若父母对儿童过于忍让、溺爱,脱离实际地过于严厉、过分需要,儿童就会丧失自主性,而产生羞怯和疑虑。此阶段中,若自主性对羞怯的危机得到积极的解决,也就是儿童获得了更多的自主性的时候,在人格中形成了意志品质,表现在活动中果断地决定取舍,并能对自己提出一些要求。应该指出的是,意志品质与希望品质均属自我机能的范畴,它们不影响个人的生存。意志薄弱或无希望的人照样能满足生物需要维持生存,但不能适应各种变化了的环境,尤其缺乏社会适应性,使其生活得不到充实。因此,意志品质和希望能影响一个人如何去生活,在人格中不可缺少这种品质。

(三)主动对内疚(initiative vs. guilt)(3～5岁)

这一阶段在年龄上与弗洛伊德的性器期阶段相当。在此阶段,儿童想象力丰富,言语交往活动更加频繁,并出现了创造性的思维活动,他们的好奇心强,表现出显著的求知欲。因此,他们对未来的事情非常感兴趣。儿童在上一阶段认为自己是个人,在这一阶段会探究自己属于男人还是女人。同时儿童开始了解自己的行为哪些是社会许可的,哪些是不允许的。如果儿童被鼓励想象力和创造力的行为,儿童就会健康成长并不断地发展自己的创造力。如果父母不重视儿童的想象力,或讥笑或阻止他们创造性行为,他们就会产生内疚感,害怕自己的行为不符合父母的要求。在他人面前表现唯唯诺诺,把自己限制在别人为他安排的狭小的圈子里,不敢越轨。假若此阶段儿童获得创造性能力,就会在人格中形成目的品质,表现为不满足现状,对未来世界的计划充满信心,并具有力求去实现这种目标的勇气,否则就会形成无价值感的人格品质。

(四)勤奋对自卑(industry vs. inferiority)(5～12岁)

相当于弗洛伊德的潜伏期。在这一时期,大多数儿童在小学学习,开始学习各种基础的科学文化知识,进行着各种基本技能训练,这对于他们将来接受高一级的知识及训练是十分必要的。儿童在学习知识和进行技能训练过程中,渐渐地产生了由于刻苦努力而带来的勤奋感。但也有的儿童对学习知识和技能的训练或其他原因造成的成绩不好,受到教师和家长的责备或同伴的歧视而产生自卑感。这一过程中,有勤奋感的儿童也可能走向极端,因为他们过分地重视学习和训练,而忽略了其他方面的需要。鼓励儿童掌握知识和技能是必要的,但也要教育其兼顾其他方面的需要。如果儿童勤奋感胜过自卑感就会在人格中形成能力的品质,其表现是他们能迅速形成一般能力,又开始显露出特殊能力。如果自卑感胜过勤奋感,则儿童会形成无能的人格品质。

(五)自我同一性对角色混乱(identity vs. role confusion)(12～20岁)

相当于弗洛伊德的生殖期。艾里克森认为,此阶段是人格形成最重要的阶段。正是由于其提出的心理社会阶段和同一性危机等概念,才使他在人格领域内显现于世。所谓自我同一性,是指个体对自身和自己生活目标的意识。这一阶段是儿童期向青年期的过渡阶段。自我同一性的形成,标志着童年期的结束和青年期的开始。儿童在前四个阶段已经懂得了自己是什么样的人,也懂得了自己的各种角色,同时也了解了自己有无意志力,能否达到目标,有无能力等,也就是对自身的状况有了一定的了解,又在以获得知识和机能的基础上认真地思考自己的主观条件和社会的需求,明确了今后的生活目标,并着手职业的选择,能够正确地估计自己,也能分析出他对自己的评价,于是便形成了自我同一性。这阶段经历了大约八年的时间。在漫长的时间里,儿童在不断认识自己,认识社会,所以说,这是一个寻找同一性的时期,是一个不断增长、不断完善的过程,不是自然而成的同一性。艾里克森把这一时期叫心理社会的合法延缓期,也就是说,在这时期里,心理社会成熟要有一个过程,这一过程标志着儿童和青年期的间隔。一旦儿童获得了自我同一性,对自身和生活目标有了整体统一的意识,这一阶段就取得了圆满的结局。如果儿童在这一阶段里不能获得同一性,就会出现同一性的危机,其表现是产生角色混乱或消极的同一性。角色混乱是指个人没有获得自我同一性而出现的一种状态,其表现是不能选择合适的社会角色,或者说不能选择和承担生活角色。无限期地延长了心理社会的合法延续性,或者口头承认了一定的社会角色,却实现不了。消极的同一性是取得社会不认可的角色。在这阶段中,若儿童得到的是危险的、让人厌恶的社会角色,他就会以消极的同一性离开这个阶段。

角色混乱和消极同一性可以解释青少年对社会的不满和青少年犯罪的社会问题。艾里克森认为,一方面儿童若感到所处的环境威胁着他未来的发展中获得自我同一性的种种可能,他就会拼命起来反抗社会环境;另一方面,如果儿童不能承担正常的社会角色,他便会破罐破摔,宁愿做个坏人。儿童如果在这一阶段获得了自我同一性,而不获得角色混乱和消极同一性,在人格中就形成了忠诚的品质,表现对人对事尽心尽力。若角色混乱或消极同一性在人格中形成,则形成不确定感的品质。艾里克森认为,在这一阶段是人格形成的最关键的阶段,获得了自我同一性,顺利地通过这一阶段,直接影响着其余各阶段的完成。

(六)亲密对孤独(intimacy vs. isolation)(20～24岁)

这一阶段属于成年早期。艾里克森指出,青年人在寻求和保持自我同一性的过程中,热切地希望同他人的自我同一性融合在一起,愿意同他人发生亲密的关系,这种亲密的关系包括:(1)对异性伴侣的爱,产生情感共鸣;(2)愿意同他人共同学习工作或共同参加娱乐活动;(3)愿意同他人相互信任。为了满足上述需要,必要时可做出自我牺牲,相反地,如果这阶段没形成对他人亲近的能力,则会离群索居,回避与他人的亲密交往,把自己局限在小天地里,因而产生了孤独感。在这阶段中,如果个人形成的亲密能力胜过孤独能力,在人格中会形成爱的品质,否则就会形成混乱的两性关系,即泛爱。

(七)繁殖对停滞(generativity vs. stagnation)(24~65岁)

这一时期还称为成年中期或中年期。如果一个人顺利地渡过了自我同一性时期,并且过上了幸福而充实的生活,他们就会产生繁殖感,这是关系到下一代的头等重要的事。他们将力图把自己在生活中创造的一切条件都传递给下一代,一般通过两种形式:一是与儿童直接交往来传递精神、财富;二是生产和创造物质财富来提高下一代的生活水平。没有产生繁殖感的人,就会产生停滞感,这种人人际关系贫乏,只会关心自己。如果一个人繁殖感胜过停滞感,在人格中就会形成关心他人的品质,表现能关心他人的需要,自觉地给他人以温暖和爱,否则便形成自私自利的品质。

(八)自我整合对失望(integrity vs. despair)(65岁以后)

这一阶段发生在人的晚年时期,也称成熟期。若顺利,人的一生就生活得幸福、充实,对人类有所贡献,自己就会产生满足感,当他们要离开人世时,没有任何遗憾,他们觉得自己是完整的,不惧怕死亡。但在生活中经历过挫折、体验过失望的人,他们在一生中还有许多该做的事没有做完,要达到的目标尚未达到,他们就感到失望,留恋生活和不愿意死亡。如果一个人自我整合胜过失望,在人格中就会形成智慧的品质,否则就会生成无意义感。艾里克森将此阶段描述得最少,也是人们最不满意的一阶段,但他认为在第八阶段中,成人对死亡态度影响儿童的信任感,如果成年人不怕死亡,儿童的信任感就是可能的。

艾里克森人格理论的八阶段,每一阶段都有至关重要的、相应的影响人物:第一阶段为母亲;第二阶段为父亲;第三阶段为家庭;第四阶段为邻居、学校和师生;第五阶段为伙伴和小团体;第六阶段为友人、异性、一起合作及互相竞争的同伴;第七阶段为一起工作及分担家务的人们;第八阶段为人类。艾里克森认为,健康人的自我以八个阶段中各危机的积极解决而形成的八种品质为特征(表10-3)。但每一危机解决的结果不是一成不变的,在生命之初没有获得基本信任感的,可以通过以后的发展阶段渐渐获得,同样,获得了它的,也可能在日后的生活中失去这种感情。

表10-3 人格发展八阶段的危机及相应的品质

阶段	危机	年龄/岁	品质	
			积极解决危机	解决危机失败
1	信任对不信任	0~1.5	希望	恐惧
2	自主对羞怯和疑虑	1.5~3	自我控制与意志	自我怀疑
3	主动对内疚	3~5	有方向有目的	无价值感
4	勤奋对自卑	5~12	能力	无能
5	自我同一性对角色混乱	12~20	忠诚	不确定感
6	亲密对孤独	20~24	爱	泛爱
7	繁殖对停滞	24~65	关心他人	自私自利
8	自我整合对失望	65~死亡	智慧	失望和无意义感

【真题解析】
根据艾里克森的观点,以培养自我同一性为主要发展任务的年龄阶段是( )。
A.3~6岁 B.6~12岁 C.12~18岁 D.18~24岁
解析:本题答案是 C。

第三节 人格的测量

对人格进行测量的历史可以追溯到几千年前。那时招募士兵的军官挑选士兵时,会让他们去泉边喝水,并观察他们喝水时的姿势。手捧水喝的士兵比弯下腰低头饮水的士兵更为机警,这种姿势能观察四周,留心可能出现的袭击。直到如今,机警这种品质仍然是军队选拔中需要测验的心理特点。

近些年,为了改善人员选拔任用的效果,在教育、择业和管理实践上,科学地鉴定人格的需求越来越强烈,所以人格的测量发挥着越来越重要的作用。人格的测量主要有三种途径:日常观察、人格测验和情境测验。

一、日常观察

通过日常观察来进行人格的鉴定是最方便、常用的方式。行为作为个体丰富内心世界的反应,是了解一个人人格特点的最直观的表现。通过观察人的外部言语和行为表现,可以推测人格特征。

语言是人们交流思想的媒介,人们用语言来表达自己的情感、思想,语言活动能够反映一个人的人格特征。从一个人说话多少、说话速度、说话方式、说话风格等,我们都可以感受到他在语言之外传达出来的人格特征。比如,一个幽默健谈的人,往往给我们外向、开朗、善交际等特点;而一个不爱说话的人,或许会是谨慎、认真的,或许是孤僻、怯懦的,或许是虚伪、狡猾的。最直观的就是电视节目主持人,他们在各自的生活中养成了不同的性格,因而播音风格有的活泼开朗,有的儒雅,有的含蓄,有的深沉,等等。

在生活中,我们会说,这个人面目可憎,那个人楚楚可怜,这个人和蔼可亲,那个人庄重威严,说明通过一个人的面容、表情、神态也可以看出人格特点。还有人们面部的皱纹,不仅是年龄的反映,也是面部肌肉运动习惯的结果。有人说:"相貌是凝固的表情,表情是瞬间的相貌。一个人从年轻时起就和和善善、快快乐乐,老了以后,他的相貌就是慈眉善眼。一个人多少年的愁苦,老了就是愁眉苦脸的相貌。"那些经常满眼笑容的人,我们会觉得是热情、开朗、真诚、友善的;经常愁眉苦脸的人,则让人感到消极、悲观、多愁善感。衣着风格也可以体现人格特点,喜欢标新立异、与众不同的人,可能是自信、创新、大胆的;姿势体态也反映了个体的不同特色,有的人的走路姿势,会让人称赞"有气质",而有的人却给人"偷偷摸摸、不怀好意"的感觉。

值得注意的是,人格与各种外部表现之间的关系是复杂多样的,可以通过外部表现的改变来隐藏自己的真实性格,因而不能够仅仅通过简单的外部特征就断定一个人的人格类型或性格特征。在需要确定一个人的人格类型时,要尽可能多地获取信息,从多方面加以考察和确认。

二、人格测验

人格测验(personality test)也称个性测验,用来测量个体行为独特性和倾向性等特征。最常用的方法有问卷和投射测验。

(一)问卷法

问卷法又称自陈测验,由许多涉及个人心理特征的问题组成,根据人格理论,从特定的几个方面对测试者的人格特征进行考察,体现在人格测验中就是各个测量指标,分出多个维度或分量表,反映不同人格特征。常用的人格问卷有艾森克人格问卷(EPQ)、明尼苏达多项人格测验(MMPI)和卡特尔16因素人格测验(16PF)。

问卷法的优点是题目数量固定,题目内容清晰具体,施测简单,计分方便。问卷法的不足主要是:(1)编制时缺乏客观标准,因此效度不易建立。(2)测验者的回答可能不真实,回答时常有捏造、防御,回答内容会随时空改变而变化。(3)测验者的反应偏向会影响结果的真实性。比如有的人选"喜欢",其实是不讨厌;而有的人"喜欢"是指非常乐于做某事。

(二)投射测验

投射测验(projective test)是以精神分析学派的人格理论为指导设计的,投射指个人把自己的思想、态度、愿望、情绪等无意识地反应于外界事物或他人的一种心理作用。编制投射测验心理学家认为,人类的日常反应,取决于当时的刺激或情境,不过个体本身当时的心理状况、过去的经验,以及对将来的期望等,对当时的知觉与反应的特性和方向,都产生了很大影响。其实,我们常会将内心情感投射到环境里去,面对着无限制的刺激情境(测验题材),个人可以自由想象并对它做出种种反应,因而便会将个体一些潜藏的深层动机和人格特性投射出来;每个人的经验不同,使得对刺激所知觉的内容不同,因此,所做的反应就不可能相同(图10-7)。所以,分析反应的结果,可以推测出一个人的人格形态和深层动机,这就是投射测验设计的基本原理。

投射测验弹性大,被试不受限制,可以自由做出反应。不足主要是:(1)评分缺乏客观标准,对测验结果的解释带有很强主观色彩。(2)个别施测需要大量时间,成本很高。

图10-7 投射测验材料

三、情境测验

情境测验(situation test)是指通过创造一个与被试者现在或将来工作环境高度相似的场景,让被试在特定场景中完成一系列任务,观察被试在完成任务过程中的行为与心理表现,并对其进行科学的评价的过程。常用的情境测验主要有公文筐测验(in-basket testing)、小组讨论(group discussion)、角色扮演(role play)、管理游戏(management games)、案例分析(case study)等。

情境测验的优点在于能够从实际情境中观察被试的行为,更真实、自然,不易作假;缺点在于费时、昂贵,且必须由受过训练的施测人员进行观察评价,因此很不方便。此外,被试在不同的情境下会有不同的反应,因此仅在一个情境下观察被试得到的结论并不一定可靠。

第四节　学生人格发展的影响因素

在前面的介绍中,我们谈到过人格是具有稳定性和可塑性的,人格特征不是一朝一夕就可以形成的,会受到先天遗传因素及后天环境因素的不断相互作用的影响,那么究竟在人的一生中,先天遗传因素、后天环境因素,以及后天环境因素中的家庭、社会、教育各方面是如何对我们今天的人格进行塑造的呢?我们在自己人格形成的过程中又能做些什么呢?

一、遗传生物基础

身体生理因素作为人格形成和发展的必要条件发挥着不可替代的作用。作为各种心理活动、各项人格特质发挥作用的中枢——大脑,更是人格的主要物质基础。在心理学发展初期,很多研究结论的来源,尤其是有关心理、病理联系的研究都是来自医院的病例。当时有许多研究表明,脑的局部受损将会导致人格和行为的改变。其中一个著名的病例,能够有力地说明这个问题。

1848年9月1日,美国佛蒙特州的一个小镇附近修筑路基,工头盖奇施工时铁杵从他的左眼下边穿入,从额顶穿出。据医生报告,从此盖奇的人格发生了变化。之前,他有本领又能干,和善可爱。而现在却是动静无常,粗俗无礼,不尊重他人,无法忍受约束或劝告,顽固又反复无常。他的朋友和熟人都说他不再是盖奇了,完全是另外一个人。

人体内的生物化学物质的变化,例如激素水平的变化,也会影响个体的行为模式或人格特征。例如,甲状腺分泌甲状腺素亢进,会提高神经系统的兴奋性,就会表现出烦躁、多言、情绪不稳定;甲状腺素分泌缺乏则会嗜睡、记忆力下降、智力减退等。

为了研究遗传对人格特质的影响,常使用的行为遗传学方法有以下几种:

(1)家谱法(pedigree method)。通过对一个家族成员的调查,获得某特质或生理特性情况的资料,然后绘制成系谱图(pedigree chart),从而分析该特质或生理特性在该家族中是否有遗传因素和可能的遗传方式。

(2)双生子法(twin method)。同卵双生子基因型相同,异卵双生子基因型不同。这样通过同卵双生子可以研究不同环境因素的影响,而异卵双生子在相似环境中生长、发育,就可以研究不同基因型对表现型的影响。

(3)细胞遗传学方法(cytogenetic method)。将染色体技术和人类性染色质的研究结果应用于研究因染色体异常疾病而产生的行为异常等。医学遗传学的研究在这方面为行为遗传积累了不少资料。

(4)体质差异研究(investigation of constitutional differences)。这类研究强调了身心关系,将人的身体特征与内在人格联系起来。美国心理学家谢尔顿(Sheldon)以常人为研究对象,发现体型与性格之间存在联系。他对18~21岁的4000名男大学生从前、后、侧三个角度拍照,对身体的17个部位进行测定分析,将体型分为三种:内胚叶型、中胚叶型和外胚叶型,将气质划分为内脏紧张型、肌肉紧张型、头脑紧张型。之后在体型与气质之间求得相关,发现内胚叶型与内脏紧张型存在高相关,中胚叶型与肌肉紧张型具有高相关,外胚叶型与头脑紧张型呈高相关(表10-4)。

表10-4 谢尔顿的人格类型模型

类型	体型特征	气质特征	心理特征
内胚叶型	矮而胖	内脏紧张型	喜欢舒适生活,善交际,为人随和,镇静,倾向于求助他人等
中胚叶型	强壮有力	肌肉紧张型	自信,积极主动,好斗,武断,冒险,精力充沛,好支配,渴望权力,喜好变化,有竞争性
外胚叶型	高而瘦	头脑紧张型	思维敏捷,富理解力,好自省,反应迅速,负责,不善交际,好独处,情感压抑,对疼痛敏感,易慢性疲劳

二、环境基础

(一)家庭因素

从卵子受精到胎儿出生大约是270天,在母亲体内的这段日子是人的生命的开端,这段日子里,不仅形成了个体生存和发展的生理基础,也影响到胎儿今后的人格发展。美国纽约大学的托马斯·伯尼博士等人的研究表明,胎儿能够与母亲进行情绪交流,这对胎儿具有意义深远的影响。他指出,婚后生活不和睦的夫妻所生的孩子,因恐惧心理而出现神经质的数量,比婚后生活美满的夫妻所生的孩子高4倍。

个体出生之后最早接触的环境是家庭,接触最多的是自己的父母,亲子关系即父母与子女的关系是儿童最早的人际关系。这种关系的好坏会直接影响儿童的身心发展,并影响到儿童之后各层次的人际关系。

母爱在儿童人格发展中起着重要作用,母亲是天然的教师,她对儿童特别是幼儿的影响最大。缺乏母爱的儿童往往会孤僻、任性、冷漠。1950年,纽顿(Newton)调查了100位自己哺乳的母亲,凡是持积极态度的,74%取得了良好效果,持消极态度的只有24%取得了良好效果。

在成长过程中,父亲为男孩提供模仿同化的榜样,为女孩提供与异性成人交往的机会。父亲对儿童的性别角色发展起着重要的作用。幼年没有与父亲接触过的儿童,在性别社会化方面往往发展不够完善。

父母的人格对个体人格的形成影响重大。孩子的人格在与父母持续的相互作用当中逐渐形成,具有攻击倾向的父母,孩子也通常具有攻击性;待人友好的父母培育出来的孩子通常也是和善而友好的。有研究者将父母的人格分成三种类型,不同类型人格的父母会造就不同人格特征的孩子(表10-5)。

表10-5 父母人格对孩子人格形成的影响

父母人格类型	孩子的人格特征
权威型	消极、被动、依赖、服从、懦弱,做事缺乏主动性,甚至会不诚实
放纵型	任性、幼稚、自私、野蛮、无礼,独立性差,唯我独尊,蛮横胡闹等
民主型	活泼、快乐、直爽、自立、彬彬有礼、善于交往、富于合作、思想活跃等

不同的教养方式也对孩子人格的形成具有显著影响。贝克(Becker)研究了两种不同教养方式"温暖-敌意"和"限制-放纵"的交互作用对子女人格形成产生的不同结果,并对相关研究结果进行了汇总,整理结果发现"温暖"虽然是父母应该具有的良好特征,但是对子女产生的效果还要看这项特征如何与其他特征相匹配(表10-6)。

表10-6 两种教养维度交互作用对子女人格形成的不同影响

维度	限制	放纵
温暖	顺从、依赖、有礼貌、整洁 少攻击 守规矩的男孩 依赖、不友善、缺乏创造力 听话	活泼、外向、富创造力、进取 极不守规矩的男孩 促进成人角色的学习 少自我攻击的男孩 独立友善、少投射的敌意、富于创造
敌意	"神经性"问题(临床研究),常与同伴吵架,较害羞 与人相处时畏缩 不太能接受成人角色 男孩会有较多的自我攻击	少年犯罪 不顺从 极端攻击

由于父母对出生顺序不同的孩子表现出不同的态度,所以出生顺序也影响孩子人格的发展。许多心理学家都对出生顺序与人格之间的关系进行了研究,不过目前还没有得出一致的结论。阿德勒(A.Adler)是第一个强调出生顺序影响孩子人格形成的心理学家,他认为长子从受重视到被忽视心理落差大,所以大多自卑感较强,最小的那个由于受到溺爱,所以缺乏创造性,他对中间的评价较高。高尔顿(F.Galton)研究了许多著名科学家的出生顺序,发现长子和独生子女的比例非常高;贝尔蒙特(L.Belmont)发现长子的瑞文智力测验得分更高等。

(二)学校因素

随着年龄增长,个体走出家庭,走进了人格社会化的主要场所——学校。英国思想家欧文(R.Owen)认为,教育人,就是要形成个体的人格。学校不仅要为学生提供学习和掌握科学知识的机会,更要注重学生的智力开发、潜力挖掘、思想教育,帮助其形成优良的人格特征。

教师对学生人格的发展具有指导定向的作用。教师是学生学习的榜样,言行举止对学生起着潜移默化的影响,而且年龄越小的学生受到的影响就越大。教师与学生的关系也会影响学生人格的发展。每个学生都需要教师的关爱,并在教师的关注下朝向老师的期望发展。所以教师对学生的关爱、期望会影响学生人格的发展方向。

学校是一个同龄群体会聚的场所,身处同伴群体当中,个体的人格也会受到身边同学的影响。班级的特点、要求、舆论、评价,对于学生人格发展有"弃恶扬善"的积极作用。有研究证实了这一观点:教师指定班中地位最低的8位学生担任班干部,并加强指导。一学期后,班风有所改变,再次进行民主推选时,其中有6位重新当选。这6位的人格特征发生很大变化,自尊心、安定感、积极性、诚实性、责任心等都获得明显发展。所以,学校对个体的人格形成和发展的作用不容忽视,要积极关注每个个体在学校的生活学习,并及时予以正确引导和帮助。

(三)社会文化因素

人一出生,便置身于社会文化之中并受社会文化的熏陶与影响,文化对人格的影响伴随着人的终生。社会文化塑造了社会成员的人格特征,使其成员的人格结构朝着相似性的方向发展,而这种相似性又具有维系一个社会稳定的功能。这种共同的人格特征又使得个人正好稳稳地"嵌入"整个文化形态里。社会文化对人格的影响力因文化而异,这要看社会对顺应的要求是否严格。越严格,其影响力就越大。影响力的强弱也视其行为的社会意义的大小,对于不太具有社会意义的行为,社会允许较大的变异;但对在社会功能上十分重要的行为,就不太允许太大的变异,社会文化的制约作用就越大。但是,若个人极端偏离其社会文化所要求的人格基本特征,不能融入社会文化环境之中,可能就会被视为行为偏差或心理疾病。

社会文化具有塑造人格的功能,这反映在不同文化的民族有其固有的民族性格,不同的地域有着不同的文化传统,不同的文化发展时期有着不同的文化认同。比如,米德(M.Mead)等人研究了新几内亚的三个民族的人格特征,结果表明:居住在山丘地带的阿拉比修族,崇尚男女平等的生活原则,成员之间互相友爱,团结协作,没有恃强凌弱,没有争强好胜,一派亲和景象。居住在河川地带的孟都古姆族,生活以狩猎为主,男女间有权力与地位之争,对孩子处罚严厉。这个民族的成员表现出攻击性强、冷酷无情、嫉妒心强、妄自尊大、争强好胜等人格特征。居住在湖泊地带的张布里族,男女角色差异明显,女性是这个社会的主体,她们每日操作劳动,掌握着经济实权。而男性则处于从属地位,其主要活动是艺术、工艺与祭祀活动,并承担孩子的养育责任。这种社会分工使女人表现出刚毅、支配、自主与快活的性格,男人则有明显的自卑感。

第五节 学生人格发展的特点

随着生理的发展,尤其是性的成熟,一个人在从幼稚顽童向成熟个体的过渡过程中,其心理的发展也渐次成熟,这意味着他们将由一个依赖于成人抚养教育,主要按照成人和社会所制定的规范生活的孩子,逐渐转变为能够独立生活、自主从事各种活动的成年人。他们的认识水平、情感体验和自我调控能力都在这一时期有了飞速的发展,他们的理想、信念、世界观、人生观、价值观也慢慢地形成和定型,这为他们走向社会、步入人生定下了基调。

处于生长发育时期的青少年们有着自己独有的心理要求和心理特点,主要表现在以下几个方面:

一、心理与行为的闭锁

处于青少年期的学生对人际关系的处理态度和方式与过去相比有了明显改变。一般说来,少年儿童极为单纯、天真、率直,当他们进入青春期后,内心世界要比少年时复杂一些,他们不大乐意吐露真情,即使对自己最亲近的人也是一样。他们的心里话或悄悄话有时会对知心朋友说,但不愿和父母或老师讲,与父母、老师开始慢慢疏远。行为表现上常常会发现他们自觉不自觉地把自己与几个好友感知成一个整体,并大幅减少与别人的交往,甚至单独把自己与别人隔绝开。如此这般建立一座座壁垒,把自己的心灵与世隔绝,不但造成从外界获取信息量的减少,同时也使自身交际能力下降,并容易造成孤僻心理。闭锁心理虽说是青春期常见的心理现象,但它带有文饰的、内隐的、曲折的性质,极不利于个体发展,可谓有百害而无一利。

二、"成人感"和独立意识增强

对于中小学生群体而言,随着生理的发展,他们好像突然地意识到自己是个大人了,这使他们逐步具有了一定程度的"成人感"。他们一方面更加自觉地希望参加成人的活动,另一方面也希望别人把自己当成年人对待,让自己享有成人同样的权利。他们向往独立自主、自由自在、天马行空,常常自以为是,不知"天高地厚";他们需要人们的理解,给予他们更多的自由、更多的信任、更多的理解;他们希望无论在生活上、学习上还是工作上,家长和老师能放开手脚,让他们独自去做自己的事情,试试自己的能力和本事。但由于心理发展的不成熟性,他们一时还无法应对人生急骤的变化。他们的自我意识具有矛盾性。"理想的我"与"现实的我"经常碰撞,往往好高骛远,不切实际。不能很好地认识到自己在发展中存在的问题,在人际交往中有时得不到同学或老师的理解和认同。

三、认知发展存在一定的偏差

虽然中小学生的身体在逐渐发育成熟,但是他们的个人需要、人生理想、生活信念和对自己、对别人、对社会、对生活的态度以及应付环境的行为方式与心理体验等,却不会随着身体的发育成熟而成熟。中国学者沙莲香等人的研究表明,青少年在心理能力方面的发展(如记忆、判断、推理及学业成绩),并不与身体的发展相等。一个身体成熟的青少年,其在心理方面未必达到成熟的程度,因为心理能力依赖于生活经验的积累和文化知识的熏陶以及社会关系的影响。

四、情绪体验较为紊乱

随着中小学生逐渐成为独立人,这使得青少年获得了完全的解放,从而能够适应纷繁复杂的社会环境。现实生活中这种复杂的社会环境往往会给他们带来心理的不适和不安,使之经历情绪上的骚动与混乱。他们在面对各种难以应对的新刺激常有各种不适当的情绪反应,而感到一种莫名的烦恼。由于内在的紧张而造成的情绪反应因人而异:有的变得冷淡抑郁,有的则暴跳如雷,有的沮丧沉闷,有的烦乱焦躁。青少年由于某些内分泌腺的变化,致使他们情绪紧张,使他们每天都可体验到强烈的惧怕、愤怒或爱的情景,伴随着强烈的情绪色彩。小学生在行动的目的性、自觉性和坚持性等方面都呈现出明显的不足,到了初中则有了长足的进步,但由于心理和经验以及意志品质方面的不成熟,仍表现出见异思迁、有始无终、惧怕困难、心无定性等不足。青少年已不满足于狭小的家庭圈子,感到家庭生活单调乏味,与父母的交流沟通逐渐减少,亲子关系渐趋松懈和紧张。

五、自我调控能力欠缺

青少年时期是一个半幼稚半成熟的时期,其生理和心理特点决定了他们的自我调控能力欠缺,会出现对己、对人、对事的认识、评价和感悟不深刻、不全面、不透彻,往往我行我素,飘忽不定,以偏概全,行为变化不定,好走极端。在中小学这一时期,他们自控能力较弱,但感受性显著提高,常常容易兴奋,兴趣较易转移,意志易动摇,对什么都怀疑。他们内在的不满情绪使他们对周围的人总想反抗,唱反调,总有一种胡闹的欲望。所以,这一时期又称否定期,或者反抗期,由此会出现正常变得不正常、连续变为断续、稳定转为不稳,内心出现矛盾,客观世界处处使他们感到紧张。青少年渴望出头露面,张扬自己,常出现越轨、迷向和偏离行为。由于自控水平差、辨别是非能力低,为了寻求刺激甚至仅仅为了满足好奇心,便会无端动武,大喊大叫,喧哗聒噪,损坏公物,打架斗殴,情绪失控。有时又会因一点挫折而心灰意冷,冷漠无情,破罐子破摔,从一个极端到另一个极端,让人捉摸不透,迷惑不已,甚至出现一些不良行为或问题行为,比如学习不良行为、攻击性行为、早恋、逃学、离家出走、厌学、说谎、易受挫折、烦躁不安、孤独、自卑、嫉妒、逆反、冷漠、作弊、盲目"追星"、吸烟、喝酒、聚众打架、青少年犯罪等。

六、自尊心逐渐巩固

小学时期的学生开始有了强烈的自尊心,要求别人尊重自己、认可自己。他们希望得到同伴的认同和悦纳,获得家长和老师的赏识和表扬。到了中学,他们对自己的人格品质有了新的认识,自我评价能力有了较大发展。此时,他们重新认识自己,自我评价系统渐趋稳定,因而作为比较稳固的心理特点的自尊心就比较巩固地形成了。他们想出类拔萃,高人一等,无论对自己在班集体中的地位、学习的成绩、在老师心目中的形象、在文体活动中的表现,还是自己的仪表长相、言谈举止,他们都十分关注,"斤斤计较","求全责备",要求更高、更强、更好。如果家长或老师采取简单粗暴的教育方式,比如不适当地进行责罚、讽刺、挖苦、嘲弄、打击甚至体罚,都会损害他们的自尊心,使他们丧失上进心和勇气,有时还会产生对立情绪,甚至自暴自弃,走向绝路。

第六节 学生良好人格的培养

健全人格是各种良好的人格特征在个体身上的集中体现,是中学生健康成长的基础之一,是一个全面发展的人所应该具备的人格特征。随着教育改革的发展,人格教育日益引起学校的普遍关注,重视学生健康人格的培养,已成为目前学校面向未来社会所做出的必然选择。中小学教育的重要任务,就是对其加强健全人格的培养与塑造。

一、激发学生自我教育的意识

中小学生正处在人生观、价值观的发展、形成阶段,各方面都有较强的可塑性,在这个时期培养与激发他们的自我教育意识是最可行的。作为中小学生这样的青少年群体而言,认知发展是心理发展的一个极其重要的方面,同时它还是个体情感、道德、人际交往、社会行为等其他领域发展的基础和前提。遵循此时期学生认知发展的过渡性特点,为他们提供一个自由思考的情境和空间,促进他们对问题的建构和重组能力,使之解决问题更具理性和逻辑性,从而让其学会有策略地来发展自己,从不成熟走向成熟,从偏激狂执中走出来寻求正确的适合自身的发展方向而不是一味地逆反与对抗。另外,青少年除了把具体情境和环境作为思维对象以外,他们的思维和推理更具抽象性和灵活性,开始思考自己和他人的思维。他们更能理解自己认识事物的方式和解决问题的要求,他们具有自我反省的能力,这种反省能力的监控和调节保证了个体解决问题的计划性和预见性。根据学生心理发展的这些特点,教师采用机智的教育方法,多给学生正面的暗示,对学生进行充分的肯定,让他们品味自我教育的成果,从而强化学生的自我教育意识,这是升华学生自我教育的巨大动力。

二、进行人格素质的整合教育

人格是素质的重要内容,在心理素质中处于核心地位。一个人素质不好,与其人格因素息息相关。一个人人格素养不健全,其文化、智能、品德、人际等素质便难以发挥到高水平。就其差异来说,素质强调的是人的稳定的素养或特性,而人格则强调在素质基础上,深入人的品质的底蕴,提高到社会品格的层面上来考虑人的素养。人格更看重人的心理素质的"质"的要素,更看重个体后天习得的社会性成分。因此,人格实质上是受教育者主动地将人类文化、科技、审美、劳动等文明成果内化为自身独特素养的整合系统。近代学者王国维"有境界则自成高格"的话,可以形象地说明素质与人格的关系,"高品格"的素质即可称为人格。人格教育是对学生素质提出"高品格"要求的教育,是现代学校优化人才素质的重要途径,是落实素质教育的必要措施。如果说素质教育是着重从教育方向上对教育进行面上的规范的话,那么人格教育则着重向纵深开掘,立足于深层素质的培养和发展。它不仅强调人的个性的全面发展和潜能的充分开发,而且更强调人的素质的"质"的提高,更强调在人的个性差异上的充分发展,使人的素质得到更有效度的培育和提高。因此,人格素质教育的整合将会在最大程度上让一个人综合素质层次得到提升。

三、实施以提高文化素质为基本内容的综合素质教育

构成学生人格的要素不少,但其核心是学生的内在素质,即学生的精神境界、思想意识、价值观念,这一切无不与学生的文化素质有关,与学生的整体素质、综合素质有关。文化素质既是学生整体素质的基础,也是现代人格的基础,较高的文化素质体现着学生的思维方式,价值取向折射出学生的信仰和情感,体现着学生的精神风貌,代表着学生的品位和品质,广博的知识是提高自身修养,完善自我的重要基础。培根说过:"读史使人明智,读诗使人有修养,演算使人精密,哲理使人善辩。"可见,健康人格的培养与塑造必须以提高学生的文化素质为前提和基础。现实工作中尤其要注意:一是要走出应试教育的泥潭,切实贯彻落实德智美劳全面发展的素质教育,靠综合教育培养全面的素质。二是在丰富文化底蕴的同时,要强化思维训练。思维素质是综合素质的精髓,人格的水平与思维能力直接相关。三是要注意传授新思想,学习新知识,及时用反映当代世界发展的新知识、新科技武装青少年的头脑,促使人格更完善。

四、强化情感陶冶与行为训练

在中小学生的人格培养中要注意和尊重情感、意志等因素在人格品质形成中的特殊地位和功能,要强化情感的陶冶以及行为的训练。具体来说就是要加强校园文化、社区文化和家庭文化的建设,丰富中小学生的生活;要搞好中小学生的班集体建设,提高教育者人格感染力,引导学生建立良好的人际关系,学会解决冲突的技能;要净化、美化生活环境,发挥环境育人的功能,要加强艺术教育功能,发挥艺术熏陶作用,培养良好的审美观念;要大力开展社会实践活动,积极接触社会生活,学会认识社会,适应社会;要努力创设专门的情感与训练活动,培养学生判断和选择的能力及行为习惯。在现实生活的特定情境中获知、育情、炼意、导行,实现知、情、意、行的和谐均衡健康发展,达到身心的统一,人与社会的协调。

五、优化育人环境,协调家庭、学校、社会教育,形成人格培养的正合力

人的本质是一切社会关系的总和,人格正是在遗传因素的基础上在社会环境的作用下发展和形成的。环境影响在人格的发展中意义重大。健康的环境与健康人格的形成是密切相关的,健康的环境有利于健康人格的形成。优化育人环境,协调好对人格发展起重要作用的家庭、学校、社会等教育,成为人格培养的重要任务。学校教育自然对学生的人格发展有着特殊责任和意义,但学生人格教育绝非学校一家可以奏效。学校进行人格教育时,不仅要在学校内部形成齐抓共管的合力局面,而且也要依赖于社会教育、家庭教育各自功

能的发挥和三者的密切配合,才能收到良好的效果。如果学校、家庭、社会教育的标准不一,取向不协调,则会使学生面临种种矛盾和冲突,从而影响学生健康人格的形成和发展。因而,必须建立以学校教育为主体,家庭教育为基础,社会教育为延伸的人格教育体系,实现人格教育的整体化、系统化、一体化。当前,不仅要注意改进学校的教学内容,提高教师的人格水平,强化家庭教育功能的发挥,更要注意消除网络和其他传播媒体的副作用影响等问题,尽可能使三方面的教育趋于协调,促进学生的人格健康发展。

六、大力开展心理健康教育和咨询

从个人人生的意义上讲,发展孩子的健康心理比发展孩子的认知更重要,这也与我们党的教育方针是一致的,育人比教书更重要。对社会、国家而言,拥有健康心理的公民也是一个健康家庭、健康民族、健康国家的基石。如果学生出现了心理问题能够得到及时的咨询和辅导,完全可以摆脱或者至少可以减少心理问题带来的负面影响。遗憾的是,有些学校并没有意识到培养学生心理健康工作是学校工作的重要方面,他们把思想品德课等同于心理健康教育课,学校没有专门的心理咨询室,也没有专业的心理教师,即使有心理咨询室也纯粹是摆设,或者是和其他部门共用一间办公室,这对于学生健全人格的发展是极为不利的。

心理咨询是学校心理健康教育的重要组成部分,心理健康教育是相对独立的教育活动,是德育、智育等所不能取代的。搞好心理健康教育,对学校的各项工作有良好的推动作用。在很多学校,他们进行心理健康教育的方式是开展心理健康课,通过上课的形式给学生灌输一些心理保健的知识,这对部分同学有一定的作用,但是对一些存在心理问题并且自身不能调整解决的学生,集体授课的形式并不能很好地解决他的问题,所以很多学校都设立了心理咨询室,不仅仅对心理存在问题的学生给予辅导,还可以为全校师生提供一个心理放松的场所。开展心理咨询可以为一些出现心理问题的学生提供心理方面的支持,帮助他们排解压力,解决心理问题。

七、建立健全良好人格培养的激励与约束机制

学生的人格教育,离不开科学完善的管理和评价机制,需要靠制度、法规来提供保障和导向。完善的激励和约束机制不仅对组织教育过程是必要的,而且对初中生自身进行自建也是必不可少的。因为,身心处于迅速发展时期的中小学生群体,不可能不受社会规范和制度制约,积极通过健全的规范和机制对他们的思想行为进行调控,是保证其思想品德沿着社会主义方向发展的必要措施。通过健全的激励和约束机制,鼓励和强化学校、家庭、社会需要的思想行为,制约或惩罚那些超越学校、家庭、社会规范的言行,让他们懂得什么该做,什么不该做;什么是社会倡导的,什么是社会反对的,从而明确是非,掌握行为准则和规范,逐步形成健全高尚的人格。

【案例回顾与分析】

基于前面"案例引导"的材料,可以得出甲乙丙丁四人的气质类型及其特点如下:

(1)甲是胆汁质的人。这类人情绪体验强烈,爆发迅猛,平息快速,思维灵活,但粗枝大叶,精力旺盛,争强好斗,勇敢果断,为人热情直率,朴实真诚,表里如一,行动敏捷。但遇事常欠思量,鲁莽冒失,易感情用事,罚必自用。

(2)乙是多血质的人。这类人感情丰富,外露但不稳定,思维敏捷但不求甚解,活泼好动,热情大方,善于交往但交情浅薄,行动敏捷,适应性强;但他们缺乏耐心和毅力,稳定性差,见异思迁。

(3)丙是抑郁质的人。这类人情绪体验深刻,细腻持久,情绪抑郁,多愁善感,思维敏锐,想象丰富,不善交际,孤僻离群,踏实稳重,自制力强,但他们行为举止缓慢,软弱胆小,优柔寡断。

(4)丁是黏液质的人。这类人情绪平稳,表情平淡,思维灵活性略差但考虑问题细致而周到,踏踏实实,沉默寡言,喜欢沉思,自制力强,耐受力高,内刚外柔,交往适度,交情深厚,但是行动主动性差,缺乏生气,行动迟缓。

【学以致用】

所有人都能被催眠吗?

在电视节目上,偶尔可以看到催眠的现场表演。催眠师让受催眠者或站或躺或坐,逐步发出指令,将其催眠(图10-8)。众目睽睽之下,那些进入深度催眠状态的受催眠者往往能做出令观众瞠目结舌的超常举动。如图所示,受催眠者身体能保持僵直,就像一块木板,搭在两张椅子之间。这样的动作在普通状态下是根本无法做到的。

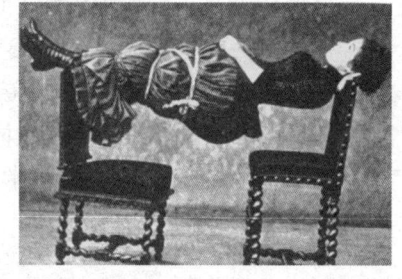

图10-8 催眠

不过无论催眠师的功力有多么高深,并不是所有人都能够被催眠,也不是每次催眠都能够成功,这要依赖受催眠者的配合程度的影响,称为催眠的感受性(hypnotic susceptibility)。对于那些感受性高的人,只要他遵照催眠师发出的指令执行,都能够达到预期的效果。

什么样的人是具有高催眠感受性的呢?有研究发现,最能预测催眠感受性的人格指标是专注(absorption)。专注性高的人能够进入感觉和想象之中。态度、动机、期望、开放性等也都会影响催眠感受性的高低。如果一个人对催眠持有肯定和相信的态度,对催眠师也是足够信任的,也希望能够亲自体验催眠,在这样的情况下,他就是具有非常高的催眠感受性的,能够顺利进入深层次的催眠状态。如果根本不相信有催眠这回事,不专注于催眠师发出的指令,他将很难被催眠。

催眠感受性是个体相对稳定的人格因素,不过仍是可以通过训练来获得改变的。比如,改变对催眠的看法和态度,尝试接受催眠过程中催眠师发出的指令,催眠的感受性会在一定程度上有所提高,提高的程度依然受到个体专注特性和情境融入能力的影响。

【关键术语】

人格是个体在社会适应过程中,对外界做出行为或心理反应时,所显示出的独特反应系统。

人格特征具有整体性、稳定性与可塑性、独特性以及社会性与生物性。

性格是指个人的品行道德和风格。它是个体有关社会规范、伦理道德等方面各种习性的总称,不容易被改变,是较为稳定的心理品质。性格是包含于人格中的,是人格结构的主要成分。

气质是人生来具有的心理活动的动力特征。

气质类型有多血质、黏液质、胆汁质、抑郁质四种。

认知风格是指个人所偏爱使用的信息加工方式,也叫认知方式。

认知风格种类有许多种,主要有场独立型-场依存型、冲动型-沉思型。

意识是人对客观现实的自觉反映,是知觉到的客观现实、思想、情绪、感觉、知觉、记忆等,是可以观察到的心理现象。

前意识指没有浮现出意识表面的心理现象,是人们可以通过回忆而唤起的经验。

潜意识也称无意识,是弗洛伊德理论最重要、贡献最大的部分。潜意识深藏于内心,无法接近,包括人的原始冲动、各种本能和欲望。

本我是人生下来时就具有的心理状况,由原始的本能组成,潜藏于潜意识当中。

自我是本我分化出来的,在考虑外部现实性的基础上协调本我和超我的需要。

超我是代表社会要求与规范的人格部分,带有社会的价值观和标准。

自我同一性是个体终生发展所追求的目标,包括社会与个体的统合、个人的主体与客体方面的统合、自己的经历与愿望的统合等内容。

人格测量途径主要有三种:日常观察、人格测验和情境测验。

人格测验也称个性测验,用来测量个体行为独特性和倾向性等特征。最常用的方法有问卷和投射技术。

【参考文献】

[1]黄希庭.人格心理学[M].杭州:浙江教育出版社,2002.

[2]许燕.人格心理学[M].北京:北京师范大学出版社,2009.

[3]L.A.珀文.人格科学[M].周榕,陈红,杨炳钧,等译,黄希庭审校.上海:华东师范大学出版社,2001.

[4]叶奕乾.现代人格心理学[M].上海:上海教育出版社,2011.

[5]BURGER J M.人格心理学[M].陈会昌,等译.北京:中国轻工业出版社,2000.

[6]ARONSON E,WILSON T D,AKERT R M.社会心理学[M].2版.侯玉波,等译.北京:中国轻工业出版社,2007.

[7]卡拉·西格曼(Carol K.Sigelman),伊丽莎白·瑞德尔(Elizabeth A.Rider).生命全程发展心理学[M].陈英和,审译.北京:北京师范大学出版社,2009.

[8]PARKINSON M.人格测试[M].邹智敏,译.北京:中国轻工业出版社,2007.

[9]李晓文.人格发展心理学[M].杭州:浙江教育出版社,2008.

[10]张积家.普通心理学[M].广州:广东高等教育出版社,2008.

[11]许燕.当代人格心理学的发展趋势[J].心理学探新,2003,23(3):17-18.

[12]郭永玉,张钊.人格心理学的学科架构初探[J].心理科学进展.2007,15(2):267-268.

[13]李霞,李文虎.古代人格心理学的发展与传统的社会心态[J].社会心理科学,2006,21(3):15-18.

[14]郭玉芹,刘铁.中学生健康人格的培养[J].吉林教育,2015(30):93.

[15]KOZMOVA M,WOLMAN R N.Self-awareness in dreaming[J].Dreaming,2006,16(3):196-212.

[16]RYFF C D.Possible selves in adulthood and old age:a tale of shifting horizons[J].Psychology and Aging,1991,6(2):288-289.

[17]GABRIEL S,GARDNER W L.Are there "his" and "hers" types of interdependence? The implications of gender differences in collective versus relational interdependence for affect,behavior,and cognition[J].Journal of Personality and Social Psychology,1999,77(3):642-655.

模块三　心理健康与道德教育

第十一章　学生心理健康教育与辅导

一提起心理辅导，很多人就会把它同"精神病"或"心理变态"联系起来，其实不然。现在西方有句流行的话："一个成功人士的背后，往往有一个成功心理咨询师的支持。"是的，事实就是这样，我们不要老把自己伪装成"天才"或"神"，我们是人，是人就不可能把所有东西都变得完美，因此，需要别人的帮助是很正常的一件事——除非我们把自己当作神，不容许自己失败。我们需要对心理辅导有一个正确的认识和评价。通过国家专门考试的心理咨询师所进行的心理辅导活动是心理咨询，精通心理学的人对被辅导者的一种帮助行为是心理辅导，由此，我们可以看出，寻求心理咨询和心理辅导的人只是有心理问题或情绪不佳者，也就是说寻求心理辅导的人绝大部分是心理健康的正常人。他们在生活中遇到了自己无法解决的烦恼或困扰，比如学习问题、人际交往问题、家庭关系问题等。这些问题都是我们正常人生活的一部分，寻求专业人士的帮助可以让他们更快、更好地减轻自己的烦恼。而精神病人通常会待在精神病院或在精神科大夫那里，不属于心理辅导的范畴。所以，一个常常进行心理辅导的人，往往比其他不进行的人的心理要健康。

【本章知识框架】

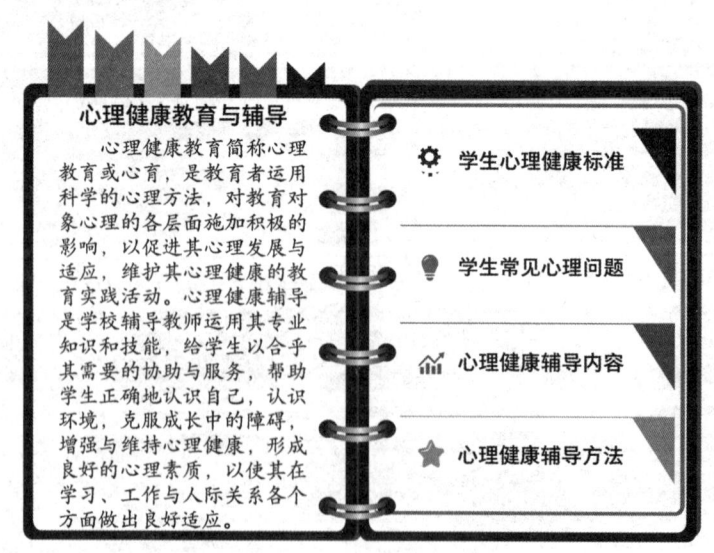

第十一章　学生心理健康教育与辅导

【学习要点】

心理健康标准：了解综合当前已有的各项研究心理健康所包含的几个标准。

学生心理健康的影响因素：了解影响学生心理健康的因素，才能为更好地促进学生心理健康发展打好基础。

心理健康辅导内容：了解目前学生可能常出现的问题及在学校中开展心理辅导的内容。

心理健康辅导方法：理解各种方法使用过程中的针对性，以及各种方法的具体使用程序步骤。

【学习提示】

1. 本章知识集中指向心理健康辅导，需要注意的是，很多人更关注辅导方法，但实际上在掌握方法之前对心理辅导的目标和原则进行充分的掌握是必需的。

2. 在实践学习中，要注意各种辅导方法之间的差异以及使用的针对性。

3. 随着我们对学生的心理发展状况的进一步了解，会发现心理辅导在实践中的应用是非常必要且重要的。但在实际应用之前务必要搞清楚各种心理辅导方法的具体使用，以确保辅导的针对性与有效性。

【案例引导】

小丽战胜了惊恐障碍

小丽从14岁起开始有惊恐发作，当她在学校惊恐发作时，校方就把她送回了家。小丽的母亲带她去看了精神科医生，医生将她诊断为患有轻微的惊恐障碍。

医生提出了两种治疗方法：认知心理疗法和谨慎监控下的药物治疗。在认知心理疗法的疗程中，医生首先让小丽谈论自己的感受和恐惧，其后指出她的思维方式在哪里出现了偏差。认知疗法的目标就是帮助来访者看到自己的思维模式可能是自我打击式的，也是不合逻辑的。医生对小丽解释说，患有惊恐障碍并不是说她"疯了"，只是她大脑中本来应对诱发恐惧的场景进行正常反应的一小片区域被"错误激活"了，这使她的身体认为有需要害怕的东西出现，从而产生惊恐症状。医生解释说，这就像烟雾检测器在没有烟和明火的情况下报警一样。

药物治疗需要每天服用一定剂量的抗抑郁药物。药物用量一开始很少，然后逐渐增多至小丽的最大用量。在药物治疗的过程中，认知疗法也在进行。小丽的惊恐发作完全消失了，她逐渐停止了服药。一年之内，小丽结束了治疗，成功地战胜了她的惊恐。

第一节　学生心理健康的标准及影响因素

一、心理健康与心理健康教育

教育部2002年制定的《中小学心理健康教育指导纲要》提出，良好的心理素质是人的全面素质中的重要组成部分。心理健康教育是提高中小学生心理素质的教育,是实施素质教育的重要内容。中小学生正处在身心发展的重要时期,随着生理、心理的发育和发展,社会阅历的扩展及思维方式的变化,特别是面对社会竞争的压力,他们在学习、生活、人际交往、升学就业和自我意识等方面,会遇到各种各样的心理困惑或问题。因此,在中小学开展心理健康教育,是学生健康成长的需要,是推进素质教育的必然要求。

(一)心理健康的含义

心理健康是相对于生理健康而言的。世界卫生组织认为,心理健康是一种良好的、持续的心理状态与过程,表现为个人具有生命的活力、积极的内心体验、良好的社会适应、能够有效地发挥个人的身心潜力以及作为社会一员的积极的社会功能。

心理健康的含义主要包括两个方面:一是指心理健康的状态,即没有心理疾病,心理功能良好;二是有积极发展的心理状态,亦即有目的、有意识地按照个体不同年龄阶段身心发展的规律和特点,遵循相应的原则,采取各种有效的方法和措施,营造良好的环境,通过各种形式的途径,预防心理疾病,提高心理素质,维护和促进心理活动的这种良好的功能状态。上述两个方面构成了心理健康这一概念的基本内涵。心理健康包含有生理、心理、社会三方面的内容。

【真题解析】

心理健康包括两层意思,一是没有心理疾病,二是(　　　)。

A.具有积极发展的心理状态　　　　B.价值观规范

C.智力正常　　　　D.身体健康

解析:本题答案为 A。

生理层面:一个心理健康的人,其身体状况良好,功能正常,无遗传疾病。健康的心理必须以健康的身体作为先决条件,才能在情感、认识、行为方面正常运行。

心理层面:一个心理健康的人,必须对自我持有积极肯定的态度,能够自我认识,明确自己的优缺点,悦纳自我,发展自我;其自我与环境相协调,自我发展和人际和谐兼顾;其人格发展健全,能积极面对现实,而不依赖消极的心理防御。

社会层面:一个心理健康的人,既能够适应变换的社会环境,妥善处理人际关系,行为符合环境文化需求,又能够正确扮演社会角色,与环境保持良好的接触,为社会贡献力量。

(二)心理健康教育的含义

心理健康教育又称心理素质教育,简称为心理教育或心育。它是教育者运用心理科学的方法,对教育对象心理的各层面施加积极的影响,以促进其心理发展与适应,维护其心理健康的教育实践活动。它渗透到学校、家庭、社会等多个领域。但是我们平时所讲的心理健康教育仅仅指学校范围内的、以培养学生心理健康素质和健全人格的专门教育。我们从以下几方面来理解什么是心理健康教育。

从内容上看,心理健康教育包括两个任务:一是心理素质教育,通过培养个体良好的想象力、观察力、分析和解决问题的能力以及性格特点来帮助他们成长;二是心理健康教育,帮助个体形成健康心理来适应周围环境的变化,养成积极乐观向上的心态。

从性质上看,心理健康教育分为发展性教育和补救性教育。发展性教育主要是以现代教育观、发展观为指导,以促进学生心理健康和心理素质提高为目标。而补救性教育则是针对心理方面已经出现问题的学生。前者相当于预防,后者则是治疗。

从实施途径来说,主要是通过开设相关课程,进行心理咨询和心理治疗来实现。心理健康教育课程是以培养学生良好心理素质,发展健全人格,增进心理健康水平为目的的活动。它可以是发展性教学,也可以是补救性教学,针对的是健康群体。心理咨询或辅导是指对人们,特别是对心理失常的人,通过心理商谈的程序和办法,使其对自己和环境有一个正确的认识,以改变其态度和行为,并对社会生活有良好的适应。学校开展心理咨询,主要对象是学生,特别是那些"问题"儿童、青少年,其次是家长和教师。心理治疗是运用心理学专业的知识对那些有严重心理疾病的人进行治疗,使其恢复到正常状态。

二、心理异常的界定

由对心理健康的概念性的解释中,我们可以看出,适应性也就是一个人心理健康的程度。虽然我们通常能大体不错地指出某种行为是心理健康,某种行为是心理异常,但要确切无误地给出一个心理健康的标准和心理异常的标准,并且得到众多心理学家的一致认可,却是一件相当困难的事。因为对健康与异常判断总是与心理学家的人性观、价值取向以及研究此问题的方法论立场有关,容易因为后者的分歧而出现标准的分歧。

从临床心理的角度出发,一个人的心理和行为表现是否异常,主要根据以下几个标准来判别:

(一)统计标准

这是一种比较常用的分类方式,从统计学上的得分来看,任何偏离于平均分的都称为异常。那些处于"黄金平均分"的人——他们做大多数人做的事情——我们称为正常,那些行为有别于大多数人的人则被认为异常。这种方法比较简便,比如精神分裂症、弱智等性状在人群中的比重的确非常少。但这种划分方法也存在一定的危险,如智商低的、有心理问题的属于这个范围,同样拥有新想法的天才也可能被视为需要治疗的对象。

单纯以人数多寡的层面来区分正常异常的话,我们可以想象这样一个场景:老师要给同学们布置功课,大多数人会感到厌倦、有压力,而少数几个同学可能会感到非常兴奋,那么很显然这少数几个同学会被认为是不正常的。

正如上面所提到的,日常生活中我们往往把一些少数出现的行为视为是不正常的,比如异性恋、持不同意见者或者特殊爱好的人。其实如果深入思考会发现,将他们视为异常的原因多半是跟大多数人不同。

(二)个体主观舒适度

这种标准的前提预设是:如果一个人对他的生活很满意,他就很少关心心理是否健康。如果他因为自己的思想和行为而倍感压力,那么他就需要治疗。这种方法更为符合个体主义的文化背景,因为这是从个人角度出发,更尊重当事人对自己的判断,而非简单粗暴的服从于社会或心理医生的通过量表和统计学得出的结论。这种以当事人为中心的判断方法被广泛地使用于诊断少数严重的心理异常,比如强迫、情绪问题等。

事实上人是追求幸福感的动物,而幸福感常常是一种比较私密和个性化的体验,是很难被客观测量的外在标准,比如财富、容貌、地位等是无法量化的。许多人寻求心理咨询和辅导服务,往往并不是因为有谁认为他们不正常,而是他们自己体验不到生活的愉快,进而丧失了对生活的兴趣或者信心。随着社会的发展和生活水平的提高,人们会拥有更多的精力和时间来考虑个人的幸福感和对个人生活质量的追求,越来越关注内在精神的生活。

当然,尽管在某些案例中这种方法更具有合理性,但是自我感觉标准存在一个明显的缺陷,即很多具有潜在危害,甚至是主观犯罪的行为并不能据此鉴别和评估。比如,是否仅当青年吸毒成瘾而感到痛苦时,我们才认为他们异常?此外,对于那些丧失了自我评估能力的重度精神病患者,比如那些相信自己的大脑能够接受外部空间信号的精神分裂症患者,他们可能暂时没有伤害别人,自己也不会感到有何异常,但是绝少有心理学家会认为他们不需要干预。

(三)生活适应标准

一个人是否能很好地适应工作和生活,也是判断正常与否的标准之一。行为适应不良达到某程度,则会被视为非正常。比如一个人酗酒导致失业、离婚以及身体出现严重的状况依然无法判断,就被认为是异常。而少许的饮酒可能有助于其健康的生活和工作,则不被认为是有问题的。这个标准是非常有效的,很多专业人员因其相对有弹性而喜欢这种方法:因为它关注与生活环境有关的行为,可以同时兼顾个体的主观评价和客观环境指标进行综合评价,同时适合根据具体的生活方式灵活地进行诊断。

生活适应的标准最为一般人关心,而且也容易了解。怎样才会使生活适应良好?以下六点是综合各家意见所归纳出来的建议。

1. 了解自己并肯定自己

了解自己不易,肯定自己更难;然而善于生活适应者,必须二者皆备。二者皆备者才不致因低估自己而丧失机会,也不致因高估自己而陷于困境。

2. 掌握自己的思想行动

个人的思想言行不为感情冲动所支配;凡事在自主意识之下,少做幻想,不做妄想,以合理的思考方式引导自己的行动。

3. 自我价值感与自尊心

对事尽力,对人尽心,在不矫揉造作的自然表现中,体会自我价值感。不过分掩饰自己,不刻意取悦别人,以无愧之心保持适度的自尊。

4. 能与人建立亲密关系

在亲眷友朋的关系中,至少有几个感情十分亲密的人。与感情亲密者相处时,既能敞开心情接纳别人的感情,也能无条件地付出自己的感情。

5. 独立谋生的能力

成年人要乐于工作以维持家计,未成年人要有独立谋生心愿,并肯为实现心愿而努力。有独立生活能力的人,才能安排生活,才能享受生活与创造生活。

6. 理想追求不脱离现实

以现实自我的条件为基础去追求理想。理想的路上遭遇现实的障碍时,面对现实,不曲解现实,排除现实的障碍,理想才会实现。

(四)社会文化标准

每一个社会及其中的小群体都为自己的成员制定了需要遵循的规则与习俗,违反某些重要规则或是偏离习俗的人则会被认为是异常的。例如,丧失亲人的人有某个死亡亲人的瞬间幻影或者"听到"其声音的现象,这在我国某些习俗文化背景下的成员及美国亚利桑那州东南部印第安村庄居民认为是正常的,而现代都市文化中的成员则把这样的幻觉认为是异常的,有幻觉的人经常害怕他们可能会"疯了"。但是,在一个社会群体中,大部分成员都认同的行为会被视为正常行为的标准,尽管有时这与某些规则相违背。比如,我们社会中比较常见的现象,公共场合禁止吸烟,但大部分"瘾君子"还是置若罔闻,如果某次你被这样的一位朋友邀请在公共场合吸烟而你拒绝并认真提醒其禁止吸烟的规则,则会被认为是固执、不通情理,从而被疏远。

(五)综合标准

虽然每种单一对非常态行为的衡量标准都受到了来自反面且有力的争议,但是我们可以把其中每一个标准看作是仅在一个侧面对行为评估,可以把这些标准放在一起,从多个侧面对行为进行整体评估,从而达到更有效率和更有准确度的评估。应该注意到,大多数社会往往对精神障碍的行为有着大体相同的分类。马厄(Maher)对此的总结指出,我们可以从以下四个方面全面衡量和评价精神障碍:

(1)对自己无益,而且伤害到自己或他人的行为。
(2)现实适应不良。例如,深信别人没有的信仰,感觉到别人无法感知的东西。
(3)情绪反应和个人的情况不相称。
(4)古怪的行为。行为变换没有规律且难以预料。

尽管如此,要评判一个人是否是心理非常态,往往需要慎重和仔细,需要从多个方面去考量,尤其是对个体产生重大影响的事情,比如司法、就业和升学等。

如何区别正常行为与异常行为,是心理学的基本问题。对行为异常的界定在决定一个人是否被诊断为心理疾病中起着关键作用。很明显,即便是考虑到所述各个标准(实际上不太可能),甚至是对于专门从事异常行为研究的专家来说,正常和异常行为的界定都是模棱两可的。因此,我们最好将正常和异常行为看作一个连续统一体,而不是将其截然分开。正常或称为"有效的心理机能"位于一端,表示心理疾病的异常行为则位于另一端。

当然,我们了解异常行为中非病态的方面,并不意在否认病态与心理障碍的存在。相反,准确地理解异常行为,为其提供专有名称及分类,正是为了更好地对病态行为或心理障碍进行诊断与干预。

所以即使精确定义是困难的,我们还是在此宽泛地将异常行为定义为导致个体苦恼且阻碍其正常生活的行为。

三、心理健康标准

由于社会、文化、风俗等方面的差异,在不同的国家和地区,心理健康的标准存在着差异。到当前为止，综合已有研究，心理健康一般包含以下几个方面的标准：

（一）智力正常

智力正常是人正常生活、学习、工作最基本的心理条件，是心理健康的首要标准。世界卫生组织（WHO）提出的国际疾病分类体系把智力发育不全或阻滞视为一种心理障碍和变态行为。

（二）情绪适中，心境良好

心理健康者能经常保持愉快、开朗、自信、满足的心理，善于从生活中寻求乐趣，对生活充满希望。人有喜怒哀乐不同的情绪体验，不愉快的情绪必须释放，达到心理上的平衡。

（三）意志品质健全

健康的意志品质有如下特点：目的明确合理，自觉性高；善于分析情况，意志果断；意志坚忍，有毅力，心理承受能力强；自制力好，既有实现目标的坚定性，又能克制干扰目标实现的愿望、动机、情绪和行为，不放纵任性。

（四）人格稳定协调

心理健康的人能保持人格的完整与统一；思想与行为统一协调，表里如一；能够真实体验一切存在的情绪或态度，而不是歪曲或掩饰，行为前后一致；对事物的认识不绝对化，能辩证地看待周围的事物。

（五）自我意识正确

心理健康的人了解自己的优点和缺点，了解自己的能力、性格、爱好和情绪的特点，根据自己的特点制定生活目标，自我期待切合实际。此外，心理健康的人还能以喜悦的心情接纳自我，总是努力发展自身的潜能，肯定自己；对于自己无法弥补的缺陷，也能泰然处之，能修正自我、完善自我。

（六）人际关系和谐

人际关系和谐是心理健康的重要标准，也是维持心理健康的重要条件之一。心理健康的人乐于与人交往，既有稳定而广泛的人际关系，又有知己的朋友；在交往中保持独立而完整的人格，有自知之明，不卑不亢；能客观评价别人，以人之长补己之短，宽以待人，友好相处，乐于助人；交往中积极态度多于消极态度。

（七）社会适应良好

心理健康的人能与社会保持良好的接触，认识社会，了解社会，使自己的思想、信念、目标和行动跟上时代发展的步伐，与社会的进步与发展协调一致。当自己的思想行为与社会现实出现矛盾和冲突时，能及时调节、修正自己的计划和行动，并不逃避现实、悲观失望。

（八）心理特点符合年龄特征

人的生命发展的不同年龄阶段，都有相对应的不同的心理行为表现，从而形成不同年龄阶段独特的心理行为模式。心理健康的人应具有与同年龄段大多数人相符的心理行为特征。

四、学生心理健康的影响因素

中小学生作为一种特殊的社会群体,正处于生理、心理迅速发育的关键时期,容易出现各种心理健康问题。近年来,越来越多的中小学生出现不同程度的心理问题,为了让这一特殊群体达到一个良好的心理状态,提高心理健康教育的实效性,我们必须要先了解影响学生心理健康的因素,只有了解了这些因素,才能进行有针对性的调控与解决,才能更好地促进学生心理健康的发展。

(一)生理因素

从个体成长发育的过程看,对心理健康会产生直接或间接影响作用的生理因素主要有以下几方面:

1. 遗传因素

学生的某些心理问题的形成,与遗传因素有直接联系,这主要是指受父母遗传基因的影响而导致的身心发展异常。如多动症、癔症、精神分裂等精神障碍都和遗传因素有密切关系。

2. 孕期卫生

母亲在怀孕期间的各种不良情况都会对胎儿发育产生重要的影响,从而影响其心理功能的正常发展。比如,孕期营养不良会导致儿童智力低下;孕期患病及服用药物都会影响胎儿正常发育,导致儿童某些方面心理功能的异常;孕期的母亲的情绪状态对胎儿的心理健康有重要影响。另外,母亲分娩异常如早产、难产、窒息等情况,也都会导致儿童脑组织损伤,从而影响其心理功能的正常发展。

3. 生理疾病和脑外伤及毒品

儿童时期曾经患过的某些传染性疾病,如脑炎、脑膜炎、肺炎、病毒性感冒等,都会对脑神经组织造成严重伤害,从而引起某些心理障碍。脑外伤是指由于外部机械力作用对脑组织造成的伤害,如脑震荡、脑挫伤、脑裂伤、脑水肿、颅内出血等症状,都会造成脑功能的破坏,导致癫痫、痴呆等严重后果。此外,各种药品、毒品、工业化学物质等造成的中毒,都会对人的中枢神经系统造成直接的伤害,严重影响大脑的正常功能,导致各种心理障碍。

4. 内分泌异常

某些重要的内分泌腺体,如脑垂体、甲状腺、肾上腺、性腺等的分泌失调,也会引起一些心理功能的异常。如甲状腺素缺少会导致智力迟钝、记忆减退、语言迟缓、情绪淡薄等心理障碍,而分泌量过多也会导致神经过敏、情绪激动等症状。

(二)心理因素

影响学生心理健康水平的最根本原因是他们各项心理素质的发展状况。

1. 个体需要的满足程度

人的一切活动都是建立在某种需要的基础上,并受其需要发展水平的影响。这种影响作用主要表现在:合理需要的满足是个性充分发展的先决条件。正如生理需要的满足是个体维持生命所必需的基本条件一样,社会性和精神性需要的满足也是心理健康发展的基本条件。特别是社会交往和自我实现等高层次需要的满足,更是心理健康发展的必要条件。如果满足不充分,可能导致动机缺乏、情绪失调、反应异常、性格偏离等问题。当然,需要的满足并不是越充分越好,有些需要的过度满足也会导致心理发展出现问题。

2. 心理发展中冲突现象

青少年时期心理发展过程中出现矛盾与冲突是十分普遍的现象,这个时期也是心理矛盾冲突最为集中、激烈的时期。在某些情况下,有些矛盾和冲突还是心理发展的重要动力。但是,当出现依靠自身的力量已无法协调和处理的心理矛盾与冲突时,就可能导致某些心理问题和心理障碍。

3. 挫折与压力

在心理学里把因为各种干扰和影响而使得目标不能实现、需要不能得到满足的情境叫作挫折情境。人们遭受挫折后所产生的消极的情绪体验叫挫折感,也叫心理挫折。心理挫折是需求不遂的结果,是导致心理压力、引起消极情绪体验的重要原因之一。遭受挫折后的学生可能出现继续努力、调整期望值、改变目标、升华行为,也可能出现攻击行为、退化行为、退缩行为、固执行为等,而后一种表现的反应常会成为某些问题行为的直接原因。

压力则是因外部环境的影响而导致的那种紧张、焦虑感以及在此基础上所产生的应激反应状态。一般情况下,在感到有心理压力时,都会引起一些与平时不同的身心反应。比如在感到紧张、焦虑的同时,还会出现心跳加快、血压升高、反应速度加快、活动效率提高等表现,这就是所谓的"应激反应"。在很多情况下,这种压力可以成为个体发展的动力。但是,在压力过大或个体适应能力偏低时,压力也会成为导致心理障碍或疾病的原因。

(三)家庭环境因素

国内外大量研究表明,良好的家庭环境是维护中小学生健全心理的基础。虽然随着孩子年龄的增长,家庭的影响在减弱,但是幼年或童年在家庭中所受到的影响却是一生都无法消除的。通常情况下,家庭内部成员关系和睦融洽,孩子性格开朗乐观,适应环境的能力会更强。而不良家庭环境因素容易造成家庭成员的心理行为异常。对心理健康影响较大的家庭环境因素可以归纳为以下几个方面。

1. 家庭解体

家庭解体是指因夫妻离异或一方去世而导致的家庭结构的不完整。对儿童或青少年来说,一个完整的家庭是满足自己生存和发展需要的最基本的条件。在一个不完整的家庭中,孩子很难享有充分的父爱和母爱,这种基本心理需要的欠缺,极易使儿童在心理发展上形成明显的障碍。苏联调查发现,54.7%的违法犯罪少年不是缺父就是缺母;日本的调查也表明,青少年违法犯罪中父母离丧的比例为50%。这些情况说明,家庭的完整性对孩子的心理健康发展具有重要的影响作用。

2. 家庭关系紧张

家庭关系紧张主要指夫妻关系紧张。由于夫妻关系紧张而造成的恶劣的家庭气氛,常常会成为妨碍孩子健康发展的最重要的原因之一。家庭环境和家庭中父母间紧张的冲突关系会成为孩子心理创伤的背景。这种心理创伤,使孩子的性格带有一系列消极特点,并且还可能导致孩子在神经-心理上的某些病态。在夫妇间经常发生矛盾冲突的情况下,孩子从与家人相处中得到的只是反面经验,他总是看到并感到父母之间那种互相敌视的、冷漠的、不和睦的关系,他会变得不相信人与人之间能够存在友好的亲切的关系。他会过早地对人与人之间的一切关系感到悲观失望,因而也就不会去吸取同他人共事与合作的正面经验。这一切,对孩子的人格发展都会造成极大的负面影响,有时甚至是伴随终生的影响。

3. 家庭教育方式不当

在影响孩子心理健康状态的因素中,最主要的是家长的教育态度与方式的不当。如家长的过分严厉,要求过高,甚至简单粗暴,经常打骂,对孩子歧视、忽略、冷漠,要求不一致,缺乏理解与沟通,经常贬低、挫伤孩子的自尊心等。这些错误的教育方式带给孩子的除了过大的压力和精神负担以外,还有一系列因基本的心理需要无法满足而产生的消极情绪,如烦恼、焦躁、恐惧、压抑等。这些消极的情绪如果长期不能排解,就可能导致各种精神疾病。另外,家长对学生心理健康的影响除了通过"言传",即口头教育外,更重要的是通过"身教",即通过儿童模仿的心理机制发生作用。一般来说,家长通常都具有作为模仿榜样的全部特点,正在成长中的青少年正是按照这些榜样来检验和调整自我意识和行为倾向的。美国心理学家班杜拉和麦克唐纳也通过实验证明,儿童社会行为的成熟模式的学习受儿童可引的榜样的影响多于强化方面的影响,换言之,儿童更倾向于注意成人做什么而不注意成人在说什么。因此,作为家庭中权威人物的家长能够给孩子提供什么样的榜样,会直接影响孩子的心理健康。

(四)学校因素

学校是中小学生学习、生活的主要场所,因此,学校生活对中小学生的身心健康影响很大。影响的主要因素有以下几方面。

1. 压力与负担过重

虽然国家在减负方面尽了很大的努力,但是来自社会、学校、老师和家长的全部压力依然让学生不堪重负。在这样的重压下,一些学生不可避免地出现了种种心理问题与障碍:过度紧张、焦虑以及因过度焦虑引起的头痛、失眠、食欲不振等生理上的不适反应;对考试的极度厌烦和对考试结果的过分担忧;因过度紧张而导致的暂时性遗忘;因长时间的压抑而产生的极度烦躁与冲动;因对考试缺乏信心而对考试产生强烈的恐惧感并因此表现出的逃避行为。

2. 教师错误的教育方式与方法

当今的教师队伍中存在少数教师自身素质不高的现状,他们在教育观念和教育行为上存在一定的偏差,对学生的健康发展会造成直接的不良影响。如部分教师不能用平等的态度对待学生,过分看重分数而忽略其他,与学生交往时居高临下,专制武断,不尊重学生的人格,个别教师教育方式方法简单生硬,变相体罚的方法仍然存在。还有一些教师存在着心理不够健康的表现,如过于情绪化,对学生的态度极易受自己情绪的影响,缺乏应有的自制力,这种消极的和不稳定的情绪常常是造成部分学生某些心理问题与心理障碍的原因。

3. 班集体中不良环境与风气

班级是学生在学校中学习和生活的重要场所,由班级成员组成的班集体也是学生完成社会化过程的重要条件。如果班级中存在某些不利于学生发展的因素,将会对学生产生深刻而持久的消极影响。在学校里比较常见的问题主要有以下这些：一是管理混乱，班级中缺乏严明的纪律和良好的学习风气，容易使多数愿意学习的学生感到失望和反感，长此以往便可能形成焦虑感和对学校的不满情绪；二是部分学生在班级中地位偏低，一些学生在班级中长期受忽视或排斥，容易形成严重的自卑心理、敌对情绪和逃避倾向，可能导致交往障碍及同学关系紧张等；三是班级中存在不健康的小群体和严重的欺负行为，这样很可能使部分学生产生紧张、恐惧等不良情绪，导致进一步的混乱。而到最后，不论是欺负人的学生还是被欺负的学生，都会形成一些不良的性格特征，如蛮横、霸道、怯懦、虚伪等。

（五）社会因素

任何一个人的成长和发展都是在一定社会生活环境中进行的，所以中小学生心理发展水平和心理健康状况必然要受到所在社会生活环境的影响。社会环境对中小学生的影响有广泛性、复杂性和持久性。特别在当前，人与人之间的交往日益广泛，各种社会传媒的作用越来越大，生活紧张事件增多，矛盾、冲突、竞争加剧。所有这些现象都会加重中小学生的心理负担和内心矛盾，影响身心健康。

1. 社会政治、经济生活环境

在社会生活中，人们不同的政治、经济地位往往会对他们的价值观念、需要结构、交往方式和生活态度等方面产生重要的影响。尤其是在社会转折时期，社会竞争加剧、收入差距拉大、社会变革频繁、不稳定因素增多（如下岗、离异）、生活压力增大等原因，会造成人们精神压力更大，挫折感增多，不平衡心态比较普遍，使得人与人之间的信任感、安全感水平下降，这一切都增加了人们的焦虑感，可能成为导致中小学生情绪不稳定的因素。

2. 大众传媒与社会风气

大众传媒与社会风气对青少年的成长起着不可忽略的作用。除了其正面、积极的作用外，其负面的如传媒中一些暴力、色情、享乐主义、金钱至上等内容的传播、渲染，对儿童、青少年的心理行为和价值观的发展会产生许多不良影响。此外，近年来随着计算机网络的普及，越来越多的中小学生沉溺于网络，已成为引人注目的社会现象，这些现象所引发的心理问题也越来越多地引起了各界的关注。

3. 社区环境

社区环境对中小学生具有不可忽视的作用。社区环境主要包括自然环境和社会环境。自然环境中的建筑物、道路、空气、光线、音响、绿化等因素对人的心理状态有重要的影响。比如城市中的高楼林立、杂乱无章、空气污染等因素，会对人的感觉造成多方面的不良刺激，使人容易疲乏，注意力不集中，心情容易烦躁。社会环境中人口密集导致的交通拥挤、住房紧张、人际冲突加剧、生活压力过大等问题，也会成为中小学生的心理疾病增加的刺激源。

第二节　学生常见的心理问题

近些年来发现，中小学生的心理问题日渐突出，已经影响到学生的全面发展。据新华社报道:"近年来,我国中小学生心理病患发病率呈直线上升趋势。目前35%的中学生具有心理异常表现。存在明显心理问题的学生,小学生占10%,初中生占15%,高中占20%。"由此,可以看出当前我国中小学生的心理健康状况不容乐观。中小学生群体中常见的心理问题有以下几种:

一、多动症

多动症也称"儿童多动综合征",是一种以行为障碍为特征的儿童综合征,多在7岁时就有异常表现。多动症儿童行为的主要特征有:

(1)活动过多。这种儿童的多动与一般儿童的好动不同的是,他们的活动是杂乱的,缺乏组织性和目的性的。

(2)注意力不集中。不能专注于一种活动,不能坐定看一会儿电视,做作业做了一会儿又去干别的,做事经常有头无尾,丢三落四。

(3)冲动行为。经常未经考虑就行动,比如在做集体游戏时,难以耐心等待。又如有时突然喊叫,袭击别人。多动症可能有先天体质上的原因,也可能是不安环境引起精神高度紧张的结果。

(4)学习困难。主要表现为学习成绩低下。多动症患儿智力是正常或基本正常的。学习困难的原因与注意力不集中、多动有关。出现学习困难的时间,决定于智力水平及多动症的轻重程度。智力水平中下的严重多动症患儿在学龄早期就可能出现学习困难。智力水平较高、多动症状较轻的,可能在初中阶段才出现学习困难。

二、焦虑症

焦虑症是指以与客观威胁不相适合的焦虑反应为特征的神经症,是由紧张、不安、焦急、忧虑、恐惧等交织而成的一种情绪状态。学生中常见的焦虑反应是考试焦虑。其表现是随着考试临近,心情极度紧张;考试时不能集中注意,知觉范围变窄,思维刻板,出现慌乱,无法发挥正常水平。考试后又持久地不能松弛下来。

学生焦虑症状产生的原因往往与个体的早期经验、个性特点和自我期望过高等有关。学校的统考以及升学的持久的、过度的压力,使学生缺乏内在的自尊心和价值感;家长对子女过高的期望;学生个人过分地争强好胜,学业上多次失败的体验;某些人具有容易诱发焦虑反应的人格基础等,都是考试焦虑产生的原因。

采用肌肉放松、系统脱敏方法,运用自助性认知矫正程序,指导学生在考试中使用正向的自我对话,如"我能应付这个考试,成绩并不重要,学会才是重要的"、"无论考试的结果如何,都将不会是最后一次",对于缓解学生的考试焦虑都有较好的效果。

【真题解析】

小燕近期非常苦闷,一提到学习就心烦意乱焦躁不安,对老师有抵触情绪,成绩也明显下降。小燕存在的心理问题是(　　)。

A.焦虑症　　　　B.神经衰弱症　　　　C.强迫症　　　　D.抑郁症

解析:本题答案是A。

三、学习困难综合征

对学习困难,美国国家卫生研究院(NIH)定义是:学习困难是归因于神经系统造成的,特征是辨认字的正确性及流畅度有困难,以及无法拼写,语言的拼音组成有困难。我们所讲的"学习困难"通常是指智力基本正常的学龄期儿童学业成绩明显落后的一类综合征。一般是指有适当学习机会的学龄期儿童,由于环境、心理和素质等方面的问题,致使学习技能的获得或发展出现障碍。表现为经常性的学业成绩不良或因此而留级。狭义的学习困难儿童一般无智力缺陷,智商(IQ)在70分以上。

(一)暂时性学习困难

这类学生能力和个性特征没有偏差。他们中的有些人在参加课堂活动时缺乏积极、紧张的思维,缺乏主动、兴奋的情感投入,没有这样一种积极的心理活动就很难对学习的知识内容进行有效的加工。有些学生因一时没有掌握某些章节的知识内容造成阶段性的学习困难。有些学生则因受到外界突发事件影响(如父母闹离婚、生病、早恋、与同学关系紧张等)而情绪受到严重干扰,学习分心。针对暂时性学习困难的多种起因,教师需做进一步的分析,根据其不同特点及时采取不同的措施。相对地说,这类学生的学习困难程度较轻,工作做得及时比较容易转变,如果错失时机,会使这些学生的学习困难继续加重,从而成为稳定性学习困难。

(二)能力性学习困难

能力差是这类学生在学习上的主要障碍。由于他们对基础知识、基本技能的掌握较差,特别表现在语文、数学、外语等基础课的学习上,由此对其他学科的学习也普遍感到吃力和困难。

(三)动力性学习困难

这类学生的学习态度不够端正,缺乏学习动力,因此学习积极性不高,不能充分发挥主观能动性。正因为如此,他们在学习遇到困难时易丧失信心和勇气,往往选择退缩、逃避。据有关调查统计,这类学生占学习困难学生总数的58%。

(四)整体性学习困难

这类学生的学习困难的原因是多方面的,包括学习能力差、非智力发展水平低、缺乏自信、丧失学习的愿望和兴趣,以及生活和学习环境改变而不适应等。

四、强迫症

强迫症即强迫性神经症,是一种神经官能症,属焦虑症的一种。强迫症的特点是有意识的自我强迫和反强迫并存,两者强烈冲突使个体感到焦虑和痛苦,包括强迫观念和强迫行为。强迫观念指当事人身不由己地思考他不想考虑的事情,强迫行为指当事人反复去做他不希望执行的动作,如果不这样想不这样做,他就会感到极端焦虑。强迫洗手、强迫计数、反复检查(门是否锁)、强迫性仪式动作是生活中常见的强迫症状。大多数人都有过强迫症状,但只有当它干扰了我们的正常适应时,才是神经症的表现。

【真题解析】
强迫症包括强迫观念和(　　)。
A.怪异观念　　　　B.强迫行为　　　　C.强迫洗手　　　　D.强迫恐惧
解析:本题答案是 B。

对于强迫症的产生有各种解释:
(1)社会心理原因。包括学习过度紧张、家庭要求过于严格、学习困难、人际关系不良。比如,成人禁止子女表达负面的情感,是子女产生强迫症状的十分有代表性的背景特征。
(2)个人原因。有人认为,强迫观念与强迫动作是我们无意识地防止具有威胁性的冲动进入意识的一种替代方式,一个忙于强迫性仪式动作的人,一个脑中充满了琐碎强迫观念的人,必然没有机会思考那些具有威胁性的事件与观念。另外,患有强迫症的人大多追求完美,过分认真,严格遵守各种规章制度。他们往往表现出注重细节、胆小怕事、优柔寡断、偏执刻板、过于多虑、有强烈的道德观念等人格特点。他们的体验往往倾向内部,总是从自己的内心体验中寻找答案,而不愿太多地观察事实。凡遇到困难和问题,就趋向于自我解决,自卑也是强迫症患者个性中普遍存在的。

治疗强迫症可采用森田疗法。该理论认为,要治疗强迫症状,应该放弃对强迫观念做无用的控制的意图,而应采取"忍受痛苦,顺其自然"的态度。另一种治疗的有效方法是"暴露与阻止反应",主要用于控制其刻板行为。

五、抑郁症

抑郁症是以持久的心境低落为特征的神经症。个体过度的抑郁反应常伴有严重的焦虑感。抑郁症的主要表现有:情绪消极,悲伤、淡漠,失去满足感与生活乐趣;认识消极,低自尊、无能感,多从消极面看事物,对未来缺乏期望;动机缺失,做事被动,缺少热情;躯体易疲劳、失眠、食欲不振等。

对抑郁症的产生原因,不同理论有不同解释。行为主义学派认为,抑郁症是由多次不愉快的经历和生活中缺乏积极强化造成的。认知学派则认为,抑郁源自自我贬低的个体思维模式或对他们自身、周围环境和未来都产生的消极看法。此外,抑郁症也与个体过强的成就需要有关。由于个体对成功抱有过高的期望,一旦遭遇失败无法面对时,就会感到绝望、破灭,进而产生抑郁。

治疗抑郁症主要是通过情感的支持和鼓励来进行,以坚定而温和的态度激励学生做一些力所能及的事情,让其积极行动起来。也可以采用认知行为疗法,改变学生习惯的自我贬低的思维方式,发展对自身更为积极的看法。

六、恐惧症

恐惧症是对特定的无实在危害的事物与场景的非理性惧怕。根据恐惧的对象不同,可分为社交恐惧症、物体恐惧症、处境恐惧症等。社交恐惧症表现为:对自己在公共场合出现情绪紧张、脸红等症状感到焦虑;不能正视别人的视线,否则就感到非常难堪,以致使谈话无法集中精力去完成;担心自己的面部表情会引起别人的反感,并且对此惶恐不安;回避与人接触,厌恶一切与人交往的活动。物体恐惧症表现为:动物恐惧,如恐惧多毛的动物;恐惧尖锐的物体,如剪刀;见血恐惧,看到血会产生昏厥等。处境恐惧症表现为:广场恐惧,是指对人多拥挤的地方产生的恐惧;人群聚集恐惧;登高临渊恐惧,害怕站在高处往下看等。

【真题解析】

恐惧症是对特定的无实在危害的事物与场景的( )。

A.理性的惧怕　　B.原因不明的惧怕　　C.非理性的惧怕　　D.持久性的惧怕

解析:本题答案是 C。

对恐惧症产生的原因,各学派的解释不尽相同。精神分析学派认为,恐惧症是焦虑的转移,即个人将焦虑转移到不太危险的事物上,以避免对焦虑来源的忧虑。行为主义学派认为,恐惧是习得的,源于亲历过的直接经验或观察他人发生的替代学习等。认知学派则认为恐惧症是源于个体对某些事物或情境的危险做了不符现实的评估。

治疗恐惧症可采用情景疗法,即让学生在一个假想的空间里,不断模拟发生恐惧的场景,不断练习重复发生症状的情节,不断鼓励学生面对这种场面,让学生从假想中适应这种产生焦虑紧张的环境。还可以采用认知疗法,通过不断告诉学生产生的恐惧是非正常的,让学生掌握正确的应对方法。

七、厌学症

我国普及九年制义务教育,每个孩子都有受教育的权利,国家也投入了大量的人力、物力和财力,目的无非是想要提高我们国家的国民素质。但是,在学校,我们会看到有些孩子对学习非常厌恶、反感。厌学这种由于人为因素所造成的儿童情绪上的失调状态已成为阻碍学生身心健康发展的重要问题。近年来,家庭、学校和社会环境中多种不良因素的影响,使得学生的厌学情绪有所增长。儿童厌学症作为一种社会病理心理状态的产物,已越来越引起人们的关注。

从心理学角度讲,厌学症是指学生消极对待学习活动的行为反应模式,主要表现为学生对学习认识存在偏差,情感上消极地对待学习,行为上主动远离学习。厌学的儿童对学习有一种说不出来的苦闷感,一提到学习就心烦意乱,焦躁不安。他们对教师或家长有抵触情绪,学习成绩不好,有的还兼有品德问题。儿童厌学情绪严重或受到一定诱因影响时,往往会发生旷课、逃学或辍学现象。

儿童厌学症既然是一种社会病理心理状态的产物,就必须采用教育治疗、家庭治疗和社会治疗的方法予以矫正。

【真题解析】

下面不属于厌学症的表现的是( )。

A.积极预习学习内容　　　　B.逃避学习情境

C.缺乏学习意志　　　　　　D.学习无目标,无计划

解析:本题答案是 A。

八、网络成瘾

网络成瘾,是指个体过度地使用网络而导致明显的社会功能和心理能力受损的现象。其主要特征是:网络过度使用者的思维、情感和行为都被网上活动所控制,上网成为其主要活动,在无法上网时会体验到强烈的渴望;情绪改变,如果停止使用可能会产生激愤、焦躁和紧张等情绪体验;必须逐渐增加上网时间和投入程度,才能获得以前曾有的满足感;网络过度使用行为会导致网络过度使用者与周围环境的冲突和其他活动的冲突,如影响学习、工作、社会活动和其他爱好等;网络过度使用者内心对成瘾行为呈现矛盾心态,能意识到过度上网的危害但又不愿放弃上网带来的各种精神满足。

网络成瘾的原因受人格特点、精神病理因素、网络使用动机和家庭环境关系等多种因素的影响。针对网络成瘾,可以对其实施行为疗法,控制上网次数和时间,养成良好的上网习惯。也可以采用认知疗法,针对网络成瘾问题本身和背后的问题,与其进行谈话沟通,探讨如何正确使用网络,使其认识到过度使用网络的危害,从而加强自我控制。还可以通过调整其人际关系,营造良好的家庭氛围和学习生活氛围,为矫正网络成瘾提供良好的外部条件。

第三节 心理健康辅导的内容及目标

青少年正处于身心发展的重要时期,各种心理素质仍处于不断变化发展当中,世界观、人生观、价值观等尚未定型,具有极强的可变性和可塑性。积极有效的心理健康辅导能够引导青少年朝着健康积极的方向发展,形成良好的心理素质,提高心理健康素养。

心理健康辅导是指在一种新型建设性的人际关系中,学校辅导教师运用其专业知识和技能,给学生以合乎其需要的协助与服务,帮助学生正确地认识自己,认识环境,克服成长中的障碍,增强与维持心理健康,形成良好的心理素质,以使其在学习、工作与人际关系各个方面做出良好适应。

一、心理健康辅导的目标

学校心理辅导的目标与学校教育目标是一致的,心理辅导目标的重点是:帮助学生认识自己、接纳自己、管理自己,帮助学生解决面临的问题,应付危机,摆脱困难,并增强应对逆境与压力的能力和勇气;使学生能去除不良习惯,改善行为,化解负面思想与情感,指导学生做选择、做决策,制定行动计划;鼓励学生通过自己探索寻求生活意义,认清自己内在潜力与资源,充分发挥个人潜能,使其能过健康的、有意义的、充实的生活。

心理辅导的总目标是促进学生的全面发展和健康成长。它包括两个方面:一是帮助学生学会调适;二是帮助学生寻求发展。这两个目标中,学会调适是基本目标,以此为主要目标进行的心理辅导可称为调适性辅导;寻求发展是高级目标,以此为主要目标的心理辅导可称为发展性辅导。

【真题解析】

心理辅导的一般目标可以归纳为两个方面,第一是_____,包括调节与适应。第二是寻求发展。

解析:本题答案为"学会调适"。

调适性辅导包括调整与适应。"调整"处理的是个人内部精神生活的各方面及其相互关系,调整的重点是人的内心体验。学会调整就是学会正确对待自己,接纳自己,化解冲突情绪,确立合适的志向水平,保持个人精神生活的内部和谐。"适应"处理的是人与周围环境的关系问题,调整的重点是人的行为。学会适应就是要矫治错误的行为,养成正确的适应行为,使行为符合社会规范;就是要消除人际交往障碍,提高人际交往的质量。

发展性心理辅导追求的是为学生的终身发展打基础,其基本宗旨是培育学生的现代人格。对于个体而言,每个人都有潜能,只是大小不同而已。每个人的智慧和才能水平都有两个状态,一是潜在的状态,这就是我们所说的潜能;二是实际表现状态。潜在状态不等于实际表现状态,在这两个状态之间存在一个空间,类似于维果斯基的"最近发展区"。所以,在我们现在的生活中常听到的开发潜能,就是要让学生实际表现得接近或达到他潜在的能力水平。因此,发展性心理辅导的目标是健全人格、开发潜能。两者之间不是相互割裂的,而是密切联系的。

(1)好奇心、求知欲是学生潜能开发的前提。潜能的开发需要创造激情和冲动。没有这种激情和冲动,就不可能使人达到潜能的激发状态。而创造的激情和冲动首先来源于对事物的好奇心和求知欲。比如我们熟知的达尔文,如果他没有好奇心和求知欲,可能只是个有一堆学校失败记录的平庸之辈,更不可能创立闻名于世的生物进化论。因此,如果教育是以儿童的成长为出发点,就应该处处启发、保护孩子对事物、知识的好奇。不幸的是,我们的教育常把孩子推向另一个方向,把儿童的大脑看作填充东西的容器,无视他们的需求和天性,一味灌输,致使孩子头脑里的知识装得越多,求知欲、探究欲越少,对学习的兴趣也越少。

(2)积极自我信念是学生潜能开发的保证。自我效能对于人的潜能开发意义重大,这一结论已得到了许多研究的支持,即在同等智力条件下,自我效能决定个体成就表现的高低。高自我效能对维持人的持久性有明显的作用,这是因为在一定的任务情境中,我们做多大的努力,能够坚持多少时间,以及当预期某一情境时,我们的情感反应是各不相同的。显然,学生对自己的能力感到有信心,才能具有坚持性和意志力,这些积极的人格因素是学生潜能开发的保证。

二、心理健康辅导的基本原则

心理健康辅导在学校的实践过程中往往以课程的形式展开,常常容易与其他学科教学活动相混淆。为了做好心理辅导工作,从而真正达到促进学生心理健康的目标,必须遵循以下几项基本原则:

(一)面向全体学生原则

从本质上看,心理辅导是学校日常教育教学活动的有力的配合与合理的补充,因此应面向全体学生。当教师对全体学生辅导工作做得有成效时,个别学生的问题便较少发生,或更易于解决。面向全体学生原则要求教师在制定心理辅导计划时,要着眼于全体学生;确定心理辅导活动的内容时,要考虑大多数学生的共同需要与普遍存在的问题;组织团体辅导时,要创造条件,让尽可能多的学生参与,特别要给那些内向、沉静、腼腆、害羞、表达能力差、不大引人注目的学生提供参与和表现的机会,培养他们参加集体活动的兴趣,从集体活动中陶冶情操,减少问题的发生。

(二)预防与发展相结合原则

学校心理辅导兼有矫治、预防和发展三个层次。矫治,是矫治学生不适应的行为,帮助学生排除或化解持续的心理紧张或情感冲突;预防,则是帮助学生掌握有关知识和技能,学会人际交往,学习自主地应付由挫折、冲突、压力、紧张等带来的种种心理困扰,减轻痛苦、不适的体验,保持正常的生活秩序与学习效率;发展,是指导学生树立有价值的学习与生活目标,认清自身的潜力和可利用的资源,承担生活责任,发挥个人潜能,使生活过得健康、充实、有意义。其实,就整体而言,应该是预防、发展重于矫治。因为任何严重的心理疾患与行为偏差的产生都有一个发展过程。青少年学生在学会适应社会和谋求自我发展的过程中,会遇到失败和挫折,往往会经历心理困扰而不能解脱,从而陷入危机。此时,采取及时而恰当的心理辅导措施,可以帮助当事人脱离困境,扬起生活的风帆,使其回到正常的生活轨道上来。这比起等到当事人已经有了严重的心理疾患再来治疗要有效得多,省事得多,解决问题也要彻底得多。在预防的同时,还要追求发展,将预防与发展结合起来。

贯彻这一原则时我们应注意到:(1)心理辅导工作应采取主动态度,宜未雨绸缪,注意防微杜渐。平时应针对正常学生主动开展各种适合其年龄特点的认知性、情感性、行为训练性质的辅导活动,以提供一些对学生成长有益的经验,增强其应付变化的能力。因此,建立学生的心理辅导档案是很有必要的。(2)对于那些社会处理不利的学生、生活发生了重大变故的学生、自我期望偏高而又屡遭挫折的学生更应及早发现征兆,实行早期干预。(3)学校心理辅导要及早开展,趁学生心理未定型之时,可塑性强,只要给予短期的关怀和辅导,便会有显著的改善。

(三)尊重与理解学生原则

尊重与理解是教师在心理辅导过程中正确对待学生的态度以及师生关系方面应该遵循的基本原则。尊重,就是尊重学生的人格与尊严,尊重每个学生存在的权利,承认他是不同于其他人的独立的个体,承认他与老师、与其他人在人格上具有平等的地位;理解,则要求教师以平等的态度,按学生的所思所想、所作所为、所感受的本来面目去了解学生。建立平等尊重的咨访、接谈关系,是心理辅导能否取得成效的前提和基础。首先,要尊重来访学生的人格和身份,形成良好的信任和依赖关系,这是取得圆满咨询结果的重要保证。其次,要理解角色差异,善于换位思考。对学生进行心理辅导,要出自真诚的理解,体现老师对学生的爱心和人文关怀,做到一视同仁,人格平等。

贯彻这一原则应注意以下几点：

(1)尊重学生个人的尊严，以平等的、民主的态度对待学生。

(2)尊重学生的选择。辅导老师应承认每个学生是自主的，具有抉择的能力和做决定的权利，具有选择目标的自由。

(3)运用同感的态度和技术加深对受辅学生的理解。在与学生谈话中，教师不但要理解学生明确表达出的思想和感受，而且要觉察出学生故意回避或以隐喻形式透露出来的深层含义，并把这种理解反馈给学生，使学生感受到教师对他的尊重、理解和接纳，从而抛开心理上的防范，对自己的内心世界做自由、深入的探索。

(四)学生主体性原则

教师在心理辅导中要尊重学生的主体地位，充分发挥学生的主体作用。这是因为：第一，心理辅导的基本功能是促进学生成长与发展，而成长与发展从根本上说是一种自觉的和主动的过程。如果学生缺乏主动精神，缺乏受辅动机，教师强行对他们进行辅导，则这种辅导必定会由于学生的抗拒、冷漠和敌意而毫无效果。第二，心理辅导是一种助人自助的过程。"助人"只是手段，让学生自助才是目的。第三，青少年期是学生自我意识、独立倾向快速发展的时期。处于这一时期的学生，渴望通过自己的独立思考与主动探索解决面临的问题，检验个人影响环境和控制自己的能力。因此，主体性原则对青少年学生的辅导具有特殊的意义。

贯彻学生主体性原则应考虑以下几个方面：

(1)学校开设心理辅导活动课要以学生需要为出发点。心理辅导不以传授系统学科知识为目的，其内容的选取与安排应充分考虑学生个体的需要，要围绕学生关心的实际问题进行。

(2)尊重学生的主体地位，鼓励学生。在活动设计中要给学生发挥想象力留有余地；在辅导过程中要鼓励学生发表看法，宣泄情感，探索解决问题的办法；在与学生沟通的过程中，作为协助者，教师应避免使用"你听我说""我告诉你"之类的命令式、灌输式的口吻，宜用鼓励性的、商量式的语气说话，如"请听听我的意见"，"如果这样你看是不是更全面一些"，等等。

(五)个别化对待原则

青少年学生是学校教育的主体，重视学生的个别差异，强调对学生的个别化对待，是学校心理辅导的又一条重要原则。

贯彻个别化对待原则，作为教师应考虑以下几点：

(1)学生的差异是实施个别化对待的基础。作为心理辅导教师，既要了解学生的共性，更要了解学生的个别性、差异性；既要了解事实性的资料，更要了解价值性的资料。

(2)不同学生区别对待。心理辅导工作具有弹性特点。心理辅导教师应充分考虑学生的年龄特征、性别特征、个性特征，灵活运用心理辅导的通用原理，找出适合每个学生的处置方法。

(3)认真做好个案研究。个案研究的对象是学生，通常是学校的特殊学生、适应不良的学生。开展个案研究，积累个案资料，有利于深入探讨个别化对待方面的经验，提高个别辅导实效。

(4)制定个别化对待的特殊目标。个别化对待的特殊目标是针对个别学生的特殊问题,根据心理辅导过程中特定的要求确定不同层次的具体目标。

(六)整体性发展原则

心理辅导追求学生人格的整体性发展。从社会价值取向看,它重视学生德、智、体几方面的全面发展;从满足学生自我完善的需求看,它注重学生知、情、意、行几方面的协调发展。心理辅导的对象是完整的活生生的人,而不是人的局部、人的智能侧面,或仅仅是人的心理障碍。

贯彻整体性发展原则,心理辅导老师应考虑以下几点:

(1)树立学生个性全面发展的观念。不论从事哪一个领域的辅导,都要关注学生人格整体的完善。即使是从事学习辅导,目标也不仅仅在于学生知识的获得,而且还要关注学生学习态度、习惯、方法的改变,以及让学生能增强学习信心,享受学习的乐趣。

(2)不宜把心理辅导课变为单纯的知识传授课。向学生传授心理卫生的知识是有益的,但心理辅导涉及学生知识、情感、态度、社会技能等方面的学习,而不仅是让学生掌握知识。因此,开展丰富多彩的活动很有必要。在引导学生参加实践活动中,学生可以品尝人生体验,感受发展的喜悦,回味奋斗的乐趣,重温父母的恩情,理解教师的关怀,领悟朋友的情谊。

三、心理健康辅导的内容

关于学生心理辅导内容的范围有很多种说法。美国的琼斯依据所要解决的学生问题的性质,将心理辅导内容的范围分成了八个方面:(1)健康与身体发展问题,如身体缺陷、缺乏活力、营养不良、体型不匀称等;(2)家庭与亲属关系问题,如父母独裁或对子女不能控制、缺乏温暖、破碎家庭、受社会谴责的家庭、与学校不合作的家庭等;(3)休闲生活问题,如缺乏运动或阅读的兴趣、缺乏休闲活动有关技艺等;(4)人格问题,如多愁善感、害羞、自卑、过分自信、过度幻想、粗心大意、缺乏同情心、与人不能相处、情绪不稳定等;(5)宗教生活问题,如宗教信仰的改变、父母强迫子女信教、科学与宗教的冲突等;(6)学校教育与生活问题,如学习缺乏计划性、学习习惯欠佳、读书不专心、厌恶学习、逃学旷课等;(7)社交与道德问题,如说谎、吸烟饮酒、不礼貌、过度从事社交活动、交友恋爱中的问题等;(8)职业问题,如缺乏职业兴趣、不知如何择业、缺乏职业准备等。这种说法涵盖了学生生活的主要方面,但是主要着眼于解决学生的心理问题与障碍,疏通人格发展上的障碍,矫治不良行为,未免有些片面。

学生心理辅导的内容可以按照不同标准分类。按照心理辅导所涉及的学生活动领域,可分为学习辅导、生活辅导、生涯辅导;按照心理辅导所涉及的心理与行为的性质,可分为情绪辅导、智能辅导、人格辅导、自我意识辅导、社交行为辅导、耐挫力辅导、性心理问题辅导等;按照心理辅导对象的人数,可分为个别辅导和团体辅导,个别辅导是针对个别学生的,团体辅导以学生团体为辅导对象;按照心理辅导的侧重点,学生心理辅导还可以分为学校生活的心理适应辅导和日常生活的心理适应辅导两种类型。

基于学校开展心理辅导的实践,并考虑到确定学生心理辅导内容的依据与原则,学生心理辅导的内容主要有学习辅导、人格辅导、生活辅导、青春期辅导、生涯辅导等几个方面。

(一)学习辅导

广义的学习辅导是对学习者学习过程中发生的各种问题(如认知技能、知识障碍、动机、情绪等)进行辅导;狭义的学习辅导是对学生经历学习挫折和困难时产生的心理困扰和行为障碍进行辅导,即辅导人员运用心理学、教育学以及心理辅导的有关理论和技术对学生在学习中发生的有关心理问题进行辅导,从而改善学习状况,提高学习成效。

学习辅导的具体内容如下。

1. 学习动机的辅导

主要是解决学习动力问题,解决"要我学"还是"我要学"的问题,包括学习兴趣、学习动机和学习态度的辅导。

2. 学习策略的辅导

包括学习方法和策略的辅导。注重学习方法的学习,指导学生在学科学习中逐步掌握阅读的方法、记笔记的方法、检验的方法,掌握集中注意的策略、理解和记忆的策略(信息的编码、存储与提取策略)、思维策略、解决问题的策略等。在此基础上,引导学生形成一套适合自己的独特学习方法和策略。

3. 学习习惯的辅导

即养成良好的学习习惯的辅导。良好的学习习惯对学习有事半功倍的效果。

4. 学习困难的辅导

即对有学习困难的学生进行的辅导,包括阅读障碍的辅导等。

5. 学习潜能的辅导

帮助学生了解自己的学习潜能,以便在学习中扬长补短,并且确立适合自己的学习目标。

6. 学习志向水平的辅导

指帮助学生确立适合于自己的学习志向水平,志向水平定得恰当,可以增加学生成功的机会。

7. 学习计划和监控的辅导

包括让学生学会独立自主地制定学习计划,选择学习内容,分清学习任务的主次,科学有效地安排学习时间,并且培养监控计划执行的能力等。

8. 考试心理辅导

包括指导学生掌握正确的复习策略及应试策略,帮助学生克服考试焦虑,做好考前的心理自我调节,消除心理上的紧张感、恐惧感,轻松地面对考试,发挥出自己的正常水平。

9. 学习能力的辅导

即学习智慧的辅导。包括培养和训练学生的观察力、记忆力、想象力、思维能力,从而更好地开发学生的智慧。

10. 学习情绪的辅导

解决学习过程中的情绪问题,也就是让学生体验到学习是一件愉快的事。一般说,如果教育教学能够为学生创设轻松的环境,让学生有成功的机会,学生就能感受到学习的愉悦。

此外,学习风格辅导、学习成败归因辅导、协助个人充实学习内涵的辅导、有效运用各种学习资源的辅导等都属于学习辅导的范围。

(二)人格辅导

人格辅导也称个性心理辅导。个性心理是一个独特、多系统、多侧面、多层次和多级发展水平的、开放性的结构系统。个性的全面发展以及个性中的优势、潜力、特点或弱点,不仅制约个体社会活动的选择性、效能性及未来发展的可能性,而且也往往是个体事业成败的决定因素。因此,人格辅导是学生心理辅导必不可少的一个内容,它的目的在于帮助和促进学生的个性得到全面和谐的发展,形成优良的个性特征。人格辅导主要包括兴趣辅导、能力辅导、性格辅导、自我意识辅导、情绪辅导、人际关系辅导以及创造性辅导等,其中最重要的是自我意识辅导、情绪辅导和人际关系辅导。

1. 自我意识辅导

自我意识辅导就是要帮助指导学生构建正确积极的自我观念,引导学生正确地认识自我,积极地悦纳自我,科学地塑造自我,使学生具有健康积极的自尊和充分的自信,并且在此基础上增强学生的自我调控能力。

2. 情绪辅导

情绪辅导就是要帮助和指导学生具有良好的主观幸福感,让学生真正体验到快乐,学会快乐地生活,快乐地学习,并且学会正确地表达自己的情绪体验,适当地调节自己的不良情绪,以积极乐观的态度和开朗豁达的心情充分地享受人生。

3. 人际关系辅导

人际关系辅导,就是要帮助和指导学生逐步构建良好的亲子关系、同伴关系和师生关系,并且学会在人际交往活动中发展自己的能力、语言、情感、社会行为和道德规范,逐步形成现代社会所要求的健康人格。良好的人际关系可以让大家互相帮助,共同进步,同时也有利于形成良好心境,提高学习与工作成效。不同的人际关系要求有不同的态度、分寸与技巧。对学生在人际交往方面的具体问题要具体分析。

(三)生活辅导

生活辅导是指依据一套系统的辅导计划,在心理辅导工作者的协助下,引导个人探究、评判并整合相关知识经验而开展的活动,主要是通过休闲辅导、消费辅导和日常生活技能辅导等,培养学生健康的生活情趣、乐观的生活态度和良好的生活技能。这对于学生将来获得幸福而充实的生活具有潜在的影响,同时对他们发展个性、增长才干、提高学习效率也具有有力的迁移作用。

生活辅导不仅是学生心理辅导的重要组成部分,也是现代学校教育的一项主要内容。让学生学会学习、学会生活、学会做人,已经成为现代教育的重要目标。通过系统地开展生活辅导,可以提升他们的个性品质,提高他们的生活与生存能力,促进他们自由全面地发展。

(四)青春期辅导

青春期是学生人生发展的必经阶段,这一阶段是青少年自我同一性与性发育发展的关键期,也是从幼稚的个体走向成熟完整的人的过渡时期。在这一时期中,个体的生理发育基本完成;心理及智力发育逐渐完善、成熟;性情绪、性情感体验逐步生成;自我个性、人生观与价值观也将基本奠定。青春期辅导就是要在这一成长的关键期理解、引导与帮助青少年,帮助他们应对种种压力与挑战。运用心理辅导的理论与技术,通过小组辅导、个别辅导、心理辅导课程、家庭心理辅导及学校综合活动等形式,使青少年形成积极的自我认识、自我接纳与自我调节,完成自我同一性发展,促进心理健康与人格的和谐发展,为青少年的健康发展与终身发展奠定良好的基础。

小学高年级学生作为刚刚迈入青春期门槛的群体,其青春期心理辅导教育在发展的过程中越来越受到重视。对于小学高年级学生来说,由于受成长环境因素影响和其他因素的干扰,学生心理过早成熟,且这个阶段由于学生的年龄偏小,对于心理和生理方面出现的问题难以理解,同时各方面的发育和心理认识问题,会导致在小学高年级学生中出现各种方面的困惑。因此,应该重视小学高年级学生的青春期心理辅导,在其问题产生前及产生后,学校、老师应该积极地从学生学习中、生活中和人际交往过程中加强教育和引导。

(五)生涯辅导

20世纪60年代前后,随着西方生涯发展理论的提出和生涯发展理论的成型,生涯辅导逐渐取代了传统的职业辅导,同时也加深传统职业辅导的理论深度,拓宽了应用广度。也正是由于生涯辅导理论的发展和实践应用,使得生涯辅导成为学校心理健康教育的一项重要内容。

生涯辅导是指运用一套系统的方法提高个人对生涯及组成要素的认知和理解,以帮助他人在生涯探索的基础上做出生涯规划,尽可能实现其理想生活方式的一种互动式教育实践活动。生涯辅导的目的在于引导个体以更加广阔的视野来审视个人的职业选择与人生发展之间的内在联系,并在此前提下对个体所拥有的各种发展资源进行评估,学会选择与规划,通过促进个体自主有序的发展来实现个人与社会之间最积极有效的互动。

生涯辅导的内容包括认识和探索自我、认识和探索职业、提升生涯规划和决策的能力,以促进学生自我同一性的确立和就业能力的发展。生涯辅导的内容是广泛的,与此相对应的中小学生生涯辅导实施途径和方法也是多样的,包括实施心理测验、开展生涯辅导活动、开设生涯发展课程、实施个别与团体辅导、建立生涯辅导资源系统。对于中小学生来说,生涯辅导就是要帮助他们在独特的能力、兴趣、价值倾向基础上,协助他们认识和理解自身特点,提升自我概念,直至发展、探索和开发潜能,人的潜能的充分开发和自我实现是生涯辅导的终极目标。

四、心理健康辅导的主要领域

心理健康辅导的主要任务在于促进学生的心理健康,提高对环境的适应能力。辅导的内容,可以按心理健康的主要方面进行划分,包括增进自我认识、自我激励和自我控制,加强人际交流和人际合作等。应该指出的是,心理健康辅导基本上是以课程的方式开展,而心理健康辅导的内容也是以课程的形式在以下几个领域中实施。

（一）认识自己

能够较好地认识自己是心理健康的重要标准之一。心理健康的人关注自己的情绪体验并能较清楚地分辨（如高兴、不快、伤心、气愤等），能对引起情绪的原因有一定的认识；能对个人的主要特点有基本的认识，包括对自己的外貌、行为习惯、性格、能力有所观察，能初步了解自己的长处与缺点，认识到每个人都有自己的长处，也允许有这样或那样的缺点。

（二）自我控制

对自己情绪上的波动和行为上的动摇有较好的调整控制能力，这对于一个人的人生具有重要意义。心理健康的人能在遇到生活中的意外、挫折、压力时保持情绪的相对稳定，较少为焦虑、忧郁等消极情绪所左右；能比较好地计划和安排自己的时间，对已经确定的任务能集中注意，坚持不懈地完成，较少因为分心、动摇等半途而废。

（三）人际交流

心理健康的人愿意与别人进行交流，能清楚地表达自己的意见和愿望，同时也能认真地倾听他人、理解他人，不会把自己封闭起来；能够尊重他人的愿望，关心他人的需要，有同情心，愿意帮助人，而不是凡事以自我为中心，一味要求别人、指使别人。

（四）人际合作

心理健康的人要善于与他人进行合作，有较好的独立意识，而不是事事依赖别人，缺乏主见；同时他也懂得与别人合作完成任务，知道互相激励、取长补短和分工配合，一起为共同的目标尽力；在与周围人发生冲突或分歧时懂得妥协，寻找彼此都能接受的解决办法。

（五）学习技能

学生的心理和行为活动的中心是学习，成功地适应学习的要求是心理健康发展的综合体现。许多心理健康辅导以提高课业学习的效能为出发点设计专题，如学习方法和学习习惯、批判性思维、创造力和想象力、注意力的训练等。其中许多内容可以在一般科目的学习中得到培养发展，但心理辅导课程侧重从行为和情绪的调控的角度帮助学生，如以考试焦虑的控制、不良学习习惯的克服等为主题。

（六）职业发展

这是在学校进行心理健康辅导的重要主题，目的在于使学生将来进入社会后能较快地适应以职业为生活重心的新的人生阶段。内容包括引导学生认识自己的兴趣和愿望，逐步明确职业方向，有目标地积累知识和发展自己的能力，直至辅导学生进行职业决策，寻找和应聘工作等。对小学生而言，当然还不可能详细地、实际地讨论未来的职业计划，但对职业方面的某些知识进行浅易的介绍，激发学生在这方面的想象，为在中学系统地进行职业发展辅导打下必要的基础，是十分有益的。

第四节　心理健康辅导的方法

当前,在中小学校开展心理健康辅导工作已成为学校的常态工作项目之一,作为一所学校的心理教育工作者或者是班主任,在工作实践当中通过心理健康方面的辅导,处理好学生出现的心理问题,也成为教师日常工作中非常重要的一部分。在对学生进行心理辅导时,不论采用何种方法,都必须以建立良好的辅导关系为前提。辅导教师与受辅导学生之间要建立起一种新型的、建设性的、具有辅导与治疗功能的人际关系。那么,针对中小学生常用的心理辅导方法有哪些呢?

一、强化法

强化法是根据斯金纳的操作条件反射原理设计出来的,目的在于通过强化(即奖励)而造成某种期望出现的良好行为的一项行为治疗技术。一般采用逐步进级的作业,并在完成作业时按情况给予奖励(即强化),以促使增加出现期望获得的良好行为的次数。

强化法建立在操作性条件作用的原理上,若一个行为得到奖赏,那么以后这个行为重复出现的频率就会增加,得不到奖赏的行为出现的次数可能会较少。强化主要分为正强化、负强化、惩罚和消退。正强化是指为了能建立一个适应性行为模式,采用奖励的办法,使这种行为模式反复出现;负强化是指当目标行为出现后,撤销厌恶刺激,以增加目标行为发生的概率;惩罚是指当目标行为出现后,呈现厌恶刺激,以减少目标行为出现的概率;消退是指消除行为之后的强化,从而降低或消除个体的某种行为反应。

(一)实施步骤

(1)辅导前,首先了解受辅导者的既往史,再确认目标行为,画出基准线。被选出的目标行为应该是能被客观地控制,可观察与评价其程度,而且能够反复进行强化。

(2)选择有效增强物。如消费性增强物、活动性增强物、操作性增强物、拥有性增强物、社会性增强物等。选择有效增强物,以期达到确实有效的强化与矫正目的。

(3)拟定辅导方案或塑造新行为方案,以期取得受辅导者的积极配合。辅导方案不但确认被辅导或塑造的行为,还应包括采用何种辅导形式和方法,确定应用何种增强物等。根据情况变化,辅导方案还可随时调整。

(4)辅导过程中,每当目标行为出现,应立即给予增强物,不能延搁时间,并向受辅导者讲清楚被强化的具体行为,使之明确今后该怎么做。

(5)一旦目标行为多次按期望的频率发生时,应当逐渐消除可见的增强物,而以社会性增强物及间歇性强化的方法继续维持,以防止出现强化物的厌烦情况。

(6)辅导程序结束之后,周期性地对该行为做出评价。

(二)注意事项

(1)应以正强化方式为主,并对完成个人目标者给予及时的物质和精神奖励(强化物),

以求充分发挥强化作用。

(2) 采用负强化(尤其是惩罚)手段要慎重。负强化应用得当会促进辅导效果的产生,应用不当则会带来一些消极影响,可能使人由于不愉快的感受而出现悲观、恐惧等心理反应,甚至发生对抗性消极行为。

(3) 注意强化的时效性。采用强化的时间对于强化的效果有较大的影响。一般而论,强化应及时,及时强化可提高安全行为的强化反应程度,但需注意及时强化并不意味着随时都要进行强化。不定期的非预料的间断性强化,往往可取得更好的效果。

(4) 因人制宜,采用不同的强化方式。由于人的个性特征及其需要层次不尽相同,不同的强化机制和强化物所产生的效应会因人而异。因此,在运用强化手段时,应采用有效的强化方式,并随对象和环境的变化而相应调整。

(5) 利用信息反馈增强强化的效果。信息反馈是强化人的行为的一种重要手段,尤其是在应用安全目标进行强化时,定期反馈有利于及时发现问题,分析原因,修正所为。

二、代币奖励法

代币奖励法又称代币强化技术,也叫代币管制法,是正强化技术的另一种形式。它最初是在精神病院中采用的方法,即利用代币强化刺激,以矫正不良行为习惯、建立良好反应的行为治疗技术。代币指的是可以在某一范围内兑换物品的主券,它可以有许多形式,如小红花、小红旗、购物券等。这种方法通常用来奖励人们所希望的行为,使这种行为不断强化并逐渐巩固下来,从而帮助病人养成良好的行为习惯。这实际上也是一种戒除或矫正病态行为或不良行为的方式。

在精神病院中,经常会遇见一些情绪冷漠的病人。这种病人有的对任何事物都不感兴趣,有的对自己生活习惯毫不在意,有的对周围的人毫不尊重,有的对任何劝告都听不进去。但是,这类病人却依然存在生理上和心理上的需求,需求较多自由(如室外活动),需求较好食物,需求较多娱乐(如看电视),需求某方面的满足(如吸烟)。治疗人员则针对病人的需求,使他们学到从积蓄象征性代币获取满足需求的手段,从而提升其生活情趣,借以达到心理治疗的目的。

现在以只对电视有兴趣而生活脏乱的病人为例,说明代币奖励法的使用步骤:

(1) 认定行为治疗的目标。由治疗人员与病人共同认定病人的行为问题,并明确如何改变生活习惯,以达到消除行为问题的目的。如将生活脏乱习惯的改变列为:①按时作息;②每早洗脸刷牙;③饭前便后洗手;④整理床铺;⑤清洗衣物;⑥打扫环境;⑦穿着整齐等。认定治疗目标后,循序渐进,逐步实施改进。

(2) 约定代币使用的方式。认定治疗目标后,由治疗人员与病人约定:①采用的象征性代币(如印有星号的卡片);②代币的给予标准(如做到一项者可得一个代币,连续做到三项者,可得五个代币;已做到而又退步者扣发代币);③代币交换方法(如累积五个代币者可看半小时电视)。

(3) 由外诱变为自我控制。像代币奖励法这种由外在诱因控制个体行为的办法,其效果可能是暂时的;外在诱因一旦停止,学得习惯也可能会随之消失。但如从另一观点看,习惯成为自然之后,也可能会继续保持。尤其是良好习惯建立之后,除代币的直接奖励之外,其他社会性的精神鼓励(别人的赞许)以及自尊心的提升,均可由外诱作用转变为当事人的自我控制,从此不再重犯以前的错误。

此法可同样对学生的行为进行训练,当学生做出教师所期待的良好行为后,可发给其数量相当的代币作为强化物,学生用代币可以兑换有实际价值的奖励物或活动,当习惯成为自然后,其行为可由外诱转为内控。

三、行为塑造法

行为塑造法是根据斯金纳的操作条件反射研究结果而设计的培育和养成新反应或行为形式的一项行为治疗技术,是操作条件作用法强化原则的有力应用之一。在行为塑造过程中,多采用正强化的手段,一旦所需的行为出现,就立即给予强化,一直到达到一种新行为为止。行为塑造法的应用不仅要求受辅导者的积极参与,而且也需要辅导者和受辅导者家人的密切配合。只有这样才能使受辅导者接近或朝着最终目标的变化能得到及时而又适当的强化,并使受辅导者的行为愈来愈逼近最终的目标。

(一)辅导过程

(1)定义目标行为。

(2)确认初始行为。即个体已有的、与目标行为有关的动作,可以其为基础向目标行为推进。

(3)选择塑造步骤。塑造过程中的各个步骤之间所体现出来的改变应相适应,太小会费事,太大可能会导致个体停滞不前。

(4)确定强化刺激物。受辅导对象每次达到预期的目的,都要马上对之加以强化,量化刺激的量要适度,以免受辅导对象很容易得到满足而不思进取。

(5)实施塑造。从初始行为开始,要对行为的每一个过程都加以强化,直到确保该行为已经习得,然后对这一行为停止强化,转而强化下一个行为。

(二)注意事项

(1)确定可利用的反应类型和持续时间,即需要观察帮助的对象,弄清他什么反应出现最经常,其前因和后果是什么。

(2)根据观察到的资料,考虑需要塑造的最终目标行为,能否从求助者已有的行为反应中衍生出来。如果可行,便要考虑朝向最终目标的第一步应该是什么。

(3)确定达到第一步的评估标准。

(4)改变环境条件,造成求助者有表现被期望反应的最大可能性。

(5)使用对求助者强而有力的刺激物,强化通过的行为。

(6)不断改变中间的行为目标,使其接近最终的行为目标。

(7)在行为塑造过程中应该重视使用言语、体态和手势进行指导,以加速学习的进程。

【真题解析】

通过不断强化逐渐趋近目标的反应,来形成某种较复杂的行为称为( )。
A.行为塑造　　　　B.行为训练　　　　C.行为矫正　　　　D.行为强化
解析:本题答案为 A。

四、示范法

　　示范法是一种让学习者通过观看榜样演示某种行为及其结果进而模仿学习的教学方法，由班杜拉于 1967 年创立。他认为，儿童的许多行为并非通过直接实践或受到强化形成的，而是通过观察、学习产生共鸣，从而增加良好行为的获得或减少、削弱不良行为。因此，模仿与强化一样，是学习的一种基本形式。示范法包括现场示范法、参与模仿法、自我示范法、电影电视或录像示范法以及想象模仿法等多种类型。示范法有许多优点，如成效快、适用情境广泛，还可与其他行为治疗方法结合使用，特别适合于集体心理治疗时应用。示范法最早运用于正常儿童的教学，研究发现发展正常的儿童容易通过榜样示范来学习。

　　榜样示范法是以他人的优良品德和模范言行影响学生的方法。榜样示范的特点在于，通过榜样的言行和思想活动及展示其成长过程，把高深的理论内涵具体化、人格化，使学生从这些富有形象性、感染性和可信性的榜样中受到深刻的教育，从而提升学校教育的有效性。在良好的环境中，榜样的力量是无穷的，它能给学生以正确的方向和巨大的力量，促使他们身心健康发展；反之，在不良的环境中，榜样的作用则受到局限，有的甚至会产生相反的作用。为了充分有效地发挥榜样的教育作用，宜遵循以下要求：

　　(1) 榜样真实可信，注意淡化榜样示范。任何榜样都是社会集体中的成员，不可能尽善尽美。在宣传榜样的事迹时，不能人为地夸大、拔高，不能提供一些不食人间烟火、没有七情六欲的"高、大、全"式的人物形象，要客观地、全面地展示其全部的成长过程，要如实地反映其真正具有的高尚的思想品德。真实的选取可信的榜样，踏实务实地宣传榜样，要在榜样身上找到可学习的创新点，切勿"为了榜样而榜样"，一味宣传榜样的优点，或者是人为地美化榜样，使人产生"光环效应"，而不能客观地接受榜样的缺点，导致榜样示范效应淡化的现象。

　　(2) 把握青少年学习特点，挖掘榜样主体的多层次性。青少年学习榜样，大都经历了从无意识的模仿到有意识的模仿；从游戏的模仿到生活实践的模仿；从把模仿当作目的到把模仿当作达到目的的手段；从模仿榜样的外部特征产生类似的举动到模仿榜样的内心特征而产生独特性的健康行为。因此，教师在使用榜样时，要遵循青少年儿童的学习特点，深入挖掘榜样主体的多层次性，特别是在对青少年学生追星的引导。青少年偶像崇拜的心理是正常的，教师在帮助学生认识偶像的行为时要客观、合理，拂去明星头上的光环，从背后挖掘明星成长的原因，显示他们身上一些优秀的品质，如艰苦奋斗、勇于进取、自信乐观、善待他人等，正确引导他们追星的学习方向，切勿任由孩子们盲目崇拜。

　　(3) 要促使榜样成为学生自律的力量。榜样应该是生活在现实生活条件下的活生生的人，不能只是作为一种凌驾于常人之上的、外在的力量来规范人、约束人。因此，在学习榜样时，应着眼于把榜样从一种他律的力量转化为学生自律的力量，从外在的约束力转化为内在的动力。为此，一方面，教师要善于激起学生对榜样的敬慕之情，只有使他们在心灵深处对所学习的榜样产生惊叹、爱慕、敬佩之情，才能使外在的学习榜样转化为学生心目中的榜样；另一方面，教师要经常组织学生讨论，通过讨论、议论和评价，才能帮助学生深刻把握榜样的思想言行及其社会意义和价值，才能加深他们对榜样的认识理解，从中起到自我教育、自我提高的作用。

五、暂时隔离法

暂时隔离法由美国心理学家林恩·克拉克提出,是指在某种特定时间不对不良行为给予强化,同时转移情境,使行为不良者对新的情境产生厌恶的方法,又称"面壁法"。

(一)实施对象

适用于有问题的2~12岁儿童,对于较大的儿童,初次使用这种方法则不应超过11岁。

(二)使用暂时隔离法适宜行为

适用于不良行为,如冲动性、攻击性、情绪性行为,打人,发脾气,咬人,恶意取笑其他孩子,抢他人的玩具,揪头发,掐他人脖子,向他人扔石头,扔树枝,虐待小动物,拧人,抓人,做危险的事情,打小报告,大声哭啼,以言语或身体姿势威胁要打人,咒骂或诅咒他人,在楼梯上推人,饭桌上乱扔食物,有意损坏家具或房屋里的其他物件,嘲弄或羞辱父母及长辈(警告之后仍大声抱怨或发脾气),向别人反复做鬼脸(警告后仍然不停止该行为),随意打断他人的谈话,不服从命令,不能立刻终止错误行为等。

(三)实施要点

1. 实施前
向孩子解释什么是"暂时隔离法",告诉孩子对他使用这个方法的原因。

2. 实施中
选择一个无聊的、刺激单调而又安全的地方作为隔离地点;遵守"一岁一分钟"原则;设定好闹钟,并打开声音,确保孩子可以听到闹钟响声;暂时隔离期间不与儿童交谈和争吵,家长必须冷静。

3. 实施后
定时器响后,立即结束隔离,并询问儿童被隔离的原因,如孩子不回答则不必强求,不要求儿童道歉与保证。

(四)使用暂时隔离法的好处

(1)可以快速有效地终止孩子的不良行为,让孩子冷静下来,甚至可以永久性地终止某些不良行为,进而使良好行为取而代之。

(2)家长不仅简单易学、随时随地使用,也能减少家长的生气和不安,给予时间让家长也冷静下来,成为孩子理性的、冷静行动的榜样。另外,也不会对亲子关系有很大的影响,容易恢复正常。

六、自我控制法

自我控制法是让当事人(学生)自己运用学习原理进行自我分析、自我监督、自我强化、自我惩罚,以改善自身行为。从理论指导来说,它是一种经过人本主义心理学改善过的行为改变技术。其好处是强调当事人(学生)的个人责任感,以增加改善行为的练习时间。如这学期如果成绩进步,小明就奖励自己去游乐场;反之,如果成绩退步,寒假就多做十套练习题。

操作程序如下:

(1)辅导对象要适宜。辅导对象必须具有强烈的去除不良行为和学习适应性行为的动机。

(2)确定适宜的辅导目标。辅导目标就是要达到期望适度的适应性行为。具体做法是先确定一个适宜程度的目标行为,而后以渐进的方式完成最终目标。

(3)自我监督。每一次目标行为出现后被辅导者都要立即记录下来,并与所建辅导目标相对照,以决定是否实施下一步骤的程序。自我监督要连续不断地贯穿于整个自我管理程序的始终,以判断该程序的有效性。

(4)自我强化。受辅导者在自我控制取得进步时要奖励自己。奖励的分量要与进步的大小成正比。

七、惩罚法

惩罚法是依据条件反射原理发展而来的一种行为矫正方法,是指当行为者在一定情景或刺激下产生某一行为后,若及时使之承受厌恶刺激(又叫惩罚物)或撤销正在享用的正强化物,那么其以后在类似情景或刺激下该行为的发生频率就会降低。惩罚法也叫负激励,从对此方法的解释可以看出惩罚有两种:一种是在不良行为出现后,呈现一个厌恶刺激,如否定评价、给予处分;另一种是在不良行为出现后,撤销一个愉快刺激。两种方式都可用来抑制或阻断不受欢迎的行为,即消除不良行为。具体而言,常用的惩罚方法有以下两种:一般性惩罚,包括给予批评、罚款、劳动改造等;特殊性惩罚,包括束缚身体、隔离、厌恶疗法等。

(一)实施惩罚法的副作用

惩罚法在控制和消除不良行为方面作用很显著,确实可收到"立竿见影"的效果。因此,在社会方方面面的管理中用得很普遍。但它有许多潜在的缺点和副作用,尤其对未成年人的教育中惩罚法的副作用更大。

(1)强烈的惩罚会引起不良的情绪反应。我们常看到有些学生受到惩罚后情绪不稳,如哭泣、焦虑、愤怒、悲伤等;有个别学生还会迁怒于他人或物,导致对周围人的不礼貌,或做出冲撞行为以及摔桌子、踢板凳等破坏行为。

(2)容易产生条件惩罚物。行为者受到惩罚时不仅对惩罚物会产生害怕和抑制反应,而且对与之相联系的其他物体和情境也会产生害怕和逃避反应,即和惩罚相联系的事物有可能形成条件惩罚物。学生厌学、逃学以及离家出走,重要原因之一就是教师、家长的惩罚产生了条件惩罚物。

(3)易导致儿童模仿成人的惩罚行为来对付别的儿童。惩罚的目的是纠正儿童的不良行,但结果往往是纠正了一种不良行为,又教给了儿童另一种不良行为。如爱打架、骂人的孩子,十有八九是其父母打骂教育的结果。

(4)常受惩罚的儿童要么变得胆小怕事，缺乏自信；要么胆大妄为，无法无天。

(5)惩罚可能导致使用者上瘾。惩罚最易收到效果，通过惩罚可立刻抑制不良行为，同时该法使用起来较方便，因此惩罚很容易令使用者上瘾，而疏忽惩罚效果的短暂性和不良行为在惩罚后的易重现性，更忽视了惩罚可能造成的灾难性后果。惩罚的种种副作用告诫家长及教育工作者，使用惩罚时要权衡利弊，谨慎用之。

(二)惩罚法的实施

1. 选择的被惩罚行为应是具体的不良行为

如某学生课堂上做小动作、发怪声、抄作业、和同桌打闹等这些都是具体的不良行为，教师应针对这些具体行为对学生进行教育，不可全盘否定他的表现或他本人。

2. 选择好惩罚物

对教师来说，要管理好几十名学生很不容易。要付出艰苦的劳动去了解每一个学生，了解他们的性格特点和喜怒哀乐。有的学生做了错事只要瞪儿眼就可令其改正错误，而有的学生特别是调皮的男生对一般的批评根本不当回事儿，这就要选择适合这一类学生的惩罚物。如果不了解学生，不问青红皂白采用"一刀切"的方法，就有可能造成不良后果。

3. 惩罚必须及时

惩罚必须在不良行为发生后立刻施与。如果惩罚和不良行为间隔的时间太长，行为者可能会对惩罚感到莫名其妙或因在这段延缓时间中行为者已做过不少其他的事甚至是好事，这时再惩罚会减弱或失去矫正行为的价值，同时会引起行为者的抱怨和委屈。所以，教育要及时，不翻旧账，不算总账。

4. 施行惩罚时必须保持平静

惩罚是件不愉快的事，不仅被惩罚者感到痛苦、焦虑，施行惩罚者也易产生激动情绪。而情绪的激动和极度的愤怒可能会加重惩罚的强度。因此，教育工作者要时刻提醒自己以清醒的头脑、平静的态度对学生进行教育，以免因情绪激动而造成危害。

5. 惩罚应基于爱和尊重

态度和蔼、满怀真情地实施惩罚效果最佳。同样的错误，行为者最亲密的人或最尊重的老师给予批评指正，行为者往往心悦诚服，而其他人若对其批评就可能引发冲突。常听到这样的说法：老师惩罚学生也是为学生好，那是恨铁不成钢。这里就存在一个问题，就是老师使用惩罚时如何让学生认为你是出于爱心。如果教育者与被教育者之间心灵无法沟通，惩罚法不可使用。

6. 惩罚法要与其他行为矫正方法结合起来综合运用

惩罚法要与其他行为矫正方法，如正强化法、负强化法、消退法、认知疗法等结合起来综合运用。

八、系统脱敏法

系统脱敏法是最早应用的行为治疗技术之一。它是将放松训练与对抗性条件反射原理结合运用的一种行为疗法。系统脱敏法是当某些人对某些物、某环境发生敏感反应时，可以在当事人身上发起一种不相容的反应，使其对本来可引起敏感反应的事物不再发生敏感反应。利用这种方法主要是诱导求治者缓慢地暴露于导致神经症焦虑的情境,并通过心理的放松状态来对抗这种焦虑情绪,从而达到消除神经症焦虑习惯的目的。系统脱敏法由美国学者沃尔帕首创。沃尔帕认为,人和动物的肌肉放松状态与焦虑情绪状态是一种对抗过程,一种状态的出现必然会对另一种状态起抑制作用。例如,在全身肌肉放松状态下的机体,各种生理生化反应指标如呼吸、心率、血压、肌电、皮电等,会表现出同焦虑状态下完全相反的变化。根据这一原理,在心理治疗时便应从能引起个体较低程度的焦虑反应的刺激物开始进行治疗。一旦某个刺激所引起的焦虑状态在求治者所能忍受的范围之内,经过多次反复的呈现,他便不再会对该刺激感到焦虑,治疗目标也就达到了。

系统脱敏法对治疗考试焦虑的情绪成分具有明显作用。系统脱敏法主要包括以下三个步骤:

(1)进行放松训练;

(2)建立焦虑的等级层次,这是进行系统脱敏疗法的依据和主攻方向;

(3)要在放松的情况下,按某一焦虑的等级层次进行脱敏治疗。

系统脱敏疗法的基本原理是:当个体想到或面对恐惧情境时,引发他做出松弛反应;让患者列出容易引发焦虑的一连串事情,并按引起的焦虑程度从低到高进行排列。如,一名对蜘蛛恐惧的患者,其焦虑的最低层级是看到有蜘蛛的图片,最高层级是蜘蛛在她身上爬。在想象脱敏中,治疗者训练患者放松,然后在放松的状态下,想象焦虑层级中的某一项。如果患者在持续的想象中仍能保持放松状态,就进入下一个层级中,直至达到最后一个阶段。在快速放松状态,患者暴露在真实的恐惧情境中,有时治疗者在场,有时则由患者自己进行,接连暴露在层级中的某一项上,直到焦虑消退,然后再进入下一个层级。治疗的关键是逐渐暴露。

九、认知疗法

认知疗法是通过认知和行为技术来改变学生不良认知的一类心理治疗方法的总称。其基本观点是:认知过程及其导致的错误观念是行为和情感的中介,适应不良行为和情感与适应不良认知有关。进一步分析认为,情绪障碍起因于"认知曲解",这些"认知曲解"起因于错误思维,或者是信息错误,或者是信息不足的逻辑推理错误,它们统统根植于更深层的功能失调性假设。这个功能失调性假设是在重大生活事件的刺激下,激活了原始的功能失调性假设而形成的,最后导致情绪困扰。所以,情绪困扰的最初根源是负性自动想法,重大生活事件是导火线,隐藏最深的祸根是功能失调性假设。这时,如果想要识别和矫正潜在功能失调性假设,必须通过咨询师的帮助,采用认知重建、心理应付、问题解决等技术进行心理辅导和治疗,促使来访者认知或情绪的初步转变和重建,其中认知重建最为关键。

认知疗法的操作流程如下:

(1)识别自动思维。由于引发心理障碍的思维方式是自动出现的,已构成了来访者思维习惯的一部分,多数来访者不能意识到在不良情绪反应以前会存在着这些思想。因此,在辅导过程中,咨询师首先要帮助来访者学会发现和识别这些自动化的思维过程。咨询师可以采用提问、自我演示或模仿等方法,找出导致不良情绪反应的思想。

(2)识别认知错误。所谓认知性错误即来访者在概念和抽象上常犯的错误。这些错误相对于自动化思想更难识别,因此咨询师应听取并记录来访者的自动性思维,然后帮助来访者归纳出它们的一般规律。

(3)真实性检验。真实性检验就是将来访者的自动思维和错误观念作为一种假设,鼓励他们在严格设计的行为模式或情境中对假设进行检验,使之认识到原有观念中不符合实际的地方,并自觉纠正,这是认知疗法的核心。

(4)去中心化。去中心化就是让来访者意识到自己并非被人注意的中心。很多来访者总感到自己是别人注意的中心,自己的一言一行都会受到他人的评价。为此,他们常常感到自己是无力的、脆弱的。如果来访者认为自己的行为举止稍有改变就会引起周围人的注意和非难,那么咨询师可以让他们不像以前那样去和人交往,即在行为举止上稍有改变,然后要求他们记录别人不良反应的次数,结果他们发现很少有人注意他们言行的变化,他们自然会认识到自己以往观念中不合理的成分。

(5)焦虑水平监控。多数来访者都认为他们的抑郁或焦虑情绪会一直不变地持续下去,而实际上,这些情绪常常有一个开始、高峰和消退的过程,而不会永远持续。让接受咨询的来访者体验这种情绪的涨落变化,并相信可以通过自我监控掌握不良情绪的波动,从而增强改变的决心。

十、来访者中心疗法

来访者中心疗法也称为个人中心疗法或患者中心疗法,是罗杰斯所创立的最新的治疗方法。此种方法目前已经成为心理学治疗领域中的主要理论流派之一。他认为,人都有能力发现自己的缺陷和不足,并加以改进,所以心理咨询的目的在于协助来访者自省自悟,充分发挥其潜能,最终达到自我的实现。虽然来访者中心疗法中有"疗"的字样,但这种方法在本质上不把来访者当作病患看待,而将之视为求助者;治疗人员也不以治疗专家自居,而是将自己的身份视为协助当事人自我成长的咨询员。

这种疗法强调建立具有治疗作用的咨询关系,以真诚、尊重和理解作为其基本条件,这样可使来访者处于主动的地位,学会独立决策。在操作技巧上,这种疗法反对操纵或支配来访者,主张在谈话中采取不指责、不评论、不干涉的方式,来鼓励来访者言尽其意,使来访者无忧无虑地开放自我。

来访者中心疗法在实施所谓"治疗"之前,如何形成以当事人为中心的咨询气氛,显然是最重要的条件。要想形成理想的咨询气氛,在必要条件上,有的是属于当事人本身的,有的是属于当事人与咨询员之间的关系的,更有些属于咨询员自己的。按罗杰斯的说法,当事人本身必须先承认自己在自我观念上有矛盾之处(如自己觉得兴趣与能力适合学理科,而又不得不顺从父母的期待去勉强学医科),而且愿意向咨询员坦诚说出自己的感受,并希望获得他的协助。这是属于当事人本身的必要条件。属于当事人与咨询员两人之间的必要条件是两人之间存在着良好的社会关系。在当事人方面,他对咨询员怀有良好的印象,在咨询员面前表露自己时,会有充分的安全感;在咨询员方面,他除了对咨询一事具有足够的专业素养外,在当事人面前更能适当地表露出具有足够的条件可以协助他解决问题。总之,当事人与咨询员之间,必得由咨询为主建立起彼此信任的心理关系,而非只是业务上的形式关系。除以上两方面的必要条件外,罗杰斯特别强调,咨询员本身在性格与态度上必须具备以下三个条件：

(1)真诚一致。咨询员的态度必须表里如一,真诚一致,不隐瞒自己的情感,不矫揉造作,使当事人感觉到他是诚恳而有人情味的。

(2)无条件积极关注。咨询员对当事人的关注态度,是没有任何条件的。无论当事人所陈述的一切是对是错,无论当事人的情绪表现有否合于常理,均需以关注的态度予以接纳。接纳之后无须给予批语或纠正;批语纠正将抑制当事人的真情流露,将引致当事人以防卫的态度对付咨询员。如果是这样的话,将完全失去当事人中心治疗的本义。既以当事人为中心,自应尊重当事人表达任何意见与情绪的权利。

(3)同理心。咨询员在聆听过当事人的自我陈述后,在言行上表现出一种亲善与体谅的态度。咨询员以设身处地的立场去体会当事人心境(包括他的感觉、需求、欲望、恐惧等)的心理历程,称为同理心。同理心的构成中有两个要素:其一为"感人之所感",即平常所说的同情,这是同理心的主观层面;其二为"知人之所感",即平常所说的理解,这是同理心的客观层面。同理心的真正意义是既同情又理解,咨询员在态度表现上,能使当事人领会到咨询员有如进入了他的心理世界,既了解他生活上的困难,也分担他的感情上的痛苦。只有如此,咨询员的角色才会在"非指导"的气氛之下,对当事人产生"治疗"作用。

如果助人者能具备这些态度,则接受协助的人将会减少防卫并能更开放自己,而且他们会有融洽与建设性的表现方式。

【真题解析】
来访者中心疗法是心理辅导方法之一,下列(　　)不是该疗法的心理辅导技术。
A.真诚　　　　　　B.接纳　　　　　　C.共情　　　　　　D.说服教育
解析:本题答案为D。

十一、理性-情绪疗法

顾名思义,合理情绪疗法是靠着帮助求治者将情绪困扰理性化,从而达到治疗目的的一种心理治疗方法。它是由美国心理学家艾里斯创立的。在1955年艾利斯首次宣布他的治疗方法时,称为理性心理治疗(rational psychotherapy),后因一切心理异常多表现在情绪上的困扰,故而在1962年又改为现在的正式名称——合理情绪疗法(理情治疗法)。

合理情绪疗法是认知疗法的一种,但因其采用了行为治疗的一些方法,故又被称为认知行为疗法。

合理情绪疗法的基本理论主要是ABC理论,这一理论又是建立在艾利斯对人的基本看法之上的。艾利斯对人的本性的看法可归为以下几点:

(1)人具有"庸人自扰"的本性;人常为情绪所困,人非理性动物;而情绪困扰的原因,多半是内生自取的,很少是外因造成的。

(2)人有思考能力,但思考用于自身问题时,则多出现损己害己的倾向;对攸关自身之事,做过多的无谓思考,是困扰自己的主要原因。

(3)不需有事实根据,单凭想象即可形成信念,这是人类异于禽兽的独有特征。唯以过多的无中生有的想象力将个人带入愈想愈苦恼的困境。

(4)人有自毁倾向,却也有自救能力;如何转化前者以为发展后者之助力,正是合理情绪疗法的目的。

艾利斯认为,人的情绪不是由某一诱发性事件的本身所引起,而是由经历了这一事件的人对这一事件的解释和评价所引起的。这就成了 ABC 理论的基本观点。艾利斯采用图解方式,用以说明人之所以为情绪困扰的原因。同时,也可根据这一图解,说明如何实施心理治疗。

如图 11-1,在 ABC 理论模式中,A 代表发生的与己有关的事件,是既成的一桩事实。C 代表个人对事件的情绪反应后果,是个人对事件的情绪反应。按图中箭头方向所指,无论个人情绪反应后果是什么样子,都不是由事件本身所引起的,而是由于个人对既成事实所产生的信念 B 所引起。换言之,事件本身的刺激情境,并非引起情绪反应的原因,个人对刺激情境的认知解释才是引起个人情绪反应的原因。显然,合理情绪疗法对情绪发生的解释,是以情绪认知论为理论基础的。

A:activating event,指发生的事件。
B:belief,指个人对事件所持的信念。
C:emotional consequence,指信念引起的情绪后果。
D:disputing intervention,指劝导干预(意即治疗)。

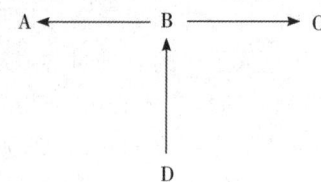

图 11-1　ABC 理论

例如,两个人一起在街上闲逛,迎面碰到他们的领导,但对方没有与他们打招呼,径直走过去了。这两个人中的一个对此是这样想的:"他可能正在想别的事情,没有注意到我们。即使看到我们而没理睬,也可能有什么特殊的原因。"而另一个却可能有不同的想法:"是不是上次顶撞了他一句,他就故意不理我了,下一步可能就要故意找我的岔子了。"两种不同的想法就会导致两种不同的情绪和行为反应。前者可能觉得无所谓,该干什么仍继续干自己的;而后者则可能忧心忡忡,以致无法平静下来干好自己的工作。从这个简单的例子中可以看出,人的情绪及行为反应与人们对事物的想法、看法有直接关系。在这些想法和看法背后有着人们对一类事物的共同看法,这就是信念。这两个人的信念,前者在合理情绪疗法中称为合理的信念,而后者则称为不合理的信念。合理的信念会引起人们对事物适当、适度的情绪和行为反应;而不合理的信念则相反,往往会导致不适当的情绪和行为反应。当人们坚持某些不合理的信念长期处于不良的情绪状态之中时,最终将导致情绪障碍的产生。

基于以上解释,自然可以了解,若要改善情绪和心理状态,必须改变其非理性观念,建立新观念并获得正向的情绪效果。合理情绪治疗的基本构想就是要帮助病人,对治疗一事自己负起责任;治疗人员的责任,只是从旁指导与劝说,从而纠正病人对事件本身所产生的错误信念,借以达到心理治疗的目的。这就是前面图中的 D。

【真题解析】

中学生小阳总认为他是一个完美的人,任何事情都会按自己的意愿发展,但是现实往往事与愿违,这让他非常苦恼,希望得到心理辅导老师的帮助。如果对小阳进行心理辅导,最可行的办法是(　　)。

A.放松训练法　　　　B.系统脱敏法　　　　C.理性情绪法　　　　D.代币强化法

解析:本题答案为 C。

【案例回顾与分析】

小丽是一个成功的例子,但并不是所有心理障碍患者的问题都能被如此简单地解决。不同的障碍需要不同的疗法来治疗,且并不是所有障碍都可以被完全治愈。治疗可以有许多形式,选取哪一种治疗方式取决于治疗所基于障碍成因的心理学解释以及需要治疗的障碍具体是哪种。心理疗法的种类几乎和心理障碍的数量一样多。治疗方法与障碍的正确匹配是治疗成功的关键。因此,了解可供选择的治疗方法以及它们如何与不同种障碍相联系是十分重要的,只有了解了这些才能决定采用何种手段进行治疗,也才能达到使个体心理健康的最佳治疗效果。

【学以致用】

⊙ 情境1

阅读下列材料,回答问题。

李明学习非常用功,平时各科成绩都还不错,但每逢大考前他就非常紧张、烦躁、害怕,前一天晚上睡不好觉,第二天进入考场头脑就一片空白,结果成绩总是不理想,老师与同学都认为,李明的考试成绩与平时的努力程度不相称。

问题:

(1)用中小学生心理健康与教育相关知识分析李明同学面临的问题。

(2)作为教师,你会采取什么措施来帮助他?

⊙ 情境2

阅读下列材料,回答问题。

罗章(化名)是一名初中三年级的学生,父母常年在外地做生意,家里只有祖父母照顾他和妹妹的生活。刚上初中时,罗章的学习在班级中还处于中等偏上,可自从他迷上网络以后,常常放学后就直奔网吧。由于没有父母的管束,他的行为越来越肆无忌惮,最后常常夜宿网吧。沉溺于网络的同时,他的学习成绩也一落千里,而且与周围同学的交流也越来越少,对班主任和任课老师则是避而远之,罗章的父母非常焦虑。

问题:

(1)用中小学生心理健康与教育相关知识分析罗章同学面临的问题。

(2)作为教师,你会采取什么措施来帮助他?

【关键术语】

心理健康是一种良好的、持续的心理状态与过程,表现为个人具有生命的活力、积极的内心体验、良好的社会适应、能够有效地发挥个人的身心潜力以及作为社会一员的积极的社会功能。

心理健康教育又称心理素质教育,简称为心理教育或心育。它是教育者运用心理科学的方法,对教育对象心理的各层面施加积极的影响,以促进其心理发展与适应,维护其心理健康的教育实践活动。

异常行为是指可以根据统计标准、个体的主观舒适度、对生活的适应与否及社会文化习俗的标准进行综合考虑,来判断一个人的行为是否是病态,需要心理干预。

多动症也称"儿童多动综合征",是一种以行为障碍为特征的儿童综合征,多在7岁时就有异常表现。

焦虑症是指以与客观威胁不相适合的焦虑反应为特征的神经症,是由紧张、不安、焦急、忧虑、恐惧等交织而成的一种情绪状态。

学习困难通常是指智力基本正常的学龄期儿童学业成绩明显落后的一类综合征。

强迫症即强迫性神经症,是一种神经官能症,是焦虑症的一种。强迫症的特点是有意识的自我强迫和反强迫并存,两者强烈冲突使个体感到焦虑和痛苦,包括强迫观念和强迫行为。

抑郁症是以持久的心境低落为特征的神经症。

恐惧症是对特定的无实在危害的事物与场景的非理性惧怕。

厌学症是指学生消极对待学习活动的行为反应模式,主要表现为学生对学习认识存在偏差,情感上消极地对待学习,行为上主动远离学习。

网络成瘾是指个体过度地使用网络而导致明显的社会功能和心理能力受损的现象。

心理健康辅导是指在一种新型建设性的人际关系中,学校辅导教师运用其专业知识和技能,给学生以合乎其需要的协助与服务,帮助学生正确地认识自己,认识环境,克服成长中的障碍,增强与维持心理健康,形成良好的心理素质,以使其学习、工作与人际关系各个方面做出良好适应。

心理辅导的总目标是促进学生的全面发展和健康成长。它包括两个方面:一是帮助学生学会调适,二是帮助学生寻求发展。这两个目标中,学会调适是基本目标,以此为主要目标进行的心理辅导可称为调适性辅导;寻求发展是高级目标,以此为主要目标的心理辅导可称为发展性辅导。

广义的学习辅导是对学习者学习过程中发生的各种问题(如认知技能、知识障碍、动机、情绪等)进行辅导。

狭义的学习辅导是对学生经历了学习挫折和困难时产生的心理困扰和行为障碍进行辅导,即辅导人员运用心理学、教育学以及心理辅导的有关理论和技术对学生在学习中发生的有关心理问题进行辅导,从而改善学习状况,提高学习成效。

人格辅导也称个性心理辅导,是学生心理辅导必不可少的内容。它的目的在于帮助和促进学生的个性得到全面和谐的发展,形成优良的个性特征。

生活辅导是指依据一套系统的辅导计划,在心理辅导工作者的协助下,引导个人探究、评判并整合相关知识经验而开展的活动。

青春期辅导就是运用心理辅导的理论与技术,通过小组辅导、个别辅导、心理辅导课程、家庭心理辅导及学校综合活动等形式,使青少年形成积极的自我认识、自我接纳与自我调节,完成自我同一性发展,促进心理健康与人格的和谐发展,为青少年的健康发展与终身发展奠定良好的基础。

生涯辅导是指运用一套系统的方法提高个人对生涯及组成要素的认知和理解,以帮助他人在生涯探索的基础上做出生涯规划,尽可能实现其理想生活方式的一种互动式教育实践活动。

强化法建立在操作性条件作用的原理上,若一个行为得到奖赏,那么以后这个行为重复出现的频率就会增加,得不到奖赏的行为出现的次数可能会较少。

代币奖励法又称代币强化技术,也叫代币管制法,是正强化技术的另一种形式,是利用代币强化刺激,以矫正不良行为习惯、建立良好反应的行为治疗技术。

行为塑造法是在行为塑造过程中,多采用正强化的手段,一旦所需的行为出现,就立即给予强化,一直到达到一种新行为为止。

示范法是一种让学习者通过观看榜样演示某种行为及其结果进而模仿学习的教学方法。

暂时隔离法是指在某种特定时间不对不良行为给予强化,同时转移情境,使行为不良者对新的情境产生厌恶的方法,又称"面壁法"。

自我控制法是让当事人(学生)自己运用学习原理进行自我分析、自我监督、自我强化、自我惩罚,以改善自身行为。

惩罚法是指当行为者在一定情景或刺激下产生某一行为后,若及时使之承受厌恶刺激(又叫惩罚物)或撤销正在享用的正强化物,那么其以后在类似情景或刺激下该行为的发生频率就会降低。

系统脱敏法是当某些人对某些物、某环境产生敏感反应时,可以在当事人身上发起一种不相容的反应,使其对本来可引起敏感反应的事物不再发生敏感反应。

认知疗法是通过认知和行为技术来改变学生的不良认知的一类心理治疗方法的总称。其基本观点是:认知过程及其导致的错误观念是行为和情感的中介,适应不良行为和情感与适应不良认知有关。

来访者中心疗法也称为个人中心疗法或患者中心疗法,即人都有能力发现自己的缺陷和不足,并加以改进,所以心理咨询的目的在于协助来访者自省自悟,充分发挥其潜能,最终达到自我的实现。

合理情绪疗法是靠着帮助求治者将情绪困扰理性化,从而达到治疗目的的一种心理治疗方法。

【参考文献】

[1]王志超.中小学生心理问题个别辅导[M].广州:暨南大学出版社,1997.

[2]IVEY A E,SIMEK-DOWNING L.咨商与心理治疗:技巧、理论及练习[M].阳琪,编译.台北:台湾桂冠图书股份有限公司,1990.

[3]劳伦·B.阿洛伊,约翰·H.雷斯金德,玛格丽特·J.玛诺斯.变态心理学[M].9版.汤震宇,邱鹤飞,杨茜,译.上海:上海社会科学出版社,2005.

[4]阿德勒.超越自卑[M].黄国光,译.北京:国际文化出版公司,2005.

[5]单中惠,王凤玉.杜威在华教育讲演[M].北京:教育科学出版社,2007.

[6]COREY G.咨商与心理治疗的理论与实务[M].李茂兴,译,李瑞玲,校阅.台北:扬智文化事业股份有限公司,1994.

[7]亚伯·艾里斯,凯瑟琳·麦克莱瑞.理情行为治疗[M].刘小箐,译.成都:四川大学出版社,2005.

[8]庞海波.中美学校心理健康教育比较研究[J].林区教学,2010(6):27-30.

[9]卡萝尔·塔佛瑞斯,卡萝尔·韦德.心理学的邀请[M].白学军,等译.北京:北京大学出版社,2006.

[10]张春兴.现代心理学[M].上海:上海人民出版社,2005.

[11]肖少北,申自力,袁晓琳.儿童发展与教育心理学[M].北京:科学出版社,2016.

[12]吴留军.中小学生心理问题的成因及对策[J].中小学心理健康教育,2010(1):39.

[13]白少红.影响小学生心理健康的因素及对策分析[J].学周刊,2017(6):103-104.

[14]吴增强.论发展性心理辅导的基本目标[J].思想·理论·教育,2002(12):52-54.

[15]宗亚萍.中学生心理辅导的特质、内容及目标取向[J].福建教育学院学报,2003(9):94-96.

[16]杭艺.论青春期心理辅导[J].江苏教育,2019(32):27-30.

[17]沈之菲.中小学生生涯辅导的定位[J].江苏教育,2016(9):9-12.

[18]张日昇.咨询心理学[M].北京:人民教育出版社,2009.

[19]BIO国际组织教材编写组.心理咨询与治疗基础[M].北京:人民日报出版社,2007.

[20]康克南.榜样示范法在中小学心理健康教育中的应用[J].和田师范专科学校学报,2011,30(1):61-62.

[21]董晓星,陈家麟.论榜样示范法在心理健康教育中的应用[J].现代中小学教育,2005(9):58-60.

[22]张彦博.浅谈心理咨询中的认知疗法[J].才智,2016(3):229.

[23]邱杰.论认知疗法与合理情绪疗法的区别[J].卫生软科学,2009,23(1):88-90.

第十二章　学生品德心理与道德发展

品德，即道德品质，是一种个体现象。品德是指个人依据一定的道德行为准则行动时所表现出来的某些稳固的特征，是个性中具有道德评价意义的核心部分。习近平总书记在2018年全国教育大会上的重要讲话中强调，"培养什么人，是教育的首要问题"，必须把培养社会主义建设者和接班人作为根本任务，并围绕坚持中国特色社会主义教育发展道路、培养德智体美劳全面发展的社会主义建设者和接班人做出深刻阐述，同时明确要求"要在加强学生品德修养上下功夫"，为新时代教育学生明大德、守公德、严私德，引导学生成为有大爱、大德、大情怀的人提供了有力指引。因此，培养品德崇高、道德健康的学生是教育工作者的重要职责。这首先需要学习青少年学生品德发展的心理特征与发展阶段，掌握关于道德发展的经典理论，了解学生道德发展与道德健康领域研究的最新成果，并将其运用到教育教学工作中去。

【本章知识框架】

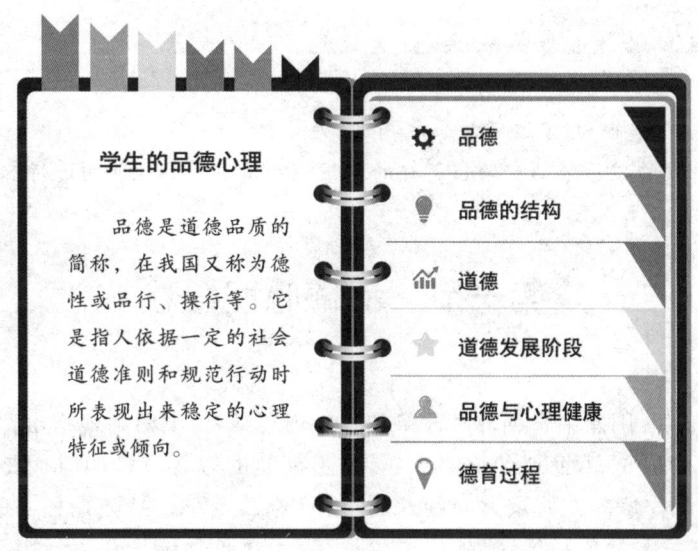

【学习要点】
品德的结构；
皮亚杰的道德发展理论；
科尔伯格的道德发展理论；

影响品德发展的因素；

促进中学生形成良好品德的方法；

德育的主要内容；

德育过程的基本规律。

【学习提示】

1. 本部分学习首先应明确品德和道德教育对于促进学生"健康"状态的重要意义。一个健康的人不仅指身体健康、心理健康，还包括道德健康。

2. 本部分需重点掌握道德发展的经典理论，理解其产生过程与含义，并借此掌握中小学生道德发展的阶段和特点。

3. 品德教育即德育需要教师熟悉德育的内容及过程。

【案例引导】

海因茨偷药（Heinz dilemma）

在欧洲，一位妇女因患有一种特殊的癌症而濒于死亡。医生们认为只有一种药或许能挽救她的生命。那是她所在镇上的药剂师最新研制的一种镭。这种药的成本昂贵，而且这位药剂师向购买者索要10倍于成本的高价。他花了200美元制造镭，但在售出时，一小丸镭他就卖2000美元。这位病人的丈夫叫海因茨，他向他认识的所有人都借了钱，但在最后他也只能借到1000美元，仅仅够要价的一半。他向药剂师恳求说他的妻子快死了，求求他便宜一点卖给他或者允许他以后再支付另一半的钱。但药剂师却说："不行，我研制该药的目的就是赚钱。"所以，海因茨绝望了，他后来闯进了药店，为他的妻子偷了治病的药。海因茨应该这样做吗？

问题：

对于上述故事，要求儿童回答：

1. 这个丈夫该不该偷药？为什么？

2. 海因茨倘若被捕，法官该不该给他判刑，为什么？

不同年龄阶段的孩子分别会给出怎样的答案呢？请带着这一问题进行本章内容的学习。

第一节 品德心理概述

2010年发布的《国家中长期教育改革和发展规划纲要》中明确地指出："坚持以人为本、推进素质教育是教育改革发展的战略主题，是贯彻党的教育方针的时代要求，核心是解决好培养什么人、怎样培养人的重大问题。"而"培养什么人"最关键、最核心的就是我们所培养的学生具备怎样的价值品质，有怎样的价值信念，在日常工作和生活中践行什么样的价值原则，在面对重大利益冲突时做出什么样的价值判断和选择，以及有没有高尚的情操等，这些都属于学生品德教育的重要内容。

一、品德的含义

(一)品德的概念

品德是道德品质的简称,又称为品行、操行等,是指人依据一定的社会道德准则和规范行动时所表现出来的稳定心理特征或倾向。品德是一种个体现象,它是个性中具有道德评价意义的核心部分,例如热爱祖国、集体主义、守纪律、助人、勤俭等。如果某个学生一贯诚实友爱,热爱集体,乐于助人,勤奋学习,遵守纪律,热爱劳动,我们则认为这个学生具有良好的品德。品德主要是在社会道德舆论的熏陶和家庭、学校道德教育的影响下形成的,是社会现实在人脑中的反映。品德的形成、发展除了受社会环境条件的制约之外,也依赖于人的心理活动规律。

(二)青少年品德的特点

青少年的品德是在外部因素和内部因素的相互作用的前提下逐步发展起来的。青少年的学习活动、集体活动和生理变化,引起其品德发展的种种新的需要,并和他们原有心理水平、品德结构产生矛盾,这就构成了青少年品德发展的动力。在教育的影响下,这对矛盾不断产生和解决,品德也不断地向前发展。我国教育学家林崇德等人根据前人研究结合我国实际提出,青少年的品德具有以下基本特点:

1.青少年品德的特征

青少年的伦理道德是一种以自律为形式、遵守道德准则并运用信念来调节行为的道德品质。这种品德包括六个方面的特征:

(1)独立而自觉地按道德准则来调节行为。伦理一般指人与人之间的关系以及必须遵守的行为准则。伦理是道德关系的概况,伦理道德是道德发展的高级阶段。从青少年开始,个体逐步掌握这种道德伦理,并能够独立而自觉地遵守道德准则。所谓独立,是指服从自己的价值标准和道德原则;所谓"自觉",指按自己的道德动机去行动,以符合某种伦理要求。

(2)道德信念在道德动机中占据相当的地位。青少年时期是道德信念和道德理想形成时期,是开始以其指导自己行为的时期。道德信念和理想形成并成为青少年道德动机中的重要成分,这就使青少年的道德行为更具有原则性和自觉性。

(3)品德心理中自我意识的明显化。从青少年开始,反省性、监控性的品德特点越来越明显,这是道德行为自我强化的基础,也是提高道德修养的手段。

(4)道德行为习惯逐步巩固。个体的道德伦理必须与道德行为习惯相匹配。在青少年品德发展中,逐步地养成道德习惯是进行道德行为训练的重要手段。与道德伦理相适应的良好道德习惯的形成,也是伦理道德培养的最重要的目的。

(5)品德发展与世界观形成一致性。世界观的形成,不单纯是一个认识问题,而是与道德品质密切联系的。青少年期是世界观萌芽与形成的阶段,既受到主体的道德伦理的价值观所制约,又赋予其道德伦理的哲学基础,两者相辅相成,具有一致性。

(6)品德结构的组成形式完善化。当青少年一旦进入伦理道德阶段,他的道德动机和道德心理特征的两个子系统在其组织形式或进程中,形成了一个较完善的动态结构。具体表现在:① 青少年不仅逐步按照自己的准则对道德规范进行定向,而且通过逐步稳定的个性而产生各种道德或不道德的行为方式。② 青少年在具体道德环境中,能以原有的品德结构或定向系统去对这个情境做不同程度的同化,这个同化程度随年龄增加而加强。③ 随着青少年的反馈信息的扩大,他们能够根据各种反馈信息来调节自己的行为,使之满足道德需要。总而言之,青少年进入伦理道德阶段,其品德结构日趋完善。

2. 青少年品德处于从动荡向成熟过渡的阶段

从少年期到青年期,青少年的品德发展经历了一个由动荡到成熟的过程,具体来说体现在:

(1)少年期品德发展表现出明显的动荡性。少年期的品德从总体上来说,已初步具备伦理道德的特征,但它不成熟、不稳定,具有较大程度的动荡性。少年期的品德结构处在一种内在矛盾的状态,他们的道德动机日渐信念化和理想化,但又存在着易变性和敏感性。他们的道德意识以及自制力逐步形成,但又相对脆弱,容易受外界的影响,抗诱惑能力不强。他们开始喜欢从社会意义和人生的价值方面衡量和评价自己,但还缺乏耐心与韧性,往往时冷时热,容易半途而废。这是一个世界观萌芽的时期,又是两极分化严重的阶段,品德不良,甚至于违法犯罪正式从这个阶段开始。将少年期品德发展特点以"动荡性"来概括,其实质正是体现心理过渡期那种半幼稚和半成熟,独立性与依赖性错综复杂,充满矛盾的特点。

(2)青年初期是品德趋向成熟的开始。青年初期结束时,即年满18岁的时候,青年的身心各方面已达到了相当成熟的阶段,青年时期是走向独立生活的时期,不过这一转换是从初中时就开始的。在初中后期,许多少年在品德特征上已逐步走向稳定,而在高中初期,仍保留着许多少年期"动荡性"的年龄特征。从总体上看,青年初期进入了以自律为形式,遵守道德准则,运用信念来调节行为的品德成熟期。

3. 青少年品德发展存在的关键期和成熟期

研究发现,初中二年级是品德发展的关键期,同时存在一定的性别差异,女生品德发展相对较早。初中三年级或高中一年级趋于稳定,高中期学生的道德品质基本成熟。研究者进一步指出,由于品德成熟前后的可塑性不同,针对这一特点,教育工作者应抓住可塑性较大的阶段,特别是少年期这一品德两极分化大,但又有利于培养的时机,加强青少年道德教育。但同时也要注意道德品质是不断发展变化的,德育工作是高中阶段乃至毕业长期的任务。

二、道德

(一)道德的含义

与品德密切相关的一个概念就是道德,道德是指由社会舆论力量和个人内在信念系统驱使支持的行为规范的总和。人们按照这些行为规范来支配和调节自己的言行,并以此来要求和评价他人的举止。与品德是一种个体现象不同,道德是一种社会现象。在氏族社会中,人们为了维护部落的共同利益,协调彼此关系,便产生了调节行动的准则。遵守其中的一些准则,会受到舆论的赞许或感到心安理得;否则,会受到舆论的谴责或感到内疚。这些由舆论力量与内心驱使来支持的行动规范便是道德。道德也与法律不同,人们违反道德准则仅仅受到众人的指责,而违反法律的规定就要受到制裁或判刑。

道德是一种分辨善与恶的尺度,它随社会的发展而发展,随社会基础的改变而改变。自从社会出现了对立的阶级,各阶级对于行动的善与恶都有着自己的看法与标准。在阶级社会里,道德往往是有阶级性的,它是各个阶级社会经济地位与利益的反映。在社会中占统治地位的道德,总是统治阶级的道德,它作为上层建筑来为现有的基础服务。

(二)道德与品德的关系

道德与品德是两个既有联系又有区别的概念,两者的联系在于,个人品德的内容是社会道德在个体身上的具体表现,离开社会道德就谈不上个人品德。个人品德的发生发展与社会道德一样,都受到社会发展规律的制约。正如马克思所说,"人的本质并不是单个人所固有的抽象物,在其现实性上,它是一切社会关系的总和。"

但是道德与品德也有区别,如前所述,道德是社会现象,品德是个体现象。道德的产生、发展和变化服从于整个社会发展的规律,它不以个别人的存亡、个别人品德的有无为转移;而品德的发生、发展则有赖于某一个体的存在。道德具有社会性和阶级性,不存在抽象的道德,而品德的存在形式及其形成、发展的规律则具有人类的共性。

三、品德的心理结构

研究品德的心理结构,有助于人们了解品德的心理实质,为有效地进行品德教育提供科学依据。品德的心理结构较复杂,它是由多种心理因素交互作用的综合结果,是多层次、多水平的有机统一整体。

(一)品德的心理成分

在对品德心理成分的划分上,影响较大的是"四因素论",它将品德分为道德认识、道德情感、道德意志和道德行为四个成分。

1. 道德认识

道德认识是人们对社会道德现象、道德规范及其履行意义的认识,也就是对客观存在的道德关系及处理这些关系的原则、规范的认识。如学生对爱祖国、爱人民、爱劳动、爱护公物和热爱社会主义的重要意义,都有了较好的了解和理解,就表明他们的道德认识达到了一定的水平。道德认识包括道德观念(即道德表象)、道德概念、道德信念、道德评价等方面。其中,道德概念的掌握、道德信念的形成和道德评价能力的发展是衡量青少年学生道德认识形成和发展的主要标志。

2. 道德情感

道德情感是伴随着道德认识而产生的一种内心体验。这种情感既反映了人们的道德需要,又表现出人们对客观现实是否符合自己的道德需要而产生的一种态度体验。一般地说,现实生活中的各种事件,或是本人及他人的行为,凡是符合自己的道德认识或自己所维护的道德观念时,就会产生积极的情绪体验,否则就会产生消极的情绪体验。例如,青少年会对舍己为人、见义勇为的人产生敬佩和好感,对社会上坑蒙拐骗行为产生厌恶和气愤等。可见,道德情感是一种自我意志监督的力量,它类似于人格结构中的"超我",促进人们保持良好的行为。

3. 道德意志

道德意志是人们自觉地确定道德行为目的,支配自己的道德行为,克服各种困难,以实现既定目的的心理过程。它体现在实现道德目标过程中的支持与控制行为的力量。例如,有学生十年如一日坚持照料患病的母亲,同时坚持刻苦学习,这就是道德意志的表现。道德意志还能使人抵御现实中的各种诱惑,不以外界环境为转移,始终坚持道德行为。道德意志的作用就在于发动与既定目的相符的行动,制止与既定目的相悖的行动。

4. 道德行为

道德行为是指一个人遵照道德规范所采取的言论和行动。它是品德的外显成分,是实现道德动机、达到道德目的的手段。道德行为包括道德行为技能和道德行为习惯,它们与一般的技能、习惯并无本质的区别,只是在完成一定的道德任务时,它们便具有了道德的性质。道德技能的掌握有助于实现道德目的,它将指导道德行为做出对他人和社会具有道德意义的事情。道德意志调节和控制着人的道德行为,使其贯彻始终,经过多次反复和实践,便形成道德行为习惯。道德行为习惯的形成则是品德形成的客观标志。

(二)品德心理成分的交互作用

在品德结构中,品德的四种心理成分是处在一个互动的、开放的统一体中。四种基本成分是交织在一起,互相影响,密不可分的。如果对道德观念认识不清,那么知、情、意、行就缺乏正确的思想指导;如果道德情感体验不深,就会缺少推动道德行为的力量;如果意志不坚定,道德信念就会动摇,情感也不易控制;如果不重视对道德行为习惯的培养,就可能使学生言行脱节,产生只会说不会做的情况。因此,品德的形成是这些心理成分共同发生作用的综合过程。

根据对品德结构中诸因素的地位和作用的看法不同,大体上分为"唯知派"和"行为派",两者之间存在长期的争论。唯知派认为,人的品德形成主要取决于道德知识的掌握和智力与道德动机的形成与发展。他们认为大部分不道德举动,都是由于愚昧无知,由于缺乏对各种事物的健全概念所形成的。因此,他们重视对学生道德知识的教育,强调伦理性的谈话,讲解系统的道德知识。而唯知派的局限性在于,过于强调认知因素,却忽视了其他因素的作用,因而可能使学生产生言行脱节的现象,即儿童对道德标准和规范说得很清楚,但往往不去遵守。

行为派则认为,人的品德甚至整个人格都是道德行为方式的总和,是人们各种行为习惯的最终产物。因此,强调只有掌握正确的行为方式和养成良好的行为习惯,才会形成良好的品德。因此,他们重视行为训练、环境因素、社会文化、榜样强化等客观条件对品德行为的影响,这对于训练青少年的道德行为具有积极的意义。然而行为派也有其局限性,在强调行为重要性的同时,他们忽视了让学生懂得道德行为的依据。这将会导致学生在道德评价中是非不明,道德行为的原则性与灵活性以及道德行为的迁移能力的发展受到限制,在道德行为中还会出现盲目的行动,有时甚至会出现"好人办错事"的情况。

(三)品德心理结构的特征

1. 品德心理结构的复杂性

品德的心理结构非常复杂,它是多维度、多形态、多层次、多水平相互影响的开放系统。一种道德行为的实现往往依赖于多种心理因素及外界环境。社会生活,特别是道德本身所存在的矛盾,反映在人的头脑中常常表现为情感、动机内部及与行为之间的种种冲突。品德的发生、发展是服从于辩证决定论的。品德心理结构的复杂性,要求教育者在品德的评价和品德教育中切忌过于简单化。

2. 品德心理结构的整体性

品德心理结构的整体性指品德心理结构各成分是相互联系的整体,它们各自是作为整体的一部分而存在于整体之中。各心理成分相互依存在一个完整的统一体中才具有意义,当我们要分析某一成分的时候,必须将它置于这个完整的统一体中,考虑它所处的位置及与其他成分的关系,才可能较为客观和全面地进行分析。学生品德的形成就有赖于各种心理成分的协调发展与完善,否则,将会出现知情相悖、知行脱节,使学生品德得不到健康而完善的发展。强调品德心理结构的整体性,并不代表不管什么时期和什么对象都采取同样的教育,而是强调从整体上不要偏重于某一方面而忽视甚至否定其他心理成分的地位和作用,从而使品德的知、情、意、行同时发展。

3. 品德心理结构的历时性与共时性

品德的历时性是指,品德有一个从发生发展到较为成熟的变化过程。在这个过程中不同的阶段,品德的内容和形式都不一样,因而结构也不同。而在品德发展到较为成熟的阶段,它的心理结构大致上是相同的,这就是品德的共时性的特征。在分析品德结构的时候,应该将其共时性与历时性统一起来,既考虑品德结构在时间维度上的变化特点,又要研究它相对静态的成熟结构。在品德教育与培养中,教育者应根据学生年龄阶段的特点与品德结构发展的状况有侧重地来进行品德的培养与教育。

4. 品德心理结构的稳定性与可变性

品德是在一定的社会生活条件下习得的,在发展到一定的成熟阶段后就具有相对的稳定性。这种稳定性能使人在较为习惯了的环境中更好地处理人与社会、人与人、人与事之间的关系。我们了解一个人的品德,我们就可以判断他在什么情况下会出现什么行为。如果环境发生了变化,生活中的重大事件会在人的心理打上深深的烙印,这对品德结构的形成与发展就会产生一定的影响。如果品德结构中起支配作用的成分没有大的变化,并且个人已确实形成了稳定的道德习惯,那么品德的总体结构不会有多大的改变。但由于品德是运动着的开放系统,它必然具有社会性和时代性的特点。在这瞬息万变的时代,各种信息向我们袭来,影响着我们的观念;社会的发展是突飞猛进的,改变着我们的生存环境。已形成的品德必然会由于这些内外环境的变化而变化。因此,品德的心理结构既是稳定的,又是可变的;稳定性是相对的,可变性则是绝对的。因此,学校要经常加强对学生的品德教育,根据时代的发展变化,有针对性地巩固好的方面,矫正错的方面,提高学生的品德水平。

第二节　学生品德发展的特点及影响因素

一、学生品德发展的特点

青少年的品德是在外部因素和内部因素相互作用的前提下逐步发展起来的。青少年的学习活动、集体活动和生理变化，引起其品德发展的种种新需要，并与他们已往达到的原有心理水平、品德结构产生矛盾，这就构成了青少年品德发展的动力。在教育的影响下，这对矛盾不断产生和解决，品德也不断地向前发展。

（一）小学生品德发展的特点

综合有关研究及理论，可以将小学生品德发展的基本特征归纳为下面几点：

1. 逐步形成和谐的道德认识能力

从小学时期开始，儿童形成系统的道德及相应的道德行为习惯，但小学生的道德认知能力具有依附性，同时也缺乏原则性，其发展的趋势是稳定的、和谐的。具体表现在：

(1)在道德认识的理解上，从直观、具体、较肤浅的理解逐步过渡到较为抽象、本质的理解。

(2)在道德品质的评价上，从只注意行为效果，逐渐过渡到较为全面地考虑动机和效果的统一关系。

(3)在道德原则的掌握上，道德判断从简单依附于社会的、他人的规则，逐渐过渡到受内心道德原则的制约。

2. 道德言行从比较协调到逐步分化

一般来讲，年龄越小，言行越一致；随着年龄的增加，逐渐出现言行一致和不一致的分化。其原因在于，年龄较小的儿童，行为比较简单，不善于掩蔽自己的行为，所想、所说、所做比较一致，但这种一致性的水平是比较低的。年龄较大的儿童的行为比较复杂，日益学会掩蔽自己的行为，致使言行脱节、不一致。导致言行不一致的原因有很多，如不加选择地盲目模仿；只会说，不会做，缺乏行为技能；缺乏主动调控自己言行的意识等。

3. 明显地表现出自觉纪律的形成

自觉纪律的形成和发展是小学儿童道德知识系统化及相应的行为习惯形成的表现形式，也是小学儿童出现协调外部和内部动机的标志。自觉纪律是出自内心要求而非外力强制的纪律，其形成过程是将外部的教育要求转化为内部的需要。具体要经过三个阶段：一是依靠外部教育要求阶段（教师制定具体规定并检查）；二是过渡阶段（体会到纪律要求并遵守，但尚未形成自觉纪律）；三是将纪律原则变成自觉行动阶段。小学儿童违反纪律或缺乏自觉纪律的现象也是存在的，存在着年龄差异与个别差异。年龄小的儿童可能因不了解纪律性质、好奇或疲劳等违反纪律；年龄大的儿童原因较复杂，有可能是明知故犯，故意捣乱，也可能是个体差异，如对教师有对立情绪、意志力差、精力旺盛、特殊爱好没有满足等。

总之,学生的品德发展是从依附性向自觉性、从外部监督向自我监督、从服从型向习惯型过渡,发展较为平稳,显示出协调性。在过渡的过程中,存在着转折或质变的时期,即关键年龄。从整体发展来看,关键年龄大致在三年级。

(二)中学生品德发展的特点

整个中学阶段,学生的品德迅速发展,处于伦理形成时期。中学生品德发展的基本特征主要表现为以下几点:

1. 伦理道德发展具有自律性,中学阶段处于伦理形成时期

伦理是人与人之间的关系以及必须遵守的行为准则,它是道德关系的概括,伦理道德是道德发展的最高阶段。中学生的伦理特点包括:

(1)形成道德信念与道德理想。中学阶段是道德信念和道德理想形成,并以此指导行动的时期。中学生逐渐掌握伦理道德,并服从它,表现为独立、自觉地依据道德信念、价值标准等去行动,使学生的道德行为更有原则性、自觉性。

(2)自我意识增强。在品德发展的过程中,中学生更加关注自我道德修养,并努力加以提高。可以说中学生对自我道德修养的反省性和监控性有明显的提高,这为产生自觉的道德行为提供了有效的前提。

(3)道德行为习惯逐步巩固。由于不断地实践、练习,加之较为稳定的道德信念的指导,中学生逐渐形成了与道德伦理相一致的、较为定型的道德行为习惯。

(4)品德结构更为完善。中学生的道德认识、道德情感与道德行为三者相互协调,形成一个较为完善的动态结构,使他们不仅按照自己的道德准则去行动,而且品德结构也逐渐成为稳定的个性心理结构的一部分。

2. 品德发展由动荡向成熟过渡

(1)初中阶段品德发展具有动荡性。从总体上看,初中即少年期的品德虽然具有伦理道德的特性,但仍旧不成熟、不稳定,具有动荡性,表现在道德观念的原则性、概括性不断增强,但还带有一定程度的具体经验特点;道德情感表现丰富、强烈,但又好冲动;道德行为有一定的目的性,渴望独立自主行动,但愿望与行动经常有距离。在此时期,既是人生观开始形成的时期,又是容易发生品德的两极分化的时期。品德不良、违法犯罪多发生在这个时期。

(2)高中阶段品德发展趋向成熟。高中阶段或青年初期的品德发展进入了以自律为主要形式、运用道德信念来调节道德行为的成熟时期,表现在能自觉地应用一定的道德观点、信念来调节行为,并初步形成人生观和世界观。教育者应以中学生态度与品德发展的基本特征为德育工作的出发点,在德育的内容、形式、评价标准等方面都应该遵循发展规律,重视发展过程中的关键期,采取合理的教育措施,有的放矢,因材施教。

二、影响学生品德发展的因素

(一)内部因素

1. 遗传

遗传素质主要是指那些与生俱来的解剖生理特点,如神经系统、感觉器官和运动器官的特性,其中脑的特性尤其重要。林崇德的研究验证了遗传在儿童与青少年心理发展上的作用主要表现在两个方面:一是遗传通过素质影响智力的发展,二是通过气质类型的因素影响个性心理特征的发展。后者涉及儿童与青少年品德的发展。在他们的研究中曾经接触过一个中学生,上课管不住自己,一挨批评就发火,同别人顶撞,经常与同学打架。经调查,这个学生从小易兴奋、激动,上小学二年级那年,有一天他一人在家点火生炉子,遇到刮风吹灭两根火柴,他当即火了,发誓第三根火柴再点不着就将炉子劈了。结果第三根火柴又被风吹灭了,他一怒之下,拿起斧子将炉子砸个粉碎。像这类兴奋程度高的学生难以养成忍耐克己的品德,却容易养成勇敢坚定的性格。

可见,遗传素质既给品德发展设置了某种内部限制,又给品德发展提供了某种倾向性,使人虽不大可能向某个方向突出地发展其品德,但容易发展与遗传素质相适应的某些品德。如气质方面属于胆汁质和多血质类型的学生,容易培养热情主动地关心他人和集体的好品德;而在气质方面属于黏液质和抑郁质的学生,却容易培养稳重踏实、谦虚礼让的好品质。所以说,气质影响着某些品德形成的快慢和难易程度。那么,遗传素质的另一个因素——智力(IQ),即一般认识能力,对品德的发展有没有影响呢?国外研究表明,智力与道德判断、道德行为是有关系的,尤其是在童年和少年时期,聪明的儿童在行为动机的道德判断上的得分比智力中等的儿童来得高。许多心理学家还都证实 IQ 和欺骗行为之间的相关在 $-0.50 \sim -0.60$ 之间。

因此,遗传素质不仅是品德发展的物质基础或自然前提,而且也是品德发展的潜在因素。这就是说,人的品德的发展是建立在这种物质条件基础上的。但是遗传素质不是品德本身,它不能决定品德的内容和发展水平,只具有品德形成与发展的一般可能性,因而才成为品德发展的自然前提即物质基础。然而,它只有在现实生活中才能显露并发展起来。就拿智力来说,高智商并不能保证个体有较高的道德意识和道德行为。一些犯罪心理学家对青少年犯罪问题的研究结果发现,犯罪者和非犯罪者之间在智力上并无显著差异。生活中也常常有一些智力水平高的人铤而走险,走上犯罪道路的事例。可见,智力仅仅是道德发展的一个必要条件,而不是充分条件。

2. 性格

学生的个性包括个性倾向性和个性心理特征,对品德的发展均有一定的影响。个性倾向性中的道德动机、道德理想、人生观和自我意识等因素在学生的品德发展上起动力系统的作用。其中,道德动机能唤起道德行为;道德理想制约着学生道德发展的方向和水平;人生观是社会道德要求转化为个体道德的基本思想前提,是品德发展的动力;自我意识是品德发展中的监控结构,它能提高品德发展的策略性,促使学生做出适当的道德评价。

个性心理特征包括能力、气质和性格。其中,认知能力是品德发展的基础,气质直接影响品德结构、品德过程,特别是道德行为的强度、速度、灵活性、平衡性和指向性;良好的性格赋予学生的品德以经常的、稳固的良好特征。

(二)外部因素

外部因素主要是指环境因素。环境是指客观现实,即人的生活条件和社会条件。它包括家庭与学校的教育状况、人际交往、社会思潮的影响等,它是学生品德发展的外部条件。这个外部条件使品德在遗传素质上提供的可能性逐步地变为现实性,它对学生品德的发展起着催化的作用。

1. 家庭环境

家庭环境包括家庭的物质生活、家庭结构和主要的社会关系、家长的职业类型及文化程度、家长的品德修养、家长对子女的养育态度和期望,以及家庭气氛等。

家庭因素被认为是最初对儿童的品德形成和发展起重要作用的因素,它主要通过三个方面来影响儿童:(1)家庭的气氛:良好的气氛如和睦温馨的环境有助于儿童形成良好的品德;父母的表率作用以一种潜移默化的形式影响儿童品德的形成。(2)父母的教养态度和方式,如父母希望孩子成为什么样的人,获得什么样的道德观念和行为,以及采用什么样的方式来促进他们成长,对儿童的品德形成有很大的影响。一些心理学家的研究中表明,对孩子采用说理诱导的方式效果最好;过于严厉的家长作风以及对孩子施行体罚容易使他们产生逆反心理和反抗行为。(3)家长的职业类型与文化程度的不同,对子女的品德也有一定的影响。

2. 学校环境

学校教育、班集体对学生的品德发展发挥重要作用。学校教育根据一定社会的思想政治观点、道德行为规范和学生的身心发展规律,通过各科教学,全校、年级、班级的团队活动以及课外和校外活动,有目的、有计划地塑造学生的心灵,培养学生良好的道德品质。班集体是构成学校集体的基本单位。我国的有关调查发现,具有良好而稳定班风的班集体对改造学生不良道德行为习惯具有明显的效果。美国哈桑等人的研究也发现,如果班集体的主导风气不健康,将会影响到集体几乎所有的成员。

学校教育是学生品德发展的外部条件,在学生品德发展中起着主导作用。学校教育主要通过三个方面影响学生品德发展。

(1)校风和班风的影响。校风和班风是指在群体成员中占优势的言行倾向和作风。它以一种潜移默化的影响作用于受教育者。好的校风一经形成,就有很大的免疫力,他们不但能抵制社会上的不良风气,而且反过来要把学校里的新风尚带到社会上,推动时代前进。如学校重视素质教育和精神文明建设,这样,学生的品德必将随着学校素质教育的不断改善而会得到更好的发展和完善。此外,学校的校园文化建设,如环境文明优雅、卫生状况良好等,对学生的精神面貌和行为方式也会产生一定的影响。

班风对学生品德的形成有着更直接的影响。班集体的凝聚力越强,班集体的力量也就越显著。集体舆论会对班集体成员的思想观念和行为方式产生很大的影响。有关研究认为,集体舆论对成员品德形成的作用表现在三个方面:一是对个体的道德行为做出权威性的肯定或鼓励、否定或制止,是一种社会强化的"信号";二是直接影响个体道德认识的提高;三是集体荣誉感的源泉。一个团结友爱、互帮互学、奋发向上的班级,是一种放大的教育力量,能增强集体成员克服困难、改掉不良习惯的勇气,促进大家共同提高。

(2)教师教书育人的方式、方法及自身的楷模作用。因教师对学生有一定的权威性,学生尤其是低年级的学生常以教师的行为、品德作为自己的标准。因此,教师本人的以身作则、为人师表,对学生的性格形成尤有意义。林崇德调查研究了100个中小学先进班集体,发现根本的原因在于班主任所做出的主观努力和辛勤劳动。这些班主任善于通过集体力量形成正确的集体舆论、信念、情感、意志和行为习惯。正是这种集体力量,促使大部分正常学生形成良好的品德,同时也改造了品德不良的学生。由此可见,教师在发展学生良好品德上的主导作用是十分明显的。

(3) 素质教育与德育。这部分主要通过三个方面影响学生品德的形成发展。一是适合学生心理发展特点的素质教育与德育课程,有利于学生品德的形成与发展。二是将素质教育与德育贯穿渗透于各科的教学活动之中必会对学生品德发展产生更大的影响。如在文科中可贯穿爱国主义和历史唯物主义的教育,在理科中可树立辩证唯物主义和科学精神的教育等。三是开展各种活动,为学生提供理论联系实际的机会,这是品德发展的直接基础。学生通过各种活动,可以将内部的道德意识向外部动作转化,活动起着桥梁的作用,它是主观之于客观,观念付诸行动、付诸实践的桥梁。如开展一些社会服务、社会调查、公益劳动,请英雄模范人物作报告,围绕某个德育主题进行演讲讨论等。通过这些活动不但促进了学生理论联系实际,而且加深了对理论的理解,同时也检验了自己思想行为的正确性。此外,还可以结合学生年龄的特点开展一些课外活动、校外活动、文艺演出、体育竞技等。这些给学生们提供了扩大人际交往的机会,增进了同学之间的友谊,寻找到容易接受的、可供学习的榜样。这些活动不但增强了成员的集体主义意识,同时还培养了集体荣誉感和义务感,而且还锻炼了他们的意志,提高了克服困难的自觉性,增进了道德行为。所以说,实践活动是品德形成和发展的基础。

3. 社会环境

社会风气由社会舆论、大众媒介传播的信息、各种榜样的作用等构成。作为社会的一员,不可避免地要受到社会风气的影响。良好的社会风气对于学生道德发展起到积极的作用,相反,不良的社会风气会阻碍学生道德的发展,会消弭学校教育和家庭教育对学生道德发展的影响效果。青少年学生正处在社会化的过程,即指个体加入社会系统,由自然人向社会人转化的过程。这个时期的青少年人格尚处在发展中,还没有定型,在他们学会适应环境和形成人格的过程中,他们对社会生活、社会信息有着特殊的敏感,对新事物接受得很快。因此,社会环境、各种信息对青少年人格的形成、品德的发展有着一定的影响,这主要有三个方面的因素:

(1) 国家的招生、录用及人事任免制度,方方面面的人才选拔标准及执行的情况,直接影响着青少年的价值取向。

(2) 社会名流、权威人士的传闻轶事,英雄人物宣传报道的力度,都会引起青少年的模仿意向;社会文化、文艺的情趣、情节、思想主题,都会感染青少年品德的形成与发展。

(3) 青少年所在社区的社会风气、人与人之间的关系,他们亲眼所见到的现象、所听到的传闻,耳濡目染着他们的身心,这些来自直接观察到的信息对青少年品德的形成有着更大的影响。

【真题解析】

1989年,世界卫生组织又一次深化了健康的概念,认为健康包括躯体健康、心理健康、社会适应良好和_____。

解析:本题答案填"道德健康"。

三、青少年德育工作的原则、方法与途径

习近平总书记2014年5月4日在北京大学师生座谈会上说,青年的价值取向决定了未

来整个社会的价值取向,而青年又处在价值观形成和确立的时期,抓好这一时期的价值观养成十分重要。这就像穿衣服扣扣子一样,如果第一粒扣子扣错了,剩余的扣子都会扣错。人生的扣子从一开始就要扣好。这一讲话对新时期青少年德育工作提出了新的要求。

(一)青少年德育工作的原则

德育原则是根据教育目的、德育目标和德育过程规律提出的指导德育工作的基本要求。它是教师对学生进行德育必须遵循的基本要求,反映了德育过程的规律性,是对德育实践经验的概括和总结。青少年德育工作应遵循以下原则:

1. 导向性原则

导向性原则是指进行德育时要有一定的理想性和方向性,以指导学生向正确的方向发展。贯彻导向性原则要求教师应坚定正确的政治方向,德育目标必须符合新时期的方针政策和总任务的要求,同时需要把德育的理想性和现实性结合起来。

2. 疏导原则

疏导原则是指进行德育要循循善诱,以理服人,从提高学生认识入手,调动学生的主动性,使他们积极向上。贯彻疏导原则要求教育者在工作之中讲明道理,疏导思想;因势利导,循循善诱;以表扬激励为主,坚持正面教育。

3. 尊重学生与严格要求学生相结合原则

尊重学生与严格要求学生相结合原则是指进行德育要把对学生个人的尊重和信赖与对他们的思想和行为的严格要求结合起来,使教育者对学生的影响与要求易于转化为学生的品德。这一原则要求教师应首先爱护、尊重和信赖学生,其次对学生提出的要求要做到合理正确、明确具体和严宽适度。这一原则还要求教育者对学生提出的要求要认真执行,坚定不移地贯彻到底,督促学生切实做到。

4. 教育的一致性与连贯性原则

教育的一致性与连贯性原则是指进行德育应当有目的、有计划地把来自各方面对学生的教育影响加以组织、调节,使其相互配合,协调一致,前后连贯地进行,以学生的品德能按教育目的的要求发展。贯彻这一原则的基本要求是:要统一学校内部各方面的教育力量;要统一社会各方面的教育影响,争取家长和社会的配合,逐步形成以学校为中心的"三位一体"德育网络;处理好衔接工作,保持德育工作的经常性、制度化、连续性、系统性。

5. 因材施教原则

因材施教原则是指进行德育要从学生的思想认识和品德发展的实际出发,根据他们的年龄特征和个性差异进行不同的教育,使每个学生的品德都能得到最好的发展。我国的孔子提出了"视其所以,观其所由,察其所安",是了解学生的有效方法,并根据学生特点进行有区别的教育。贯彻这一原则的基本要求是:深入了解学生的个性特点和内心世界;根据学生个人特点有的放矢地进行教育,努力做到"一把钥匙开一把锁";根据学生的年龄特征有计划地进行教育。

6. 知行统一原则

既要重视思想道德的理论教育,又要重视组织学生参加实践锻炼,把提高认识和行为养成结合起来,使学生做到言行一致、表里如一。这一原则要求教育工作者对学生加强思想道德的理论教育,提高学生的思想道德认识;经常组织和引导学生参加各种社会实践活动;促使他们在接触社会的实践活动中加深情感体验,养成良好的行为习惯;对学生的评价和要求要坚持知行统一的原则;教育者要以身作则,严于律己。

7. 依靠积极因素、克服消极因素的原则

德育工作中,教育者要善于依靠、发扬学生自身的积极因素,调动学生自我教育的积极性,克服消极因素。该原则的运用要求教育者要用一分为二的观点,全面分析,客观地评价学生的优点和不足;教育者要有意识地创造条件,将学生思想中的消极因素转化为积极因素;教育者要提高学生自我认识、自我评价能力,启发他们自觉思考,克服缺点,发扬优点。

8. 正面教育与纪律约束相结合的原则

德育工作既要正面引导,说服教育,启发自觉,调动学生接受教育的内在动力,又要辅之以必要的纪律约束,并使两者有机结合起来。贯彻这一原则要求教育者坚持正面教育原则;坚持摆事实、讲道理,以理服人;建立健全学校规章制度和集体组织的公约、守则等,并且严格管理,认真执行。

(二)中小学德育方法

德育方法是为达到德育目的,在德育过程中采用的教育者和受教育者相互作用的活动方式的总和。它包括教育者的施教传道方式和受教育者的受教育方式,具体而言,主要的中小学德育方法包括以下几种。

1. 说服教育法

这是通过摆事实、讲道理,使学生提高认识、形成正确观点的方法。说服教育是德育工作的基本方法。说服教育的方式主要有语言说服和事实说服。语言说服法是运用口头和书面语言向学生讲述道理,使学生明辨是非的方法。主要包括讲解、报告、谈话、讨论、指导阅读等方式。运用语言说服法应注意以下几点:一是要注意说服的时机,有针对性;二是要注意学生的接受能力;三是要做好引导总结。

事实说服法是组织学生接触社会实际,用各种生动具体的事实来说服学生,使学生获得直接经验、形成正确的认识的方法。主要包括参观、访问、调查等形式。运用事实说服法应注意以下几点:一是明确目的,制定计划;二是做好充分准备;三是加强指导;四是做好总结工作。

2. 榜样示范法

这是用榜样人物的高尚思想、模范行为、优异成就来影响学生的思想、情感和行为的方法。用来示范的榜样主要有家长和教师、同学、英雄人物、革命领袖、历史伟人和文艺形象等。

运用榜样示范法应注意以下几点要求:

(1)选好学习的榜样。选好榜样是学习榜样的前提。我们应根据时代需要和学生实际出发,指导他们选择好学习的榜样,获得明确前进的方向与巨大动力。

(2)激起学生对榜样的敬慕之情。要使榜样能对学生产生力量,推动他们前进,就需要学生了解榜样。榜样人格具体、生动、形象,对学生具有巨大的感染力和说服力,易于为学生所领会和模仿。

(3)引导学生用榜样来调节行为,提高修养。引导学生向榜样人物学习,决不能仅仅停留在故事情节的介绍上或学生一时的情感冲动上。要及时地把学生的情感、冲动引导到行动上来,把敬慕之情转化为道德行动和习惯,逐步巩固,加深这种情感。

3. 陶冶教育法

陶冶教育法又称情感陶冶法,它是教师利用环境和自身的教育因素,对学生进行潜移默化的熏陶和感染,使其在耳濡目染中受到感化的方法。陶冶教育法包括人格感化、环境陶冶和艺术陶冶等。运用情感陶冶法要注意以下几点要求:

(1)创设良好的情境。包括美观、朴实、整洁的学习和生活环境,团结、紧张、严肃、活泼、尊师爱生、民主而有纪律的班风和校风。

(2)与启发说服相结合。通过创设情境陶冶学生,不仅与教师对学生的说服教育不矛盾,而且为了更有效地发挥情境的陶冶作用,则不能只让创设的情境自发地影响学生,还需要教师配合以启发、说服。

(3)引导学生参与情境的创设。良好的情境不是固有的自然存在的,需要人为地创设。但这决不能只靠教师去做,应当组织学生为自己创设良好的学习与生活的情境。

4. 实践锻炼法

让学生参加各种实际活动,在活动中锻炼思想,增长才干,培养优良思想和行为习惯。锻炼的方式主要是学习活动、社会活动、生产劳动和课外文体科技活动。实践锻炼法包括练习、制度、委托任务和组织活动等。

运用实践锻炼法要注意以下几点要求:

(1)坚持严格要求。有效地锻炼有赖于严格要求,进行任何一种锻炼,如不严格遵守一定的规范和要求,不可能使学生得到锻炼和提高。

(2)调动学生的主动性。只有激发学生的主动性、积极性,使他们内心感到锻炼是必要的、有益的、有价值的,他们才能获得最大的锻炼效果。

(3)注意检查和坚持。良好的习惯与品德的形成必须经历一个长期的反复的锻炼过程。所以对学生的锻炼,要强调自觉但又不能放松对他们的督促、检查,还要引导他们长期坚持下去。

5. 品德修养指导法

教师指导学生自觉主动地进行学习、自我反省,以实现思想转化及行为控制。品德修养是建立在自我意识、自我评价能力发展基础上的人的自觉能动性的表现。这种方法可以增强学生的主体意识,促进其自我意识及其自我修养能力的提高,调动他们自觉主动地接受教育,增强他们抵制不良思想道德影响的免疫力,推动学校德育工作的发展以及学校德育目标的实现。品德修养指导法对学生的自觉意识和自制力提出较高要求,适合高年级学生使用。

6. 品德评价法

通过对学生品德进行肯定或否定的评价而予以激励或抑制,促使其品德健康形成和发展。它包括奖励、惩罚、评比和操行评定。

运用品德评价法要注意做到目的明确、公正合理,以表扬、奖励为主,批评、惩罚为辅。评比要发扬民主,条件要明确具体,评比过程中要让大家发表意见,使学生受到教育,要定期检查和总结,及时宣传、表彰好人好事。

第三节 道德发展理论

一、青少年道德发展的理论

(一)皮亚杰的道德发展阶段理论

著名的发展心理学家让·皮亚杰(Jean Piaget,1896—1980)在研究儿童品德发展方面做出了突出的贡献。他关于儿童及青少年道德判断问题的研究,为品德发展的研究提供了一个理论框架和一套研究方法,初步奠定了品德心理研究的科学基础。

皮亚杰依据精神分析学派的投射原理,采用"对偶故事法"研究儿童的道德认知发展。他设计了一些包含道德价值内容的对偶故事,要求儿童判断是非对错,从儿童对行为责任的道德判断中来探明他们所依据的道德规则,以及由此产生的公平观念发展的水平。下面就是皮亚杰在研究中所用的一个对偶故事。

A.有一个小男孩叫朱利安。他的父亲出去了,朱利安觉得玩他爸爸的墨水瓶很有意思。开始时他拿着钢笔玩。后来,他在桌布上弄上了一小块墨水渍。

B.一次,一个叫奥古斯塔斯的小男孩发现他父亲的墨水瓶空了。在他父亲外出的那一天,他想把墨水瓶灌满以帮助他父亲。这样,在他父亲回家的时候,他将发现墨水瓶灌满了。但在打开墨水瓶时,他在桌布上弄上了一大块墨水渍。

皮亚杰对每一个对偶故事都提出了两个问题:

(1)这两个孩子的过失是否相同?

(2)这两个孩子中,哪一个更坏一些?为什么?

通过大量的实证研究,皮亚杰发现儿童道德判断能力的发展与其认识能力的发展存在着互相对应、平衡发展的关系,这种认识能力是在与他人和社会的关系之中得到发展的。皮亚杰概括出一条儿童道德认知发展的总规律:儿童的道德发展大致分为两个阶段:在10岁之前,儿童对道德行为的思维判断主要是依据他人设定的外在标准,称为他律道德;在10岁之后儿童对道德行为的思维判断则多半能依据自己的内在标准,称为自律道德。根据儿童对规则的理解和使用,把儿童道德认知发展划分为四个有序的阶段:

1.第一阶段:前道德阶段(出生~3岁)

皮亚杰认为,这一年龄时期的儿童正处于前运算思维时期,他们对问题的考虑都还是自我中心的。他们不顾规则,按照自己的想象去对待规则。他们的行动易冲动,感情泛化,行为直接受行动的结果所支配,道德认知不守恒。例如,同样的行动规则,若是出自父母就愿意遵守,若是出自同伴就不遵守。他们并不真正理解规则的含义,分不清公正、义务和服从。他们的行为既不是道德的,也不是非道德的。

2. 第二阶段：他律道德阶段或道德实在论阶段（3～7岁）

这是比较低级的道德思维阶段，具有以下几个特点：第一，单方面地尊重，有一种遵守成人标准和服从成人规则的义务感。也就是说，他律的道德感在一些情感反应和作为道德判断所特有的某些显著的结构中表现出来。其基本特征是：一是绝对遵从父母或者或年龄较大的人。儿童认为服从就是"好"，不听话就是"坏"。二是对规则本身的尊重和顺从，即把人们规定的规则看作是固定的，不可变更的。第二，从行为的物质后果来判断一种行为的好坏，而不是根据主观动机来判断。例如，认为打碎的杯子数量多的行为比打碎杯子数量少的行为更坏，而不考虑有意还是无意打碎杯子。第三，看待行为有绝对化的倾向。道德实在论的儿童在评定行为是非时，总是抱极端的态度，或者完全正确，或者完全错误。第四，赞成严厉的惩罚，并认为受惩罚的行为本身就说明是坏的，还把道德法则与自然规律相混淆，认为不端的行为会受到自然力量的惩罚。例如，对一个7岁的孩子说，有个小男孩到商店偷了糖逃走了，过马路时被汽车撞倒，问孩子"汽车为什么会撞倒男孩子"，回答是因为他偷了糖。在这一阶段的儿童看来，惩罚就是一种报应，目的是使过失者遭遇跟他所犯的过失相一致，而不是把惩罚看作是改变儿童行为的一种手段。

3. 第三阶段：自律或合作道德阶段（7～12岁）

皮亚杰认为这个阶段的道德具有以下几个特点：第一，儿童已认识到规则是由人们根据相互之间的协作而创造的，因而它是可以依照人们的愿望加以改变的。规则不再被当作存在于自身之外的强加的东西。第二，判断行为时，不只是考虑行为的后果，还考虑行为的动机。研究表明，12岁的儿童都认为，那些由积极和动机支配但造成损失较大的儿童，比起怀有不良动机而只造成小损失的儿童要好些。由于考虑到行为的动机，因而在惩罚时能注意照顾弱者或年幼者。第三，与同伴处于相互尊重的关系，儿童能较高地评价自己的观点和能力，并能较现实地判断他人。第四，能把自己置于别人的地位，判断不再绝对化，看到可能存在的几种观点。第五，提出的惩罚较温和，更为直接地针对所犯的错误，带有补偿性，而且把错误看作是对过失者的一种教训。

4. 第四阶段：公正阶段（11～12岁以后）

这个阶段，儿童的道德观念开始倾向于公正。皮亚杰认为，当可逆的道德观念从利他主义角度去考虑时，就产生了关于公正的观念。公正观念不是一种判断是或非的单纯的规则关系，而是一种出于关心与同情的真正的道德关系。也就是说，儿童不再刻板地按固定的规则去判断，在依据规则判断时隐含考虑到同伴的一些具体情况，从关心和同情出发去判断。皮亚杰认为公正观念是一种高级的平等关系，这种道德观念已经能够从内部对儿童的道德判断起着决定性的作用。

皮亚杰认为，儿童品德发展阶段的顺序是固定不变的，这些阶段不是绝对孤立的，而是一个连续发展的统一体。在以他律到自律发展的过程中，个体的认知能力和社会关系具有重大的影响。根据皮亚杰的看法，道德教育的目标就是使儿童达到自律道德，使他们认识到道德规范是在相互尊重和合作的基础上制定的，而要达到这一教育目标就必须注意培养同伴之间的合作，注意成人与儿童的关系不应是权威和服从的关系；在儿童犯错误时，要使他了解为什么这样做不好，以发展儿童的道德认识。

【真题解析】

小星判断道德问题时，不仅能依据规则，而且能出于同情和关心做出判断，根据皮亚杰道德认知发展理论,小星的道德认知发展处于( )。

A. 自我中心阶段　　　　　B. 权威阶段　　　　　C. 可逆阶段　　　　　D. 公正阶段

解析:本题答案为 D。

(二)科尔伯格的道德发展理论

美国的教育心理学家科尔伯格(Lawrence Kohlberg,1927—1987)系统地扩展了皮亚杰的理论和方法,并创立了不断完善的科学研究手段。1958 年,他在芝加哥大学攻读心理学时,受到让·皮亚杰著作的启发,对儿童面对伦理困境所做的反应产生了强烈的兴趣,在写作的博士论文中创立了这一理论,概述了道德发展的阶段。随后他和同事们经过 20 多年的实证研究(即从 20 世纪 50 年代中期到 80 年代),提出了人类品德发展的顺序原则及数百种特征。由此发现,道德思维能力内在于个体身上,并随着个体的成熟而发展。这就从根本上改变了认为品德仅仅是社会进行道德灌输结果的传统观点。品德具有个体的主体特征,个体的思想道德品质是个体主动地与环境互动的结果。这一发现对于思想品德的研究具有十分重要的意义。它的意义不仅在于揭示了思想品德有自身独特的运动规律,而且表明社会道德与个体道德不是简单合一的或同一的,而是对立统一的。这反映了人们对品德认识的方法论上的转变。

科尔伯格把皮亚杰的研究方法改进为道德"两难故事法",他所设计的故事中包含着一个在道德价值上具有矛盾冲突的故事,让被试听完故事后对故事中人物的行为进行评价,他还设计了相当完备的评价标准体系,以此来测评被试道德发展的水平。本章开头的案例就呈现了这个道德故事。

科尔伯格在两难故事讲完后,要求被试回答:

(1)这个丈夫该不该偷药?为什么?

(2)海因茨倘若被捕,法官该不该给他判刑,为什么?

对于这样的道德两难问题,具有不同道德水平的人会做出不同的判断并提出不同的判断理由。根据被试的回答,科尔伯格把道德判断分为三个水平,每个水平又各包括两个阶段,这就是科尔伯格的三水平六阶段品德发展理论。对于该故事及对应阶段的解读详见本章结束部分的案例分析。

1. 水平一:前习俗水平(pre-conventional morality)

该水平的特点是:个体还没有内在的道德标准,而是取决于外在的要求。他们用来作为道德判断的基准取决于人物行为的具体结果及其与自身的利害关系。

阶段 1:惩罚与服从为定向。个体以行为对自身所产生的后果来决定这种行为的好坏,而不管这种后果对人有什么意义和价值。以为任何一件事只要被惩罚了,不管其理由是什么,那一定是错的。避免惩罚和无条件地屈服力量本身就是价值。如,他们说海因茨偷药合理,因为不偷药,妻子会病死,他要受到谴责。也有的说海因茨不该偷药,因为被抓住会坐牢、受罚的。

阶段 2:相对功利为定向。个体以行为的功用和相互满足需要为准则,开始知道了人们之间的关系是根据像市场地位那样的关系来判断的,知道了公平、互换和平等分配,但是他们总是以物质上的或实用的方式来解释这些价值的。交换就是"你帮我抓痒,我也帮你抓痒",而不是根据忠义、感恩或公平来进行的。如,赞成偷药的行为者认为妻子过去替海因茨做饭洗衣,现在病了,该去偷。也有的认为,药店老板发明药就是为了赚钱,所以老板是对的。

2. 水平二:习俗水平(conventional morality)

该水平的特点是:个体能按照家庭、集体或国家的期望和要求去行事,认为这本身就是有价值的,而不大理会这些行为的直接后果。这时他们能够从社会成员的角度来思考道德问题,了解、认识社会行为规范,并遵守执行这些规范。

阶段3:以"好孩子"为定向。个体以人际关系和谐为导向,认为凡是讨人喜欢或帮助别人而为他们称赞的行为就是好行为。在进行道德评价时,总是考虑到他人和社会对"好孩子"的期望和要求,并尽量按照这种要求去做。对行为的是非善恶,开始从行为的动机入手来进行判断。如认为海因茨偷药的动机虽然不坏,但是这种行为是违法的,不该这么做。这一阶段的学生道德判断以个人的行为是否被允许为衡量标准。

阶段4:以遵从权威与维护社会秩序为定向。这时个体所做判断的根据是相信规则和法律维护着社会秩序,因此,个人应当遵循权威和有关规范去行动。由于情、法、理三者有时难以兼顾,这一阶段的学生判断善恶常会出现相互矛盾的现象。如认为海因茨偷药为救治妻子,合乎情理。但偷窃行为又为法律所禁止,因此偷药又是不应该的。这阶段学生要求履行自己的义务,并要求别人也去遵守。

3. 水平三:后习俗水平或原则水平(post-conventional morality)

该水平的主要特点是:个体努力脱离掌握原则的集团或个人的权威,并不把自己和这种集团视为一体,而是以普遍的道德原则和良心为行为的基本准则。想到人类的正义和个人的尊严,其道德判断超出世俗的法律与权威的标准。

阶段5:社会契约为定向。个体开始认识到,法律或习俗的道德规范仅仅是一种社会契约,是由大家商定的,也可以因大多数人的要求而改变。在判断好坏时,认为只有兼爱的行为者才是道德的,错误的行为可以根据其动机是好的而减轻对其责难的程度,但并不因为动机良好而将其错误的行为也看成是正确的。如他对海因茨的行为表示同情,并愿出庭为其辩护,请求减刑。有的发问:法律允许老板不顾人的死活赚钱,对吗?他们认为自己对社会负有某种道义职责,对于社会上的其他成员也同样负有道义上的责任。

阶段6:以普遍的伦理原则为定向。以人生的价值观念为导向,对是非善恶的判断标准超越现实道德规范的约束,以正义、公正、平等、尊严等这些人类最一般的伦理原则为标准进行思考,并根据自己所选定的原则进行某些活动,行为完全自律。如,他们对海因茨的行为表示赞许,以为这是对允许药店老板牟取暴利的一种反抗。人的生命比财产更宝贵,为了救人危难,甘愿蒙受屈辱和惩罚的行为是高尚的。这种认识突破了既存的规章制度,不是从具体的道德准则,而是从道德的本质上去进行思考与判断。

科尔伯格认为,个体在某个发展阶段,主要使用某个阶段的推理,而同时使用其他几个阶段的推理。学生的道德判断可以通过道德推理的训练得以发展,道德两难问题是道德推理训练的有效方法。一个人的智慧发展与其道德认识发展是密切相关的,但不是同步的。所以他主张,必须使学生认知上的成熟达到能在原则上进行推理的水平。科尔伯格的研究成果,对于我们了解道德认识发展的规律,科学地安排品德教育的内容,有效地进行品德教育是极为有益的。

【真题解析】

1.小李认为服从、听话就是好孩子,对权威应绝对地尊敬和顺从。依据科尔伯格的道德发展理论,小李的道德发展处于(　　)。

A.服从与惩罚取向阶段　　　　　　B.相对功利取向阶段

C.寻求认可取向阶段　　　　　　　D.遵守法则取向阶段

解析:本题答案为A。

2."你要我遵守,你也必须遵守"属于皮亚杰儿童道德发展阶段论中的(　　)阶段。

A.前道德　　　　B.他律道德　　　　C.自律或合作道德　　　　D.公正道德

解析:本题答案为C。

(三)班杜拉的社会学习理论

社会学习理论最初是由美国的心理学家班杜拉(Albert Bandura,1925—2021)在20世纪60年代提出的。他发现人的许多态度或行为,不是通过其行为的直接后果即直接经验获得的,而是通过间接经验获得的。他通过大量的研究证明对新的社会行为的学习更有效的方式是观察学习。观察学习是人们通过观察他人的行为及行为的后果而间接产生的学习,简言之,"通过观察榜样示范而进行的学习",这也称为"社会学习"。

1. 观察学习的经典实验

班杜拉的观察学习理论是建立在他及其合作者所进行的大量实验研究的基础上的。在早期的一项研究中,他以学前儿童为对象进行了一个实验(图12-1)。首先让儿童看成人榜样对一个充气娃娃拳打脚踢,然后把儿童带到一个放有充气娃娃的实验室,让他们自由活动。结果发现,儿童也学着成人榜样的动作对充气娃娃拳打脚踢。这说明,成人榜样对儿童行为有明显的影响,儿童可以通过观察成人榜样的行为而习得新行为。

图12-1　班杜拉观察学习的著名实验——波波玩偶实验

在稍后的另一项实验中,他们对上述研究做了进一步的延伸。他们把儿童分为三组,甲组观看的录像片是一个大孩子在打玩具娃娃,一个成人给他一些糖果作为奖励;乙组观看的录像片是一个大孩子打了玩具娃娃后,成人过来打了他一顿,以示惩罚。第三组儿童看到录像片上大孩子的攻击性行为,既不受奖也不受罚。后来,这些儿童一个个被领进游戏室,里面有大孩子攻击过的玩具娃娃。结果发现,榜样受奖组儿童的攻击性行为最多,榜样受罚组儿童的攻击性行为最少,控制组居中。这说明,榜样攻击性行为所导致的后果是儿童是否自发模仿这些行为的决定因素。

2. 品德教育的实验

社会学习论认为,榜样的行为对儿童的影响很大。教师和家长把社会的道德规范传递给学生有两种途径,一条是向儿童展示自己的行为实践,另一条是言语教诲。班杜拉等人对品德教育的效果进行了大量实验研究。在一项实验中,他们把学生分为四组,每组配一个实验员。等实验员与学生建立了融洽关系并得到学生的信任后,主试分别让四组学生为孤儿院募取捐款。第一组实验员向学生宣传捐款、救济孤儿的意义,同时自己慷慨解囊,捐出钱款;第二组的实验员向本组学生宣传不去救济孤儿,把钱留给自己的好处,本人也表现得极端吝啬,不向募取捐款的主试捐钱;第三组实验员宣传慷慨仁慈,自己却不掏钱捐款;第四组实验员宣传贪婪,自己的钱越多越好,劝说学生不要捐款,但他自己毫不吝啬地向主试大批捐款。实验结果是:第一组学生全部捐了款;第二组学生没有一个为孤儿捐款;第三组尽管实验员把救济孤儿的意义讲得头头是道,并赢得了本组学生的好感,但是绝大多数学生并没有按实验员说的去做,而是仿效实验员的行为,不捐钱款;第四组的学生正好相反,大多数学生对宣传贪婪的实验员表示反感,却又学着他的样子捐出钱款。实验结果表明,榜样能对学生的行为产生巨大的影响,模仿是学生向社会学习、形成品德的重要途径。当榜样的行为和说理教育一致时,品德教育会取得最佳的教育效果。当教育者光进行口头教育,自己却不能言行一致时,教育是难以奏效的,而且"身教重于言教"。这样,学生才能通过观察学习获得道德行为。

社会学习是通过学习者观察榜样的示范而进行的。榜样应该具备以下五个条件,才能对学习者产生有效的影响。

(1)榜样的示范要特点突出,生动鲜明,这样才能够引起学习者的注意。

(2)榜样本身的特点(如年龄、兴趣爱好、社会背景等方面)与观察者愈相似,愈容易引起人们的观察学习。如成人榜样对学生的影响就不如年龄相近的同学榜样的影响大。

(3)榜样示范的行为对于学习者来讲要具有可行性,即学习者都能够做得到,这是最基本的条件,如果榜样的行为标准太高,使学习者产生"可望而不可即"之感,那么对学习者的影响会受到限制。

(4)榜样示范的行为要具有可信任性,即学习者相信榜样做出某种行为是出于自然,而不是具有别的目的。

(5)榜样的行为要感人,使学习者产生心理上的共鸣,这样学习者才会表现出相类似的行为。

总之,观察学习在品德教育中具有重要的作用。人的许多道德行为都是通过观察学习而获得的。所以,在品德教育中,教育者应注意为学生提供良好的可供学习和借鉴的榜样,引导学生学习和保持榜样行为,并为学生创造再现榜样行为的机会,对好的行为给予及时表扬和鼓励,对错误的行为则给予批评和教育。

二、青少年道德发展理论的新进展

（一）女性主义道德观

1982年,科尔伯格的助手吉利根(Carol Gilligan)出版了《不同的声音——心理学理论与妇女发展》。吉利根认为,以往的道德心理学家都存在不同程度的性别偏见,以致在道德心理学理论与道德水平测量时对女性存在偏见。吉利根认为,女性与男性相比具有一种不同的道德取向特点。她在借助科尔伯格的道德两难法对决定堕胎的女性进行访谈研究的基础上,提出不同于男性以公正、正义为解决道德问题的核心价值,认为女性应以关怀、责任为解决道德问题的核心价值。她提出了女性主义关爱道德取向的三个水平：主要以自我为中心的前习俗水平、主要考虑关心别人的习俗水平,以及兼顾关心自己和他人的后习俗水平。吉利根批判科尔伯格的道德两难法与评分标准存在性别歧视,她提出的以关怀为道德取向的女性主义道德观给科尔伯格理论带来了很大的冲击。但是有研究表明,多数研究者夸大了二人的分歧,而忽视了二人理论相通的部分。

首先,科尔伯格的道德认知发展理论是一个开放的系统,是一个不断检验、不断修正、不断完善的系统。科尔伯格在对吉利根批评的回应中说:"首先,吉利根对关爱和责任取向的强调扩大了我们所关注的公正推理的道德领域。"其次,吉利根是采用科尔伯格的道德两难法进行测评的,而且她提出的"关爱-责任"取向的三个水平仍没有完全脱离科尔伯格认知发展阶段的框架。最后,沃克的研究表明,科尔伯格的道德阶段论并没有性别差异(80%的研究没有发现性别差异,9%的研究发现是男性比女性得分高,6%发现是女性比男性得分高)。两个截然区分并相互对立的道德取向并不成立,更多的人赞同两种倾向同时存在,女性关注公正问题,男性也关注公正问题。吉利根提出的关爱的取向拓宽了道德发展心理学的视角。

（二）特里尔对道德发展理论的更新

在20世纪末,科尔伯格的道德认知发展理论受传统品格教育运动的冲击,一度被边缘化,主要原因在于科尔伯格理论中对个人道德成长与道德判断的评价标准的表述中,存在着个体跨文化的差异。同时道德推理与道德行为之间缺乏一致性。为了弥补以上缺陷,特里尔、努西(Nucci)等人相继提出了社会认知领域理论。该理论弥补了科尔伯格道德阶段论没有重视道德与习俗的区分的缺陷,为道德判断的跨情境、跨文化提供了基础。特里尔认为,"科尔伯格只研究道德思维的形式,忽视了道德思维的内容,因此其研究不能对'真实生活世界'下的儿童发展做出说明。他认为在儿童的道德认知发展中,存在着两种不同的领域或方面,其中最主要的领域一个是道德,另一个是社会常规或称习俗。因此,儿童既是道德哲学家,又是社会活动家。"

三、道德发展理论对道德教育的启示

从科尔伯格到后科尔伯格时代的道德发展心理学为我国道德教育目标、道德教育方法和道德教育观念都带来了新的启示。

(一)以公正和关爱为主题的双重道德教育目标

我国学校道德教育长期以来比较关注个人品格修养和思想道德素质,其根基在于相信由个人至善达到社会至善。这种传统的道德教育,一方面,无法满足新兴市民社会对公民精神的要求;另一方面,由于采用直接道德教育手段,往往容易形成道德灌输,实效性不强。道德认知发展心理学以发展为道德教育的目的,有利于促进学生道德认知能力的发展,强调理性是道德教育的核心。后科尔伯格时代道德心理学进一步提出以公正与关爱为主题的道德发展阶段,这丰富了我国道德教育的主题,公正观念有利于培养学生在市民社会中的公民意识,关爱观念让学生不仅学会竞争,更学会关心,从利己主义走向"我与你"的和谐共处。

(二)道德两难讨论法与公正团体法的道德教育方法

我国中小学道德教育采取的主要模式是德育课,由于大部分思想品德课教师专业化程度不高,例如常常由班主任兼职,其道德教育方法基本上采取讲授法,传授基本的道德知识,而这与学生道德发展的本质不相匹配。后科尔伯格时代的美国道德心理学家莱斯特(Rest)把道德发展划分为四个基本方面:道德敏感性、道德判断、道德动机与道德品质。综合发展学生的道德品质必须把道德两难法引入德育课中,思想品德教师要了解学生的道德发展水平,帮助学生在道德两难讨论过程中培养其道德敏感性和道德判断能力。同时,学校德育要引进公正团体法模式,这有利于学生在个人道德发展中不会走向道德相对主义,通过民主参与公正团体决策培养学生的道德动机与道德品质。

(三)应注重社会常规、习俗与道德领域的区分

我国有伦理本位的文化传统,这造成了学校道德教育中的泛道德主义倾向,在学校中常常把一切问题归咎于道德问题。社会认知领域理论有利于学校德育中划清社会常规、习俗与道德的不同领域。一方面,这有助于道德实践中避免假大空的道德教育目标;另一方面,也有利于学生在社会常规、习俗与道德方面更有实效地得到发展。例如,有些学校要求女生剪掉长发,否则以违纪处理,这样不剪长发的女生常常被认为不道德。其实留长发是学生个人的偏好,属个人领域的问题,与学生的道德无关。如果教师把这样的问题一概视为道德问题,武断地处理,往往会引起学生的心理对抗。如果教师合理地引导学生,帮助学生认识到长头发需要花时间去梳理,不利于认真学习,这符合学校的常规与习俗,可能更有利于学生的认同与接受。社会认知领域理论有利于在学生真实的生活世界中关注学生的道德发展,并有效地防治道德教育的僭越。

【案例回顾与分析】

科尔伯格最初的被试是居住在芝加哥郊区的72名男孩。这些男孩分属于三个年龄组,即10岁、13岁和16岁。每个年龄组中一半被试来自社会经济条件处于中下水平的家庭,而另一半则来自社会经济条件处于中上水平的家庭。下面是科尔伯格所引用的4名不同年龄的儿童面对道德两难处境时所做的反应:

丹尼(Danny),10岁,弟弟的难题:"一方面,他应该告诉爸爸事情的真相,否则的话,他的爸爸或许会生他的气,甚至会打他的屁股。另一方面,也许他应该保持沉默,否则他的哥哥会揍他。"

道恩(Don),13岁,海因茨偷药:"是药剂师的错。他是不公道的,索要高价却不顾别人的死活。海因茨爱他的妻子,想救她。我认为任何人都会这么做的。我相信他不会被关进监狱。法官会全面看待这场官司并明白药剂师是漫天要价。"

安第(Andy),13岁,弟弟的难题:"如果我爸爸事后发现了真相,他将不会再信任我,我的哥哥也会这样。但如果弟弟不说出真相,我也不会觉得有什么不好。"

乔治(George),16岁,海因茨偷药:"我不这样看,因为药剂师有权决定药的价格。我不能说海因茨确实做对了,尽管我猜想任何人都会为了妻子而这么做。他宁愿进监狱也不愿看到他妻子死去。在我看来,他有正当的理由这么做,但从法律的角度看,他是错的。至于究竟是对是错我不能发表更多的意见。"

基于这些陈述,科尔伯格和他的同事在道德判断的发展方面界定出了六个阶段,他将这六个阶段分成三种道德水平,即三水平六阶段的道德发展阶段论,见表12-1。

表12-1 科尔伯格三水平六阶段的道德发展阶段理论

阶段		海因茨不应该偷药的原因	海因茨应该偷药的原因
第一阶段	服从、惩罚	他会因此被捕入狱,意味着他成了一个坏人	药只值200美元,并没有药剂师的要价那么高,海因茨曾经提出愿意付钱,而且他又没有偷别的东西
第二阶段	利己主义	监狱是个可怕的地方,坐牢可能会比丧妻更难受	如果他的妻子获救,就会活得更快乐,即使他被捕入狱服刑
第三阶段	人际和谐、一致	偷窃是坏事,而他不是一名罪犯	这是他妻子的盼望,他也想成为一个好丈夫
第四阶段	法律、秩序	法律禁止偷窃,这是非法的	必须为行动的后果负责
第五阶段	人权、社会契约	药剂师有权得到公平的报偿。即便海因茨的妻子生病了,也不能证明他的行为是正确的	不管法律如何规定,每个人都有选择活下去的权利
第六阶段	普遍的人类伦理	其他人也可能急需这种药,也必须要考虑到他们生命的价值	拯救生命的价值高于尊重他人的财产权

【学以致用】

请分析下列说法的正误及原因。

根据科尔伯格的观点,道德发展的阶段性是固定的,相同年龄阶段的人都能达到同样的发展水平。

参考答案:错。科尔伯格提出了道德发展三水平六阶段理论,三水平是指前习俗水平、习俗水平、后习俗水平。六阶段是指每个水平中又可划分为两个不同的阶段。但是学生品德发展受到外部条件影响以及内部条件如认识失调等影响,就算年龄相同的人也不一定能达到一样的发展水平。故该说法错误。

【关键术语】

道德是指由社会舆论力量和个人内在信念系统驱使支持的行为规范的总和。人们按照这些行为规范来支配和调节自己的言行,并以此来要求和评价他人的举止。道德是一种社会现象。

品德是道德品质的简称,又称为品行、操行等,是指人依据一定的社会道德准则和规范行动时所表现出来稳定的心理特征或倾向。品德是一种个体现象,它是个性中具有道德评价意义的核心部分。

【参考文献】

[1]刘永林.培养人才须在加强学生品德修养上下功夫[N].中国教育报,2018-10-08.

[2]侯加慧,沈贵鹏.价值教育视域下"灰色学生"逆反心理探究[J].教学与管理,2013(10):27-29.

[3]林崇德.青少年品德特点与道德教育[J].北京师范大学学报,1990(1):18-23.

[4]俞国良.当代青少年心理与教育大辞典[M].太原:山西人民出版社,1999.

[5]李伯黍,燕国材.教育心理学[M].上海:华东师范大学出版社,1993.

[6]刘香东.后科尔伯格时代道德发展心理学对我国道德教育的启示[J].教育探索,2010,229(7):153-154.

模块四 教师心理与职业发展

第十三章 教师心理与职业发展

教师是教育工作的实施者,对教师的角色和心理特征、教师成长的学习在教师培养中具有重要意义。2014年9月9日,习近平总书记在同北京师范大学师生代表座谈时强调,全国广大教师要做有理想信念、有道德情操、有扎实知识、有仁爱之心的"四有"好老师。首先,要有理想信念。习近平总书记说,唐代韩愈提到,"师者,所以传道授业解惑也"。"传道"是第一位的。好老师心中要有国家和民族,要明确意识到肩负的国家使命和社会责任。第二,要有道德情操。习近平总书记说,广大教师必须率先垂范、以身作则,引导和帮助学生把握好人生方向,特别是引导和帮助青少年学生扣好人生的第一颗扣子。好老师应该执着于教书育人。第三,要有扎实学识。习近平总书记说,过去讲,要给学生一碗水,教师要有一桶水;现在看,这个要求已经不够了,应该是要有一潭水。第四,做好老师,要有仁爱之心。习近平总书记说,好老师应该是仁师,没有爱心的人不可能成为好老师。世界上没有两片完全相同的树叶。好老师一定要平等对待每一个学生,尊重学生的个性,理解学生的情感,包容学生的缺点和不足,善于发现每一个学生的长处和闪光点,让所有学生都成长为有用之才。总书记的殷殷教诲对于广大的师范院校师生的职业发展和个人成才提出了明确目标和努力方向。本章将详细阐述教师的角色心理特征、教师成长与教师心理调适等内容。

【本章知识框架】

【学习要点】

教师的角色心理；

教师的心理特征；

教师成长心理；

教师的心理健康。

【学习提示】

1. 本章的学习首先要掌握教师角色特征、心理特征、心理健康、教师成长等的基本内容，明确相关概念、内容和分类等知识。

2. 由于教育手段和技术的快速发展，教育需要回应时代的新变革，因此本章的学习还应注意结合新时代对于教师角色和教师能力提出的新要求、新挑战，结合现实问题进行分析。

【案例引导】

扎克伯格（Mark Zuckerberg）给新生女儿的信（节选）

我们这一代在教室里成长。在那里，不管我们的兴趣和需要是什么，都要用同样的进度学习同样的知识。

你们这一代可以为自己将要来做什么而设定目标，比如工程师、医生、作家或社区领导人。你们可以用技术来获得怎么学习才是最好的，以及哪些方面是要重点学习的。你将可以在自己最感兴趣的学科取得快速进展，并在你最具挑战性的领域获得尽可能多的帮助。你可以探索今天学校并未开设的科目，你的老师也会提供更好的工具和数据帮助你实现自己的目标。

更棒的是，就算世界各地的学生没有住在名校附近，他们仍能够通过互联网使用个性化学习工具。当然，为每个人打造公平的起点需要的不仅仅是技术，但个性化学习是一种可扩展的方式，可以给所有孩子更好的教育和更平等的机会。

现如今我们正着手开发这种技术，结果显示很有希望。学生们在测试中不仅表现得更好，他们还获得了技能和信心，以学习任何他们想要了解的东西。这趟旅程才刚刚开始，技术和教学在你在校的每一年都会有所进步。

你的妈妈和我都教过学生，我们知道完成这项工作需要付出什么。我们需要与教育界最出色的领导共同工作，以帮助世界各地的学校采取个性化学习的方式；我们还需要与各个社区沟通，所以我们将旧金山湾区社区作为起点。我们还需要建立新技术，尝试新想法。实现这一目标前，我们可能会犯许多错误，当然也会学到很多教训。

问题：

从扎克伯格给女儿的信中，我们可以看出随着时代发展和技术进步，未来的教师角色面临什么新的要求与挑战？

第一节 教师的角色心理

一、社会角色的概念与分类

(一) 角色的概念

角色是社会群体或社会组织的基础。社会角色指个人在社会关系位置上的行为模式，它规定一个人活动的特定范围和与人的地位相适应的权利、义务及行为规范，是社会对一个处于特定地位的人的行为期待。角色理论（role theory）是社会学的基本理论之一，最早系统运用这个概念的是芝加哥社会学派（Chicago School of Sociology）。芝加哥学派著名的代表人物、社会心理学家米德（George Herbert Mead）使用此概念说明在人们的交往中可以预见的互动行为模式以及个人与社会的关系，他认为角色在互动过程中形成，角色表演并没有一个先定的剧本，文化只能为角色表演规定大致的范围。林顿（Ralph Linton）也被很多人认为对角色理论有极大的贡献，他认为角色是"在任何特定场合作为文化构成部分提供给行为者的一组规范"，当个体根据他在社会中所处的地位实现自己的权利和义务时，他就扮演着相应的角色。

因此，可以把社会角色认为是人们对特定身份的人的行为期望。也就是说，人们为某一种身份的人都设置了一整套的有关权利和义务的规范及行为的模式。角色是社会群体或社会组织的基础，以一家公司为例，实际上组成公司这个组织的不是张三或李四等具体的人，而是董事长、经理、销售经理、项目经理、雇员这些角色，角色构成了社会组织，具体的个人则扮演某一角色。如果失去了这些角色，这个组织就会解体或者变质。就社会组织系统分工而言，角色定义了每个在特定岗位者的技能和工作产品职责。

(二) 教师角色的概念

教师角色，指教师按照其特定的社会地位承担起相应的社会角色，并表现出符合社会期望的行为模式。教师角色属于社会角色的一种，并在社会角色扮演中发挥着巨大作用。教师角色也是一种职业角色，它是从事教育工作的人在教学或教育活动中扮演的角色。教师角色是社会角色具体化的表现，教育社会学家比德尔（Biddle）将教师角色界定为以下三种类型：第一，教师角色即教师行为；第二，教师角色即教师的社会地位；第三，教师角色即教师的期望。除此之外，对教师角色的理解，还可以从其社会角色的两个角度去看：

(1) 作为学校成员的教师。教师作为"宏观大社会"的成员，在社会体系中居于一定的位置，承担着与"社会成员"相一致的角色行为。在学校系统中居于重要地位，承担着与"学校成员的教师"相一致的角色行为。

(2) 课堂上的教师。教师作为课堂"微观小社会"的重要参与者，在课堂中承担着各种具体的角色。

二、教师职业角色

从教师职业角色的具体构成上来看,教师角色包含了以下几种成分。

(一)教师角色的构成成分

1."家长代理人"的角色

教师在课堂上、学习上是老师,在生活上是长者和父母。

2."学生楷模"的角色

教育中强调身教重于言教,教师要通过自己的榜样、模范、表率作用去感染每一个学生,教育每个学生,对学生施以潜移默化的影响。夸美纽斯曾说过,教师的职务是用自己的榜样教育学生。

3."知识传授者"的角色

这是教师职业的中心角色。教师负有传递社会传统道德、价值观念的使命,"道之所存,师之所存也"。教师是社会各行各业建设人才的培养者,他们在掌握了人类经过长期的社会实践活动所获得的知识经验、技能的基础上,对其精心加工整理,然后以特定的方式传授给年轻一代。

4."严格管理者"的角色

这个角色主要表现在教师是学生集体的领导者和纪律的执行者两方面。教师是学校教育教学活动的组织者和管理者,需要肩负起教育教学管理的职责,包括确定目标、建立班集体、制定和贯彻规章制度、维持班级纪律、组织班级活动、协调人际关系等,并对教育教学活动进行控制、检查和评价。

5."心理调节者"或"心理医生"的角色

这个角色主要是帮助学生学习和适应更有效的生活方式;掌握心理疏导技术,减轻、消除心理压力和矛盾,帮助学生学会主动调节自己的情绪,以保持积极向上的精神状态;对较差的学生给予较多的关怀,消除其压抑感;了解学生常见的心理异常症状,及时发现问题;尊重学生的个别差异,帮助学生形成健康人格等。

6."学生的朋友和知己者"的角色

在日常生活中,教师有时还需要淡化其地位角色,成为值得学生信赖的朋友和知己,对待学生热情、友好、同情、平等、民主,保持良好的师生关系。

【资料拓展】

学生喜欢的教师特征

心理学家认为,教师要充当知识传授者、团体的领导者、模范公民、纪律的维护者、家长的代理人、亲密朋友、心理辅导者等诸种角色。而如果学生把教师看成是知识传授者,他们希望教师具有精通教学业务、兴趣广泛、知识渊博、语言明了等特征;如果学生把教师看成团体领导者和纪律维护人,他们希望教师表现出公正、民主、合作、处事有伸缩性等特征;如果他们把教师看成是模范公民,则要求教师言行一致、幽默、开朗、直爽、守纪律等;如果学生把教师看成是家长的代理人,他们希望教师具有仁慈、体谅、耐心、温和、亲切、易接近等特征；如果学生将教师看成是朋友、心理辅导者，则他们希望教师表现出同情、理解、真诚、关心、值得信赖等特征。总之，学生喜欢的教师不仅需要具有一般公民需要的良好品质，而且需要具备教师职业所需要的特殊品质。

（二）教师的多样性角色

国内研究者冯坤坤等人提出，现代教师的角色具有多样性，教师的角色既包括工作中对学生的影响，也包括自身的学习提高以适应时代变化的角色，以及人格修养塑造。这对于全面认识教师角色有一定的借鉴意义。这些多样性的角色包括：

1. 教师是引导者

当今社会教师的作用已不仅仅局限于把一套组织得很好的知识集合清楚、明确地讲解或呈现出来，更主要的在于激发学生的学习兴趣。努力促使学生将学习内容所反映的事物尽量与已经知道的事物相联系，通过创设符合教学内容要求的情境，提示新旧知识之间的联系的线索，帮助学生建构当前所学知识的意义，尽可能地组织协作学习，并对协作学习过程进行引导，使之朝着有利于意义建构的方向发展。

2. 教师是参与者

强调师生是平等的关系，教师变为共同建构学习的参与者。作为参与者，教师必须构建民主、平等、合作的教室"文化生态"，创设让学生自由表达和自主探究性学习的条件。教师要放下"师道尊严"的架子，和学生一道去找真理，与学生分享他们的感情和想法。

3. 教师是促进者

教师是促进者，这是新课程倡导的教师角色之一。教师作为促进者的关键在于如何促进学生自主学习，使学生能够自己去试验、观察、探究、研讨，使他们的身心全部投入学习活动之中。教师的促进者角色是教师最明显、最直接、最富时代性的角色特征，是教师角色中的核心特征。

4. 教师是学习者

教师首先应是终身学习者和终身学习的带头者。在现代化的社会里，教师这一角色已经不能把自己看作是一个知识的专门传授者。教师要具备更新知识结构、补充学术养料、拓宽视野的强大能力，即新知汲取能力。一方面，教学相长，教师和学生应当形成一个真正的"学习共同体"，师生共同学习，相互沟通，相互影响，相互补充。另一方面，教师必须通过多种方式不断提升专业素养，丰富自身知识，才能更好地回应时代要求，始终走在前面。

5. 教师是研究者

传统意义上，教师往往被视为传授者和实践者，较少被视为学习者和研究者。然而教师只有把自己定位在研究者上，才能成为教学活动的积极参与者、主动适应者和把握时代脉搏的主人。教师从事研究的优势在于，研究结果可以和实践应用紧密结合起来，通过实践检验理论、方案、计划的有效性和现实性，他们对实际问题具有专业研究人员难以替代的作用。

6. 教师是组织者

对教师来说，能否为学生营造适宜的成长环境，比自身的学识是否渊博更为重要。教师应致力于让学生成为对自己的行为负责的人，引导其从他律走向自律，从自律走向自觉，走向成熟,走向成功。

7. 教师是人生艺术家

不论教师本身的专业性质如何,未来教师都应具有人文特质。教师不仅是专业的指导者,还应是拓展心灵智慧的"人师"。教师应不断提升自身的人格素养,培养人格魅力,提升情绪智力,确立以情感沟通为核心的教学交往,形成师生双方的心智交流、情感交流,共享教学民主的现代型的师生交往的"师生场"。

三、未来教师的角色

在本章开头的案例中提出,未来教育对于教师角色提出了新的挑战与要求。随着科技发展走入人工智能时代,数字技术在教育领域的应用日益广泛,未来人类的学习方式与教育形态正在发生革命性变革。国内研究者荀渊等人提出了未来教师的"六种角色四大素养",为未来教师角色研究确立了较完整的理论结构。荀渊认为,传统的由教师、学生、课程构成的三维结构将转变为新的四维结构,即学生、数字化学习环境、数字化学习资源和教学支持服务。因此未来教师角色应做出以下方面的回应以适应新的要求:

(一)未来教师应扮演的六种角色

2010年,美国非营利机构教学质量中心(Center for Teaching Quality)总裁巴涅特·贝里(Barnett Berry)与"2030教师解决方案"小组(Teacher Solutions 2030 Team)共同研制了《教学2030:我们必须为学生和公立学校做些什么?——现在与未来》(简称《教学2030》)报告,旨在回答一个紧迫问题:如何变革教学以充分满足从现在到2030年美国公立学校学生的需求?《教学2030》报告提出了对未来教学工作的构想:随着教学生态的变革,特别是认知科学的应用,将促使教师和学生进行沉浸式个性化学习,混合式学习环境(面对面与在线学习相结合)将无缝整合教师、学生、家庭、本地与远程专业人员、志愿者和商界人士等教育活动参与者,使得学校成为整个社区的学习中心,因此教师将扮演更加多样的角色,包括:

1. 角色一:学生学习过程的领航员

人工智能时代,由于学生在真实和虚拟世界中同时学习,教师将与虚拟学习代理人一道承担起学习领航员与指导者的角色。为满足学习者的个性化需求,为学习者量身定制终身和基于需求的学习计划,并根据个人需求随时自动更新学习计划,教师与学生、虚拟代理人构成学习共同体,共同围绕学生的学习目标、任务与内容、方法,全程参与和指导学生的知识掌握、问题解决与知识创新过程。

2. 角色二:学生学习的评估者

在评估过程中,教师将突破传统的纸笔标准化测试,借助于信息技术平台,采用观察、档案袋等多样质性评估方法,从关注简单的知识信息传授转型到促进学习者核心素养的全面发展上,全面收集学生学习与发展的数据信息,并及时将信息反馈给学生,与学生一起依据评估信息调整学习进展情况。

3. 角色三:学习情境的创设者

人工智能时代,教师可以基于真实、虚拟两种学习环境,面向真实问题重组教学内容,创设适应不同学习内容的学习情境,采用主动、探究式、项目化的学习方式,创设更多的实践与动手操作机会,让学生在解决实际问题的过程中掌握知识与实践变革之间的深层联系,在积极体验中学习知识、培养能力、养成个性。

4. 角色四:学生发展的交流者

未来的课程,将突破学科与生活界限,着眼加强学生个体与自然、社会生活的联系,通过校内外课程资源的有效整合,学生对以知识学习为主的课程的选择自由度将显著提高。同时,学生在社会性的学校环境中必然面临着思想与价值、学习与压力、交友与生活等多方面的困扰。因此,未来教师将更为重视学生在非学习领域的发展问题,更注意发挥面对面教学在意义的生成、情感的熏陶与价值的建构等方面的不可替代的作用,引导学生形成正确的世界观、人生观、价值观,促进学生全面发展与个性发展。

5. 角色五:学习资源的开发者

未来的课程教材开发、教学设计将广泛应用数字技术,学习内容将呈现出可视化、虚拟化、全息化等特征,从而促进学生的深度体验与问题学习。教师将更多地关注如何将学生的学习、教学与信息技术有效结合起来,开发出支持学生自主学习的学习资源、学习软件与平台,构筑起支持自主学习的线上、线下学习网络,并能够为学生和所有在线学习者提供使用学习资源的指导。

6. 角色六:专业成长的自主学习者

为了能够在瞬息万变的技术变革中成为优秀的教学工作者,教师就必须致力于成为专业成长的自主学习者。教师要能够充分了解学科发展的前沿动态,及时总结反思自身的教学专业发展状况,另外在教学实践中实现教学内容、方法与信息技术、教学策略的有机结合。

(二)未来教师应具备的更高更全面的四大专业素养

1. 素养一:研究素养

首先,教师成为研究者,既是对教师通过反思、研究持续改善教学的内在要求,也是教师自主专业发展的重要路径。要应对未来学习、教学与教育变革的挑战,教师首先要通过研究与学习洞悉未来教育教学的变革方向,熟悉数字化资源、环境与学生、学习内容相互融合、联通的内在机制,使教师自身成为未来学习、教学与教育变革的参与者、体验者与促进者。

其次,为学生的个性化、定制化和自主学习提供支持是今后教育服务的基本方向,因此作为教师开展教学工作最重要的前提,就是了解学生的认知、情感与心理发展的状况和水平。

对学生认识的难点在于如何深入了解学生的思想认识、生活背景、价值观念、情绪情感等复杂问题。这就需要教师较好地掌握和利用心理学的知识,了解学生的个体情况,从而基于学生的个体差异,制定相匹配的个性化学习计划、进度安排与评价方式。

2. 素养二:创新素养

教师的创新素养就是要对教育教学具有挑战心、好奇心、想象力,把教育教学看作引领学生主动学习、探究反思、变化更新的创新过程,在教学中持续不断创新,把每次教学都当作创意设计和实施的过程。同时,把学生当作创新主体,在教学中为学生提供创新的时间和空间,形成激活学生创新欲望、培育学生创新潜能的作用力,而且要宽容学生的失败,鼓励学生适当冒险,营造教学中激励创新的氛围。

3. 素养三:跨学科素养

跨学科素养关注的"统整"学科知识的能力,是反映在每个学科领域并将不同学科间的知识以及将知识与情境关联起来的核心和关键能力。

要培养学生的跨学科素养,就要求未来的教师不仅要系统掌握本学科的专业知识,而且要有意识地提高自身跨学科的知识与素养;不仅要形成知识的整体观,准确地把握不同学科知识之间的内在关联,从学科相联系、相交叉、相渗透之处提出并探究具体的问题,而且要将知识的学习与学生所处的真实情境包括时事政治、经济发展、科技动态、乡土人情等建立关联。特别是要在基于数字技术的课程和课例开发中准确地运用跨学科知识,引导学生在学科领域的知识学习中综合运用知识、技能去解决问题,从而促进学生实践创新能力的提升。

4. 素养四:信息素养

信息素养在当前的大数据、人工智能时代越来越重要。教师的信息素养是教师认识、评判、运用信息及其媒体的态度与能力的总和。教师不仅要有获取新信息的强烈意愿与意识,能够主动从生活实践中不断查找、探究新信息,而且具备对各种信息进行选择、理解、质疑、评估和批判的能力,对不良信息具有较高的辨认能力和免疫能力,进而能够有效利用各种信息开展教育教学实践,为学生的学习提供信息支持与服务。

至为关键的是,教师必须具备运用各种人工智能技术开发数字化学习资源、创设数字化学习环境的能力,实现内容、方法、技术与策略的高度融合,从而将各种信息的运用融于数字化课程、学习资源与环境的建设和运用中。

四、教师角色的形成

教师的角色形成是指个体逐步认识到教师的职业角色及相应要求,通过实践,将社会对教师的角色期待予以内化,形成相应的心理特征和能力的过程。这一过程有三个阶段:角色认知阶段、角色认同阶段、角色信念阶段。

(一)角色认知阶段

角色认知是指角色扮演者对某一角色行为规范的认识和了解,知道哪些行为是合适的,哪些行为是不合适的。对教师职业角色的认知,就是教师对教育事业的深刻理解过程,包括教育工作是怎样的职业,它所承担的社会职责是什么,它在历史、现实中处于怎样的地位等。

教师从获得这一角色的那一刻开始,便受到社会和他人对其角色的义务、权利和规范提出要求的约束,这反映了社会对于教师这一角色的行为期待。我国《教师法》中对教师的权利和义务有明确的规定,这是对教师角色期望的制约。任何一种角色期望必然包括一系列具体的行为要求,它作为一种社会观念,会影响角色扮演者的行为模式,这是对教师角色的行为规范提出的要求,一般见诸各学校的教师手册。

(二)角色认同阶段

教师角色的认同指个体亲身体验接受教师角色所承担的社会职责,并用来控制和衡量自己的行为。对教师角色的认同不仅在认识上了解到教师角色的行为规范、社会价值和评价,并经常用教师的标准来衡量自己的心理和言行,自觉地评价与调节自己的行为,同时在情感上也有了体验,表现出较强的职业情感,如热爱教育事业、热爱学生等。

(三)角色信念阶段

信念是个体确信并愿意以之作为自己行为指南的认识。信念表现在教师职业中就是为教育事业献身的精神。在此阶段中,教师角色中的社会要求转化为个体需要,形成了教师职业特有的自尊心和荣誉感。教师意识和教师特有的情感,使他们自觉地奉献出毕生的精力。

教师角色的形成最终体现在对角色的实践上。教师的角色实践主要表现为教师与学生进行的教学活动,以及教师与学生家长、教师与家人、教师与同伴集体、教师与社会等相互实践的关系。角色实践是个人在实际行动中表现出来的角色。在多数情况下,对角色的领悟与实践是一致的。但角色实践除了受领悟指导外,还受到当时主观和客观等多方面条件的限制,使得一个人不能完全地按照自己所领悟到的那样去做。因此,教师在构建自身角色的过程中,不仅要考虑角色的社会期待及教师对于角色的领悟,还要考虑教师在进行角色实践过程中的主观和客观条件,从而在动态中把握教师的教学活动。

五、教师的角色意识

教师角色意识的心理结构包括以下三部分内容。

(一)角色认知

角色认知是指角色扮演者对角色的社会地位、作用及行为规范的认识和对与社会的其他角色的关系的认识。对于教师来说,只有具有清晰的角色认知,才能在各种社会情境中恰当地行事,达到良好的社会适应。教师角色认知的实现是教师通过学习、职业训练、社会交往等,了解社会对教师角色的期望和要求。

角色领悟是角色扮演的内在力量。由于人们的思想觉悟、认识水平、价值观念以及所处环境的不同,对同一角色的理解常常存在差异,甚至截然相反。在实际生活中,教师的角色行为往往受到社会习俗及文化规范的制约;角色扮演的成功与否与角色扮演者对自己角色的了解程度有关。

(二)角色体验

角色体验是指个体在扮演一定角色的过程中,由于受到各方面的评价与期待而产生的情绪体验。一般来说,这种体验因主体行为是否符合角色规范并因此受到不同评价而有积极与消极之分。例如,责任感、自尊感或自卑感都是教师在角色扮演过程中产生的情绪体验。

(三)角色期待

角色期待是指角色扮演者对自己和对别人应表现出什么样的行为的看法和期望。它是因具体人和情境的不同而变化的。教师的角色期待是教师自己和他人对其行为的期望。角色期待包括两方面：一是自我形象，即个人对自己的行为期望；二是公众形象，指他人对某一特殊角色的期望。这两者是相互作用和相互影响的。教师只有对教师角色的社会期待不断地认同与内化，才能尽快地把社会期望转化为自我期待，从而减少角色混淆与角色冲突。

六、教师的角色冲突

角色冲突是指个体不能满足多种角色要求或期待而造成的内心或情感的矛盾与冲突，可以分为角色间冲突和角色内冲突。由于教师角色的多样性和复杂性，以及社会对教师与日俱增的高期望，不可避免地会出现教师角色的冲突。教师角色冲突主要是指教师在学校教育活动中，为实现与其身份、地位相对应的权利和义务，教师实际的行为和态度与外部（社会、学校）期望的态度和行为不一致时所产生的冲突。

（一）教师角色冲突的类型

教师角色冲突是指两个或两个以上教师角色间的对立要求，使教师在完成角色任务时感到困难。教师角色冲突的类型主要表现为：

1. 新课程改革中教师角色冲突

新课程改革下，教师角色发生变化，由知识的传递者转变为知识的引导者、激发者。新课程改革需要教师更新教育观念，优化教师能力结构，拓展教育教学思维等，这就使得教师对自我身份、自我意识、自我地位的认识产生模糊性和动摇性。教师群体很可能会对如何协调各主次角色的平衡和互动，如何在不影响教学活动的前提下满足各方面对教师角色的要求等产生困惑、质疑。当教师不能很好地运用和切换各种角色时，部分教师会"逃避风险"或"消极应对"，如面临上级教育部门检查时，采取新课程改革所要求的教学模式来教学，其他时候则依然采取传统的教学模式，对自我的教学权威进行一定的保护。

国内周毅鹤等人认为，新课改下教师角色冲突主要包括以下几类：

（1）传统文化道德对教师的赞誉与现实背离的矛盾造成的教师角色冲突。对于教师职业崇高性的塑造和赞誉，无形中将教师的形象引向完美主义，但往往只强调了教师职业的特殊性与专业性，却忽略了教师作为人的本质属性。例如，教师特别是年轻教师常面临着收入无法应对生活压力的窘境。

（2）新课程改革下对教师的要求与教师的实际水平的矛盾造成的教师角色冲突。教师在新课程改革中被赋予了知识的传授者、学习者、学生的引导者、课程的研制者、课程与教学的组织者、团体的领导者、教育的研究者和文化的创造者等多种角色，但在实际的教育教学工作中，教师却存在着多元角色扮演"不力"、不同角色之间矛盾冲突、角色转化"不够灵活"等问题。仍有相当一部分教师还不具备这种的实力，一些老教师缺乏对现代化技术手段的掌握等，这些都成为教师角色冲突的原因。

（3）新课程改革素质教育与升学率等评价机制的矛盾造成的教师角色冲突。新的课程理念之下也应具有相应更新的教学评价体系，而如果仍用唯分数论、唯升学论等旧的评价体系，新的课程理念和旧的评价机制就会产生冲突，进而使新课改中的教师产生角色理念的冲突,角色行为无从选择。

2. 不同角色期待引起的教师角色冲突

不同主体方面对教师角色时具有不同的期待。例如教育法律法规要求教师要进行素质教育,培养学生的综合能力;家长和学校则要求教师要提升学生的分数与升学率、就业率等,这些都会让教师"左右为难"。而作为一个具体的、普通的教师,在体现教师工具性价值的时候,难以面面俱到,以致招致诟病和批评,心理压力剧增,教师角色冲突频发。

3. 社会角色与家庭角色之间的冲突

教师除了职业化角色,同时承担着家庭角色,一位教师同时也是一位家长或一名子女,这些角色和职业角色之间也可能存在冲突。例如,我们有时会听到这样的说法:"老师教得好学生,但不一定教得好自己的子女。"这种情况在现实中确实存在。在学校场域中,教师通常是威严的知识传授者,当教师回到家中面对自己的子女时,如果仍摆出教师的威严,较少以父母的角色、情感态度来积极地差别化对待自己的孩子,就不利于亲子关系的塑造。另外,也有教师会因学校教育工作重而忽视对自身子女的教育投入。

(二) 角色冲突与教师心理健康

教师的角色冲突对教师心理健康状况具有明显影响。有研究者对中学班主任的角色冲突和工作满意度、工作倦怠与工作绩效的关系开展研究,该研究对452名中学班主任教师进行了调查,结果发现中学班主任教师的角色冲突、工作倦怠与工作绩效呈显著负相关,角色冲突能够预测工作绩效,角色冲突与工作倦怠对工作绩效起到负性预测作用。而工作倦怠、工作满意度在角色冲突对工作绩效的预测中起到中介作用。

另有研究者对812名中小学教师的角色压力、学习方式和工作绩效的关系进行了调查研究。结果发现,中小学教师学习方式、角色压力、工作绩效相关显著,学习方式能预测角色压力,角色压力与学习方式能联合预测工作绩效。教师角色模糊在教师正式学习、自主学习与工作绩效间起部分中介作用,角色超载在教师正式学习与工作绩效间起部分中介作用。

综上可见,在价值多元、知识多元的当代社会,现实发展对教师角色提出了新的要求与期望的同时,也加剧了教师的角色冲突;而这些角色冲突进而显著影响了教师日常教学活动的开展及身心健康的维护,不利于学生学习成长,也损害了教师群体的整体形象,有悖于社会对教师的期望。因此,能否有效缓解教师在角色扮演中的角色冲突问题,对实现教师的自我发展,提高教师整体素质,促进我国教育体制改革的顺利进行有着非常重要的意义。

第二节 教师的心理特征

一、教师的心理特征

教师心理特征是指教师在情感、意志、兴趣和能力等心理品质方面的特点。教师心理特征是在教育实践中形成的,其中,情感特点表现在热爱教育事业、学生和所授学科。意志特点表现在完成教育任务目的明确,既坚定又果断,沉着、自制,有耐心和毅力。兴趣特点表现在将教育工作视为自身生活的需要和自觉追求的目标,专心从事教育、教学工作和教育理论研究。能力特点表现包括:全面掌握和善于运用教材;熟练运用口头和书面语言;了解学生的个性和学习情况,因材施教;组织、领导课外活动,独立思考,创造性地解决教育、教学问题;预测教育效果,进行思想品德教育等。具体来说,教师的心理特征又可以分为以下几个方面。

（一）教师的认知特征

教师的认知特征包括其知识结构和教学能力。其中,教师的知识结构主要包括专业学科内容知识、教育学、心理学的知识和实践性知识。而教学能力包括组织和运用教材的能力、言语表达能力、组织教学的能力、对学生学习困难的诊治能力、教学媒体的使用能力以及教育机智等。

（二）教师的人格特征

教师的人格特征是影响教学的重要因素,它包含的内容是多方面的,如教师的职业信念、教师的性格特点和教师对学生的理解等。在教师的人格特征中,有两个重要特征对教学效果有显著影响:一是教师的热心和同情心,二是教师富于激励和想象的倾向性。总结来看,一个称职的教师应具备的以下方面的良好人格特征:

第一,激励型人格。研究表明,在教师的激励下,学生的行为更富有建设性。教师采用不同的方式激励学生,可以使学生获得更多的知识和更多的满足。激励型的教师讲课时全身心投入,语调抑扬顿挫,极富表现力,以饱满的激情感染着学生,用丰富夸张的手势、不断的微笑来保持学生的注意力。他们与学生通过眼神的交流,鼓励学生参与进来,引导所有的学生发表自己的看法,坚定地认为学生能成功地完成学习任务。

第二,幽默风趣。幽默不仅可以消除紧张,而且能让学生感受到教师的自信与安全感,减少学生不良行为的发生。课堂上,当教师不自觉出了错误时,不要掩盖,轻松自然地承认自己的错误,并诚心向学生学习,会更加融洽师生关系。对课上的突发事件,教师机智地幽默应对,能活跃课堂气氛,更吸引学生学习注意力。讲课中,教师也可有意引入一些有趣的话题,将内容与幽默巧妙地结合起来,会使课堂效果更佳。

第三,关爱学生。关爱、理解学生,以学生为本,是教师正确处理与自己直接服务对象——学生之间关系的准则。高尔基曾说:"谁不爱孩子,孩子就不爱他,只有爱孩子的人,才能教育孩子。"爱学生是教师必须具备的美德,也是教师的天职。能够得到教师的关爱,是每个学生最起码的心理需求,师爱对学生来说是一种鞭策和激励,对学生的成长和进步有很大的推动作用。

第四,尊重学生。教师尊重每一个学生,学生也就会尊重教师。现代教育应当是爱心教育、情感教育,教师应努力营造一种热情洋溢的教育环境,以和蔼可亲的教态、关切关怀的语言、温柔亲和的目光组织教育活动。笑着面对学生,就会使学生兴趣盎然,精神饱满,减少沮丧,获得成功。如果发现学生做错事或成绩差,就恨铁不成钢,不去积极帮助分析原因,而是一味训斥,向家长告状,既伤害了学生的自尊心,又容易使学生产生逆反心理,甚至对抗情绪。因此,在教育工作中,教师多开展谈心活动,与学生进行思想和情感上的交流。教师热爱学生,尊重、理解学生,多与学生交流沟通,才能彻底地化解学生的逆反心理和对抗情绪,最大限度地激发学生的学习主观能动性。

著名教育家乌申斯基在谈及教师的人格力量时指出,在教师工作中,一切都应该建立在教师人格的基础上。因为只有从教师人格的活的源泉中,才能涌现出教育的力量。因此,没有教师对学生的直接的人格方面的影响,就不可能有深入性格的真正教育工作。可见,教师的人格是教师职业最重要的本质特征。

(三)教师的行为特征

教师的行为特征一般包括教师教学行为的明确性、多样性、启发性、参与性、任务取向性以及及时的教学效果评估及其对学生产生的期望效应。国内研究者姬鸣等人认为,有效的教师行为特征包括课前行为、课堂行为和课后行为三个方面。

1. 课前行为特征

充分的教学准备是指教学实践因其活动具备一定目的性、计划性、特殊情况偶发性,因此在教学活动之前教师必须进行充分的计划准备。教学准备主要包含课程内容、教学目标、教学情境、教学问题的设计四个部分。有效教师注重学生个体差异,依据对教学内容和学生认知水平设计分层教学。结合学生的最近发展区,创造性地提出能达到最大效率的学习目标。

2. 课堂中的行为特征

(1)程序化教学行为。包括导入技能、提问技能、课堂活动设计与实施、结尾技能、反馈行为。有效教师通过口头教学评价、学习成绩评分、眼神、动作等行为,对学生的学习任务、学习方法、学习结果、情感态度提供准确、具体、适时的反馈。

(2)管理类教学技能。包括学生行为管理,这又包括管理调控行为、提出明确行为期望和课堂规则以及应变行为和时间管理。教师需迅速减弱在教学正常进行中构成威胁的因素对课堂活动的影响,以保证课堂活动的正常进行,将课堂教学效果保持在一定水平。

(3)情感类教学行为。包括营造课堂气氛和情感支持。良好的课堂气氛可以提升学生参与课堂活动的有效性。理解促进教师接纳学生情感和行为,是教师指导与激发学生学习兴趣的基础。情感支持师生保持亲密的情感联结,进行心灵对话和灵魂的沟通。

3. 课后行为特征

教师的课后行为包括教学反思和闲暇教育两方面。其中,教学反思包括教学观念、教学过程和结果三个方面,是教师通过观察、回顾、诊断、自我监控等方式,批判地对自身的教育工作或给予肯定与强化,或给予否定与驳斥。有效教师的教学反思达到自动化、习惯化的水平,具有一定的主动性、个体性、情境性,属于教师的隐性知识。

而闲暇教育是全面教育的组成部分之一,有效教师重视闲暇教育,以学生为主体,组织学生在其闲暇时间开展活动。闲暇教育以满足学生发展个人爱好、特长的需求,加强学生社会交往,提升学生实践能力,松弛学生身心,丰富精神生活为目的。

(四)教学效能感

心理学上,把人对自己进行某一活动的能力的主观判断称为效能感,效能感的高低往往会影响一个人的认知和行为。教师在进行教学活动时也有一定水平的效能感。所谓教师的教学效能感,是指教师对自己影响学生学习行为和学习成绩的能力的主观判断。这种判断会影响教师对学生的期待、对学生的指导等行为,从而影响教师的工作效率。

1. 教学效能感的分类

根据班杜拉的自我效能感理论,可以把教师的教学效能感分为个人教学效能感和一般教育效能感两个方面。

个人教学效能感指教师认为自己能够有效地指导学生,相信自己具有教好学生的能力。教师的教学效能感是解释教师动机的关键因素,它影响着教师对教育工作的积极性,对教学工作的努力程度,以及在碰到困难时他们克服困难的坚持程度等。

一般教育效能感指教师对教育在学生发展中的作用等问题的一般看法与判断,即教师是否相信教育能够克服社会、家庭及学生本身素质对学生的消极影响,有效地促进学生的发展。这与班杜拉理论中的结果预期相一致。

2. 教学效能感对教师与学生的影响和作用

教学效能感对教师行为有着诸多方面的影响,表现在:影响教师在工作中的努力程度,影响教师在工作中的经验总结和进一步的学习,影响教师在工作中的情绪等。

而教学效能感对学生学业成就也有着影响。阿什顿(Ashton)和吉布森(Gibson)等人用根据班杜拉的社会认知学习论制定的教学效能感量表来研究教师的教学效能感,结果发现,教师的教学效能感与学生的学业成就具有显著的正相关。教师的教学效能感之所以能够影响学生的学业成就,是因为教师通过其外部的行为表现影响学生,而这种行为又影响学生学习的效能感进而支配学生的学习行为,从而影响其成就。反过来,学生的成就和他们的各种学习行为又会影响教师的教学效能感。

3. 影响教师教学效能感的因素

影响教师教学效能感的因素一般可分为外部环境因素和教师自身因素。外部因素包括社会文化背景、学校的特点、人际关系等。研究表明,工作发展的条件和学校的客观条件对一般教育效能感具有明显影响;工作发展的条件、学校风气和师生关系对教师的个人教学效能感具有明显影响。

与外部因素相比较,教师的主观因素则是影响教学效能感的关键,其中最重要的是教师的价值和自我概念。价值通常被看作是人们用来区分好坏、重要性并指导行为的心理倾向系统。

(五)罗森塔尔效应

罗森塔尔效应也称皮格马利翁效应或期待效应。20世纪60年代,哈佛大学心理学家罗伯特·罗森塔尔(Robert Rosenthal)和旧金山一所小学的校长勒诺·雅各布森(Lenore Jacobson)通过实验发现,教师的期望能够或明或暗地被传送给学生,学生会按照教师所期望的方向来塑造自己的行为,从而实现了教师的期望。这一现象被称为罗森塔尔效应,指的是教师对学生的殷切希望能戏剧性地收到预期效果的现象。但教师期望效应的发生,既取决于教师自身的因素,也取决于学生的人格特征、原有认知水平、归因风格和自我意识等众多的心理因素。

【资料拓展】

"皮格马利翁效应"的由来

皮格马利翁是古希腊神话中的塞浦路斯国王。这个国王性情孤僻,常年一人独居。他善于雕刻,孤寂中用象牙雕刻了一座表现了他理想中的女性的美女像。久而久之,他竟对自己的作品产生了爱慕之情。他祈求爱神阿佛罗狄忒赋予雕像以生命。阿佛罗狄忒为他的真诚所感动,使这座美女雕像活了起来。皮格马利翁遂称她为伽拉忒亚,并娶她为妻。后人就把由期望而产生实际效果的现象叫作"皮格马利翁效应"。

在这个神话的基础上,美国著名心理学家罗森塔尔和雅各布森进行了一项有趣的研究。他们先找到了一个学校,然后从校方手中得到了一份全体学生的名单。在经过抽样后,他们向学校提供了一些学生名单,并告诉校方,他们通过一项测试发现,这些学生有很高的天赋,只不过尚未在学习中表现出来。其实,这是从学生的名单中随意抽取出来的几个人。有趣的是,在学年末的测试中,这些学生的学习成绩的确比其他学生高出很多。研究者认为,这就是教师期望的影响。由于教师认为这个学生是天才,因而寄予他更大的期望,在上课时给予他更多的关注,通过各种方式向他传达"你很优秀"的信息,学生感受到教师的关注,因而产生一种激励作用,学习时加倍努力,因而取得了好成绩。这种现象说明教师的期待不同,对儿童施加影响的方法也不同,儿童受到的影响也不同。借用希腊神话中出现的主人公的名字,罗森塔尔把它命名为"皮格马利翁效应"。

心理学家威廉·詹姆斯说过,人性最深切的渴望就是获得他人的赞赏,这是人类有别于动物的地方。对于孩子来说,由于年龄小、心理幼稚,他们最强烈的需求和最本质的渴望就是得到别人的称赞,尤其是来自父母的鼓励。一个人如果在童年时代很少被称赞,就会直接影响到他的发展,甚至导致他一生的个性缺陷。

【真题解析】

罗森塔尔效应说明,能对学生产生巨大影响的是(　　)。

A.教师的人格特点　　　　　　　　B.教师的教学水平
C.教师对学生的期望　　　　　　　D.教师的威信

解析:本题答案为C。

二、教师心理特征与职业成就的关系

(一)教师的认知特征与职业成就之间的关系

许多研究表明,在智力与知识达到一定水平之后,教师的表达能力、组织能力、诊断学生学习困难的能力以及他们思维的条理性、系统性、合理性与教学效果有较高的相关。这些研究启示我们,教师专业需要某些特殊能力,其中最重要的可能是思维的条理性、逻辑性,以及口头表达能力和组织教学活动的能力。

(二)教师的人格特征与其职业成就之间的关系

教师人格是指以教师角色为其重要的社会角色的教师主体,在其生理素质的基础上,在履行角色责任和义务中自觉形成的相应的和相对稳定的心理特征之总和。关于教师人格的作用,被广泛接受的是乌申斯基的观点:"教师人格对于年轻的心灵来说,是任何东西都不能代替的最有用的阳光;教育者的人格是教育事业的一切。"

研究表明,有激励作用、生动活泼、富于想象并热心于自己学科的教师,他们的教学工作较为成功。还有研究认为,教师特征与学生的个别差异和年龄阶段特征存在着相互作用。加涅的研究指出,对知识具有浓厚兴趣并以追求知识获得满足的学生与以追求教师认可来获得满足的学生不同,他们喜欢的教师与教师的热情程度无关。

这些研究比较深入地揭示了导致教师职业成功的特殊能力和人格特点,为教师的造就和培养提供了重要依据。但有迹象表明,教师特征与学生的个别差异和年龄阶段特征存在着相互作用。

三、专家型教师与新教师

专家-新手比较研究是认知心理学家研究专门领域的知识时经常采用的方法。其研究步骤大致可分三步:选出某一领域内的专家和新手;给专家和新手提出一系列任务;比较专家和新手怎样完成这一任务。根据相关研究,专家型教师和新教师在课前计划、课堂教学过程和课后教学评价三个方面存在差异。

(一)课时计划的差异

对教师课时计划的分析表明,与新教师相比,专家教师的课时计划简洁、灵活,以学生为中心并具有预见性。

第一,专家教师的课时计划只是突出了课的主要步骤和教学内容,新教师却把大量时间用在课时计划的一些细节上。

第二,专家教师的课时计划修改与演练所需的大部分时间都是在正式计划的时间之外,新教师要在临上课之前针对课时计划做一下演练。在两个平行班教同样的课时,新教师往往利用课间来修改课时计划。

第三,一般来说,专家教师认为,教学的细节方面是由课堂教学活动中学生的行为所决定的。而新教师的课时计划往往依赖于课程的目标,不能够把课堂教学计划与课堂情境中的学生行为联系起来。

第四,专家教师在制定课时计划时,能根据学生的先前知识来安排教学进度,课时计划就有很大的灵活性,而新教师仅仅按照课时计划去做。

第五,在备课时,专家教师表现出一定的预见性,新教师则认为自己不能预测计划执行时的情况。

(二)课堂教学过程的差异

1. 课堂规则的制定与执行

专家教师制定的课堂规则明确,并能坚持执行;而新教师的课堂规则较为含糊,不能坚持执行下去。专家教师集中关注于学生应该做的和不应该做的事情,同时知道许多课堂规则是可以通过练习与反馈来习得的,是一种可以习得的技能。而新教师却不会这样去做,在阐述规则的时候,新教师往往是含糊其词的。

2. 吸引学生注意力

专家教师有一套完善的维持学生注意的方法,新教师则相对缺乏这些方法。专家教师在课堂教学中运用不同的"技巧"来吸引学生的注意力;预先计划好每天的工作任务,使学生一上课就开始注意和立刻参与所要求的活动;在一个活动转移到另外一个活动时,或有重要的信息时,能提醒学生注意。而新教师往往在没有暗示前提下,就变换课堂活动;遇到突发的事情,就会自己停下课来,却希望学生忽略这些干扰。教师对学生活动的敏感性以及根据意外的情况快速做出反应,果断采取恰当教育措施的独特的心理素质即教育机智。

3. 教材的呈现

专家教师在教学时注重回顾先前知识,并能根据教学内容选择适当的教学方法,新教师则不能。在教学内容的呈现上,专家教师通常是用导入式方法,从几个实例出发,慢慢地引入要讲的教学内容。而新教师一上课就开始讲一些较难的和使人迷惑的教学内容,而不注意此时学生还未进入课堂学习状态。

4. 课堂练习

专家教师将练习看作检查学生学习的手段,新教师仅仅把它当作必经的步骤。在学生做练习时,专家教师最关心的是学生是否学会了刚才教的知识,而新教师把维持课堂纪律看作是最重要的事情。

5. 家庭作业的检查

专家教师具有一套检查学生家庭作业的规范化、自动化的常规程序,耗时短,效率高,而新教师花费的时间长,效率低。

6. 教学策略的运用

专家教师具有丰富的教学策略,并能灵活应用。新教师缺乏或者不会运用教学策略。

在提问策略与反馈策略上,首先,专家教师比新教师提的问题更多,从而学生获得反馈的机会就多,学习更加精确的机会也越多。其次,在学生正确回答后,专家教师比新教师更多地再提另外一个问题,这样可促使学生进一步思考。再次,对于学生错误的回答,专家教师较之新教师更易针对同一学生提出另一个问题,或者是给出指导性反馈。最后,专家教师比新教师在学生自发的讨论中更可能提出反馈。

在对学生发出的非言语线索上,专家教师常利用这种线索来判断和调整教学。而新教师往往只注意课堂中的细节,也难以解释他们看到的事情间的联系,专家教师则试图从这些活动中做出推论。

(三)课后评价的差异

在课后评价时,专家教师和新教师关注的焦点不同。研究发现,新教师的课后评价要比专家教师更多地关注课堂中发生的细节,而专家教师则多谈论学生对新材料的理解情况和他认为课堂中值得注意的活动。

【真题解析】

1. 从本质上讲,教师的威信是具有积极肯定意义的下列(　　)的反映。
A.教学水平　　　B.科研成果　　　C.人际关系　　　D.学历和才能
解析:本题答案为C。

2. 下列关于专家型教师教学特点的表述,错误的是( )。
A.与新教师相比,专家教师的课时计划简洁灵活,以学生为中心,并具有预见性
B.专家型教师有完善的维持学生注意的方法
C.专家教师往往较注意课堂的细节
D.专家教师有丰富的教学策略
解析:本题答案为 C。

第三节　教师成长

教师的成长是伴随着教师职业生涯的个体社会化过程进行的,是一个衡量教师综合素质提高的重要因素。《中共中央 国务院关于全面深化新时代教师队伍建设改革意见》中明确提出:"全面提高中小学教师质量,建设一支高素质专业化的教师队伍。""开展中小学教师全员培训,促进教师终身学习和专业发展。"因此,教师成长是一个持续终身的过程,可以说永远在路上。

一、教师成长的历程

教师在不同的成长阶段所关注的问题不同,福勒(Frances Fuller)和布朗(Brown)根据教师的需要和不同时期所关注的焦点问题,把教师的成长划分为关注生存、关注情境和关注学生等三个阶段。

(一)关注生存阶段

处于这一阶段的一般是新教师,他们非常关注自己的生存适应性,最担心的问题是:"学生喜欢我吗?""同事们如何看我?""领导是否觉得我干得不错?"等等。因而有些新教师可能会把大量的时间都花在如何与学生搞好个人关系上。有些新教师则可能想方设法控制学生,因为教师都想成为一个良好的课堂管理者。

(二)关注情境阶段

当教师感到自己完全能够适应后,便把关注的焦点投向了提高学生的成绩,即进入了关注情境阶段。在此阶段教师关心的是如何教好每一堂课的内容,一般总是关心诸如班级的大小、时间的压力和备课材料是否充分等与教学情境有关的问题。传统教学评价也集中关注这一阶段,一般来说,老教师比新教师更关注此阶段。

(三)关注学生阶段

当教师顺利地适应了前两个阶段后,成长的下一个目标便是关注学生。教师将考虑学生的个别差异,认识到不同发展水平的学生有不同的需要,某些教学材料和方式不一定适合所有学生。能否自觉关注学生是衡量教师是否成长成熟的重要标志之一。

【真题解析】

根据福勒和布朗的教师成长阶段论,某教师在课堂教学中主要精力总是集中在对学生成绩的关注上。据此,这位教师的成长可能处在( )阶段。

A.关注生存 B.关注情境 C.关注学生 D.关注自我感受

解析:本题答案为B。

二、教师成长的策略

教师本身是课程资源的重要组成部分,教师自身的成长是教育力量的源泉。在促进教师的成长方面,具有以下四个方面的有效策略。

(一)系统的理论学习

理论指教育理论和本学科的专业理论。大量知识的掌握有助于教师的专业发展。教师应当成为学习型的人,具有现代教育理念,精通教学内容,掌握现代教育技术和方法,并以积极健康的人格魅力和高超的教学技艺指导学生学习。随着新课程改革的不断推进,教师要通过不断的学习来更新观念、充实知识、掌握方法,在客观审视现实的同时不断超越自我。

(二)完善的技能训练

教师应不断提高实践技能。以教学改革和新课程教学为例,为了适应新课程实施的需要,教师应改革课堂教学目标及活动设计,探索促进学生全面发展的教学方法。具体来说,需要把先进的教育理念转化为教学行为,增强学生的问题意识和情感体验,提高自身组织教学活动、调控教学过程的能力。另外,要求教师改革课堂教学方式,创设支持学生学习的环境,实现教学内容呈现方式的多样化,引导学生自主学习、合作学习、探究学习、创新学习,促使学生真正成为学习的主人。同时,改革课堂教学评价,关注学生差异,从学生的参与度、交往度和达成度等方面评价学生的学习,激发学生的学习兴趣。最后,教师应进一步改革课堂教学技术,运用多媒体组织教学,让学生的思维"活"起来、大脑"动"起来,提高课堂教学效率,也提高自身运用信息技术的能力。

(三)科学的自我反思

我国教育家叶澜教授曾说:一个教师写一辈子教案不一定能成为名师,但如果一个教师写三年的反思,就有可能成为名师。教学反思是教师成长的有效途径,无论是新课改还是教育部所指定的教师专业标准,都对教师教学反思做出了明确要求。关于自我反思的内容,有学者提出四个方面的反思:

第一,反思育人质量。育人的质量是教师最应关注的问题,进行课后反思要做到"当堂思效",即思考育人的整体效果。上完课后要对本课的教学效果做一个自我评价;同时还要坚持"阶段思效",即对一阶段的教学工作是否达到了预期的效果进行自我评价。

第二,反思育人智慧。一节课结束后,回顾教学流程与教学机制,流程的设计是否科学有效,学习的热情是否被激发,多样学习与深度学习是否真实发生。挖掘问题与不足,为日后教学工作提供借鉴,有助于不断改进教学方法,提高教学能力,提升育人智慧。

第三,反思育人缺失。课堂教学中有所得也必定会有所失,学生的性格各异,知识水平和理解能力参差不齐,教师的教学设计与实际教学过程总会有不相适应的地方,如教法的运用、板书的设计、学生的反应、学生兴趣的激发与内力的激活等方面,课后都会觉得有不尽如人意之处。对于教学工作的不足,育人中的缺失要反复思考,仔细琢磨,以笔为犁,翻耕育人的泥土,引以为戒,促进自我提升。

第四,反思育人改进。"思"的最终目的是"改",通过对各个教学环节、课堂流程得失的客观分析,找出问题的症结,探索解决问题的办法、对策,提出改进教学的策略和方案,提高课堂教学效能。

(四)自觉的科学研究

教师只有通过教育科研,才能提高教学研究的层次,扩展学科领域视野,把握研究对象的本质。为此,教师要积极参与教育科研,掌握一般的研究程序和研究方法,重点对自己的教学实践进行研究,提高研究能力,形成研究习惯;要建立档案袋,积累研究资料,通过文献资料法、调查法、观察法等对新课程教学进行科学研究,对研究结果能够进行定性和定量分析;要及时整理研究成果,总结研究经验,撰写研究报告和研究论文,交流和推广自己的研究成果。

三、教师成长与发展的基本途径

教师成长与发展的基本途径主要有两个方面:一方面是通过师范教育培养新教师作为教师队伍的补充,另一方面是通过实践训练提高在职教师素养。

对于教师个人来说,实践训练主要从以下几方面入手。

(一)观摩和分析优秀教师的教学活动

课堂教学观摩可分为组织化观摩和非组织化观摩。组织化观摩是有计划、有目的的观摩,一般来说,为培养提高新教师和教学经验欠缺的年轻教师宜进行组织化观摩。非组织化观摩要求观摩者有相当完备的理论知识和洞察力。

(二)开展微格教学

微格教学指以少数的学生为对象,在较短的时间内(5~20分钟),尝试做小型的课堂教学,可以把这种教学过程摄制成录像,课后再进行分析。这是训练新教师、提高教学水平的一条重要途径,微格教学的效果在4个月后仍很明显。

(三)进行专门训练

将有效的教学策略教给教师,其中的关键程序有:(1)每天进行回顾;(2)有意义地呈现新材料;(3)有效地指导课堂作业;(4)布置家庭作业;(5)每周、每月都进行回顾。

专家教师所具有的教学常规和教学策略是可以教给新教师的,但仅靠短期训练来缩小专家与新手的差别是不够的。

(四)反思教学经验

如前面所述,反思在教师成长中具有特殊意义。对教学经验的反思,又称反思性实践或反思性教学,这是"一种思考教育问题的方式,它是在对教学的道德责任以及技术性教学的实际效果的分析基础上发展起来的,要求教师具有做出理性选择并对这些选择承担责任的能力"。美国著名学者波斯纳(Posner)提出了一个教师成长公式:经验+反思=成长。

科顿(Colton)等人1993年提出了一个教师反思框架,描述了反思的过程:(1)教师选择特定问题加以关注,并从可能的领域收集关于这一问题的资料;(2)教师开始分析收集来的资料,形成对问题的表征,以理解这一问题;(3)一旦对问题情境形成了明确的表征,教师就开始建立假设以解释情境和指导行动,并且还在内心对行动的短期和长期效果加以考虑;(4)考虑过每种行动的效果后,教师就开始实施行动计划。

布鲁巴奇(Brubacher)等人1994年提出了四种反思的方法:

(1)反思日记。在一天教学工作结束后,要求教师写下自己的经验,并与其指导教师共同分析。

(2)详细描述。教师相互观摩彼此的教学,详细描述他们所看到的情景,教师们对此进行讨论分析。

(3)交流讨论。来自不同学校的教师聚集在一起,首先提出课堂上发生的问题,然后共同讨论解决的办法,最后得到的方案为所有教师及其他学校所共享。

(4)行动研究。为弄明课堂上遇到的问题的实质,探索用以改进教学的行动方案,是教师以及研究者用以进行调查和实验的研究。它不同于研究者由外部进行的旨在探索普遍法则的研究,而是直接着眼于教学实践的改进。

【真题解析】

提出教师成长公式"经验+反思=成长"的是(　　)。

A.加涅　　　　　B.布卢姆　　　　　C.波斯纳　　　　　D.罗森塔尔

解析:本题答案为C。

第四节　教师心理健康

一、教师心理健康的标准

教师作为一个社会人,他的职责是人类灵魂的工程师,应具备一般人应具有的良好心理品质,但教师的工作特殊性又决定其还应具有一些特殊的心理品质。

一般认为,教师心理健康的标准包括以下七点:

(1)能积极悦纳自我,即真正了解、正确评价、乐于接受并喜欢自己。

(2)有良好的教育认知水平。能面对现实并积极地去适应环境与教育工作的要求。

(3)教师热爱职业,积极地爱学生。能从爱的教育中获得自我安慰与自我实现,从有成效的教育教学中获得成就感。

(4)具有稳定而积极的教育心境。教师的教育心理环境是否稳定、乐观、积极,将影响教师整个心理状态及行为,也关系到教育教学效果。

(5)能控制各种情绪与情感。繁重艰巨的教育工作要求教师有良好的、坚强的意志品质,即教学工作中有明确的目的性和坚定性,处理问题时决策的果断性和坚持性,面对矛盾沉着冷静的自制力,以及给予爱和接受爱的能力。

(6)和谐的教育人际关系。

(7)能适应和改造教育环境。

另外,也有研究者提出,一个心理健康的教师除了具备一个心理健康的人的标准之外,由于其职业特点,还应具有一些特殊的品质。这些特征具体包括:

(一)智力正常

智力是人的观察力、注意力、记忆力、思维力、想象力和实践活动能力等的综合。智力正常是人正常生活最基本的心理条件,也是心理健康的首要条件。智力与教学效果相关。

(二)有效的自觉意识

能用客观眼光看待事物,认识自然、他人和自身,能协调和控制情绪,心境良好。

(三)有自主性和独立的需要,具有较强的意志品质

对自然社会环境有自主性,不靠他人来满足自己的要求,对别人要求甚少,以自身的能力意志来达到自身的满足。平时碰到问题或困难,善于分析情况,意志果断,心理承受力强;自制力好,既有朝向现实目标的坚定性,又能克制干扰目标实现的愿望、动机、情绪和行动,不放纵任性。

(四)有较强的事业心

能以自我以外的问题作为中心,能献身于自己热爱的工作,决不把工作看作单纯的谋生需要。即使进行重复的工作也能在每一次重复中得到新的体验并为之感到欣慰。由于全身心地投入工作,常会伴随着高峰体验,并在现实工作中达到一个目标再向下一个目标前进。

(五)人际关系和谐

个体的心理健康状况主要是在与他人的交往中表现出来的。和谐的人际关系既是心理健康不可缺少的条件,也是获得心理健康的重要途径。其表现在乐于与人交往,既有稳定而广泛的人际关系,又有知心朋友,能与各种类型的人交往,不管年长年轻,是上级还是下级,也不管是个性开朗幽默者还是少言寡语者。在交往中能保持自己独立而完整的人格,有自知之明,对别人能客观评价,宽容待人,取人之长补己之短,与人友好相处,乐于助人。

(六)能动地适应和改革客观环境

现代社会发展的节奏加快变化多,人要适应社会的变化特别是社会角色的变化。要有积极的处事态度,广泛接触社会,对社会现状有较清晰正确的认识,及时认识和找准自己一个时期在社会上的最佳坐标点,使自己的心理行为能顺应社会文化进步趋势。勇于改造现实环境以达到自我价值的实现与对社会奉献的协调统一。

(七)保持人格的完整和健康

人格是人比较稳定的心理特征的总和。人格的完整是心理健康的最终目标。一个人的人格表现在知、情、意等心理活动的各个方面,具体表现是一个人的能力特征、行为动机特征、情绪反应特征、人际关系协调的程度、态度和信仰的体系,以及道德价值的特征等。要使以上几个结构要素都不存在明显缺陷的偏差,应具有清醒的自我意识,不产生自我同一性混乱,以积极进取的人生观作为人格核心,并以此有效支配自己的心理行为,有相对完整统一的心理特征。

(八)心理行为符合年龄特征

心理健康者应具有与同年龄多数人相符合的心理行为特征。教师担负着"教书育人"这一特殊任务,在学生面前的多种角色要求其具有一些特殊的心理品质:在知识传授、班级团体和非正式的领导和管理中,他既是权威者顾问、模范公民,起表率作用,又是纪律的执行者及家长的代理人;既扮演父母温暖与关怀的角色,又要扮演一般父母所不具备的严格要求的角色、心理卫生工作者的角色。故教师必须成为学生的朋友和知己。在学生心目中他是人际关系的艺术家;对有心理问题的学生来说,又是一个心理咨询者。学生往往欢迎知识广博、教育有方、亲切热心、平易近人、温和开朗、处事公正的教师。

(九)有良好的认知能力

有较高的智力水平和一定程度的知识水平,能把握所教知识的整个体系以及所教知识在整个知识体系中的地位及意义,以促进学生形成良好的认识结构;有较强的表达能力,教师的语言组织和表达能力是影响教学效果的重要因素,只有当教师形象的语言把教学内容勾画成鲜明的表象时,学生才容易形成正确的概念,顺利地由形象思维转化为抽象思维。教师恰当的语言组织和清晰的表达也能诱发学生的求知欲,激发学习兴趣,吸引学生注意。富于情感的语言以声传情、以音动心,陶冶情操,使学生处于良好的学习情绪状态。

(十)特殊的人格特征

有较强的自我意识,能通过自我观察、自我体验和自我评价而获得正确的自我认识,了解自己所处的位置,形成确切的物质自我、社会自我和精神自我,以利于成功地扮演多种角色。在自我认识的基础上有效地进行自我监督,自觉地根据自己在社会活动中形成的信仰情感和习惯去提醒、告诫自己克服与之相悖的思想行为。顺应社会需要,善于进行自我批评,对自己的过失自行悔悟,设法自赎过错,弥补损失,也能通过自我疏导从矛盾冲突和窘境中解脱出来。善于自我组织,在新的条件下重新调整自己的思想和行为,使个人的欲望不悖于社会规范,使个人的行为不超越社会的认可,使自己成为学生的表率和楷模。

二、教师心理健康存在的问题与现状

当前中小学心理健康教育工作虽然日益受到重视,但往往更多地关注的是学生的身心健康,而很少关注教师的身心健康。随着新一轮课程改革的推进、教育人事制度的变革,教师职业的工作要求日益增高,所面临的工作压力也越来越大,教师的心理问题日趋突出。近年来,中小学教师成为心理障碍的高发人群,教师心理问题相当突出已是一个不争的事实。

(一)教师面临着多方面压力

中小学教师在工作和生活中面临着多方面的压力。首先是来自家长,家长期望高,望子成龙,对教师提出了更高要求;其次,教学需求不断加大,竞争日益激烈,教师要学习新知识,参加各类业务培训,参与各种教学比赛,应对诸多的工作检查,教师自身空间不断缩小,造成了教师情绪上的高度紧张;最后,社会对教师角色的期望高,对教师要求处处为人师表,不允许有丝毫失误,给教师造成了巨大的心理压力。

中国人民大学公共管理学院组织与人力资源研究所进行的"2005年中国教师职业压力和心理健康调查"的结果表明:80%的教师压力较大;近30%的教师存在严重的工作倦怠,近90%的教师存在一定的工作倦怠;40%的教师心理健康状况不佳。研究发现,教师心理健康问题居前四位的是强迫症状(23.53%)、人际敏感(15.15%)、躯体化(13.73%)和抑郁(13.73%)。其中,"强迫症状"是指那些明知没有必要,但又无法摆脱的无意义的思想、冲动和行为。"人际敏感"是指在人际交往中的不自在和自卑感,常常容易去与别人比较。"躯体化"是指身体不适感,包括心血管、肠胃道、呼吸和其他系统的主诉不适和头痛、背痛、肌肉酸痛,以及焦虑的其他躯体反应。"抑郁"是指苦闷、失望,对生活兴趣减退,动力缺乏和活力丧失,严重的有厌世、自杀意念。

这些问题不仅是心理失调的征兆,而且也是亚健康的心理基础,直接影响教师的身体健康。

(二)教师常见的心理冲突

1. 负担过重,过分疲劳

据调查,随着新课程的实施与推进,教师普遍感觉精神压力大,工作负担重,这是一个不容忽视的现实问题。尤其在一些全寄宿制的学校,情况更加突出。一大批教师长期处于工作时间过长、心理压力过大、体力透支的亚健康状态,特别是班主任老师,每天要工作十四到十五个小时,长期超负荷运转,导致身心疲惫。如果这种状况长久地存在下去,教师就会产生职业倦怠,对工作产生应付抵触情绪,甚至影响教师的身心健康和生存质量,教师无法体验到职业的幸福感。

2. 现实与理想之间反差巨大

当教师的个人理想与职业理想在现实中处处碰壁,或者努力得不到认可时,容易感受到心理落差,甚至产生职业倦怠感。正如一位一线老师在回顾自己的职业生涯中写下的:

"工作十几年来,我的经历了两个明显的工作阶段:一是刚工作的五六年,我是现实主义者,我信奉只要成绩好,一切就OK的原则。一心一意搞应试,加班加点拼成绩。果然一切顺风顺水。2008年开始,可以说是我工作生涯的一个转折。我遇见了一群热爱教育、不满当前教育现状的新教育人。在他们的感召和引领下,我进行了一系列的教改实验,做了一系列的如前所述的新工作。我觉得我做的这一切是正确的,我们的教育生活是幸福的。虽然我一再提醒自己,在中国,在目前的中国,成绩千万不能轻视。事实上,我的学生的考试成绩也一直不差。但毕竟由于这一系列工作的影响,于应试训练上还是稍有耽搁了。成绩虽差强人意,但毕竟不是'永葆第一'。于是,一切原来有的,现在都没有了。"

可见,当理想与现实出现矛盾,教师会产生自我怀疑和挫败感,打击工作热情,并出现明显的心理冲突和焦虑感。

3. 个人的需要、理想等主观需要与这些需要难以实现之间存在矛盾

这一点在新教师中表现得尤为明显。新教师刚进入教师行业,在个人需求和理想需求上较为突出。例如:想干一番事业,又不是从何入手;刚走出"象牙塔"回归平凡,但又不甘于平庸;不知道如何处理好个人与学生、个人与同事、个人与领导、个人与学生家长的关系等。这些心理冲突容易使教师产生烦恼、紧张、不安、压抑等,严重者会发展成为不同程度的心理障碍。

4. 自我认知出现偏差

新教师的自我认知偏差主要表现为两种类型:一是自我扩张型,二是自我否定型。自我扩张型的特点自我评价偏高,形成虚假的理想自我,常表现为过于看高自己而导致自负,自吹自擂。自我否定性的特点是对自我认识和评价过低,常表现为安于现状,不思进取,由自卑导致自暴自弃,最终走向自我否定。

(三)影响教师心理健康的主要因素

1. 职业压力

教师的职业压力主要是由工作引起的,是教师对来自教学情境的刺激而产生的情绪反应。中小学教师的职业压力主要来自考试、学生、自我发展的需要、家庭、工作负荷和职业期望等,这些因素都是压力源。心理学研究表明,适度压力有助于唤醒人的警觉水平,促使人适度调整动机水平,集中注意力,活跃思维,提高智力活动的水平。这时,压力是提高和改善生活和工作质量的动力。但是长期的、过度的压力就会给教师心理、行为和生理等带来危害,甚至祸及他人。

2. 职业倦怠

职业倦怠是指个体在长期的职业压力下缺乏应对资源和应对能力而产生的身心耗竭状态。职业倦怠所产生的生理、情绪、认知和行为等方面的问题,会导致教师产生严重的身心疾病。国内研究者调查了目前我国中小学教师的职业倦怠状况,发现中小学教师已经感受到了职业倦怠的影响。其中,情绪衰竭现象达到了较为严重的程度;教龄不同的男女教师,职业倦怠的变化趋势明显不同;小学教师在低成就感上显著高于中学教师。

职业倦怠也与教师心理健康的其他方面密切相关。一项以199名中小学教师为被试的研究表明,职业压力、教学效能感与教师职业倦怠之间存在显著关联:职业压力将导致中小学教师出现情绪衰竭和人格解体症状,职业压力越大,则职业倦怠的程度就越严重;教师的

教学效能感越低,则其情绪衰竭和人格解体的程度也将越严重;教学效能感在职业压力与职业倦怠之间可能具有调节作用,高教学效能感可以改变职业压力的作用,减少情绪衰竭和人格解体的程度。

【真题解析】

阅读下列材料,并回答问题。

40步的李老师是一位从教20年的中学老师,近一年来她一直觉得很不开心,总是感觉疲劳,常常生病;老是感觉烦躁,苦闷,容易发脾气,对什么都提不起兴趣;常常怀疑自己,喜欢和其他老师比较,一比就自卑,讨厌自己,觉得自己很失败;不喜欢工作,觉得自己的工作毫无价值,一想到上课就害怕,不想备课,所教班级成绩下滑,被家长投诉;对同事、学生非常冷漠,不信任别人,甚至疏远自己的家人;做事说话冲动易怒,短短一个月就和同事发生了三次大矛盾。

这篇材料描述的是什么现象?其具体表现有哪些?该如何应对?

解析:这篇材料描述的是教师职业倦怠现象。其具体表现有:(1)生理枯竭;(2)情绪衰竭;(3)心智枯竭;(4)价值枯竭;(5)非人性化冷漠;(6)行为症状。

三、教师心理健康的维护

教师的不良心理不仅会影响教师自身的工作和生活质量,还会影响学生,引发学生的心理问题,给学生的学习生活和人格发展带来负面影响。为此,我们在重视学生的心理健康教育同时,更要重视教师群体的心理健康教育工作,建立和完善教师心理健康保障机制,促进教师的心理健康。

在教师心理健康的维护上,可以从如下几个方面进行。

(一)个体积极的自我调适

个体自我调适的目的是通过改变个体自身的某些特点来增强适应工作环境的能力。自我调适的主要方法有放松训练、认知压力管理、时间管理、社交训练和态度改变、归因训练、加强训练等。教师尤其需要转变观念,采取积极的应对策略和归因方式,做到合理的饮食和锻炼,保持身体健康。

例如,在态度改变上,应树立正确的挫折观。工作生活中,遭受挫折在所难免,若一经挫折便焦虑不堪,必将影响健康。因此,教师在受挫折后应采取理智的态度,冷静地分析致挫的原因,采取积极的补救措施,提高心理承受力。

又如在身心锻炼上,教师要从多方面培养自己的兴趣,要注意身体锻炼和情绪锻炼。这样既能锻炼筋骨,又能使人心情愉快,陶冶情操,丰富自己的精神寄托。教师要积极锻炼身体,养成良好的卫生习惯,以保持心理健康。

教师的个体自我调适是教师缓解心理压力和促进心理健康的重要方式,有多种自我调适的具体策略,可参见下面的"资料拓展",进一步了解自我调适的具体策略和方法。

(二)组织有效的干预

组织干预的思路就是通过削减过度的工作时间、降低工作负荷、明确工作任务、积极沟通与反馈、建立有效的社会支持系统等来缓解教师的心理压力。

（三）构建社会支持网络

维护教师心理健康,需要建立一个和谐的社会支持网络。社会各界要对教师的角色期待进行合理的定位;国家应切实采取措施提高教师的经济待遇和社会地位,维护教师的合法权利,使教师切实感受到社会的尊重;教育部门应探索出有效的教师教育培训体系,将职前教育与职后培训有机结合,提高教师智力与非智力能力,重视教师承受压力和自我缓解压力的训练。

【资料拓展】

教师心理健康自我调适策略

一、客观地认识自我,悦纳自我

心理产生冲突常常是因为不能客观地认识自我。有的教师对自己估计过高,过于自信;有的教师对自己估计过低,过于自卑。面对课改,很多教师认为自己需文武兼备、十八般武艺样样精通才能胜任新课程教学,一些优秀的案例也总是显示了一些多才多艺的教师的成功之处。然而,我们普通的教师该怎么办?

教师必须是一个全才吗?否。我们不必固守"教师必须懂一切"、"教师必须比学生知道得多"的信念。教师要维护心理健康,就必须无条件地接受自己,对自己有恰如其分的评价。

心理上应独立自主,不用外在的东西来确定自己的价值,必须坦然面对自己的一切,既承认自己的优点,又接纳自己的缺点,深信自己的价值和无可替代的独特性。即使有无法弥补的缺陷也能泰然处之,而不贬低自己,清醒地看待自己,对自己有现实的知觉。

二、善待他人,学会自制

作为教师,要不断完善自己的人格,对自己不苛求,对他人不幻想,不因他人的评价影响自己的情绪,也不因要取悦他人而违心行事,积极善意地对待身边所有的人,心平气和,与人为善,随遇而安,乐观地对待每一件事,平静地对等学生的烦躁情绪和过激言行。

三、学会理性思维,提高心理弹性

教师面对众多的压力和冲突,尤其是面临课堂上突发事件造成的师生冲突,有时难以掩饰自己的情绪也是正常的。但是教师切忌情绪化处理问题,面对冲突和挫折情境,保持理智、冷静的心态,学会幽默地处理问题,是每一位老师都必须学会的一种能力。当自己的情绪陷入困扰时,要学会理性思维,换一种思维,换一种心情。例如:"我应该得到学生的喜欢,受学生欢迎。"

非理性的思维:万一得不到,你立即会出现困扰,得不到学生喜欢,你会抱怨。

转换思维的方法:将"应该"转换为"希望"或"喜欢"。

理性的思维:我希望得到学生的喜欢,受学生欢迎。

理性的好处:万一得不到,也没什么,只是少了一个额外的奖赏。

四、面对压力,学会合理宣泄

教师面对工作和生活压力,默默地承受,长期下去将有害于身心健康,超负荷的压力会使人抑郁,甚至精神崩溃,必须学会合理地宣泄。

正如洪水过后,对整个堤坝形成了强大的压力,只有适当泄洪,才能减轻大坝的压力。当人心中的消极情绪不断积聚后,只有通过一定的途径宣泄,才能保持情绪健康。可以采取如下方法:

倾诉法:对亲近和信任的朋友或亲人倾诉衷肠,通过给自己写信、写日记或写博客等渠道宣泄。

替代法:通过体育锻炼,纵情高歌,出门旅游,从大自然中使自己的情操得到陶冶。

专业咨询:面对无法宣泄的巨大压力,有时接受专业的心理咨询也可以使自己得到释放,更喜欢自己的同事和伙伴,更喜欢本职工作。

(作者:太原安定医院国家二级心理咨询师闻莉)

【案例回顾与分析】

扎克伯格夫妇在给女儿的信中,预言了未来教育的四大趋势:一是学生将根据自身的兴趣、需要和目标来寻找教师,学习将是个性化、定制化的;二是基于互联网的学习将突破时空限制,同样也不会受到同龄人学习进度的束缚;三是学习将不再是记忆前人的经验、知识,而是掌握可实践的技能,甚至探索前所未有的领域;四是教师将不再是一种全职职业,它将不受年龄、职称、学历的限制,只要某个人在某个领域很擅长就可以在这个领域灵活地教学生。由此,未来的学校与培训机构将成为面向所有学习者、开放共享、互联互通的学习社区,通过建设内容与技术深度融合的多样化课程与学习资源来服务于每个学习者的个性化需求,学习将以学习者为中心,呈现出个性化、定制化、娱乐性和以探究为基础等特征,问题解决、灵活性、创造力和反思等技能与态度的获得将比知识的掌握更为重要。

未来的教师则需要积极适应未来教育与学习的变革,在教学工作中承担更为多样与专业的角色,具备更高更全面的专业素养。

【学以致用】

时代的快速发展给教师专业成长提出了新的要求,也带来了更大的压力,需要进行适当的心理调适。结合实际,谈谈为什么教师需要做好心理调适,教师如何做好自身的心理调适?

参考答案:

基础教育的任务是培养智力与人格并重、身体与心理健康发展的"完人",作为培养"完人"的教师,首先,自己就要成为这样的人。因此教师除了具备一定的师德素质、较好的业务素质、较高的教学水平之外,健康的心理状态是必不可少的。在现实生活中,由于教师角色的多样性和复杂性,以及社会对教师的高期望,不可避免地会出现教师角色的心理冲突,需要教师不断地调整心态,保持心理平衡,维护心理健康。

心理调适的方法有:(1)了解自我,悦纳自我;(2)遵循规律,学会科学用脑;(3)认识压力,有效缓解压力;(4)热爱生活,保持积极愉快的情绪;(5)善与人处,乐于合群;(6)积极进取,创新中获取成就感;(7)积极地参加适当的娱乐活动。

【关键术语】

教师角色是指教师按照其特定的社会地位承担起相应的社会角色,并表现出符合社会期望的行为模式。

教师心理特征是指教师情感、意志、兴趣和能力等心理品质方面的特点。

【参考文献】

[1]乐国安.社会心理学[M].北京:中国人民大学出版社,2009.

[2]徐静.教师角色的多样性探析[J].考试周刊,2013(13):12.

[3]冯坤坤.教师角色及其心理特征分析[J].语文学刊(外语教育教学),2015(9):168-169.

[4]荀渊.未来教师的角色与素养[J].人民教育,2019(12):36-40.

[5]美国《教学2030》如何面向未来的教学[J].师资建设,2017(4):68-76.

[6]徐厚升.社会角色理论视野下教师角色的定位与扮演[J].青年文学家,2011(14):211,213.

[7]周毅鹤.浅谈新课改下教师角色冲突的原因[J].教育教学论坛,2014(33):138-139.

[8]蔡蓓.中学班主任角色冲突、工作满意度、工作倦怠与工作绩效的关系研究[D].南昌:江西师范大学,2009.

[9]林敏.中小学教师学习方式及其与角色压力、工作绩效的关系[D].杭州:杭州师范大学,2011.

[10]顾明远教育大辞典[M].上海:上海教育出版社,1998.

[11]姬鸣,赵晶婕,郭晶晶.有效教师的心理及行为特征研究[J].教育教学论坛,2016(23):25-26.

[12]周宗奎.现代儿童发展心理学[M].合肥:安徽人民出版社,1999.

[13]曾军良.教学反思是促进教师专业发展的最优途径[EB/OL].(2019-08-05)[2025-05-06].http://www.sohu.com/a/331544528_100187912.

[14]教师生存状况调查报告:教师生存状况分析[EB/OL].(2005-09-09)[2025-05-06].http://edu.sina.com.cn/l/2005-09-09/1653126581.html.

[15]申继亮.教师的职业压力与应对[J].中国教师,2003(3):15-16.

[16]刘晓明,邵海燕.中小学教师职业倦怠状况的现实分析[J].中小学教师培训,2000(10):53-55.

[17]刘晓明.职业压力、教学效能感与中小学教师职业倦怠的关系[J].心理发展与教育,2004(2):56-61.